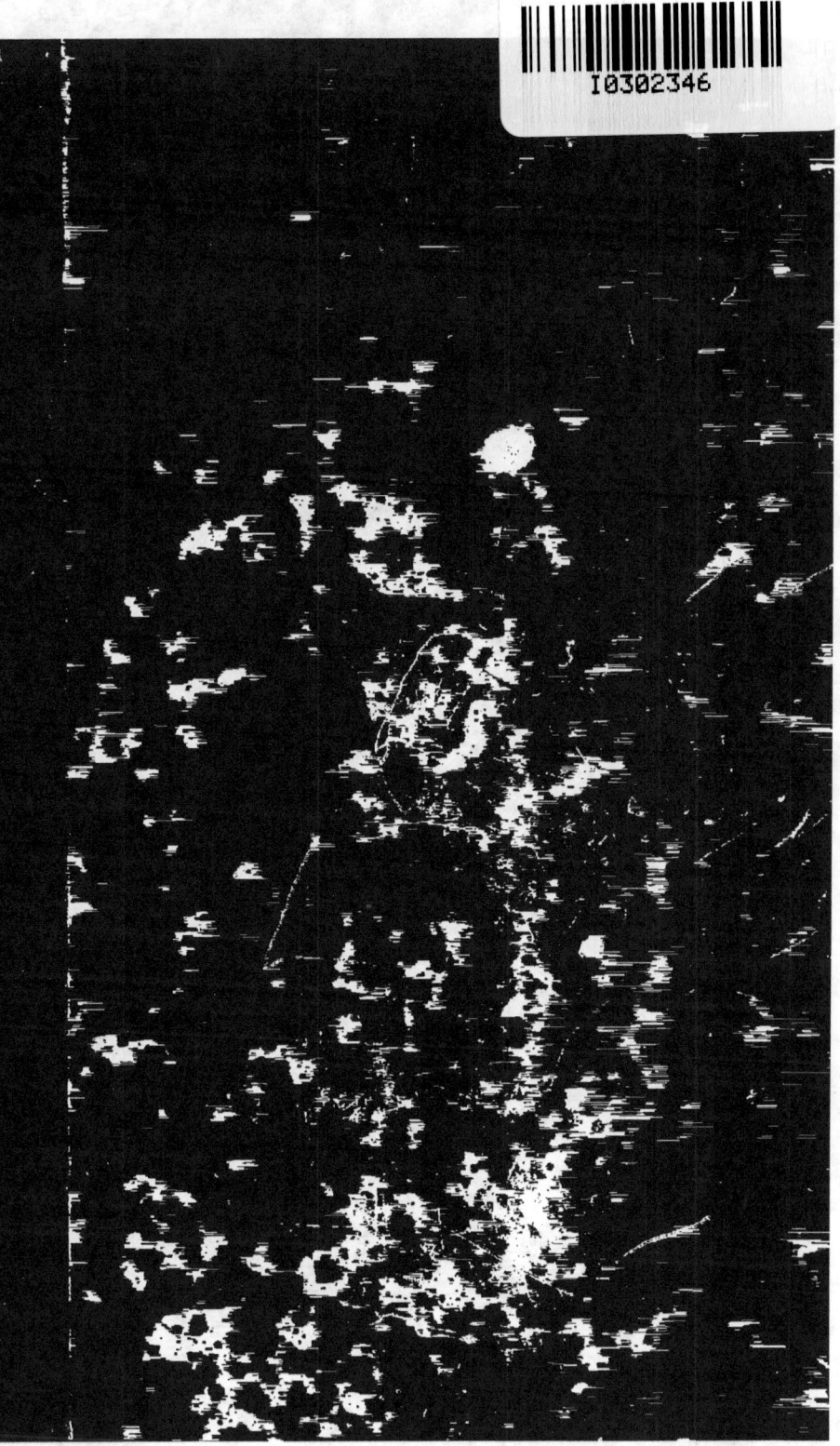

GERBERT.

ÉTUDE HISTORIQUE SUR LE Xe SIÈCLE.

GERBERT

ÉTUDE HISTORIQUE SUR LE Xe SIÈCLE.

THÈSE
POUR LE DOCTORAT

PRÉSENTÉE ET SOUTENUE DEVANT LA FACULTÉ DE THÉOLOGIE
DE PARIS,

PAR L'ABBÉ LAUSSER,

Aumônier, Professeur de Philosophie au Collége d'Aurillac.

AURILLAC,
IMPRIMERIE DE BONNET-PICUT, IMPRIMEUR DE LA PRÉFECTURE.

1866.

A

SA GRANDEUR

MONSEIGNEUR L'ÉVÊQUE DE SAINT-FLOUR

HOMMAGE DE PROFOND RESPECT.

Oh! blest be thine umbroken light!
That watched me as a guardian's eye,
And stood between me and the night,
For ever shining sweetly high.

LORD BYRON, *Fugitive Pieces*.

INTRODUCTION.

La juste appréciation d'un siècle est toujours subordonnée à la place qu'il occupe dans l'histoire de l'humanité. Dans ce vaste mouvement où chaque société vient refléter tour à tour ses incertitudes et ses progrès, ses erreurs et ses souffrances, une période étudiée isolément ne présenterait le plus souvent qu'une énigme insoluble ou d'inextricables difficultés. Les lois qui président aux diverses phases de la vie individuelle se retrouvent en effet, mais sur une plus vaste échelle, dans la succession des siècles historiques ; et vouloir déterminer le caractère particulier de chacun d'eux sans tenir compte des âges qui les ont précédés et de ceux qui les ont suivis, serait tout aussi téméraire que de prendre au hasard dans la vie d'un homme un fait particulier pour base d'un jugement général.

Cette impossibilité d'isoler une époque de celles qui la préparent ou la complètent se présente, d'une manière plus frappante encore, quand l'historien veut esquisser le caractère d'un de ces hommes qui, par leur influence, leurs vertus et leur génie, ont représenté et jusqu'à un certain point absorbé dans leur glorieuse personnalité le siècle où ils ont vécu. Comme pour le peintre de génie, le fond d'un tableau, par le jeu de la lumière et l'harmonie de l'ensemble, fait ressortir d'une manière plus sensible et plus vivante le sujet principal créé par son imagination ; ainsi le milieu qui le vit naître, les évènements auxquels il dut son élévation, les hommes et les choses au milieu desquels il promena son orageuse existence, tout contribue à mettre en relief et à faire mieux connaître celui qui a mérité de donner son nom au siècle où il vécut. L'étudier seul, serait le connaître imparfaitement et s'exposer à une appréciation inexacte de ses luttes et de ses douleurs, de ses fautes et de ses triomphes.

Aussi, avant d'aborder l'étude de l'homme qui fut le plus illustre représentant du Xe siècle, croyons-nous devoir indiquer rapidement la place que ce siècle occupe dans l'histoire générale, et assigner ensuite à cette période obscure son véritable caractère.

Quel que soit le point de vue auquel on se place, chacun s'accorde à voir dans l'établissement et la promulgation de la loi chrétienne le fait principal qui domine l'histoire de l'humanité. Seul, en effet, il explique l'énigme des siècles qui ont précédé cette suprême manifestation de la puissance et de la bonté de l'Eternel ; seul aussi, il nous révèle la grande loi de la perfectibilité humaine, en plaçant dans les souffrances du présent le secret des joies de l'avenir. C'est dans la connaissance et l'application de ce principe fondamental que se trouve la grande ligne de démarcation qui sépare les siècles écoulés depuis la manifestation chrétienne de ceux qui l'avaient précédée.

Une seule pensée domine cette longue période de la gentilité, la croyance générale à une décadence fatale et chaque jour plus profonde de la race humaine. Ce sentiment était même devenu si profond, qu'il ne restait plus à ces déshérités de toute espérance qu'à se rejeter sur un passé lointain pour y trouver l'idéal de vertus oubliées ou une justification apparente des vices qu'ils divinisaient. Toutes les théogonies anciennes sont unanimes sur ce point, la forme seule varie ; et, sous la dure réalité qui l'écrase, la conscience humaine redit partout la plainte mélancolique d'Hésiode : « Les hommes vieillissent dans « la douleur ; la souffrance les environne ; la terre est pleine de

« maux, pleine de maux est aussi la mer ! » Et après avoir raconté la décadence successive des âges qui ont précédé celui qui l'a vu naître, le vieux poëte s'écriait tristement : « Pour« quoi suis-je venu au monde dans ce cinquième âge? Que ne « suis-je mort plus tôt ou né plus tard, car maintenant c'est l'âge « de fer ! Ni le jour ni la nuit les hommes n'ont de relâche, « dévorés par les peines, les travaux et les soucis que les dieux « leur ont envoyés (1). »

Cette doctrine décourageante enveloppe le paganisme tout entier; elle s'inscrit dans les législations, s'impose à Platon lui-même, et nous la voyons au déclin de la civilisation grecque passer en Italie où Virgile et Ovide chantèrent en vers immortels les transformations des âges de l'humanité (2). C'est ainsi que des rives du Gange à celles du Nil, dans les entretiens de Platon comme dans les vers du poëte de Mantoue, une seule voix s'élevait, voix plaintive comme un regret, triste comme une espérance déçue, dont le chantre de Tibur se faisait l'écho quand, établissant cette dégénérescence comme une loi nécessaire et continue, il s'écriait avec une cruelle acrimonie : « Nos pères, moins vertueux que leurs aïeux, ont enfanté des « fils plus coupables qui donneront le jour à une race plus « dépravée encore (3). »

Gardons-nous cependant de donner à ces doléances une portée qui pourrait fausser jusqu'à un certain point les grands principes sur lesquels repose l'histoire. Les lois qui s'appliquent à l'humanité sont différentes de celles qui ont l'individu pour objet; créature libre et responsable, l'homme peut, en ce qui le concerne, paralyser les desseins de Dieu et briser par la révolte la chaîne d'amour qui le rattache à l'Éternel; il n'en est pas de même de l'humanité. Celle-ci obéit à des lois générales qui président à ses développements successifs, et il ne lui est pas loisible de s'arrêter à son gré dans la voie

---

(1) HÉSIODE, *opera edit*. Leipsick, 1778.— Voyez aussi la déclaration attribuée par Manou à Brahma lui-même.

(2) VIRGIL. *Æneidos*, lib. VIII, vers. 319, etc. — OVID. *Métamorphos.*, lib. I.

(3) HORAT. lib. III, *Od. 6*.

que Dieu lui a tracée ; entraînée sur la route du progrès, elle peut retarder sa marche, mais reculer, jamais. Aussi, malgré les plaintes de ses poëtes et de ses philosophes, il est incontestable que le paganisme, au milieu de ses défaillances, obéissait, lentement sans doute, mais sûrement à la loi du progrès. Ne se rendant aucun compte du but qu'ils devaient atteindre, et semblables à l'homme auquel d'épaisses ténèbres dérobent la distance parcourue et celle qui lui reste à parcourir encore, ces peuples, tour à tour victimes d'une démocratie sans règle ou d'un despotisme sans contre-poids, se prirent à douter d'eux-mêmes et à désespérer de leur génie. Mais aujourd'hui que ces immenses ruines, amoncelées tour à tour par les Assyriens, les Perses, les Grecs et les Romains, nous apparaissent comme un vaste travail d'unification, comme une préparation, violente il est vrai, mais nécessaire à cette solidarité universelle qui est la grande loi de l'humanité ; aujourd'hui nous pouvons plus sainement apprécier les pénibles efforts et les douloureux progrès de cette antiquité qui gémit et pleura si longtemps enfermée dans des ténèbres sans espoir et sans issue. Cette absence du sentiment providentiel de l'humanité, cette ignorance du rôle qu'elle joue dans l'économie divine, expliquent les plaintes mélancoliques des poëtes, et celles-ci restent comme des témoins fidèles d'une époque lointaine dont les souffrances méritent notre pitié.

La révélation chrétienne marque une ère nouvelle ; depuis la promulgation de l'Évangile, cette affligeante théorie de la décadence fatale et successive n'est pas seulement détruite, on la remonte en sens inverse. Dans le paganisme, le bonheur n'était qu'un vague souvenir ; pour les nations chrétiennes, il est de plus un but et une espérance. Au découragement qui caractérisait les doctrines de l'antiquité ont succédé des notions plus vraies et plus consolantes sur l'homme et le rôle qu'il remplit ici-bas ; au lieu de les rejeter sur le passé, l'humanité fixe ses yeux vers l'avenir où elle lit avec confiance le secret de ses destinées. Dans cette marche en avant, dont les siècles marquent les étapes, les individualités s'effacent pour ne laisser voir que les difficultés vaincues, les conquêtes réalisées et les progrès accomplis. Progresser, c'est-à-dire améliorer l'homme dans son intelligence et dans son cœur, voilà le sentiment nouveau de l'humanité, le mobile puissant dont nous sommes redevables au christianisme. Sans doute, il y aura dans ce long enfantement des heures de sommeil, de mort apparente, mais l'étincelle, bien que cachée, survivra toujours, pieusement entretenue dans l'ombre par la main qui veilla sur son berceau. Ce que saint Paul disait du Christ nous pouvons le redire avec confiance de la vérité que le fils de Dieu est venu manifester au monde : « Puisqu'elle « est ressuscitée d'entre les morts, elle ne peut plus mourir. » (Rom. VI. 9.)

Dans cette longue histoire du christianisme, remplissant pendant dix-huit siècles l'histoire de l'humanité, nous pouvons distinguer trois grandes périodes : la première va de Jésus-Christ à Charlemagne; la deuxième, de Charlemagne au XVI° siècle; la troisième, du XVI° siècle à la Révolution française.

La première période, que l'on pourrait appeler de formation, eut deux phases bien distinctes. Pendant trois siècles, l'Eglise, en lutte avec la société païenne, vécut silencieuse et proscrite dans les catacombes, pénétrant par les pauvres et les esclaves au milieu de ce monde dépravé qui ne lui reconnaissait encore d'autre droit que celui de mourir. Mais, quand l'abdication de Dioclétien eut mis fin aux persécutions et donné, par l'avénement de Constantin, droit de cité au christianisme, une ère nouvelle s'ouvrit pour l'Eglise. Aux prédications de l'amphithéâtre elle substitua les enseignements de ses docteurs, et continua par la science cette réhabilitation de la dignité humaine qu'elle avait d'abord commencée par la charité. C'est aux yeux de l'histoire un touchant spectacle de voir ces pontifes, dont les membres gardaient encore les empreintes de la torture, venir s'asseoir à ces conciles où s'affirmaient les doctrines nouvelles qui allaient enfanter des hommes nouveaux. De toutes les périodes parcourues par l'Eglise, c'est à nos yeux la plus imposante et la plus auguste; pauvre mais libre, elle exerce par la science et la vertu un ascendant que ne lui donneront jamais les faveurs des grands ni les splendeurs de la puissance. Commencé en Orient, où se tinrent les premiers grands conciles et où fleurirent de si illustres docteurs, ce mouvement se continua en Occident; et l'Italie, la Gaule et l'Afrique marchèrent noblement dans la voie qu'avaient ouverte les Pères de l'Église grecque.

Malheureusement les barbares remirent en question ce long et pénible enfantement. Poussés par un instinct aveugle, ils détruisaient pour le plaisir d'amonceler des ruines, et, en attendant qu'ils devinssent entre les mains de la Providence de dociles instruments de progrès et de civilisation, ils allaient parcourant en tout sens l'empire romain, pillant par caprice, détruisant sans colère, mais ne cherchant à rien fonder sur les ruines qu'ils avaient accumulées. Il fallut que l'Eglise s'emparât de ces nouveaux venus, qu'elle les pliât à ses lois et à sa morale, et ce ne fut qu'après ce long travail d'éducation, chaque jour compromis par la mobilité et les ardentes passions de ses rudes enfants, qu'elle put reprendre son rôle civilisateur. Ce triomphe signale la fin de la première grande période de l'histoire chrétienne.

Victorieuse du monde païen après trois siècles de luttes et de souffrances, l'Eglise avait joui pendant deux cents ans d'une paix féconde, dont les bienfaits, un moment compromis par l'invasion des barbares, devaient exiger encore deux siècles d'efforts pour assurer leur triomphe définitif. Charlemagne est le commencement de cette brillante période historique; il fut le résultat de cette laborieuse conquête de la barbarie par la civilisation, et, quand le pape Léon III posa sur le front du fils de Pépin le diadème impérial, l'Église se couronna elle-même dans la personne du barbare au cœur duquel elle avait fait naître le triple amour de la société, de la science et de la vertu. Enfant de cette race germaine qui avait conservé sa nationalité, grâce à son énergie et à son indomptable bravoure, Charlemagne était la personnification glorieuse des peuples nouveaux à qui devait passer l'empire, puisque seuls ils en comprenaient l'honneur et la puissance.

C'est en 800 que s'ouvre la deuxième période historique à laquelle, d'après ses caractères généraux, nous assignons une durée de 700 ans ; commencée à la restauration de l'empire d'Occident, elle aboutit à la réforme du XVIe siècle, en embrassant tout le moyen âge. Quand Charlemagne descendit dans la tombe, son œuvre ne disparut pas tout entière avec lui ; et si le système politique, violemment établi par son épée, croula sous ses débiles successeurs, les peuples que ses victoires avaient groupés conservèrent en se séparant les éléments civilisateurs dont il avait été l'apôtre infatigable. Pressentant les voies nouvelles qui s'ouvraient devant l'humanité, le chef de la seconde race avait donné au monde ce spectacle unique d'un conquérant qui travaille moins pour lui-même que pour les siècles futurs ; aussi, la postérité reconnaissante n'a pas seulement entouré sa mémoire de la double auréole des saints et des héros légendaires, elle a indissolublement associé à son nom germanique l'épithète latine de *Grand,* comme pour montrer dans Charlemagne la fusion de deux races, l'héritier d'un monde disparu et le précurseur des peuples nouveaux.

Malheureusement la faiblesse de ses successeurs et l'anarchie dans laquelle tomba l'empire arrêtèrent l'essor de cette œuvre civilisatrice ; à un esprit élevé et organisateur succédèrent des monarques impuissants, qui usèrent dans des querelles domestiques et dans le conflit de leurs intérêts privés le peu d'énergie dont ils étaient doués. Sous cette désastreuse influence, le génie de la Gaule s'écarta de son but ; généreux, expansif, universel sous Charlemagne, il se resserra, pour ainsi dire, et au lieu de pénétrer l'Occident de son esprit et de son influence, il limita ses efforts à une lutte sans gloire et sans dignité, dont le résultat fut l'établissement du système féodal. Secondé par quelques causes particulières, ce travail d'isolement ne produisit pas seulement de désastreux résultats politiques, il faillit étouffer aussi le flambeau de la science glorieusement ravivé par le fils de Pépin. Un petit nombre d'écoles subsistèrent encore sous Louis-le-Débonnaire et Charles-le-Chauve ; mais, au milieu d'une société dont la force et la violence étaient les seuls arbitres, leurs efforts furent bientôt stériles ; et, l'amour des lettres s'effaçant peu à peu, on vit succéder à cette brillante restauration intellectuelle des premières années du IX siècle, les ténèbres épaisses du Xe, qui marquent le

VIII

point le plus obscur de notre histoire. Arrêtons-nous un instant sur cet âge lointain, et, avant d'aborder l'étude de l'homme qui marqua la fin de cette grande décadence, examinons rapidement les caractères principaux avec lesquels cette période s'affirme dans l'histoire générale.

Les siècles, dit un éminent critique, ne se comptent pas dans l'histoire de l'esprit humain comme dans les supputations de la chronologie (1). Cette vérité trouve surtout son application quand il s'agit de déterminer ce qu'on doit entendre par Xe siècle. Ce n'est pas, en effet, de l'an 900 à l'an 1000 qu'il faut placer cette période obscure, presque toujours désignée dans les historiens sous le nom expressif de « siècle de fer. » La force de cohésion dont le génie de Charlemagne avait doté l'empire ne disparut complètement qu'à la diète de Tribur (887), lorsque sept états indépendants se formèrent des débris de la monarchie carlovingienne ; ce fut la déposition de Charles-le-Gros qui, en séparant à jamais la couronne de France du sceptre de l'empereur d'Occident, mit fin au IXe siècle. La minorité de Charles-le-Simple et l'avènement au trône de Eudes, comte de Paris, ouvrent le Xe dont nous pouvons limiter la durée à l'élection de Hugues Capet (987).

Cette période est la moins connue de notre histoire ; faut-il attribuer ce mépris général au peu de documents que nous ont laissés les chroniqueurs contemporains, ou bien doit-on en rechercher les causes dans la répugnance qu'éprouve tout esprit cultivé à revivre par la pensée au milieu d'une société trop barbare pour pouvoir même, comme les peuples de la décadence, abriter sous un vernis de civilisation ses violences et sa brutalité ? L'un et l'autre sans doute. Qu'on l'étudie, en effet, au triple point de vue des institutions sociales, de la culture intellectuelle et du sentiment religieux, le résultat ne semble que trop justifier l'indifférence et le mépris des historiens. Tout, il faut l'avouer, paraît avoir fait défaut à cette époque déshéritée. Néanmoins, ce siècle a pour nous un intérêt particulier ; il vit naître Gerbert, et puisque ce fut au milieu de ses agita-

(1) AMPÈRE. *Histoire littéraire de la France*, tome III, chap. XIV.

tions que se développa ce puissant génie, loin de nous effrayer, le spectacle de cette décadence ne peut que nous instruire, car la mesure d'un homme est moins dans le succès que dans l'énergie qu'il a déployée et les difficultés qu'il a vaincues.

Au point de vue politique, le Xe siècle fut, avons-nous dit, une époque de désorganisation. La société est, en effet, selon la parole de Montesquieu, l'union des hommes et non les hommes (1); or, l'unité sociale, c'est-à-dire la similitude des institutions, la conformité des mœurs, l'échange des idées, la communauté des langues, tout sembla disparaître sous les derniers Carlovingiens. Favorisée par l'instabilité du principe héréditaire et par la faiblesse des rois, la famille des ducs de France put placer jusqu'à trois de ses membres sur le trône, tandis qu'à l'ombre de cette usurpation, les vassaux de la couronne, profitant de cet affaiblissement du pouvoir central, se créaient dans les provinces de petits états indépendants. Peuples et individus, tous obéissaient au même courant, tous se laissaient entraîner par cette impulsion irrésistible qui les portait à s'amalgamer selon leurs rapports de langue et de civilisation. Nous en trouvons une preuve dans le nombre prodigieux de châteaux et de donjons élevés à cette époque, les uns pour arrêter les terribles incursions des Normands, les autres pour se défendre d'un voisin trop avide, tous pour se mettre à l'abri de l'autorité royale (2). Groupés autour de ces sombres forteresses dont le nombre allait toujours croissant, livrés sans contre-poids aux exactions des seigneurs et habitués à ne voir dans leurs voisins que des ennemis toujours menaçants, les peuples vivaient isolés, sans relations, sans industrie, sans commerce, presque sans lois.

(1) *Esprit des Lois*, liv. X, chap. III.

(2) Il est impossible de déterminer, d'une manière même approximative, la statistique de ces châteaux-forts construits dans le double but de l'agression et de la défense; mais ils dûrent être très-nombreux, puisque le royaume de France, si homogène sous Charlemagne, comptait déjà, à la fin du IXe siècle, trente petits états *indépendants*. Dans le cours du Xe, le nombre de ces souverainetés locales ayant leurs lois, leurs usages et leurs souverains particuliers, s'éleva à près de 60. — Voy. M. Guizot, *Histoire de la Civilisat. en France*, t. II, p. 224.

X

L'affaiblissement du pouvoir législatif est, en effet, le corollaire de l'impuissance politique ; et l'histoire comparée de la législation sous Charlemagne et sous ses débiles successeurs nous en offre un frappant exemple. Cette activité, qui portait le grand empereur à ne laisser aucun abus sans qu'une loi vînt y remédier aussitôt, semble inconnue aux héritiers de sa couronne ; on dirait que les vices, en devenant plus audacieux, paralysent les moyens de les réprimer. C'est ainsi que, dans une période de plus d'un demi-siècle, de Charles-le-Chauve à la mort de Charles-le-Simple, les rois de France ne promulguèrent que dix capitulaires, et encore n'avaient-ils pour objet que des intérêts locaux ou de circonstance (1) : le gouvernement ne s'effaçait pas seulement, il tendait à disparaître (2).

Une telle impuissance, après avoir provoqué la révolte, engendra bientôt le mépris, et l'histoire de Charles-le-Simple nous montre qu'il ne fallut que de l'audace à un petit seigneur de Vermandois pour enfermer et laisser mourir dans une prison obscure et ignorée l'arrière petit-fils de Charles-le-Grand. Au milieu de cette confusion, le peuple, broyé dans les querelles des seigneurs, n'était pour ces derniers qu'un instrument au service de leurs intérêts ; chaque changement de maître aggravait les charges qui pesaient sur lui, et il ne pouvait protester que par ses larmes contre les maux dont on l'accablait (3). Seule, l'Eglise avait pour ces pauvres serfs des paroles de consolation et d'espérance ; en franchissant le seuil du cloître, l'homme devenait libre, il cessait d'appartenir au seigneur féodal, et il n'était pas rare de voir ce fils d'esclave, ennobli par le sacerdoce, plaider la cause de ses anciens compagnons

---

(1) Charlemagne avait laissé 65 capitulaires contenant 1151 articles. — Voy. le tableau dressé par M. Guizot, *Hist. de la Civilis. en France*, t. II, p. 244 et suiv.

(2) ...... *Desunt ubicumque regentes !*
s'écriait un évêque contemporain, en déplorant l'absence d'un pouvoir fortement établi. (SALOMONIS *op. ap. Canisium, Antiquæ lectiones*, in-4°, t. I, part. II, p. 21)

(3) *Hoc genus afflictum nil possidet absque labore,*
Servorum lacrymæ, gemitus nec terminus ullus,
(Poëme satirique adressé par Adalbéron au roi Robert, vers. 288, 296).

de glèbe et faire trembler l'orgueilleux suzerain sous la main qui s'inclinait pour l'absoudre. Sauf ces exceptions, et elles deviennent de plus en plus restreintes au Xe siècle, deux mots peuvent résumer l'état social de cette sombre période : aux derniers degrés de l'échelle, la souffrance; au sommet, l'anarchie.

Dans un siècle aussi bouleversé, au milieu des inexprimables conflits qui engendraient avec douleur la société moderne, les hommes, livrés aux angoisses d'une lutte suprême, ne purent guère cultiver les arts de la paix. Sous la menace de catastrophes toujours imminentes, l'étude des lettres fut abandonnée, et la France glissa dans la barbarie. Non que toute culture intellectuelle fût entièrement proscrite, car il n'existe pas de ténèbres si épaisses qui ne soient sillonnées de quelque lueur; mais la littérature ecclésiastique ou profane, à peine cultivée dans un très-petit nombre de monastères, ne rayonna plus dans les masses comme au temps de Charlemagne; aussi ne produisit-elle que des œuvres stériles, incapables de faire jamais sortir les noms de leurs auteurs de l'obscurité qui les entoure.

Parmi les rares écrivains de ce siècle (1) nous devons placer en première ligne l'historien Frodoard (894—966). Son principal ouvrage, *Histoire de l'Église de Reims* (2), embrasse le récit de tous les événements dont cette métropole fut le théâtre depuis sa fondation jusqu'en 948. Dans ce vaste travail de compilation, l'annaliste, peu soucieux des règles de la critique, accepte sans contrôle tout ce que les anciens chroniqueurs ont entassé dans leurs récits, et ne sait jamais résister au plaisir d'édifier ses lecteurs par des scènes légendaires dont la naïveté ne prouve pas toujours la vraisemblance. Malgré ses prétentions littéraires, le style de Frodoard est dur, ampoulé, et l'abus qu'il fait des longues périodes accroît encore l'obscurité de ce latin de la décadence. Ces défauts sont tout aussi sensibles dans un autre ouvrage du même auteur, intitulé : *Recueil de poésies* ou *Histoire épique des triomphes*

---

(1) Nous ne mentionnerons pas Remi d'Auxerre qui, par sa méthode d'enseignement et son érudition, appartient aux dernières années du IXe.

(2) *Bibliotheca patrum*, t. XVII, pag. 500, 619.

de J.-C. et de l'Eglise (1). Cette espèce de légende dorée, où les mystères de la foi viennent se mêler à de nombreux récits apocryphes, n'est remarquable que par l'absence de tout sentiment poétique. « Les vers, nous disent les savants béné-
« dictins, sont durs, forcés, mal sonnants, obscurs, et au lieu
« des traits de la bonne poésie, on ne découvre en eux que
« contrainte et platitude (2). »

Cette incorrection se retrouve d'une manière plus frappante encore et plus accusée dans Abbon, moine de St-Germain-des-Prés, auteur d'un *poëme sur le siége de Paris par les Normands*. Ce poëme, pompeusement décoré du nom d'*épique*, n'a d'autre valeur que d'avoir été composé par un témoin oculaire (3) de cette grande lutte dans laquelle Paris, abandonné par son souverain, résista pendant deux ans (885-887) aux attaques multipliées des pirates danois. Comme style, le travail d'Abbon est un chef-d'œuvre de dureté et de mauvais goût ; toute l'ambition du poète paraît du reste s'être bornée à faire « le moins de vers boiteux possible (4), » et on comprend cette modestie à la lecture de ce latin effroyable dont l'auteur augmente encore à plaisir l'obscurité en l'émaillant de mots grecs qu'il ne sait pas même décliner. « Rien ne peint mieux une
« recrudescence de la barbarie, au lendemain d'un siècle litté-
« raire, que cette alliance monstrueuse entre un style barbare
« et des prétentions à l'érudition classique poussées jusqu'à
« hérisser de mots grecs un détestable latin (5). » En présence de cette confusion des langues, on est peu surpris de voir les divinités païennes intervenir dans un poëme dont le but principal paraît être l'apologie de saint Germain, patron de l'abbaye dans laquelle Abbon avait embrassé l'état monastique. Neptune, Cérès, Bacchus, Vulcain, Pluton y figurent assez sou-

---

(1) GERARDI JOHANNIS VOSSII *de historicis latinis*. Amstelodami, 1697, in-folio, p. 110.

(2) *Histoire littér. de la France*, par les bénédictins de la congrégation de St-Maur, t. VI, p. 321.

(3) ABBONIS *poema*, lib. I, vers. 26.

(4) ABBONIS *Epist. dedicat.*

(5) AMPÈRE. *Hist. littér.*, t. III, chap. XVI.

vent ; saint Germain condamne un Normand qui a brisé les vitraux de son église à être attaché au char des Euménides (1), et chaque soir Phœbus-Apollon « envoie de prompts messa- « gers lui préparer dans l'Océan le lit somptueux où il doit « prendre son repos (2). » Ces prétentions épiques, ces réminiscences d'un autre âge, exprimées dans une langue où le roman est déjà admis comme glose du latin (3), forment le plus pénible contraste avec quelques vers de Virgile égarés dans cette poésie grossière, comme pour en faire ressortir mieux encore la barbarie et la trivialité. Malgré la vanité qu'inspirent à tout poëte les vers qu'il a composés, nous devons dire cependant, à la louange d'Abbon, qu'il ne se fit pas toujours illusion sur la valeur des siens, puisqu'il écrivit à son ami Gozlin, auquel il dédiait son poëme : « ..... Je n'ai jamais forcé les « vieux chênes à secouer leurs cimes ; jamais les oiseaux, les « forêts ou les rochers, attirés par la douceur de mes chants, « ne se sont précipités sur mes pas ; jamais je n'ai su, par des « modulations semblables à celles d'Orphée, tirer les âmes « du Tartare et les arracher à Pluton ou à toute autre divi- « nité (4). »

Cette modestie du poëte doit nous rendre indulgents pour son œuvre ; rien n'est plus naturel, en effet, que de faire de mauvais vers ; mais quand un auteur se met l'esprit à la torture pour enfanter un poëme aussi absurde dans le fond que ridicule dans la forme, il ne mérite aucune pitié. C'est ce qui est arrivé à Hucbald, moine de St-Amand (840—930), qui mérita cependant, d'après les bénédictins, d'être compté parmi les plus grands hommes de son temps. En examinant sur quoi repose cette éclatante renommée, nous voyons qu'elle fut la récompense d'un poëme que le Xe siècle trouva merveilleux, et qui n'est qu'un caprice d'enfantillage et de désœuvrement. Pour

---

(1) *Curribus Eumenidum pictis arctatus ab almo.* (Lib. I, vers. 474.)

(2) Lib. I, *passim.*

(3) Au-dessous des mots *mergites,* Abbon écrit *gerbœ;* au-dessous de *tela, dardi,* d'*adaugent, augmentant,* de *musculus, musclus,* de *respondit, repondit,* etc., etc. (Voy. Ampère, *loc. cit.*)

(4) *Epist. dedicat.*

occuper ses loisirs et se distraire des nombreuses vies de saints qu'il écrivait, Hucbald composa, *à la louange des chauves* (1), un petit poëme de 136 vers, divisé en douze petits chapitres. Le grand mérite du poëte consista à n'employer dans cette pièce que des mots commençant par un C (2). Le sujet n'offrait en lui-même rien de poétique, malgré l'intérêt personnel qui l'avait fait choisir par Hucbald (3); aussi comprenons-nous très-bien qu'à chaque dix vers l'auteur ait eu besoin de réchauffer son inspiration, en répétant, comme un refrain, l'invocation qui ouvre le chant :

Carmina clarisonæ calvis cantate Camenæ !

Les muses ne paraissent pas s'être rendues à ces appels désespérés, et le poëte, abandonné à son seul génie, ne crut mieux faire que de comparer un crâne dénudé « au centre du monde », et de montrer l'infériorité de la lune en regard d'une tête chauve : « La première, dit-il très-gravement, est sujette » aux éclipses, la seconde est une lune toujours pleine ! » (4). Ces vers, destinés à couvrir de gloire les fronts dépouillés par les années, furent fort appréciés de Charles-le-Chauve à qui le poëme avait été tout naturellement dédié ; le crédit du poëte fut grand à la cour, et nul n'osa révoquer en doute le génie et le sentiment poétique du moine de Saint-Amand. Rien n'est plus contagieux, en littérature surtout, qu'un détestable exemple; aussi, le goût dont Hucbald avait fait preuve lui survécut-il, et après avoir eu le malheur d'écrire de mauvais vers, il eut celui d'en inspirer de semblables ; la mort même ne put le protéger contre ce flot de poésie, et

---

(2) GASPARIS BARTHII. *Adversariorum Commentariorum*, Francofurti, 1624, in-folio, p. 2175.

(2) Cette répétition de la première ou de la seconde consonne, nommée *allitération,* est assez fréquente dans les littératures septentrionales.

(3) Hucbald (Hugues-le-Chauve), nom formé de *huc,* Hugues, et *bald,* de *bolen,* dépouillé ; les Anglais disent encore *bald,* chauve.

(4) Calvitii culmen cœli cognoscite centrum.
....
Cynthia cessabit chryseos conferre colores,
Cornua contenebrans cedat concrescere calvis !

de nombreuses épitaphes consacrèrent en vers plus que médiocres la gloire et le mérite du chantre de la calvitie (1).

Au milieu de cette littérature grossière et sans influence sur l'esprit général, si l'on veut se rendre compte de la direction prise par la pensée humaine, il faut pénétrer dans un autre ordre d'idées pour y trouver le reflet des aspirations du Xe siècle, nous voulons parler de la littérature légendaire. Ces épopées naïves qui bercent l'enfance des peuples ont encore le privilége de les charmer aux époques de décadence. Aux accents dramatiques de ces pieux récits qui racontaient les luttes et les triomphes des héros chrétiens, le peuple se sentait ému et agité. Les âmes sensibles et douloureusement éprouvées par les maux de cet âge de fer y puisaient un aliment, des espérances et des consolations qu'elles eussent vainement cherchées ailleurs; aussi le nombre d'écrits de ce genre fut-il considérable à cette époque, et nous pouvons voir d'après les chroniqueurs combien grande fut leur influence et leur crédit.

Ne croyons pas cependant que cette littérature ecclésiastique ait été exempte des défauts que nous avons signalés dans la littérature profane; au contraire, par cela même qu'elle s'adressait aux classes ignorantes, elle fut plus naturellement portée à n'employer qu'un latin dégénéré. Qu'attendre en outre des efforts littéraires d'un pauvre moine qui avoue n'avoir composé une légende que pour ne pas être battu (2)? Aussi le plus grand nombre d'écrits de ce genre n'ont-ils de valeur qu'au point de vue archéologique; ce sont les témoins d'un âge disparu, que l'on revoit, sinon avec fruit, du moins avec intérêt.

Seul, le genre satirique se maintint à un niveau plus élevé; non que, selon le mot de Juvénal, « l'indignation ait inspiré de beaux vers (3), » mais il règne dans les invectives arra-

---

(1) De toutes ces épitaphes, voici celle qui nous a paru la moins mauvaise; elle pourra faire juger du mérite des autres :
>   Dormit in hac tumba simplex sine felle columba
>   Doctor, flos, et honos tam cleri quam monachorum
>   Hucbaldus, famam cujus per climata mundi
>   Edita sanctorum modulamina, gestaque clamant.

(2) Cité par M. Ampère, t. III, chap. XIV.

(3) *Si natura negat, facit indignatio versum.* (JUVEN., sat. I, vers. 79.)

chées à quelques esprits réformateurs par le spectacle des désordres du clergé, de la tyrannie des grands et de la corruption générale, une énergie et une vigueur dont les poésies, les légendes et les homélies de la même époque ne nous offrent aucun exemple. Parmi ces écrivains, nous citerons : Atton, évêque de Verceil, qui composa contre l'immixtion du pouvoir séculier dans le sanctuaire, un traité remarquable intitulé : *Des Oppressions de l'Eglise* (1) ; saint Odon, abbé de Cluny, qui traça dans ses *avertissements* (2) un énergique tableau des vices de son temps ; Rathier, évêque de Vérone, mais né en France, esprit inquiet, remuant et toujours en lutte avec son clergé, qui nous a laissé, dans un pamphlet bizarrement intitulé : *Livre du perpendiculaire* ou *Visions d'un voleur pendu à une potence avec plusieurs autres* (3), une peinture saisissante de l'état de l'Eglise dans la dernière moitié du X⁰ siècle.

Sans doute, dans ces polémiques, il faut faire la part de l'exagération ; mais nous devons cependant convenir que la réalité n'était pas toujours au-dessous des tableaux tracés par ces réformateurs. L'ignorance était telle dans le clergé que Frotier, évêque de Poitiers, et Fulrade, évêque de Paris, chargèrent Abbon, l'auteur du *poëme sur le siége de Paris*, de composer en latin familier quelques sermons pour leur clergé ; les prêtres de ces deux diocèses étaient incapables d'enseigner d'eux-mêmes la parole de Dieu (4). A la faveur des usurpations féodales, des abbés laïques s'emparent de la direction des monastères ; ils s'y établissent avec leurs femmes, leurs enfants et leurs soldats, et on comprend facilement ce que durent être les asiles de l'étude et de la prière sous des abbés qui se faisaient gloire de ne pas savoir lire : *nescio litteras* (5).

(1) *De pressuris ecclesiasticis*, ACHERII *spicilegium*, t. VIII, pag. 44, 98.
(2) S. ODONIS *Collationes*, liv. II, n. 37, 41.
(3) ACHERII *Spicil.*, t. II, p. 161, 170.
(4) *Ibid.*, t. IX, p. 79.
(5) Voici le texte même des actes du concile tenu en 909 à Troli, dans le Soissonnais : ..... *Nunc autem in monasteriis abbates laici, cum suis uxoribus, filiis et filiabus, cum militibus morantur et canibus..... regulam quomodo leget, quomodo intelliget? Si forsitan oblatus fuerit hujusmodi codex respondebit : nescio litteras!* (*Acta concilii Trosleiani, anno 909, apud* LABBEUM, t. IX, col. 529.)

Le contre-coup de cet affaissement des intelligences se fit nécessairement sentir dans les arts; l'esprit est un, en effet, et la solidarité la plus étroite règne entre ses facultés. Dans ses rapports avec l'âme humaine, Dieu se révèle sous la triple manifestation du vrai, du beau et du bon; comme vérité, il provoque le développement intellectuel par la science et la foi; comme bonté, il sollicite au bien par l'amour; comme beauté, il ouvre à nos espérances un idéal de perfection auquel nous n'atteindrons jamais, mais dont chaque effort nous rapproche. Ce complet épanouissement de notre être spirituel repose, on le voit, sur le culte et l'amour exclusif de la vérité dont le bien est la pratique, et le beau la conception idéale.

Or, le Xe siècle se préoccupait peu de la science; la bonté avait fait naufrage dans cet épouvantable chaos où s'engloutissaient pêle-mêle les lois et les institutions; la beauté, cet amour de l'ordre et de l'harmonie, selon la belle définition de saint Augustin, dut aussi s'exiler. Penché vers la terre, l'homme n'en détachait plus ses regards, et, quand sous le poids d'intolérables douleurs, il sentait son cœur défaillir et ses genoux trembler, l'espérance, ce beaume des malheureux, ne venait plus ranimer son courage en montrant à cette âme désolée un idéal qui lui souriait au ciel.

On ne peut expliquer autrement cette éclipse passagère que les arts subirent après Charlemagne. Ce grand empereur, dont la main se retrouve partout dans les origines du monde moderne, n'avait pas seulement restauré l'ordre politique en Occident; les arts, fidèles compagnons de la science, avaient aussi reçu de son génie une impulsion puissante qui survécut en partie aux bouleversements du Xe siècle. L'architecture, dans ses deux types romain et byzantin; la peinture, que favorisait l'émigration des artistes grecs chassés par les empereurs iconoclastes; la sculpture, l'art de ciseler les métaux, le chant et la musique, Charlemagne avait tout introduit en Gaule; et les rares débris qui ont survécu au temps et aux invasions nous attestent encore combien fut grand et fécond son rôle civilisateur (1). Au Xe siècle, on ne saisit plus que quelques rayons

(1) Parmi les monuments de cette époque on cite : l'église d'Aix-la-Chapelle, style byzantin, St-Martin-de-Poitiers, style des basiliques romaines; dans la

fugitifs de cette inspiration artistique qui avait animé le IXe. Sous la double appréhension des maux présents et des menaces de la fin du monde, les peuples ne bâtissaient plus; aussi ne nous reste-t-il presque aucun monument de cet âge (1). La peinture suivit cette décadence, ainsi qu'il est facile de le voir en comparant les miniatures de ce siècle a celles de l'époque antérieure. Cependant, au témoignage du moine Richer, on ciselait encore les métaux; mais la musique, malgré quelques efforts isolés, était tombée dans le plus profond oubli (2). Les âmes ne semblaient plus éprouver ces élans irrésistibles vers l'infini, et la passion du beau idéal, qui est le principe des arts, paraissait éteinte. Le fond des vérités religieuses restait le même sans doute, mais la foi ne lançait plus dans les airs les flèches des cathédrales, et, à l'intérieur du temple, le chant et la poésie, ces ailes de la prière, ne s'élevaient plus, par-delà les horizons de la terre, jusqu'au sein de Dieu. Et cet abîme, rien n'en atténuait la profondeur, rien, pas même le sentiment d'une décadence aussi complète; c'eût été un élément de résurrection, car un peuple grandit quand il peut mesurer son néant Au Xe siècle, rien de semblable : la science est bannie, la bonté oubliée, l'espérance déçue; l'intelligence et le cœur, déshérités de science et d'amour, restent seuls sur cet amas de ruines, attendant, comme les ossements dont parle le Prophète, que le souffle du ciel vienne secouer leur poussière et vivifier leurs cendres.

C'est, en effet, une loi de l'ordre moral qu'à l'aveuglement de l'esprit succède fatalement la corruption du cœur; aussi ne devons-nous pas être surpris de voir les vices les plus honteux s'épanouir dans ce siècle qui fut le plus ignorant de notre histoire. Le trafic des choses saintes, malgré les censures des conciles, s'opérait sur une grande échelle, et il y avait peu

---

miniature, la bible de Charles-le-Chauve; dans la sculpture, les débris du zodiaque de S. Sernin, à Toulouse.—Voy. M. Mérimée. *Notes d'un voyage dans l'ouest de la France;* Emeric David. *Magasin encyclopédique,* t. IV, et surtout M. Ampère, t. III, chap. XIII.

(1) M. Mérimée rapporte au Xe siècle Notre-Dame-de-la-Couture, au Mans.

(2) Richerii *hist.*, lib. III, cap. XLIX.

d'églises particulières qui n'eussent à gémir de la simonie des évêques ou des clercs qui la composaient. A cet amour du lucre qui, sous le nom de querelle des investitures, mettra aux prises, un siècle plus tard, le pape et l'empereur d'Allemagne, venait se joindre cet autre fléau, compagnon de l'oisiveté, l'incontinence du clergé. Il faut renoncer à peindre dans notre langue les turpitudes dont les écrivains du Xe siècle nous ont conservé, dans un latin équivoque, le triste tableau (1) ; des abus monstrueux vinrent s'ajouter à ceux qui sont inhérents à toute société humaine, et on vit des clercs se marier publiquement, quelques-uns épouser même leurs propres sœurs (2).

Pendant que ces scandales avilissaient le clergé inférieur, les évêques ne contribuaient pas toujours par leur culture intellectuelle (3) et leurs bons exemples à restaurer la discipline ecclésiastique. Sans parler ici de la papauté dont nous apprécierons plus tard l'influence, l'ordre épiscopal, d'après le testament de Turpion, évêque de Limoges (4), n'était pas à l'abri des vices qui désolaient l'Église. On vit, en 925, un enfant qui n'avait pas encore cinq ans s'asseoir sur le siége archiépiscopal de Reims, et, scandale jusqu'alors inouï, cette élection, approuvée par le roi Raoul, fut confirmée par le pape Jean X !

En présence de pareils faits et de la décadence qu'ils supposent, on s'explique la lassitude qui semble peser sur les esprits pendant toute cette période. Il n'y a plus de vie dans le clergé, plus de lutte dans la sphère des idées : l'indifférence règne sur les âmes ; on croirait que l'humanité fatiguée a cessé de lever les yeux vers le ciel et qu'elle borne ses efforts à trouver sur la terre une place où elle puisse abriter son léthargique sommeil. Nous voyons une

---

(1) *Bibliotheca patrum*, t. XVII, p. 285. — Voy. aussi les ouvrages de Rathier.

(2) Cité par Ampère, t. III, ch. XIV.—Cf. MABILLON. *Annal.*, t. III, p. 438.

(3) Dans son poëme satirique adressé au roi Robert, Adalbéron, évêque de de Laon, disait en parlant des conditions requises pour obtenir l'épiscopat :

Alphabetum sapiat digito tantum numerare ! (Vers. 66.)

(4) Mort en 944. *Bibliothecæ Cluniacensis* appendix, p. 150.

preuve de cette torpeur générale dans l'absence même d'hérésies. Celles-ci supposent, en effet, dans la société qui les enfante, une certaine énergie intellectuelle, stimulée par l'exubérance de la foi ou les angoisses du doute ; mais la foi est un signe de vie, le doute lui-même est une conquête sur la mort, c'est le réveil de la pensée, quelquefois l'aurore d'une éclatante lumière. Voilà pourquoi les hérésies dogmatiques supposent des époques cultivées, des hommes savants dont les forces ne sont pas toujours en rapport avec les besoins. Tel n'est pas le caractère du Xe siècle. Les pensées y sont grossières, et les aspirations n'ont que la terre pour idéal ; aussi cette double tendance se retrouve-t-elle jusque dans les erreurs de ces intelligences alourdies. La matière étant ce qui domine, la notion de Dieu semble s'affaiblir, et l'on voit reparaître l'ancienne erreur des anthropomorphites (1). Pour ces imaginations grossières, l'Eternel n'est plus qu'un homme assis sur un trône d'or, et les anges qui le servent, des êtres matériels ne se distinguant des humains que par les ailes et le costume. On dirait que les peintures dont les artistes byzantins ont décoré les vieilles basiliques se sont animées sous le regard des fidèles, et que le symbole a fait place à la réalité.

Les anthropomorphites avaient matérialisé la divinité ; un certain Valfrède prêcha la matérialité de l'âme et son anéantissement à la mort (2). Cette doctrine était bien faite pour un siècle dans lequel les hommes, vivant seulement par le corps, n'aspiraient, après les tribulations de l'existence, qu'à un éternel repos.

Un autre signe de l'affaiblissement de la vie intellectuelle dans l'Eglise fut le petit nombre de conciles réunis en ce siècle. A peine en comptons-nous 30 en France, et encore leurs délibérations n'ont-elles généralement pour objet que des intérêts locaux ou une participation trop directe aux discordes politiques. L'affaissement est donc universel en Gaule : peuple, clergé, évêques, tous subissent cette influence éner-

---

(1) RATHERII *Epist. synod.*, pag. 264.
(2) ACHERII *Spicileg.*, t. VII. pag. 341.

vante qui n'est pas encore la mort, mais qui la prépare. L'homme avait dit son dernier mot d'impuissance, l'heure de la Providence allait sonner. Dieu, en effet, a la main sur les sociétés ; et s'il permet qu'elles sommeillent, il ne les laisse jamais s'égarer entièrement. De 880 à 980, tandis que les institutions croulent de toute part, que les arts fatigués et la science dédaignée paraissent ramener le monde à la barbarie, quand tout progrès semble interrompu, alors Dieu suscite de pauvres moines pour sauver l'Eglise et la société.

Depuis le VIe siècle, l'ordre bénédictin rendait à l'Occident d'éclatants services, et Charlemagne avait été puissamment aidé par saint Benoît d'Aniane dans son œuvre de restauration intellectuelle. Momentanément affaiblie par les troubles qui signalèrent la dissolution de l'empire, cette grande famille monastique, sous l'impulsion énergique de saint Odon, allait se trouver investie de la glorieuse mission de relever les ruines du Xe siècle et de maintenir l'humanité dans cette voie du progrès dont l'ignorance menaçait de la détourner. En lisant la règle de St-Benoît, on est frappé de l'admirable direction que le réformateur du VIe siècle imprima à tout ce que la nature de l'homme renferme de noble et de généreux ; plaçant dans l'élévation morale le principe de la sainteté, l'ermite de Subiaco avait inscrit au frontispice de sa règle monastique la triple obligation du travail, de la science et de la prière. Grace à leur forte discipline, les monastères bénédictins avaient couvert l'Europe chrétienne et contribué par leurs vertus et leurs enseignements à l'éducation des barbares au VIe et au VIIe siècle ; toutefois, le principe qui faisait leur force amena bientôt leur décadence. L'homme, en effet, qu'il lutte dans le monde ou qu'il vive au fond d'un cloître, a toujours besoin d'être stimulé par l'exemple et soutenu par l'émulation. Or, cette condition essentielle de tout progrès faisait défaut à l'ordre de St-Benoît ; chaque maison religieuse formant un tout complet vivait de sa vie propre, et cet isolement devenait une cause de faiblesse. En présence de la désorganisation qui morcelait l'empire carlovingien, saint Odon comprit la nécessité de donner à l'ordre bénédictin la force de cohésion qui manquait à la société ; il conçut et réalisa le hardi projet de rallier sous son observance toutes les communautés qui consentiraient à reconnaître la suprématie d'une seule ayant sur les autres force de loi et de direction. Cluny devint la métropole de cette vaste agrégation qui, par ses résultats, doit être comptée parmi les faits principaux du Xe siècle. A cette période, en effet, remonte l'âge d'or des monastères; de tous côtés on vit s'élever ces asiles solitaires que l'âme aime à retrouver dans ses rêves quand une belle illusion détruite, une grande espérance déçue ou une noble affection brisée viennent broyer le cœur et montrer à notre orgueil qu'en bannissant les remèdes, le scepticisme n'a pu exiler la souffrance.

La réforme de saint Odon ne fut pas circonscrite à la France ; l'Angleterre, l'Espagne, l'Italie, Rome même l'adoptèrent, et la famille bénédictine eut la gloire de produire, à la fin du Xe siècle, les hommes qui ressuscitèrent en Occident le goût des lettres et l'amour de la science.

Nous disons en Occident, car bien que la France, livrée à l'anarchie, eût plus souffert que les Etats voisins, l'ignorance était générale, et d'épaisses ténèbres semblaient envelopper l'Europe chrétienne. Depuis la mort de Charles-le-Gros (888), l'Italie, rendue à elle-même, usait toute son énergie dans des luttes intestines à la faveur desquelles les Normands, les Grecs et les Sarrasins s'étaient emparés de toute la partie méridionale de la Péninsule. Les Italiens, disait Luitprand, évêque de Crémone, veulent toujours deux maîtres, un roi et un prétendant, pour pouvoir supplanter l'un par l'autre; cette parole résume toute leur histoire au Xe siècle. C'est en effet un lugubre tableau que celui de l'Italie pendant toute cette période; ravagée au Midi par les pirates, envahie du côté des Alpes par les Allemands et les Hongrois, elle était au centre la proie des factions qui se disputaient le pouvoir. Deux princes, Bérenger, margrave du Frioul, et Guy, duc de Spolète, furent la personnification de cette anarchie intérieure qui permit tour-à-tour aux Sarrasins de piller les faubourgs de Rome, aux Magyares de dévaster les rives du Pô, au roi d'Allemagne Arnoul, à Boson de Provence et à son fils Louis, d'intervenir à leur profit dans ce conflit de deux ambitions rivales.

En réalité, c'était moins la couronne d'Italie qui était en

jeu que le diadème impérial. Depuis que le pape Léon III avait rétabli au profit de Charlemagne l'empire d'Occident, tous les souverains qui avaient joui de cette dignité étaient venus chercher à Rome la suprême consécration de leur puissance. Insensiblement, les peuples s'étaient habitués à associer dans leur pensée le nom du pape et celui de l'empereur ; le premier conférant le droit, le second consacrant l'indépendance temporelle du Saint-Siège, et tous deux signant par leur alliance ce contrat en vertu duquel le pape était puissant et l'empereur légitime. Le pontife de Rome pouvant seul, d'après le droit public à cette époque, donner la couronne impériale, et celle-ci étant le but secret de tous les prétendants, ce fut vers le Saint-Siége que se porta l'ambition des partis, tantôt pour circonvenir le chef de la chrétienté, tantôt pour confisquer la papauté au profit de leur ambition. Plus était grand le prestige exercé par la ville éternelle, plus brillantes étaient les espérances que la majesté de la tiare éveillait dans les âmes, plus aussi devaient être funestes et terribles les maux causés par le choc des intrigues et la lutte de passions insatiables.

Il faut un certain courage et beaucoup de patience pour arriver à démêler ces fastidieuses rivalités de famille, ce jeu sans cesse renouvelé des mêmes intérêts ; mais cette connaissance donne seule la clef d'une période qui fut la plus lamentable de l'Eglise chrétienne. Pourquoi ne l'avouerions-nous pas? La papauté sembla faillir à sa mission morale et civilisatrice, et, quand chaque faction put à son gré placer sur le siége de Saint-Pierre le représentant de ses intérêts, le pontificat ne fut plus qu'une immunité pour la vengeance, une arme contre ses ennemis. Plus que toute autre peut-être, cette grande crise de l'Eglise a été dénaturée tout à la fois par ses amis et par ses ennemis. Ceux-ci, heureux de donner à leurs attaques contre Rome l'accent de la vertu indignée, ont voulu faire rejaillir sur la grande famille chrétienne des fautes dont elle a gémi, mais dont elle ne peut être solidaire. Ce dénigrement des papes du Xe siècle a provoqué une réaction tout aussi exagérée et qui, dans son zèle de réhabilitation quand même, n'a pas toujours tenu compte de ce que les attaques de ses ennemis pouvaient avoir de fondé. Telle n'est pas notre pensée ; sans autre préoccupation que de trouver la vérité dans ce dédale obscur, nous la cherchons avec la bonne foi, qui sans doute ne supplée pas la science, mais qui du moins ne peut laisser aucun doute sur nos intentions. Du reste, pourquoi dissimuler ce qu'il y a eu d'humainement mauvais dans la société chrétienne? Outre que la perfection n'est pas de ce monde, il semble que si tous les papes eussent fait rejaillir sur l'Eglise l'éclat de la science et de la vertu, si tous eussent joint à l'énergie d'un Grégoire VII ou d'un Innocent III, la sagesse d'un saint Léon ou la grandeur d'âme d'un saint Grégoire, il eût paru douteux aux esprits hostiles et prévenus que l'édifice catholique fût autre chose que l'œuvre de ces puissants génies. La main de Dieu eût disparu derrière la valeur des hommes. Mais quand on voit, comme au Xe siècle, la papauté, cette clef de voûte du christianisme, ébranlée par les passions, avilie par les vices et détournée de son but par les calculs de l'intérêt, la raison la plus sceptique est forcée d'admettre qu'il y a au-dessus des éléments humains de l'Eglise un principe divin, supérieur à nos faiblesses et qui les fait servir, avec ou sans le concours de notre volonté, au triomphe du bien et à la manifestation de la vérité. Tel est le sens de cette redoutable parole du Sauveur : « Il est nécessaire qu'il y ait des scandales. » (Matth., XVIII, 7.) Tout le christianisme est dans ce mystère ; et, quand l'histoire raconte ces naufrages partiels de la raison et de la conscience, tandis que nos ennemis s'en applaudissent comme d'une victoire et que des amis trop pusillanimes baissent le front pour en dissimuler la rougeur, le vrai chrétien y trouve une éclatante justification de sa foi, et, levant les yeux au-dessus des passions humaines, il découvre la main de Dieu et il la bénit d'avoir protégé l'Eglise contre les coups de ses ennemis et l'infidélité de ses propres enfants.

Ce fut une de ces grandes crises morales que traversa la papauté au Xe siècle ; la noblesse et le clergé, dont les membres les plus influents appartenaient presque toujours aux grandes familles de Rome, gouvernaient la ville éternelle. Les partis ne s'y éteignaient jamais, nous dit un historien, les factions disposaient du siège de Saint-Pierre comme d'une compagnie de janissaires; et, si une mort naturelle ne venait pas promptement délivrer le malheureux élu de son fardeau, une mort violente était son inévitable destin (1). La majesté de la tombe elle-même ne protégeait pas toujours la mémoire des pontifes contre les réactions triomphantes du parti rival. C'est ainsi que le pape Etienne VII, voulant se venger de son prédécesseur Formose qui avait appelé en Italie Arnold, roi d'Allemagne, fit exhumer son corps, revêtit cette froide dépouille des ornements pontificaux et ordonna de la placer sur le siége apostolique; s'instituant ensuite l'accusateur public de ce cadavre, il lui prodigua les plus grossières insultes. Cette parodie sacrilége, nous dit un évêque contemporain, Luitprand (2), se termina par un jugement qui condamnait Formose à être précipité dans le Tibre après avoir perdu les trois doigts dont il s'était servi pour bénir. Mais la violence trouve toujours dans ses propres excès le châtiment de ses crimes; docile instrument de la faction des comtes de Toscane, Etienne VII en fut bientôt la victime, et du cachot où on l'étranglait, il put entendre les vociférations de cette populace qui se vengeait d'avoir applaudi ses forfaits, en insultant à sa défaite. C'était en 900 que ces évènements se passaient à Rome, et voici en quels termes l'historien de la papauté, Baronius, croit devoir ouvrir le récit de cette période de ses annales : c'est ici que se place le commencement de ce siècle qui a mérité par ses cruautés et l'absence de toute vertu le nom de siècle de fer; partout triomphe le génie du mal, et la décadence intellectuelle est si complète que cette époque est appelée à bon droit siècle de ténèbres (3).

Ces paroles de l'annaliste n'étaient que trop justifiées par l'état de l'Italie et surtout de Rome. Une soif effrénée de

---

(1) *Histoire d'Italie* par le docteur Henri Leo, tom. I, liv. III, chap. V, § 4.

(2) Luitprandi *Historia* lib. 1, c. 8.

(3) *En incipit annus Redemptoris nongentesimus, quo et novum inchoatur sæculum, quod sui asperitate ac boni sterilitate ferreum, malique exundantis deformitate plumbeum, atque inopia scriptorum apellari consuevit obscurum.* Baronii *Annales ecclesiastici*, édit. de Cologne 1624, in-fol., t. X, p. 649.

commander s'était emparée de tous les esprits, et chacun mettait au service de son ambition les mobiles les plus honteux. On vit alors un phénomène jusque là inouï dans l'histoire, le nord et le centre de la Péninsule obéissant à deux femmes qui ne durent leur crédit et leur puissance ni au génie ni à la naissance, mais aux charmes de leurs personnes (1). Tout le versant méridional des Alpes était soumis aux caprices d'Hermengarde, veuve du marquis d'Ivrée, et Rome était sous le joug de la fameuse Théodora qui dirigeait toutes les intrigues du parti des marquis de Spolète. Douée d'une beauté remarquable, cette femme audacieuse, secondée par ses deux filles, Marosie et Théodora, domina la ville éternelle et sut exercer sur toute la noblesse romaine un ascendant qui s'étendit même à ses plus implacables ennemis quand elle daigna leur tendre la main. Maîtresse du château Saint-Ange, elle fit placer sur le trône apostolique un de ses favoris qui prit le nom de Sergius III, et domina par le crime et la débauche une ville où la fidélité, la conscience, l'amour et le pouvoir étaient tour à tour sacrifiés ou vendus à la fureur des jouissances matérielles (2)

Deux ans après la mort de Sergius, une autre créature de Marosie, Jean X, monta sur la chaire de Saint-Pierre, et, sous son pontificat, l'abjection atteignit les dernières limites. Ce n'était plus seulement le Saint-Siége que les courtisanes se disputaient pour leurs favoris, elles disposaient aussi des principales églises de l'Italie en faveur de leurs partisans, et consacraient par la violence des prérogatives que l'affaissement des

---

(1) LUITPR. *Histor.* lib. III, c. 2.

(2) Voici en quels termes, intraduisibles dans notre langue, Baronius parle de ce pontificat : *Tunc exsurgit Sergius ille nefandus, homo vitiorum omnium servus, facinorosissimus omnium, qui nihil intentatum reliquit.... Theodora diras habuit natas Marosiam atque Theodoram sibi non solum æquales, verum etiam Veneris exortivo promptiores. Harum una, Marosia, ex papa Sergio, Johannem, qui postea romanæ ecclesiæ obtinuit dignitatem, nefario genuit adulterio.* (LUITP. *hist.* lib. II, c.13.).... *sed unde hujus infamis mulieris tanta dignitas? quia possidens arcem filias prostituebat pontificibus, sedis apostolicæ invasoribus, et Tusciæ marchionibus; ex quibus tantarum meretricum invaluit imperium, ut pro arbitrio legitime creatos dimoverent pontifices, et violentos ac nefarios homines, illis pulsis, intruderent.* BARONII *Annales*, t. X, p. 671.

mœurs publiques semblaient leur reconnaître. Le Christ dormait dans sa barque, s'écrie tristement Baronius, et les flots déchaînés menaçaient d'engloutir ce frêle esquif. Sur la mer de Tibériade, les apôtres avaient éveillé le Sauveur, maintenant tout était muet, et pas une voix ne s'élevait pour implorer son secours; ceux qui devaient veiller au salut de l'Eglise faisaient cause commune avec ses ennemis, et, dans leurs vœux sacrilèges, ils cherchaient à s'assurer l'impunité en souhaitant que le Christ ne se réveillât plus (1).

Une inexprimable confusion agitait la ville éternelle; quelques jours suffisaient pour amener la défaite ou le triomphe d'un parti, et la papauté éprouvait toujours le contre-coup de ces réactions populaires. Nous en voyons une preuve dans le grand nombre de ceux qui ceignirent la tiare; de Léon IV à Sylvestre II, c'est-à-dire dans une période d'un siècle et demi, plus de quarante papes ou antipapes montèrent sur le trône apostolique et en furent précipités par les mêmes moyens auxquels ils avaient dû leur élévation (2), On étranglait celui-ci, on crevait les yeux à celui-là; jamais on ne vit autant d'antipapes, car chaque faction de Rome, chaque prince italien, chaque souverain étranger avait son candidat dont l'intrusion signalait le succès momentané de leurs armes. Cet état de choses dura jusqu'au pontificat du fils de Marosie (3), Octavien; ce pape qui n'avait pas encore 18 ans (4) prit le nom de

---

(1) *Quam fœdissima facies Eccelsiœ Romanœ quum Romœ dominarentur potentissimœ œque ac sordissimœ meretrices! Quum intruderentur in sedem Petri earum amasii, pseudo-pontifices qui non sint nisi ad consignanda tantum tempora in catalogo romanorum pontificum scripti!..... Dormiebat tunc plane alto sopore Christus in navi, quum, hisce flantibus validis ventis, navis ipsa fluctibus operiretur. Et, quod deterius videbatur, deerant qui Dominum sic dormientem clamoribus excitarent discipuli.... quis non credat optasse hos omnes dominum dormisse semper et nunquam in judicium surrecturum, evigilaturum nunquam ad ipsorum cognoscenda et punienda facinora.* BARONII *Annal.*, t. X, p. 685.

(2) *Qui per impudicam feminam apostolicam sedem arripuit, œque per impudicam mulierem fuit ejectus.* BARON. *Annal.*, t. X, p. 715.

(3) LUITPR, *hist. liv.* II. c. 13.

(4) *Abortivum istum tunc parturiit Romœ tyrannis.* BARON. *Annal.* t. X. p. 765.

XXVIII

Jean XII et réunit en sa personne le double pouvoir de Patrice et de Pontife. La vie de Jean XII fut ignominieuse, comme on devait l'attendre du petit-fils de Théodora, et, bien que le sentiment de la dignité humaine nous fasse répugner à croire aux infamies dont quelques chroniqueurs ont flétri sa mémoire, il n'est pas douteux que le pouvoir réuni du pape et du prince n'ait été un poids trop lourd pour un homme si jeune, et que le pontife, succombant aux attraits et aux séductions du monde, n'ait fait de son double pouvoir un déplorable abus. Malgré ses vices, Jean XII eut le premier le sentiment de la subordination complète dans laquelle était tombée la papauté, et il mit tout en œuvre pour l'affranchir. Seul, le roi d'Allemagne lui parut assez puissant pour dominer les turbulentes factions de Rome, et il n'hésita pas à implorer son secours.

Depuis 918, la couronne allemande était passée dans la maison de Saxe, et Henri 1er, l'Oiseleur, avait réuni sous son sceptre toute la partie orientale de l'empire carlovingien. Son fils, Othon 1er, qui lui succéda en 936, venait d'apaiser la révolte de ses vassaux et d'arrêter par de brillantes victoires les invasions des Slaves et des Hongrois, quand le désir du pape lui fut exprimé. Ce projet d'intervention en Italie caressait les plans secrets d'Othon qui, parvenu en Allemagne au faîte du pouvoir, tournait depuis longtemps ses yeux vers Rome où se conférait cette couronne impériale dont l'éclat l'avait séduit; aussi, s'empressant de se rendre aux vœux de Jean XII, franchit-il les Alpes à la tête d'une puissante armée. Une campagne de quelques mois lui livra le nord de l'Italie, et Othon s'étant rendu à Rome, y reçut, le 2 février 962, le diadème impérial. L'accord le plus parfait présida aux relations du pape et de l'empereur; ce dernier reçut le royaume d'Italie à charge de rendre au Saint-Siége les possessions que Charlemagne lui avait autrefois concédées; de son côté, Jean XII s'engagea à ne favoriser aucun autre prétendant à la couronne d'Italie, et il fut stipulé qu'à l'avenir l'élection des souverains pontifes serait faite par les Romains, mais que l'élu, avant d'être consacré, promettrait, en présence des commissaires impériaux, de respecter tous les droits et priviléges de l'empereur (1). Cette

(1) Cf. GRATIANI *Decret.* Pars I, *distinctio* LXIII, c. 23.

clause, en plaçant jusqu'à un certain point la papauté sous la tutelle impériale, devait-être pour l'avenir une source de conflits.

L'élévation d'Othon au trône de Charlemagne ouvrit à l'Italie une ère nouvelle. Sans doute, l'apaisement ne fut ni général ni immédiat, et le pape lui-même ne tarda pas à recourir à la trahison pour chasser celui dont il avait imploré le secours ; mais, ni l'ingratitude de Jean XII, ni les abus de pouvoir que l'empereur se permit en faisant déposer ce pontife et placer un intrus sur la chaire apostolique, ne doivent nous faire perdre de vue la noble mission du souverain allemand. Dans ce conflit de passions et d'intérêts sous lequel la papauté menaçait de sombrer, en présence de ces vices audacieusement déchaînés qui, au Xe siècle, firent trop souvent rouler dans la boue la tiare des pontifes, Othon fut l'instrument dont Dieu se servit pour rendre aux chefs de son Eglise leur dignité méconnue et leur pouvoir avili. Et avec la papauté furent sauvés la dignité humaine, l'avenir de l'Occident et le flambeau de la civilisation. De mauvais papes pourront encore, il est vrai, compromettre par l'ambition ou la cupidité leur mission pacifique ; mais l'histoire ne verra plus se renouveler ces cataclysmes moraux et ces naufrages du sacerdoce qui, au Xe siècle, menaçaient de bouleverser le monde.

Au milieu de ces agitations, il est facile de comprendre dans quel état de décadence tombèrent les lettres en Italie. Les invasions des Sarrasins et des Normands, en couvrant de ruines tout le midi de la Péninsule, avaient fait disparaître jusqu'aux derniers vestiges de culture intellectuelle ; et cette dévastation fut si complète, que la ville de Bénévent qui, au IXe siècle, possédait une remarquable bibliothèque et toute une académie de savants illustres (1), avait à peine une école au Xe siècle. Dans le nord de l'Italie, les grandes institutions fondées par Charlemagne s'étaient plus longtemps maintenues ; c'est ainsi que l'on trouvait à Milan des écoles élémentaires où l'on enseignait les principes de la lecture, du chant et même quel-

---

(1) Cf. Tiraboschi T. III p. 373.

quesnotions des arts libéraux (1). Mais au milieu des mœurs grossières de la Cisalpine, dans cette lutte des intérêts de partis et de commerce qui absorbaient tous les intérêts d'un ordre plus élevé, ces institutions avaient bientôt disparu, et quelques rares couvents, comme Bobbio, servaient seuls d'asile aux études et de dépôt aux richesses de l'antiquité.

Entre toutes les cités de l'Italie, Rome était peut-être celle où la décadence était la plus complète. Cette ville, qui a toujours eu le glorieux privilège de servir d'asile aux arts et aux lettres quand la barbarie ou le tumulte des armes les exilent du reste de l'Europe, oublia dans les agitations de la guerre civile cette mission civilisatrice ; et nous pouvons avoir une idée de l'ignorance qui y régnait par ce fait que personne n'étant capable, dans la patrie de Cicéron, de composer une épitaphe latine, on fut obligé, pour orner les sépulcres de certains papes, de copier les inscriptions qu'en des temps plus lettrés on avait gravées sur le marbre des anciens tombeaux ! (2)

Les mêmes causes de ruine intellectuelle n'existaient pas en Allemagne. Au delà du Rhin, en effet, les révoltes qui avaient troublé le règne des derniers Carlovingiens, et les nombreuses incursions des Hongrois et des Normands n'avaient point atteint le principe du gouvernement ; aussi, malgré ses démembrements, la monarchie allemande était-elle encore la plus vaste et peut-être la plus homogène de l'Occident, quand le sceptre échut à Henri l'Oiseleur. A l'ombre de ce pouvoir puissant qui, sous les Saxons et les premiers empereurs Saliens, éleva le nom germanique à son apogée de gloire et de grandeur, la décadence littéraire ne fut pas aussi rapide ; et, bien que la plus grande partie des pays d'outre Rhin fussent plongés dans l'ignorance et la barbarie (3), on trouvait encore dans quelques cloîtres des traces de culture que l'on eût vainement cherchées en France et en Italie. Saint-Gall, en

---

(1) GIULINI, *Memorie di Milano.* p. III. t. 52.

(2) Voy. dans Baronius l'épitaphe de Benoît VII ; l'annaliste ajoute en note : *Versus, ob illorum temporum latinæ linguæ inopiam, ex Stephani VII et Benedicti IV epitaphio corrasi videntur..* BARON. *Annal.* X, p. 871.

(3) BRUCKERII, *Historia critica philosophiæ*, t. III. p. 632.

Suisse, un des premiers sanctuaires où l'on ait enseigné la langue d'Homère (1), le monastère de Lorsch, près de Worms, celui d'Hirschau, dans la Forêt-Noire, de Wessobrun, en Bavière, gardaient les traditions littéraires du siècle de Charlemagne; et le respect de ces moines pour les chefs-d'œuvre de l'antiquité allait jusqu'à les conserver dans des boîtes d'or enrichies de pierres précieuses (2). Toutefois, ce culte un peu platonique pour la littérature ancienne ne paraît pas avoir rayonné au dehors de ces cloîtres isolés et exercé une influence réelle sur le Xe siècle.

Il n'en fut pas de même du couvent de Gandersheim en Saxe. Dans cette abbaye, qui fut « comme une sorte d'oasis jetée au milieu des sables de la barbarie », vivait vers 970, sous le règne d'Othon-le-Grand, une jeune religieuse d'illustre origine nommée Hrosvita; toute enfant, elle aimait à lire les livres saints et joignait à cette lecture celle de Virgile et de Térence. Ce fut ce dernier poëte qui lui inspira la pensée de reproduire sur la scène quelques-unes des pieuses légendes dont le récit avait édifié sa jeunesse, et elle choisit de préférence, nous dit-elle, « celles qui, s'adaptant le mieux à son faible génie (3), nous « montrent le triomphe de la vertu des femmes confondant « malgré leur faiblesse la brutalité des hommes » (4). Sans doute, le latin de Hrosvita n'est pas d'une irréprochable pureté, et la critique aurait à relever de nombreuses imperfections littéraires dans ces premiers essais poétiques; mais pourrait-on se montrer sévère, au milieu d'un siècle aussi barbare, pour une religieuse qui ne se propose d'autre but, « que de ne pas « laisser croupir dans son sein la faible étincelle de génie que « le ciel lui a départie, et qui n'aspire qu'à rendre, sous le « marteau de la piété, un faible son à la louange de Dieu! » (5).

---

(1) Voy. dans *la Chronique de Saint-Gall*, la gracieuse légende de la princesse Hedwige, initiant un jeune novice aux secrets de la langue de saint Jean-Chrysostôme.

(2) *Capsæ auræ ex auro purissimo gemmario opere cœlatæ.*

(3) Juxta mei fcaultatem ingenioli (*Præfat.*)

(4) *In sex Comœdias. Præfat.*

(5) *In Oper. Præfat.*

Cette modestie, cette innocence du cœur jointe à une grande naïveté de sentiment, lui permirent d'aborder les sujets les plus scabreux, sans que son œuvre cessât d'être pure et chaste malgré les plus vives hardiesses.

Il nous reste de la religieuse de Gandersheim un grand nombre de récits en vers (1) et six comédies « imitées de Térence » (2) et qui sont tout autant d'esquisses aussi délicates que puissantes (3). Ce dernier recueil est pour la critique littéraire du Xe siècle d'un grand intérêt, et ce n'est pas sans émotion que l'on relit les scènes de ce premier essai dramatique tenté à une époque à laquelle on refuse généralement toute poésie, toute culture intellectuelle et jusqu'au sentiment du beau. Dans une partie reculée de la Saxe, probablement aux jours consacrés à honorer la mémoire des saints dont Hrosvita dramatisait les vertus, une foule recueillie s'assemblait dans la vieille basilique de Gandersheim ; les cérémonies religieuses terminées, l'évêque et les moines d'Hildesheim, les princesses allemandes de la cour d'Othon, les Grecques dont l'impératrice Théophanie aimait à s'entourer, les nobles seigneurs de la Saxe, et, sous les nefs profondes du temple, la multitude des vassaux et des serfs, tous assistaient silencieux et ravis à ce premier baptême de l'art dramatique dans l'Europe chrétienne.

Sans doute il ne faut pas rechercher dans le théâtre de Hrosvita les artifices scéniques, l'analyse d'un caractère, ou le développement régulier d'une intrigue ; ce sont de simples dialogues, liés, il est vrai, par l'unité du but et la pensée morale qui s'en dégage, mais sans aucune prétention tragique. Quelques scènes ont cependant un caractère particulier de hardiesse et de grandeur. Dans la comédie qui a pour titre *Callimaque*, on est étonné de retrouver les passages les plus émouvants du drame qui, dans les temps modernes, peut être regardé comme le chef-d'œuvre du genre passionné, *Roméo et*

---

(1) Voy. l'énumération de ces ouvrages dans un remarquable article de M. Charles Magnin, *Revue des deux Mondes*, année 1839, IV trimestre, p. 450.

(2) In œmulationem Terentii.

(3) *Théâtre de Hrosvita* traduit et publié par M. Ch. Magnin, Paris 1845, 1 vol. in-8°.

Juliette. Près de six cents ans avant Shakspeare, une jeune religieuse avait décrit les orages d'une passion violente et aveugle dans l'explosion de laquelle nous retrouvons cette mélancolie profonde, ce délire de l'âme et jusqu'à cette fatale inclination au suicide, attributs presque inséparables de l'amour au XIXe siècle (1). Comme le poëte anglais, Hrosvita nous montre au dernier acte un caveau sépulcral, une tombe entr'ouverte, une femme ensevelie et, à ses pieds, le cadavre d'un homme victime de sa folle passion ; il n'y a de différence, et elle est à l'avantage de la religieuse de Gandersheim, que dans la moralité de la pièce : le Roméo de Shakspeare laisse l'âme dans cette vague tristesse qui est toujours fatale au repos du cœur ; dans Hrosvita, au contraire, par un emploi du merveilleux que nos mœurs ne comportent plus aujourd'hui, Callimaque est rappelé à la vie, grâce aux prières de celle qu'il a aimée, et il peut ainsi réparer par la vertu une heure de passion et de désespoir. Cette profonde vérité, qui place dans le cœur de l'homme le principe de sa réhabilitation morale, fait le fond des drames saxons, et quand on réfléchit à la brutalité, à l'ignorance de l'époque où elle se produisit, notre admiration redouble pour cette humble religieuse qui résolvait par l'amour le mystérieux problème de la grâce et de la liberté.

A côté de ces scènes dont la beauté morale est de tous les temps et de tous les lieux, le théâtre de Hrosvita nous offre de curieux résumés des connaissances scientifiques de l'Allemagne au Xe siècle. Sans doute, l'érudition y est lourde, pédante, subtile, mais à côté de ces défauts, qui étaient ceux de l'époque, on remarque quelques pensées dont nous chercherions vainement des traces dans les écrivains de la même période, soit en France, soit en Italie. C'est ainsi que, dans la pièce intitulée *Paphnuce et Thaïs*, nous trouvons cette magnifique apologie de la science, qui contraste singulièrement avec l'ignorance du siècle : « Ce n'est pas la science qui peut ou-
« trager Dieu, mais l'injuste orgueil de celui qui sait : les arts

---

(1) Voy. le parallèle de *Callimaque* et de *Roméo et Juliette* dans la savante introduction de M. Magnin. — SHAKSPEARE : *Romeo and Juliet*, act. V, sc, III.

« et la science ne peuvent jamais être mieux employés qu'à
« louer Celui qui a créé tout ce qu'il faut savoir, et qui nous
« fournit à la fois la matière et l'instrument de la science ;
« car mieux nous savons par quelle loi admirable Dieu a réglé
« le nombre, la proportion et l'équilibre de toutes choses,
« plus nous brûlons d'amour pour lui,— et c'est justice (1). »
Ailleurs, le même solitaire, exposant à ses disciples les règles
de la musique, parle de l'harmonie des sphères célestes, et
Hrosvita, qui certainement avait lu le *Songe de Scipion*, place
sur les lèvres de Paphnuce ces paroles émues : « Mes enfants,
« Dieu n'a pas permis à nos oreilles de saisir cette harmonie
« des cieux étoilés dont le son est si doux, l'accord si mélo-
« dieux que, si les hommes parvenaient à l'entendre, ils ne
« pourraient s'en détacher, et, s'oubliant eux-mêmes, ils sui-
« vraient en foule le son conducteur de l'Orient en Occident. »(2)

De telles pensées, vulgarisées sur la scène, développèrent
en Saxe une ère de civilisation, passagère il est vrai, mais
curieuse, pendant laquelle le génie allemand se plia aux formes latines et au génie de ces Grecs de Byzance que Hrosvita
reconnaissait pour ses maîtres et devant lesquels, « semblable
à un faible roseau, elle aimait, nous dit-elle, à s'incliner. » (3)
Comme tous les esprits supérieurs, la religieuse de Gandersheim fut à la fois imitatrice et créatrice, et si elle tient à
l'antiquité par ses études, au moyen âge par le fond de ses
idées et les imperfections de son style, elle touche par des
points essentiels, d'après un illustre critique, au développement de la poésie moderne ; et cette âme naïve qui, trouvant
avec un instinct merveilleux le langage de passions inconnues
sans doute à un cœur de vingt ans, mais à coup sûr pressen-
ties, ne croyait qu'imiter Térence, annonçait Racine. (4)

Cette civilisation passagère de la Germanie, sous Othon-le-

---

(1) *Paphnuce et Thaïs*, scène Ire.

(2) *Ibid*.

(3) *Arundineo more inclinata*.

(4) Voy. dans la *Revue des Deux-Mondes*, année 1845, IIIe Trimest.
P. 707, un article de M. Philarète Chasles auquel nous avons fait de fréquents emprunts.

Grand, assigne à l'Allemagne une place spéciale dans l'histoire des peuples chrétiens au Xe siècle. Presque seule, en effet, elle trouvait quelques loisirs pour cultiver les lettres, tandis que la France se démembrait, que l'Italie était désolée par les factions, que l'Angleterre luttait péniblement contre les Danois, et l'Espagne contre les Arabes. Dans cette dernière contrée toutefois, on trouvait encore un petit nombre de monastères, surtout dans le comté de Barcelone, qui accueillaient avec ardeur les sciences importées en Occident par les khalifes de Cordoue. C'est, en effet, chez les Sarrasins d'Espagne qu'il faut aller chercher la culture intellectuelle, l'amour de l'étude et le goût des arts durant cette éclipse momentanée qui plongea dans les ténèbres les peuples de race latine. Maîtres de presque toute la péninsule ibérique, les Ommyades s'étaient livrés avec l'énergie de leur race à la culture des arts de la paix, et Cordoue était devenue la capitale intellectuelle d'une civilisation qui survécut aux ruines du Khalifat et rayonna dans tout l'Occident. Leur enseignement public comprenait l'histoire, l'éloquence, la médecine, l'astronomie, la philosophie péripatéticienne, les sciences exactes ; et, tandis qu'une jeunesse studieuse s'élevait dans les collèges dont les Arabes furent les premiers fondateurs en Europe, les académies de Cordoue, de Valence, de Grenade, de Tolède, de Murcie et d'Alméria offraient aux hommes mûrs les moyens de développer leur intelligence dans de solennelles discussions où se traitaient toutes les questions philosophiques se rattachant au progrès des connaissances humaines (1). Le temps et les guerres civiles ont détruit ou dispersé la plupart des monuments arabes ; quelques livres et quelques idées, car c'est toujours là ce qui survit aux empires, nous sont seuls parvenus ; mais les rares débris échappés à la dévastation, et les chants immortels de leurs poëtes attestent encore la grandeur et l'éclat de cette civilisation, la plus brillante qui eût paru depuis les Romains.

(1) Jos. Conde. Part. II, ch. 79. — Voy. aussi dans la *Revue Européenne* 1re année, 5e vol. p. 528, un article de M. Ch. Jourdain sur la *Philosophie des Arabes* ; et dans la *Revue des Deux-Mondes*, année 1853, IIe trim. p. 637, une analyse de M. Ch. Louandre.

Pour stimuler encore l'amour de la science, Al-Hakem fit établir dans le khalifat 70 bibliothèques publiques (1); il n'y en avait pas autant dans le reste du monde. Le frère même du souverain fut chargé de leur direction, et nous pouvons nous faire une idée de l'activité intellectuelle de ce règne par ce fait que la seule bibliothèque de Cordoue contenait six cent mille volumes; sous Charles V, il y en avait à peine neuf cents à la bibliothèque royale de France (2).

Tel était l'état de l'Europe au Xe siècle. Le pouvoir politique, sauf en Allemagne sous Othon-le-Grand, était partout miné par le système féodal, et l'autorité royale n'était plus pour la noblesse qu'un frein dont l'habitude faisait toute la force; l'ignorance était générale, les mœurs barbares et dissolues; et au milieu de ce naufrage, qui menaçait d'engloutir la conscience et la raison humaine, la papauté, déchirée par les factions, avilie par un déchaînement inouï de toutes les passions, se débattait impuissante et déshonorée sous les étreintes des partis qui s'en arrachaient les lambeaux. Jamais peut-être l'unité chrétienne n'avait couru un pareil danger, et la barque de l'Eglise, dépourvue de son pilote, flottait à la dérive, prête à servir de jouet aux écueils et à la tempête; mais Dieu lui épargna ce douloureux réveil. Par une merveilleuse disposition de la Providence, jamais les membres de l'Eglise ne furent plus unis entre eux qu'aux mauvais jours de la papauté; et ce sera l'éternel honneur de l'ordre de Saint-Benoît d'avoir, par sa puissante homogénéité et la décisive influence qu'il exerça sur l'Occident, maintenu la société chrétienne dans l'unité de sa foi et l'abnégation de son obéissance.

Nous ne cherchons pas, on le voit, à atténuer le mal; il faut, en effet, l'envisager tel qu'il fut, c'est-à-dire épouvantable, afin de mieux apprécier les services rendus par l'Eglise à une époque où sa gloire fut moins d'avoir régné que d'avoir combattu. C'est la confusion que l'on a établie entre ces deux rôles de l'Eglise qui a trop souvent faussé les jugements portés par les historiens

---

(1) *Histoire des Arabes et des Mores d'Espagne*, par L. VIARDOT, t. II, p. 135.

(2) DULAURE, *Hist. de Paris*.

sur les diverses périodes du moyen-âge. Les uns, contempteurs du présent, niant d'autant mieux les progrès accomplis qu'ils mettaient tous leurs efforts à ne point les reconnaître, ont cherché, par l'exaltation d'un passé à jamais impossible, à raviver des souvenirs, à faire revivre des idées qui ne sont plus en rapport avec les besoins et les aspirations de l'humanité. Les autres, obéissant à un sentiment exagéré des conquêtes de la raison moderne et des splendeurs de notre civilisation, n'ont eu pour le passé qu'un orgueilleux dédain ou d'amères railleries; et nous avons tour-à-tour assisté à de philanthropiques lamentations sur des siècles que l'on trouvait malheureux parce qu'ils n'avaient pas nos institutions politiques, ou à des attaques passionnées contre l'Eglise, accusée, par ceux-là mêmes qui lui reprochaient sa trop fréquente immixtion dans les affaires temporelles, de n'avoir pas assez fait pour l'émancipation des peuples. L'écueil de ces appréciations, c'est la préoccupation du présent apportée dans les jugements du passé. On oublie que, pour juger sainement une époque, il faut se débarrasser de toute opinion arrêtée, bannir tout préjugé et revivre par la pensée dans le siècle dont on veut apprécier les grandeurs ou les faiblesses. Ne pas tenir compte de cette règle importante, c'est s'exposer, selon le mot de Montaigne, « à incliner ou à masquer les choses selon le visage qu'on leur donne (1), » et à faire du moyen âge tantôt l'objet de stériles regrets, tantôt un thème de dénigrement et de déclamation.

Tel ne doit pas être le grand enseignement de l'histoire; sans nous rendre partisans exclusifs des âges passés, elle enregistre ce qu'ils eurent de bon, et loin de nous éblouir sur le présent, elle nous montre dans les progrès accomplis le stimulant et le secret de conquêtes nouvelles. Prendre dans les siècles écoulés tout ce que l'activité humaine a réalisé de grand, tout ce que l'esprit a trouvé de vrai, tout ce que le cœur a enfanté de noble, tout ce que la conscience a produit de bien, et faire servir tous ces éléments moraux à préparer dans le présent l'avenir de l'humanité, voilà le but de l'histoire. Comme l'homme, la société, cet être multiple et un tout à la fois, ne parcourt pas

---

(1) MONTAIGNE, *Essais*, liv. I, chap. XXX.

deux fois la même période de son existence. Poursuivre de ses dédains et de ses sarcasmes les siècles d'enfance de l'humanité, c'est oublier qu'en nous aussi la faiblesse a précédé la force, et que nous avons été enfants avant de devenir des hommes; louer au contraire tout ce qui a précédé notre époque, ne trouver que dans le passé des vertus et des titres de gloire, c'est méconnaître le plan providentiel, c'est nier le progrès moral qui est aux peuples chrétiens ce que l'immortalité de l'âme est aux êtres raisonnables. Que l'enfant devenu viril ne méprise pas les lisières qui ont servi à soutenir ses premiers pas; mais qu'il n'aille pas non plus en regretter l'usage, quand sur ses pieds affermis, l'âge a développé ses forces.

Ne croyons pas cependant que, dans cette marche en avant de l'humanité, chaque étape se compte par un progrès toujours manifeste; il y a dans l'histoire, comme dans la vie de l'homme, des heures de sommeil pendant lesquelles la vie semble suspendue. Mais pourquoi s'en effrayer? Les froides nuits qui remplacent la chaleur du jour empêchent-elles l'été de suivre son cours et de mûrir ses fruits? Dieu ne permet pas aux sociétés de s'écarter au-delà d'un point marqué, nous dit un illustre écrivain (1); c'est là qu'il les attend pour les reconduire par un retour douloureux, plus près de cette perfection qu'elles oublièrent un moment. Souvent aussi Dieu épargne aux nations qui n'ont péché que par ignorance, ces souffrances où elles se purifient, et alors c'est un homme de génie qui reçoit la noble mission de remettre dans sa voie l'humanité qui s'égare.

Tel fut le rôle de GERBERT. Nous avons essayé d'esquisser à grands traits la physionomie du temps où il vécut; venant après la renaissance de Charlemagne, le Xe siècle ressemble à une de ces matinées brumeuses qu'attriste un épais brouillard; le soleil est voilé, on n'en reçoit ni chaleur ni lumière, mais il n'en poursuit pas moins sa course au-dessus des vapeurs qui le cachent, et au premier souffle du vent il reparaîtra plus brillant et plus radieux. Telle fut aussi cette période dont la connaissance est le préambule nécessaire d'une étude sur un

---

(1) OZANAM, *Dessein d'une histoire de la civilisation aux temps barbares.* Œuvres complètes, T. I. *avant-propos* : Voy. aussi 1re et IIe leçons.

homme qui fut d'autant plus grand qu'il eut plus à lutter. L'anarchie est à son comble, il contribuera à y mettre un terme en dotant la France d'une monarchie nationale ; les études, les lettres ont péri dans les luttes politiques, toute sa vie sera consacrée à répandre en France, en Allemagne et en Italie, les lumières dont il fut l'ardent propagateur ; la papauté n'a plus de prestige aux yeux de l'Europe, il la relèvera de l'abîme, et quand il ceindra la tiare, en lui se couronneront la science, la vertu et cet esprit nouveau dont les peuples se sentirent pénétrés au lendemain de l'an 1000, et qui nous permettra plus tard de suivre encore les traces de Gerbert jusqu'à l'aurore des temps modernes.

GERBERT

ÉTUDE HISTORIQUE SUR LE Xᵉ SIÈCLE.

CHAPITRE PREMIER.

NAISSANCE DE GERBERT. — SON SÉJOUR A L'ABBAYE
D'AURILLAC.

Au pied de la chaîne du Cantal, sur le versant méridional des monts d'Auvergne, se trouve une vallée gracieuse qui, resserrée à son point de départ, va s'élargissant insensiblement jusqu'à la plaine à l'entrée de laquelle est bâti Aurillac. Une rivière l'arrose de ses eaux limpides et transparentes ; et, après avoir versé dans la plaine et dans le vallon la richesse et l'abondance, ce cours d'eau, auquel, par une réminiscence biblique, nos pères ont donné le nom de *Jordane*, va se mêler aux nombreux affluents qui rendent cette partie du plateau central tributaire de la Garonne. Même de nos jours, où la cognée du bûcheron et la dent de fer de l'industrie ont dépouillé ces montagnes de leur verdoyante parure, l'œil aime à se reposer sur ces croupes arrondies, dont les masses puissantes attestent encore les convulsions volcaniques de la terre à son enfance.

Sans avoir le grandiose des Alpes ni la gracieuse poésie des Pyrénées, les monts d'Auvergne revêtent une physionomie particulière qui fait naître dans l'âme un sentiment de profonde mélancolie et même de tristesse. Le voyageur qui gravit les flancs escarpés du Mont-Blanc ou du St-Bernard, tout entier d'abord au sublime spectacle qui se déroule à ses yeux éblouis, se sent bientôt écrasé sous le poids de ses impressions et par suite incapable de ressentir autre chose que cette lassitude morale que provoque en nous une succession trop rapide de sensations sous lesquelles frémissent toutes les fibres de l'âme. Le sublime a aussi sa fatigue. Les sites pyrénéens ont, de plus que les Alpes, la grace et la mobilité de perspective que l'on remarque dans les physionomies expressives des habitants du Béarn et du Roussillon. Chaque accident de terrain y devient une cause de surprise, et il semble que la nature ait épuisé toute sa coquetterie pour faire de certains sites perdus dans ces montagnes des merveilles de grâce et de poésie. Qui a contemplé une fois de ces faîtes élevés le soleil disparaissant dans les vagues mobiles du golfe de Gascogne, tandis qu'à l'horizon les sommets de la chaîne pyrénéenne se perdaient dans l'azur du ciel, comme une barrière gigantesque entre l'ombre qui s'avance et le jour qui s'éteint, celui-là gardera pour jamais le souvenir de cette heure de rêverie qui laisse l'âme partagée entre le regret de s'arracher à ce sublime spectacle et le désir de le revoir encore.

Telle n'est pas la sensation que provoque la vue des monts d'Auvergne. Sans avoir la hauteur des Alpes, ils sont presque aussi décharnés; dans des proportions plus restreintes, la nature y est plus tourmentée que dans les Pyrénées, et nous n'avons pas, comme ces dernières, l'éclatant soleil du Midi pour verser sur nos vallons la richesse et la fécondité. Aussi le sol est pauvre sur nos plateaux inférieurs, et les hautes régions, toujours battues par un vent éternel, ne fournissent à l'homme qu'une terre ingrate et stérile. De là vient ce caractère particulier, distinctif, de l'habitant de l'Auvergne. Son esprit n'est pas susceptible de cette exaltation naturelle, de cet amour passionné de la liberté qui caractérise les montagnards de l'Oberland et du Tyrol ; son imagination n'est point en rapport avec la latitude sous laquelle il vit, et son langage, comme ses mœurs, ne reflète pas ce caractère vif et spontané des populations méridionales. Sous un ciel peu clément, en face d'une nature rude et ingrate, l'Arverne a cette gravité triste, cette expression profonde de mélancolie dont ses enfants ne se débarrassent jamais complétement. Transporté sous d'autres cieux par ce besoin d'émigration que nous tenons des Gaulois nos ancêtres, l'enfant de nos montagnes conserve toujours cette physionomie austère, mélange de timidité et de tristesse que le voyageur retrouve dans l'habitant de la Bretagne et chez les Higlanders d'Ecosse, avec lesquels nos vieilles populations kymriques ont plus d'un point de ressemblance (1).

A côté de cette influence d'un ciel habituellement rigoureux, la terre, cette dure marâtre, imprime son caractère à la race qu'elle nourrit. Sans accepter, en effet, comme absolue la théorie philosophico-historique d'après laquelle les hommes de génie seraient l'unique résultante du tempérament combiné avec les idées d'un siècle et d'une nation (2), il est incontestable que, de toutes les influences, la plus grande et, au début la plus décisive, est celle du climat et du sol. Aussi, de cette lutte patiente et continuelle contre une terre ingrate où tout est dû au travail opiniâtre, résultent ces habitudes de calcul profond, ces instincts de résistance et de courage que rien ne lasse, apanages distinctifs de la race arverne. Les hommes et les choses sont peu pour celui qui lutte tous les jours contre les forces vives de la nature, sa perpétuelle ennemie ; il sait tout utiliser, même les catastrophes et les désastres, et de ce combat corps à corps résulte une trempe de caractère qui use tout parce qu'elle s'aiguise à toutes les difficultés. Appliquez cette énergie à la défense du sol, elle

---

(1) Voyez la remarquable *Introduction à l'hist. de France* de M. Duruy, Paris 1865, in-8°, p. 224.

(2) Voy. l'ouvrage de M. Henri Taine, *Histoire de la Littérature anglaise.*

produira Vercingétorix, ce héros qui contrebalança la fortune de Rome, et qui dans sa défaite fut plus magnanime et plus grand que son vainqueur dans les fastes du triomphe ; faut-il personnifier le génie tout à la fois timide et excessif de cette rude race dans les luttes de la pensée, elle produit Pascal. Enfin, doit-elle donner au monde le spectacle de ce que peut la force de la volonté, l'énergie d'un homme qui n'a dans un siècle barbare et grossier que son intelligence pour apanage, elle donne naissance à Gerbert. C'est un rapprochement qui n'a rien d'arbitraire que de considérer cet enfant de l'Auvergne comme le représentant le plus élevé, le type le plus fidèle de la race qui lui donna le jour. Homme de lutte et de résistance courageuse, connaissant admirablement les mobiles auxquels les hommes obéissent, d'une habileté merveilleuse, d'une perspicacité plus grande encore, Gerbert domina son siècle avec cette autorité calme et forte du génie qui a conscience de sa valeur, et qui, loin de se laisser abattre par les revers de la fortune, retrempe son énergie dans sa propre défaite, sûr que les évènements viendront un jour justifier ses prévisions et le venger de ses obscurs détracteurs.

Il est impossible d'établir par aucun document historique l'existence de la ville d'Aurillac avant la fin du IXe siècle. A cette époque, Geraud, comte d'Auvergne et de Limoges, possédait au point de jonction de la vallée de Jordane et de la plaine où se déverse cette rivière, un donjon qui servait tout à la fois de rendez-vous de chasse et de station militaire pour tenir en respect les turbulentes populations de ses terres allodiales. Ce fut au pied de ce château que Geraud et sa femme Adeltrude construisirent une chapelle dédiée à saint Clément et où ils furent ensevelis par les soins de leur fils Geraud, le véritable fondateur de la ville d'Aurillac.

A cette époque de barbarie, où le droit ne s'affirmait souvent que par la force, les agglomérations d'habitants ne s'effectuaient qu'à l'ombre protectrice des châteaux ou à l'abri encore respecté des maisons de prière ; aussi Geraud voulut-il faire hommage de ses biens au Saint-Siége et placer son œuvre de civilisation et de piété sous la protection de l'autorité morale la plus haute en ce monde, la foi et la religion. Ce fut vers 896 que le saint comte d'Auvergne déposa sur le tombeau des apôtres la charte de donation de ses terres, et promit de fonder l'abbaye à l'ombre de laquelle devait plus tard se grouper une ville. Rien ne prouve mieux que cet acte, accompli dans les douloureuses épreuves que les partis faisaient subir à la papauté, la foi vive et profonde de saint Geraud. Sa piété ne fut pas ébranlée par le triste spectacle auquel il assista à Rome, et à son retour de la Ville éternelle, vers 898, il jeta les fondements de l'abbaye (1) qui, dans sa pensée, devait être une école de zélés missionnaires, destinés à répandre sur les terres voisines, avec la parole de Dieu, les bienfaits de la civilisation.

Après quelques essais que le peu d'habileté des architectes aquitains rendit infructueux, Geraud put voir s'élever près d'une église « grande et voûtée », nous dit le chroniqueur (2), les murs de l'abbaye dans laquelle le *Secrétariat* (Ecole) occupait le premier rang. Et pour qu'il ne manquât à ce sanctuaire des lettres et de la vertu aucune des garanties que rendait nécessaire la barbarie des temps, il sollicita et obtint de Charles-le-Simple, des lettres de sauve-garde qui reconnaissaient l'abbaye comme relevant directement du Saint-Siége (3). Le comte Geraud mourut en 920 ; il fut enseveli dans cette église qu'il avait dédiée au prince des apôtres (4), et où la piété des fidèles vient encore de nos jours invoquer son nom et glorifier sa mémoire. Mais avant de dire adieu à cette abbaye qu'il avait fondée, le saint comte voulut assurer l'indépendance des moines qu'il avait réunis à Aurillac, en leur léguant une large part de ses domaines et en particulier tous ses droits seigneuriaux sur la vallée de Jordane (5).

(1) S. Odonis. *Vita B. Geraldi*, lib. II, cap. IV.
(2) *Ibid*.
(3) *Mandeburdum regis Caroli* (Bourges, 2 juin 914).
(4) *Vita B. Geraldi*, lib. III, c. X.
(5) *Ibid*. c. V.

Ce poétique vallon dont on suit les nombreux replis du haut de la colline où s'élève encore un débris du château féodal de l'ancien seigneur d'Auvergne, est un des plus beaux sites de la contrée. Au nord-est, la chaîne des hauts plateaux du Cantal dresse dans les cieux ses pics décharnés, tandis qu'au couchant, l'astre du jour s'éteint derrière un horizon aux lignes indécises, inondant de ses derniers rayons les arbres de la colline et le château du saint fondateur d'Aurillac. Au centre de cette étroite vallée, s'étage un modeste hameau auquel son site ravissant a valu le nom de *Belliac* (Bellioc, beau-lieu).

C'est là que, vers le milieu du Xe siècle, probablement en 940, naquit, de parents pauvres et obscurs (1), un enfant que tout semblait prédestiner à mourir inconnu sur le sol qui le verrait grandir, et dont cependant la glorieuse renommée survit au temps qui détruit tout, et fait rejaillir sur le coin de terre qui abrita son enfance un reflet de sa grandeur et de son génie. Si l'on en croit une tradition locale, sous laquelle la naïve croyance de nos pères avait poétisé les illustres destinées du pâtre qui devint plus tard le pasteur des peuples, le chant du coq célébra sa naissance, et sa voix perçante alla réveiller l'écho de Rome endormie (2).

Quelques historiens ont voulu contester à l'Auvergne la gloire d'avoir donné le jour à Gerbert. Les uns, trompés par une certaine analogie des noms latins d'Aurillac et d'Orléans, ont désigné cette dernière ville comme son berceau, et le monastère de Fleury-sur-Loire comme le lieu de sa profession

---

(1) Selon Dom Marlot, le père de Gerbert était un roturier nommé Agilbert. — *Histoire de la ville, cité et université de Reims par* Dom Marlot, t. III. liv. IX, ch. XIV.

(2) Disou qu'ò so naïssènço,
Èn sinné dé puissènço,
Très cots lou gal contèt
Et Roumo l'enténdèt!.....
Les Piaoulats d'un Rèipetit.

religieuse (1) ; d'autres ont supposé, d'après le long séjour qu'il fit à Reims, qu'il était né dans cette ville (2). Mais il est incontestable que Gerbert vit le jour près du monastère d'Aurillac, et toutes les hypothèses tombent devant la Chronique de Mabillon (3) dont l'autorité se fortifie encore des témoignages d'Adhémar de Chabanais, contemporain de Gerbert, et de Hugues de Flavigny qui rédigea la chronique de Verdun (4). A ces autorités dont rien n'a jusqu'ici infirmé la valeur, vient se joindre le témoignage même de Gerbert qui, dans ses lettres, a toujours soin de réserver les plus affectueuses, celles où il laisse son cœur s'épancher dans les sentiments de l'amitié et d'une tendre reconnaissance, pour cette sainte maison d'Aurillac où, tout jeune encore, nous dit-il, il fut admis et élevé : *Valeat sanctissimus ordo, meus altor et informator* (5) , où il laissa des parents et des amis dont il aimait à se souvenir plus tard : *Valeat collegium vestrum.... Valeant quondam mei noti vel affinitate conjuncti* (6). Enfin, pour rendre la certitude plus complète, nous trouvons dans une histoire du Xe siècle écrite par le moine Richer, secrétaire et ami de Gerbert alors archevêque de Reims, ce témoignage qui ne permet aucun doute : « Aquitain d'origine, il fut élevé dès l'enfance dans le « monastère du saint confesseur Gerold » (7).

En présence de témoignages aussi positifs, il paraît impossible d'assigner à Gerbert un autre berceau que le voisinage

---

(1) Monachus a puero apud Floriacum adolevit. Ex WILLELMI MALMESBURIENSIS, lib II. *De Gestis Regum Anglorum*, c. X.

(2) In Gallia Remis, ut dicitur, natus est. Ex *Chron.* ALBERICI, monachi Trium Fontium.

(3) *Annal.* t. II. pag. 241.

(4) Ex *Chron.* ADHEMARI CABANENSIS. — Ex *Chron. Virdunensi.* — LABBE. *Biblioth. nov.*, t. II, pag. 205.

(5) Epist. XLV. — Nous suivrons pour la citation des lettres de Gerbert le recueil qui en a été fait par Duchêne, *Historiæ Francorum scriptores*, édit. Paris 1636, in-fol., t. II, p. 789-844.

(6) Ep. IX, XXXV, 2e *class.*

(7) Aquitanus genere, in cœnobio Sancti Geroldi a puero alitus. RICHERII *Histor.* lib. III, c. XLIII. Voy. encore HOCK, pag. 109 ; FLEURY, *Histoire ecclésiastique*, t. XII, liv. LVII, §. XX.

de cette célèbre abbaye d'Aurillac, où il fut accueilli dès son enfance pour être initié aux bienfaits de l'éducation. Rien de sérieux ne vient ici contredire la tradition locale qui nous montre Gerbert guidant sur le penchant du côteau, au pied duquel s'étage Belliac, le troupeau de son père, pauvre serf affranchi par le testament de Saint-Geraud, et sa fortuite rencontre avec les moines du couvent qui, frappés de sa précoce intelligence, l'admirent à leurs doctes leçons. Cette origine obscure qui rend, ce semble, la gloire de Gerbert plus complète, en la faisant plus personnelle, a cependant trouvé un contradicteur à une époque où il ne semblait pas que le génie pût exister sans titres de noblesse. L'hypothèse d'Abraham Bzovius est sans contredit une des plus singulières, pour ne rien dire de plus, qu'ait inspirée l'origine de l'homme qui fut le point d'arrêt de la barbarie et l'aurore d'une époque de renaissance.

Dans cet ouvrage (1), qui prouve une fois de plus jusqu'où peut conduire la manie de l'érudition quand elle n'est pas guidée par une saine critique, l'apologiste de Gerbert, voulant, à tout prix, trouver au pape Sylvestre II une origine célèbre, établit, sans preuve aucune, qu'il descendait de la famille Cœsia, égale en noblesse et en fortune aux plus illustres races de l'Europe. Il est même douteux que beaucoup d'autres pussent se vanter de remonter aussi haut puisqu'il nous affirme, d'après Pausanias, Diodore de Sicile et Satyrus, que la famille Cœsia se rattachait aux anciens Héraclides dont un descendant, Cœsus, fils de Téménès, roi d'Argos, chassé par ses sujets, vint en Italie fonder Tarente, Crotone et Phaléries (2). Après une suite de péripéties plus au moins orageuses, Bzovius fait habiter la lignée de ce descendant d'Hercule dans le quartier de Suburre qui n'était pas précisément le faubourg le mieux famé ni le plus aristocratique de Rome (3). Néanmoins, comme dans la cité de Romulus un fils des rois d'Argos ne pouvait

---

(1) ABRAHAM BZOVIUS, *Vita Silvestri II*, in-4°, Romæ 1629.
(2) *Ibid.* cap. 1, pag. 1.
(3) MARTIALIS. *Epigram*. passim.

rester longtemps dans l'ombre, nous voyons ses descendants tour à tour préteurs, consuls, sénateurs ; il y eut même parmi eux des poëtes et des jurisconsultes ; Cicéron fut y chercher un ami, César un centurion (1) ; et ce fut probablement à la suite de ce conquérant qu'un rameau de cette famille se détacha pour venir s'implanter dans cette Gaule chevelue dont la bravoure indomptable avait mis un moment en échec la fortune de Rome. L'ancien légionnaire fit en Aquitaine souche brillante puisque, toujours d'après notre apologiste, ses descendants occupèrent les plus hauts emplois à la cour de Charlemagne (2). L'histoire ne parle pas, il est vrai, de cette importation greco-romaine sur notre sol, mais peu importait à Bzovius ; il fallait trouver à Sylvestre II, né en Aquitaine, une glorieuse origine, on lui improvise une lignée dont il peut être fier et qui rachète la vérité historique par un luxe d'imagination dont le lecteur doit tenir compte.

Si la critique veut cependant rechercher ce qui a pu donner l'idée d'assigner à Gerbert une illustre généalogie, on en trouverait peut-être la raison dans une lettre que Papirius Masson et après lui Duchêne ont admise dans la collection des lettres de Gerbert avec cette suscription : « *Othon III à Gerbert, pape* » (3). On voit en effet dans cette lettre, que l'empereur se prévaut « des liens du sang qui les unissent » : *Quia divinitate propitia non solum sanguinis linea*, etc., etc. ; mais il paraît vraisemblable que cette lettre avec sa suscription s'est frauduleusement glissée dans certaines éditions des lettres de Gerbert. D'abord, elle ne figure pas dans la collection des bénédictins (4) ; en second lieu, sur 25 ou 26 lettres que Gerbert a adressées aux divers membres de la famille impériale, peut-on supposer que dans aucune d'elles, non plus que dans les réponses qu'elles provoquèrent, il n'eût jamais été fait la

---

(1) Bzovius. pag. 4.
(2) *Ibid.*
(3) Epist. CLV. ap. Chesnium. — Patrol. de Migne. T. CXXXIX, pag. 241.
(4) Voy. *Collect. des histor. franç.* t. IX et X, in-fol.

plus légère allusion à cette parenté si elle eût existé ? Et cependant, qu'il fût dans la chaire de l'écolâtre, ou dans l'abbaye de Bobbio, sur le siége archiépiscopal de Reims ou sur celui de Ravenne, alors que, persécuté, il fuyait devant la coalition de ses ennemis, jamais Gerbert ne mit en avant cette auguste parenté devant laquelle se fussent aplanis tous les obstacles et qui eût fait une véritable puissance de ce moine obscur à qui chacun reprochait sa basse extraction.

Du reste, il ne serait peut-être pas difficile de concilier l'admission de cette lettre parmi celles de Gerbert, avec l'impossibilité qu'elle ait été adressée au pape Sylvestre II. Une grande obscurité plane en effet sur la plupart des faits de cette période barbare, où les annalistes racontaient les évènements sans trop se préoccuper de l'époque à laquelle ils devaient les rapporter. Grâce à cette incurie, les lettres de Gerbert, collationnées par Masson et Duchêne, n'ont aucune date ; de là une grande incertitude qui plonge l'historien de ces temps reculés dans des difficultés inextricables, et ouvre devant lui le champ des hypothèses. Or, vers l'époque à laquelle on peut rapporter cette lettre CLV, il y avait sur le siége apostolique un pape qui était le neveu de l'empereur Othon. En 996, en effet, mourut Jean XIV, et l'empereur, nous dit Raoul Glaber, usant du privilége impérial, plaça sur la chaire de Saint-Pierre un de ses parents « *quemdam sui consanguineum* » (1) ; ce neveu, fils du duc Othon, s'appelait Brunon et prit à son élévation au pontificat le nom de Grégoire V (2). Ceci n'expliquerait-il pas l'existence de cette lettre, adressée en réalité au pape Grégoire à une époque où Gerbert, obligé de quitter Reims pour fuir Arnoul, délivré de sa prison, se trouvait (997) auprès de l'empereur Othon ? Nous voyons en effet, dans l'ensemble de sa correspondance, que Gerbert a très-souvent servi de secrétaire aux empereurs d'Allemagne, et les deux lettres qui suivent celle sur laquelle nous nous sommes trop longtemps

---

(1) GLABRI RUDOLPHI, *Histor.* lib. III, c. IV.
(2) Ex *Chronicis* DITMARI, Episc. Merseburg. lib. IV.

arrêté (1), nous en fournissent encore une preuve. Rien n'établit donc que Gerbert ne l'ait pas écrite et adressée, au nom d'Othon, à ce neveu de l'empereur qui était alors sur le siège apostolique ; elle serait alors à bon droit rangée parmi celles qui sont sorties de sa plume.

L'hypothèse d'une royale origine attribuée au fils d'Agilbert, par Bzovius, ne reposant sur aucun fondement sérieux laisse subsister la tradition, confirmée en cela par les rares chroniques de ce temps, qui fait naître Gerbert d'une famille pauvre et obscure (2) dont plus tard il recueillit les membres en Italie (3). Ce fut sans doute aussi dans ses modestes occupations de berger que vint le surprendre la nouvelle de son admission au secrétariat de l'abbaye fondée par Saint-Geraud. La charité lui ouvrit les portes de cet asile de science et de vertu, et plus tard nous verrons le pauvre enfant de Belliac, devenu le premier écolâtre de son siècle, rappeler avec bonheur à Raymond, son premier maître, que c'est à lui qu'il est redevable de ses connaissances, et faire rejaillir ainsi sur son berceau l'éclat de sa renommée.

Au moment où Gerbert fut admis à l'abbaye d'Aurillac, probablement vers 952, cette institution réalisait le but que s'était proposé son pieux fondateur. L'ordre bénédictin, en s'implantant profondément dans notre sol, y avait fait fleurir les deux vertus qui sont le caractère distinctif de cette illustre congrégation, l'amour de la prière et celui de la science. Fortement discipliné par saint Odon, l'organisateur de cette aggrégation monastique dont Cluny fut la tête, le monastère d'Aurillac était devenu un ardent foyer de lumière. Sous cette impulsion puissante, la musique, la liturgie, la grammaire furent sérieusement cultivées ; la calligraphie y fit surtout de tels progrès que les moines de Saint-Geraud étaient célèbres dans toute l'Europe par leur habileté de copistes. (4) L'école abba-

(1) Ep. CLVI, CLVII.
(2) Minorum gerens prosapiam virorum. RODULPHI GLABRI, *Hist.* lib. I. c. IV. — Ex infimo genere procreatus. Ex *Chronicis* ADHEMARI CABANENCIS.
(3) Epist. XI.
(4) *Histoire littér.* t. VI, pag. 23. — MABILLON, *Annal.* lib. 46, n. 84, 86.

tiale, dirigée par Raymond de Lavaur (1), était si florissante que l'évêque de Chartres, Jean de Sarisbéry, dans une revue des monastères les plus illustres de son temps, disait en parlant des moines de Luxeuil : « Ils sont les maîtres de l'élo« quence, car, égaux en plusieurs points aux moines d'Au« rillac qui ont acquis une grande habileté et une longue pra« tique dans un grand nombre de sciences, ils l'emportent « d'autant plus aisément sur eux en éloquence qu'à Luxeuil « on devient et on naît éloquent. » (2).

Cependant l'enseignement donné à ses disciples par Raymond de Lavaur, ne paraît pas avoir embrassé de sciences supérieures à celles qu'Alcuin avait indiquées comme la base de l'édifice des connaissances humaines, et à l'ensemble desquelles leur nombre restreint avait fait donner le nom de *Trivium*. On comprenait sous ce nom l'étude de la grammaire, de la rhétorique et de la dialectique. Raymond avait ajouté à cet enseignement élémentaire des notions sur la musique, art dans lequel il avait déjà acquis lui-même une certaine réputation, s'il est vrai qu'à la demande de Calston, évêque de Figeac, il eût écrit un livre de chant suivant le rit Romain (3).

Grâce aux doctes leçons de l'écolâtre Raymond de Lavaur, et sous la direction savante de l'abbé Geraud de Saint-Céré, Gerbert, dont l'intelligence prompte et sûre était secondée par cette ténacité de volonté qui est l'apanage des esprits vraiment supérieurs, dut faire de rapides progrès, et l'on comprend que ses bienfaiteurs aient caressé le rêve de laisser prendre à ce brillant élève tout l'essor de ses facultés, pour en faire plus tard le chef de cette école sans rivale dans toute l'Aquitaine, et qui était appelée à devenir le berceau du principal renouvellement des lettres au X° siècle (4).

(1) Jacobi Bruckeri, *Historia critica philosophiæ*. Edit. Leipsik, 1767, t. III, p. 646.

(2) *Diction. statist.* art. Aurillac, t. II. pag. 124.

(3) *Hist. litt.* t VI, pag. 23. — *Gallia Christiana nova*. t. II, pag. 442. — Balusii. *Miscellaneorum*, t. II. pag. 300.

(4) *Hist. litt. Ibid.*

Combien d'années Gerbert passa-t-il dans ce secrétariat qui fut pour lui une seconde famille ? Les chroniques ne fournissent sur ce point aucune indication. Disciple privilégié de Raymond, enfant adoptif de l'abbé Geraud, espérance de l'abbaye, il est assez vraisemblable qu'il excita des susceptibilités dans l'esprit de quelques moines qu'une brillante naissance prédisposait peut-être à faire sentir à Gerbert la bassesse de son origine. C'est du moins ce que laisse pressentir un chroniqueur qui attribue même à cette cause son départ d'Aurillac pour l'Espagne (1).

Il est cependant plus probable que l'abbé Geraud, voyant que Gerbert avait épuisé toutes les branches de connaissances enseignées dans son monastère, voulut fournir à l'activité intellectuelle de son protégé un aliment nouveau. Il savait par sa propre expérience combien les voyages développent l'intelligence, lui qui n'avait pas reculé devant le pèlerinage des Saints-Lieux et qui, après avoir prié sur le Saint-Sépulcre, avait, à son retour, visité les ruines d'Athènes et celles non moins éloquentes de la campagne romaine. Dans ses nombreuses pérégrinations, il avait entendu parler de la civilisation arabe, et pendant son voyage à Jérusalem, Geraud s'était rendu compte des progrès accomplis par ce peuple dans les sciences et dans les arts. Un de ses plus vifs désirs avait été de parcourir cette partie de l'Europe occidentale d'où les Ommyades faisaient rayonner la lumière et la civilisation. Mais les charges inhérentes à sa dignité, les soins qu'exigeait l'abbaye dont il était le chef et le père, ne lui permirent pas de réaliser ce pèlerinage scientifique dont il avait caressé le rêve ; il voulut du moins que celui qui, parmi les siens, pouvait le mieux profiter des connaissances que les Arabes vulgarisaient en Espagne, y fût envoyé. L'occasion de réaliser ce désir se présenta bientôt.

(1) Ex *Chron. Virdunensi*, auctore HUGONE FLAVINIACENSI.

CHAPITRE II.

DÉPART DE GERBERT POUR L'ESPAGNE. — SES ÉTUDES EN CATALOGNE.

Gerbert était déjà parvenu à l'adolescence, et, grâce aux doctes leçons de Raymond, son intelligence précoce et la vivacité de son esprit l'avaient élevé au premier rang de cette jeunesse studieuse que le monastère d'Aurillac formait aux sciences et à la vertu. Vers cette époque, probablement en 962, Borell, duc de l'Espagne citérieure, (1) vint en pèlerinage au tombeau du saint confesseur Geraud (2). C'était pour l'abbé du monastère une occasion providentielle de se rendre un compte exact de l'état intellectuel de ce pays, dont la brillante renommée était déjà parvenue dans nos montagnes. Geraud de Saint-Céré accueillit avec honneur le noble pèlerin et, dans un de leurs entretiens, laissant percer le vif intérêt qui l'attirait vers

---

(1) Quelques historiens placent le départ de Gerbert pour l'Espagne après 967, parce que à cette date seulement Borell succéda, en qualité de comte de Barcelone, à son cousin Séniofrède ; mais il ne faut pas perdre de vue que son père Suniaire, 1ᵉʳ comte d'Urgel, était mort en 950 laissant 3 fils, Borell, Emengaude et Miron. Le premier portait le titre seigneurial de comte d'Urgel, ce qui n'implique aucune contradiction avec celui de duc de l'Espagne citérieure que lui donne Richer. Voy. *Gesta Comitum Barcin*. ap. BALUZIUM, in append. ad Marcam, pag. 540. — *Hist. des Arabes* par L. VIARDOT, t. I, pag. 405.

(2) RICHERII *Histor*. lib. III. §. XLIII. — Ex *Chron. Virdunensi*.

l'Espagne, il demanda au duc s'il y avait dans cette contrée des hommes éminents dans les sciences. Borell ayant répondu affirmativement, l'abbé lui proposa d'emmener avec lui un jeune moine de sa communauté pour le faire instruire dans cette partie des connaissances humaines peu cultivées au monastère d'Aurillac. Le duc d'Espagne, heureux de témoigner à Geraud combien son hospitalité lui avait été agréable, accueillit cette demande avec empressement, et les pères de l'abbaye donnant leur consentement à ce départ (1), il fut décidé que Gerbert irait s'initier en Catalogne aux savantes études que le génie arabe faisait fleurir dans toute la péninsule ibérique, en attendant qu'elles vinssent rayonner sur l'Occident et y déposer les germes de cette renaissance intellectuelle qui devait éclore au XIe siècle.

Devant ce témoignage formel de Richer, disciple et ami de Gerbert, tombent les fables dont l'imagination d'un chroniqueur anglais du XIIe siècle, Guillaume de Malmesbury, a émaillé le troisième livre de son histoire des rois d'Angleterre. Cet écrivain, reproduisant les calomnies du schismatique cardinal Bennon, suppose que Gerbert, fatigué de la vie monastique, s'évada pendant la nuit et s'enfuit en Espagne pour s'initier parmi les Arabes aux sciences occultes et à l'astrologie (2). Ce récit d'un auteur, éloigné des faits qu'il raconte par un intervalle de deux siècles, et qui ne s'appuie d'aucune autorité contemporaine, doit être rangé parmi les inventions que l'ignorance et l'injustice ont accumulées contre la mémoire de Gerbert et dont Guillaume de Malmesbury s'est fait l'écho, comme nous aurons occasion de le constater plus tard. Pour voir du reste combien le départ du jeune moine fut exempt de toute critique, on n'a qu'à se reporter à la correspondance si affectueuse que Gerbert entretint toute sa vie avec cette

---

(1) Fratrum consensu Gerbertum duxit. RICH. lib. III. — Gerbertus, impetrata licentia, propter aviditatem sapientiæ.. etc. *Chron. Aurillac.*

(2) Tædio monachatus nocte profugit Hispaniam. EX WILL. MALM. lib. II, c. 10.

chère Maison où il avait été « nourri, élevé, instruit (1), » et qui se glorifia toujours d'avoir formé l'esprit et le cœur du plus illustre de ses enfants.

Ce fut donc avec le consentement de ses frères, et en obéissant au vœu de ses supérieurs, que Gerbert partit avec Borell pour la Catalogne. Il dit adieu à ses chères montagnes, à ce vallon où s'étaient écoulés les premiers jours de son enfance, à cette famille monastique qui l'avait accueilli, à ce cloître solitaire où son intelligence s'était épanouie, à ces maîtres devenus ses amis. Une pensée le soutenait dans cette pénible séparation, c'était l'espoir de revenir un jour dans l'école abbatiale, d'y faire fleurir cet arbre de la science dont on lui avait appris à savourer les fruits et de rendre ainsi au centuple les bienfaits dont la main libérale de Geraud de Saint-Céré avait comblé son enfance. Vain espoir que son cœur caressait, et que ce flux des évènements humains qu'on appelle la destinée, ne devait pas lui permettre de réaliser! Aussi, son âme, dont nous surprendrons plus tard les fibres délicates, dût-elle éprouver un sentiment d'amère tristesse quand, s'arrachant des bras de ses frères bien aimés, il vit s'effacer à l'horizon la colline qui l'avait vu naître et qu'il quittait pour aller au-devant de l'inconnu.

Un voyage à travers tout le midi de la France et le nord de l'Espagne n'était pas, au Xe siècle, exempt de fatigues et de périls. Nous pouvons en juger par le récit qu'un chroniqueur de cette époque nous a laissé d'une excursion de Reims à Chartres. Sans parler des dangers qu'offraient les bandes de malfaiteurs que l'on rencontrait à chaque instant, des craintes qu'inspiraient tous les donjons, on peut se faire une idée de l'état dans lequel se trouvaient les routes, ou ce que l'on voulait bien désigner sous ce nom, quand Richer nous apprend à quel expédient il dut avoir recours pour traverser le pont de Meaux : « Il était percé, nous dit-il, de tant et si « grandes ouvertures que mon compagnon de route, homme

(1) Epist. XXXV, et aliæ *passim*.

« actif et fécond en ressources, fut obligé, pour faire passer
« nos chevaux, de placer son bouclier sous leurs pieds quand
« il ne pouvait rapprocher les planches disjointes (1). »

Ce fut aussi après une route longue et pénible que Borell, accompagné du jeune moine d'Aurillac, franchit les Pyrénées et arriva en Catalogne. Abdérame III venait de descendre dans la tombe (961), et ce prince, auquel les chrétiens ses ennemis ont donné le surnom de *Magnanime*, avait porté la puissance des Arabes à son apogée de grandeur et d'élévation. Sa cour, devenue un sanctuaire où, sous la direction du khalife, les sciences et les lettres étaient cultivées avec le plus grand succès, avait été visitée par les ambassadeurs des premiers souverains de l'Orient et de l'Occident. L'empereur de Constantinople, Constantin Porphyrogénète II, Hugues, roi d'Italie et de Provence, la reine de France, mère de Louis IV, le comte de Barcelone, Suniaire, père de Borell, l'empereur d'Allemagne, Othon-le-Grand, recherchaient l'alliance de ce khalife illustre qui puisait dans le souvenir des vertus de sa mère Marie, un profond sentiment de respect pour le christianisme. D'un caractère généreux et chevaleresque, on l'avait vu, au grand scandale de ses coreligionnaires, mettre une armée musulmane au service du roi de Léon, Sanche-le-Gros, son ennemi, pour reconquérir le trône dont un usurpateur l'avait dépossédé. Habile administrateur autant que guerrier intrépide, Abdérame avait voulu préparer l'éclat littéraire du règne de son fils en favorisant dans ses états l'essor des sciences et de la poésie. Lui-même cultivait les belles-lettres et cherchait dans l'étude un adoucissement aux fatigues du commandement et aux infirmités de la vieillesse. Ses dernières années furent employées à écrire l'histoire de son règne, et, à la veille de sa mort, il la termina par ces paroles touchantes : « J'ai régné 50 ans dans la paix
» et la gloire, aimé de mes sujets, redouté de mes ennemis,
» estimé de mes alliés et des plus grands princes de la terre
» qui ambitionnaient mon amitié : trône, puissance, honneurs,

---

(1) RICHERII *Histor.*, lib. IV, § 4.

» plaisirs, j'avais tout à souhait ; aucun bien de la terre ne me
» manquait. J'ai compté avec soin les jours où j'ai goûté un
» bonheur sans mélange, je n'en ai trouvé que quatorze !
» Loué soit celui qui seul possède la gloire durable ; il n'y a
» de Dieu que lui ! » (1)

Al-Hakem II avait succédé à Abdérame III (961); moins belliqueux que son père, ce prince, nous disent ses biographes, changea les lances et les épées en bêches et en socs de charrue, et ses indomptables guerriers en industrieux laboureurs (2). Jaloux de justifier son nom, Al-Hakem *(Sapiens)* prit rarement les armes, et préféra aux lauriers du conquérant la gloire moins éclatante mais plus utile et plus durable du protecteur le plus généreux et le plus enthousiaste qu'eussent encore rencontré sur le trône les lettres et les arts. Entouré de savants distingués, de poëtes dont la réputation a survécu à la perte de leurs œuvres, le khalife portait jusqu'à la passion le désir de fomenter et d'étendre l'étude de toutes les connaissances humaines. Sa générosité allait chercher les savants au-delà des bornes de son empire, et il ornait de manuscrits, recueillis à grands frais, les salles merveilleuses du palais de Cordoue. On peut juger de la prodigieuse activité littéraire de son règne par ce fait que le seul catalogue des ouvrages réunis dans sa bibliothèque formait quarante-quatre volumes de cinquante feuilles chacun (3).

Ce fut sous ce règne, qui rappelait le siècle d'Auguste, et pendant la longue paix dont jouit l'Espagne sous l'habile administration d'Al-Hakem, que Borell, au retour de son pèlerinage en Aquitaine, confia Gerbert à l'homme le plus distingué de l'Espagne Citérieure, à l'évêque de Vic, Hatton (4).

---

(1) Murphy, p. 105. — Cardonne, p. 216. — *Hist. d'Espagne,* par M. Paquis, t. 1, p. 467.

(2) L. Viardot. *Histoire des Arabes d'Espagne,* t. 1, p. 170.

(3) *Ibid.,* p. 173.

(4) La ville d'Ausonne ayant été ruinée par les Sarrasins fut rétablie ; mais comme elle n'approcha point de sa première splendeur, on l'appela le bourg d'Ausonne *(vicus ausonensis),* d'où le nom de *Vic. (Hist. de l'Egl. Gallic.,* t. IX, liv. XIX, p. 33).

Cette partie du comté de Barcelone, enrichie par le roi Eudes de nombreuses prérogatives (1), relevait de l'archevêché de Narbonne, à la juridiction duquel les papes Etienne VI, en 896 (2), et Jean X, en 928 (3), l'avaient soumise. Dans les premières années du X⁰ siècle, une illustre abbaye de bénédictins s'était élevée près d'Ausonne, à Riupoly, et la bulle du pape Léon VII, ainsi que le diplôme du roi Louis d'Outre-Mer (938), nous montrent à quel degré de splendeur elle était parvenue (4). Plus tard, le pape Agapit (951) en augmenta les priviléges (5), ainsi que le roi Lothaire, en 982 (6). Grâce à ses rapports continuels avec les états du khalife, l'Espagne avait été tout naturellement la première à recevoir et à répandre les connaissances arabes. Favorisé encore par l'émulation qu'excitait le voisinage de Cordoue, l'amour de l'étude, inconnu ou repoussé partout ailleurs, s'était rapidement propagé chez les chrétiens de l'Aragon et plus particulièrement dans le comté de Barcelone, qui devait à sa situation géographique d'être moins exposé que les autres provinces espagnoles aux incursions des Sarrasins.

Sous l'habile direction d'Hatton, Gerbert, nous dit le chroniqueur, fit de rapides progrès dans les sciences (7), et il put, tout en ornant son esprit de connaissances nouvelles, développer et agrandir celles dont il avait reçu les premiers germes dans l'abbaye d'Aurillac. Combien de temps consacra-t-il à ces laborieuses études? L'histoire ne peut l'affirmer avec certitude; mais les inductions les plus probables portent à croire qu'il ne séjourna pas moins de cinq années auprès de

(1) Ap. BALUZIUM. in append. ad Marcam, col. 819.— DOM BOUQUET, t. IX. p. 446.

(2) Ap. LABBEUM, t. 1. Biblioth., p. 804. — D. BOUQ., t. IX, p. 204.

(3) Gall. Christ., t. VI, in Instrum. p. 16.— D BOUQ., t. IX, p. 217.

(4) In append. ad Marcam, col. 849 et 851. — D. BOUQ., t. IX, p. 222 et 589.

(5) In append. ad Marcam, col. 867. — D. BOUQ. ibid., p. 229.

(6) In append. ad Marcam, col. 922. — D. BOUQ. ibid., p. 649.

(7) In mathesi plurimum et efficaciter studuit. RICH., lib. III, § XLIII.

ses nouveaux maîtres. Dans cette période féconde, l'ancien élève de Raymond s'adonna plus particulièrement aux sciences que le génie arabe avait fait pénétrer en Occident, et dont son premier maître n'avait pu que lui donner des notions fort incomplètes. L'arithmétique, la géométrie, l'astronomie, la mécanique, la musique, au moins dans ses rapports avec la physique, furent tour à tour l'objet de ses patientes investigations. Il aborda même la médecine (1), cette science si chère aux Arabes et qui avait à Cordoue une chaire d'enseignement à laquelle nulle autre en Occident ne pouvait être comparée, et que devaient illustrer plus tard Avenzoar et son célèbre disciple Averrhoës.

Ici se place le problème assez obscur du prétendu séjour de Gerbert chez les Arabes; question délicate sur laquelle la rareté des documents ne permet que de hasarder des conjectures. C'est une opinion généralement admise par tous les historiens modernes que le disciple d'Hatton alla compléter à Cordoue et à Séville les connaissances puisées d'abord auprès de l'évêque de Vic. Presque tous les ouvrages qui parlent de Gerbert ou du Xe siècle reproduisent cette assertion dont il est intéressant de connaître l'origine. Parmi les chroniques des Xe, XIe et XIIe siècles, on ne trouve que deux historiens qui affirment le fait de ce voyage : c'est, au XIIe siècle, Guillaume de Malmesbury, et au XIe Adhémar de Chabanais. Ce dernier, parlant de Gerbert d'une manière tout-à-fait incidente, ne nous a laissé que ces mots sur ce voyage : « *Causa sophiæ primo Franciam, dein Cordubam lustrans.* » (2) Or, l'indication de la ville de Cordoue, mise ici en opposition avec la France, n'a évidemment voulu signifier, dans la pensée de l'annaliste, que le fait du voyage de Gerbert au-delà des Pyrénées. L'indication précise d'une ville ne prouve rien, puisque Cordoue étant la capitale du khalifat des Ommyades et la plus célèbre ville d'Espagne, il était assez naturel de

(1) Ep. IX, CLI.
(2) *Collect. des hist. franç.*, in-fol., t. IX, p. 146.

désigner sous ce nom la région transpyrénéenne, opposée du reste dans la phrase du chroniqueur au pays de France. Cette hypothèse n'a, croyons-nous, rien de hasardé. Quant à Guillaume de Malmesbury, nous verrons bientôt l'autorité qui doit s'attacher à son témoignage.

C'est à ces deux chroniqueurs que remonte la tradition qui fait aller Gerbert à Cordoue pour s'y perfectionner dans les sciences arabes ; et cette assertion se trouve reproduite par M. Barse, dans son élégante traduction des lettres et discours de Gerbert (1); par M. Michelet, dans son histoire de France (2) ; dans l'*Auvergne et le Velay*, de M. Ad. Michel (3), et même dans l'histoire de l'Eglise Gallicanne (4). Cette opinion a donc pour elle l'autorité du nombre et du talent des historiens ; cependant, aux yeux de la critique, il paraît difficile de l'établir sur des raisons bien plausibles. La seule source un peu sérieuse serait la chronique d'Adhémar, et nous avons vu comment on pouvait entendre ses expressions ; cette autorité, du reste, se trouve singulièrement amoindrie par le témoignage du moine Richer, le disciple et l'ami de Gerbert. Avec son goût pour les légendes, il est peu probable que cet annaliste eût omis le récit de ce pèlerinage scientifique ; il dit au contraire, en termes formels, que ce fut « auprès d'Hatton que Gerbert se livra ardemment et avec succès à l'étude des sciences » (5). Et on ne peut objecter que le biographe ait omis à dessein cette circonstance, afin d'éloigner de celui qu'il appelait « son père » (6) un blâme ou une flétrissure ; car vers le milieu du Xe siècle, il n'y avait pas entre les Arabes et les chrétiens d'Espagne ces causes de haine et de fanatisme que les croisades firent naître plus tard.

(1) *Lettres et discours de Gerbert*, t. 1er, p. 107.
(2) *Hist. de France*, t. II, p. 143.
(3) *Hist. de l'Auvergne et du Velay*, t. II, ch. 1er, p. 115.
(4) *Hist. de l'Eglise Gallicanne*, t. IX, liv. 19, p. 34.
(5) Rich., lib. III, § XLIII.
(6) Rich., *in prolog*.

Nous trouvons, en effet, la preuve de cette tolérance réciproque des deux peuples séparés par le cours de l'Ebre, dans les récits contemporains qui témoignent des rapports de courtoisie et de bonne amitié que le khalife Abdérame III entretint avec tous les princes de son temps. C'est ainsi qu'en 955 une ambassade partit d'Espagne, sous la conduite d'un évêque catholique, pour aller porter les vœux du Commandeur des Croyants à l'empereur d'Allemagne ; Othon Ier s'empressa d'envoyer à son tour des députés, et la chronique nous apprend qu'arrivés à Cordoue, ils furent en rapport avec les prêtres et les évêques dont le khalife se servait comme intermédiaires, et qui jouissaient sous son gouvernement de la plus grande liberté. Nous voyons même que dans cette cité, boulevard de l'islamisme en Occident, se trouvaient plusieurs églises chrétiennes, une entre autres, très-remarquable, dédiée à saint Martin. Bien plus, le secrétaire intime d'Abdérame était un chrétien nommé Recemond. On le voit, au milieu du Xe siècle, les rapports entre les chrétiens et les Sarrasins n'avaient point ce caractère d'hostilité que le fanatisme musulman, excité par l'humiliation de la défaite, contribua à établir plus tard, et un chrétien pouvait, sans encourir le moindre blâme, fréquenter des écoles où l'enseignement se donnait libéralement et sans acception de croyances religieuses. Aussi n'est-ce pas à ce dernier point de vue que nous cherchons à établir que Gerbert n'a point été à Cordoue ; il y fût allé, des esprits étroits auraient pu seuls en être froissés ; mais dans la discussion d'une question historique, on doit fort peu se préoccuper de ce qui aurait pu être pour n'envisager que ce qui a été. Or, ni dans les lettres de Gerbert, ni dans ses autres écrits, nous ne trouvons d'allusion à ces études faites chez les Sarrasins, et quand il parle des sciences qu'il a puisées au-delà des Pyrénées, il ne nomme que des Espagnols (1). Ce nom même d'Espagne ne vient qu'une fois sous sa plume dans une lettre (2), où, se plaignant des

---

(1) Epist. XVII, XXIV, XXV.
(2) Epist. LXXIII.

persécutions dont on l'abreuve, il semble hésiter s'il se retirera à la cour d'Othon ou dans cette Espagne qu'il a quittée depuis longtemps.

Le motif qu'allèguent les partisans de la première opinion ne peut du reste se justifier par l'histoire ; ils prétendent en effet que ce fut pour agrandir le cercle de ses connaissances que Gerbert se rendit à Cordoue : « *Causa sophiæ Cordubam lustrans,* » nous dit Adhémar. Or, les écoles de l'Espagne chrétienne, surtout celles de la Catalogne (1), n'étaient pas trop inférieures aux écoles arabes de Séville et de Cordoue. Le voisinage et les rapports fréquents des musulmans et des chrétiens, l'antagonisme naturel de deux religions et de deux races cherchant non seulement à se vaincre sur les champs de bataille, mais voulant aussi établir leur suprématie par les luttes de la science, toutes ces causes avaient fait accepter par l'Espagne les méthodes dont la première gloire revient sans doute aux Arabes, mais que des savants chrétiens (2), et surtout Gerbert, ont fait ensuite rayonner dans tout l'Occident (3).

On ne peut donc établir sur aucune donnée historique sérieuse la légende qui fait asseoir l'ancien disciple du couvent d'Aurillac sur les bancs des écoles de Cordoue ; et, devant cette absence de preuves positives, nous devons imiter le

(1) Cf. Epist. XVII, XXV.

(2) Tels que Hatton, Lupit de Barcelone, l'Espagnol Joseph, Guarin, abbé de Cusan, etc., etc.

(3) L'opinion qui rejette l'hypothèse d'un voyage de Gerbert chez les Arabes est soutenue par Andrès : « Queste ragioni mi fanno congetturare non senza qualche probabilita, che quel dotto e grand' uomo che fu Gerberto tutto egli si fece sotto e la disciplina di cristiani spagnuoli, *senza avere avuto bisogno di mendicare il soccorso dalle scuole, de Saraceni.* Ma quantunque spagnoli fossero i maestri di Gerberto, arabica pur era la dottrina, ch' ei trasse dalle Spagne e communico alle Gallie ed all' Italia. »—ANDRÈS, *dell' origine, de progressi è dello stato attuale d'ogni litteratura.* Parme, 1782--1799, 7 vol. in-4°, 1ª parte, c. IX. — Voy. aussi GOUJET, *De l'état des sciences en France depuis la mort de Charlemagne jusqu'à celle du roi Robert,* p. 55. — CHASLES, *Aperçu historique sur l'origine et le développement des méthodes en géométrie.* Bruxelles, 1837, in-4°, p. 504.—OZANAM, *Œuvres complètes,* t. 1, 1ʳᵉ et 2° leçons.

silence de Richer et reléguer au rang des fables les grotesques inventions du chroniqueur anglais.

Dans un siècle profondément ignorant, la concentration dans une seule intelligence de connaissances aussi variées que celles de Gerbert, dut nécessairement fournir une riche matière aux légendes dont le vulgaire aime à entourer le front des hommes que leur génie élève au-dessus de leurs contemporains. Cet hommage aveugle et involontaire que l'ignorance rend aux hommes supérieurs, en expliquant par une intervention surnaturelle leur élévation rapide ou leurs découvertes merveilleuses, n'a pas manqué à Gerbert. Ce fut un certain Bennon, cardinal schismatique et zélé partisan de l'empereur d'Allemagne Henri IV, dans sa lutte contre Grégoire VII, qui s'en fit l'écho, pour jeter sur le Saint-Siége le ridicule et le mépris; ces calomnies furent reproduites au XII° siècle dans la chronique d'un moine anglais, Guillaume de Malmesbury. Ne pouvant expliquer naturellement les connaissances variées de l'ancien disciple de Raymond de Lavaur et la grande influence qu'il eut sur la résurrection en Gaule des études que la barbarie en avait exilées (1), l'annaliste anglais, qui paraît avoir même ignoré le nom que prit Gerbert en montant sur le siége apostolique (2), nous apprend que le disciple d'Hatton, tout en étudiant les sciences exactes, s'adonnait en même temps à l'art des nécromanciens et des augures (3). Pour se perfectionner dans cette dernière science, le jeune moine aurait eu recours, selon le même chroniqueur, à des procédés peu délicats, puisqu'il nous le montre dérobant à son maître arabe un précieux volume qui contenait l'exposé complet de son art occulte. Toutefois, ce larcin ne s'accomplit pas sans péril, car en sortant de l'ivresse dans laquelle son perfide élève avait noyé la raison et appesanti les paupières de l'astrologue, ce

---

(1) Scientias ita ebibit, ut magna industria revocaret in Galliam, omnino ibi jam pridem obsoletas. WILL. MALMESB., lib. II, c. X.

(2) Il lui donne le nom de Jean XV. *Ibid.*

(3) *Ibid.* Loco citato.

dernier, devinant par l'inspection des astres la route qu'avait suivie le voleur, se mit à sa poursuite. Mais Gerbert avait, paraît-il, admirablement profité des leçons de son maître, car il lut dans les étoiles le danger qui le menaçait, et, sachant bien que la puissance de son ennemi ne pouvait l'atteindre que sur la terre ou dans l'eau, il se suspendit aux solives d'un pont, et, placé de la sorte entre le sol et l'eau, il déjoua tous les calculs de son ennemi. Le pauvre astrologue retourna tristement à son logis, et Gerbert put arriver sain et sauf sur les bords de la mer ; ce fut là qu'il fit avec le diable un pacte solennel et lui donna, en retour de la puissance et des honneurs, un pouvoir absolu sur son âme (1).

Ces légendes, que les naïves imaginations du XIe et du XIIe siècle acceptaient avec une foi aveugle et une superstitieuse terreur, sont un témoignage bien réel de cette espèce d'admiration mêlée d'effroi qu'inspirait le génie de Sylvestre II ; ce n'était pas de l'enthousiasme, mais de la stupéfaction ; et il dut se passer dans les esprits, à la fin du Xe siècle, à l'aurore de cette renaissance intellectuelle, quelque chose de l'éblouissement qu'éprouve le regard qui passe brusquement d'une obscurité profonde à une vive et brillante lumière.

Tout porte à croire que le séjour de Vic, l'amitié de l'évêque et de son bienfaiteur Borell, ses relations avec les savants de la Catalogne, surtout son étroite liaison avec Guarin, abbé de Saint-Michel de Cusan (2), avaient fait trouver à Gerbert une seconde patrie au-delà des Pyrénées. Aussi l'annaliste nous montre-t-il son retour en Gaule comme providentiel : « Ce fut « en effet le Seigneur, nous dit-il, qui voulant rendre à la Gaule, « plongée dans les ténèbres, l'éclat de cette vive lumière, ins- « pira au duc et à l'évêque la pensée d'aller à Rome pour y « prier (3). » Borell venait en effet, par la mort de son cousin

---

(1) Ibi per incantationes, diabolo accersito, perpetuum paciscitur dominium. *Ibid.*

(2) Ep. XLV. — MABILL. *Act. Bened.*, t. VII, p. 552 et 877. — *Hist. littér.*, t. VI, p. 560.

(3) RICH., lib. III, § XLIII.

Séniofrède (967), d'hériter du comté de Barcelone; il voulut, selon le pieux usage du temps, faire un pèlerinage au tombeau des apôtres et solliciter pour sa personne et ses nouveaux états la bénédiction du père des fidèles. L'évêque de Vic, Hatton, l'accompagna dans ce voyage, et celui-ci, ne voulant pas se séparer de son disciple favori, l'emmena en Italie. Ce fut, comme l'indiquent les savants auteurs de l'histoire littéraire de la France, vers 968, que s'effectua le départ de Gerbert pour Rome (1), après un séjour de cinq années en Espagne. Il est certain, en effet, que ce n'était plus un enfant, sans être cependant encore dans l'âge mûr, puisque Richer l'appelle adolescent : « *adolescentem secum deducunt* (2); » on peut donc supposer qu'il était dans sa 25ᵉ année, ce qui placerait la date approximative de sa naissance vers l'an 940, comme nous l'avons indiqué plus haut.

(1) *Hist. litt.*, t. VI, p. 560.
(2) Rich., lib. III, § XLIII.

CHAPITRE III.

ARRIVÉE DE GERBERT A ROME ; SON SÉJOUR A LA COUR D'OTHON
ET A L'ÉCOLE DE REIMS.

En arrivant à Rome, Borell et l'évêque Hatton trouvèrent Jean XIII, naguère chassé par la noblesse, rétabli sur le trône apostolique. Les Romains, fatigués des luttes sanglantes dans lesquelles s'étaient déshonorés les précédents pontificats, avaient, par un accord tacite qui prouvait assez la lassitude des esprits, envoyé à l'empereur Othon des députés pour le prier de choisir lui-même le souverain pontife. Il fallait une main ferme et un caractère conciliant pour cicatriser les blessures que les factions avaient faites à la papauté sous l'orageux pontificat de Jean XII et pendant les longues luttes de Benoît V contre l'antipape Léon ; aussi, d'après les conseils d'Otger, évêque de Spire, et de Luitprand, évêque de Crémone, envoyés d'Othon, les suffrages des Romains se portèrent sur l'évêque de Narni, qui prit le nom de Jean XIII (966). Le choix de cet homme intègre et vigilant mécontenta la noblesse, jalouse de reconquérir ses priviléges et qui regrettait les orages des règnes précédents, à l'ombre desquels elle avait accru son influence et augmenté ses richesses. Les premiers actes du nouveau pontife donnèrent la mesure de sa fermeté et provoquèrent parmi les nobles de Rome un soulèvement, à la tête duquel se trouva celui qui aurait dû l'étouffer, Rotfred, préfet de la ville. Trop faible pour tenir tête à l'orage, le pape s'enfuit en Campanie où il reçut de Pandulphe, prince de Capoue, une généreuse hospitalité (1).

Du fond de son exil le pape avait informé l'empereur d'Allemagne des troubles qui l'avaient forcé de quitter Rome. En apprenant le nouvel attentat de Rotfred, Othon, qui n'avait rien négligé pour rétablir la paix en Italie, accourt dans la Péninsule, au milieu de l'automne (966). A l'approche de l'armée impériale, les Romains s'empressent de rappeler Jean de l'exil; mais voulant donner une sévère leçon à ces turbulentes factions, Othon pénètre dans la ville éternelle, chasse les consuls, fait pendre les tribuns et livre à la populace, après l'avoir ignominieusement traîné dans les rues de Rome, le préfet qui avait succédé à Rotfred. Celui-ci était mort pendant l'exil du pontife; mais la majesté de la tombe ne put le préserver de cette cruelle réaction, et son cadavre exhumé devint le jouet d'une multitude qui avait applaudi naguère à ses excès en s'en faisant les complices.

L'empereur, après avoir ramené le pape en triomphe à Rome, s'était empressé de faire couronner son jeune fils Othon; puis il s'était dirigé vers le midi de l'Italie, afin d'y négocier le mariage de son fils avec Théophanie, belle-fille de l'empereur d'Orient, Nicéphore. Ce fut aussi à cette époque, qu'après avoir vénéré le tombeau des apôtres, Borell et l'évêque de Vic allèrent offrir au Vicaire du Christ leurs vœux et leurs hommages. Gerbert accompagnait ses protecteurs dans cette audience, et il paraît que sa physionomie et sa conversation intéressèrent vivement le souverain pontife, qui fut frappé, nous dit Richer, de son talent et du vif désir qu'il avait de s'instruire (2).

Dans le cours de ses relations avec le pape, il est assez vraisemblable que l'empereur lui avait témoigné son regret

---

(1) Leo Ostiensis. *Chron. Cassin.*, lib. II, c. IX.
(2) Rich. lib. III, § XLIV.

de ne pouvoir réunir à sa cour quelques hommes instruits, dont les enseignements auraient jeté sur lui ce reflet de grandeur qui entourait encore d'une auréole indélébile le nom de Charlemagne. Othon-le-Grand avait, par ses conquêtes, reculé les bornes de l'ancien empire d'Occident, et son esprit élevé lui avait fait entrevoir qu'à côté de la force qui détruit, il y a une puissance plus grande encore, celle de l'intelligence qui éclaire et vivifie. Que restait-il, en effet, de cette vaste monarchie carlovingienne? A qui obéissaient les peuples que la main de fer du fils de Pepin avait groupés sous ses étreintes victorieuses? Tout s'était dispersé quand l'épée du conquérant était rentrée dans le fourreau ; ces éléments divers qu'il avait laborieusement réunis s'étaient évanouis lorsque le bras du guerrier avait été glacé par le trépas ; une seule gloire lui survivait, impérissable comme son génie, celle d'avoir arrêté la barbarie et fait briller quelques étincelles de lumière et de civilisation au milieu d'un siècle ignorant et grossier. Dans tous les actes de sa vie, Othon cherchait à imiter le héros carlovingien ; et il est permis de penser qu'après avoir cru l'égaler comme conquérent, il aura voulu devenir comme lui le protecteur des lettres. On ne s'expliquerait pas autrement l'empressement que mit le souverain pontife à l'informer de la découverte qu'il venait de faire. Le pape, continue le chroniqueur, interrogea le jeune savant, et comme la musique et l'astronomie étaient encore complètement ignorées en Italie, il envoya des députés pour annoncer à Othon qu'il lui était arrivé un jeune homme connaissant parfaitement les mathématiques et capable de les enseigner. L'empereur insinua aussitôt à Jean XIII de retenir Gerbert auprès de lui en ne lui laissant aucun moyen de regagner sa patrie (1).

Le pape remplit cette délicate mission, et fit entendre avec ménagement à l'évêque et au duc de Catalogne que l'empereur désirait garder quelque temps auprès de lui leur protégé, mais que, du reste, il le renverrait sous peu avec honneur et en

---

(1) Rich. *Hist.* lib. III.

rémunérant ses services. Borell et Hatton se séparèrent à regret de celui qu'ils aimaient comme un fils, et ils reprirent la route de l'Espagne, en laissant Gerbert à Rome où l'empereur venait d'arriver.

Les sciences que Gerbert avait étudiées en Espagne étaient encore peu répandues en Italie ; la philosophie, les mathématiques surtout n'y étaient plus enseignées ; aussi l'élève d'Hatton éblouit-t-il l'auditoire devant lequel il exposa le tableau de ses connaissances (1). L'empereur voulut s'attacher aussitôt ce jeune homme de grande espérance; Gerbert y consentit, à condition toutefois que les travaux de son enseignement ne l'empêcheraient pas de s'initier aux secrets de la logique, sience, nous dit Richer, qu'il brûlait d'acquérir (2).

Gerbert suivit donc l'empereur dans ses pérégrinations en Italie, et ce fut probablement à cette époque qu'il remplit auprès du fils d'Othon les fonctions de précepteur (3). Ce prince, né en 955, n'avait encore que treize ans ; malgré sa jeunesse, il s'établit entre le futur héritier de l'empire et son illustre maître une amitié forte et vive que rien ne put troubler dans la suite et qui, chose rare, survécut au temps et à l'enivrement de la puissance. De toute cette période de la vie de Gerbert, les chroniques ne nous apprennent qu'une chose, c'est qu'il partageait son temps entre l'enseignement et l'étude, mais s'adonnant de préférence à cette dernière.

Vers cette époque, (4) Lothaire, roi de France, envoya une ambassade au roi d'Italie ; à la tête de cette députation se trouvait Gérard, archidiacre de Reims (5), homme instruit et

---

(1) Ex Hispania redux, summaque eruditione ornatus, et imprimis philosophiæ atque mathematicarum scientiarum laude inclytus, omnes facile antevertit. J. Bruckerii, *Historia critica philosophiæ*, t. III, p. 647.

(2) Rich. *Hist.*, lib. III, § XLIV.

(3) C'est l'opinion de Mabillon et de dom Rive'. Voy. D. Bouquet, t. X, p. 410, note B.

(4) Rich. *Hist.*, lib. III, § XLV.

(5) Rohrbacher, *Hist. de l'Egl.*, t. XII, p. 231.

très-versé dans la logique. Gerbert, que nous avons vu plus haut manifester un vif désir de s'instruire dans cette science, n'avait pu trouver à la cour d'Othon les ressources sur lesquelles il comptait pour compléter ses connaissances dans cette branche importante. Aussi, continue le chroniqueur, réjoui de l'arrivée de cet homme éminent, Gerbert s'empressa d'aller trouver Othon et obtint de lui d'être confié à Gérard, auquel il s'attacha pendant quelque temps. Toutefois, le séjour de l'ambassadeur de Lothaire à la cour de l'empereur ne fut pas assez long pour permettre à l'archidiacre d'initier complètement son nouveau disciple à tous les secrets de cette science encore peu connue. Gerbert en avait assez entrevu cependant pour comprendre toute l'importance de cette étude abstraite, qui donne à l'esprit cette rigueur méthodique, cette précision savante sans laquelle on ne peut faire aucun progrès dans les sciences exactes. Par la nature de son esprit il se sentait entraîné vers ces dernières, les seules du reste qui pussent à cette époque satisfaire la raison sans heurter le bon sens. Aussi ne devons-nous pas être surpris de voir le favori d'Othon-le-Grand sacrifier sa brillante position à la cour pour s'attacher à un maître qui devait l'initier à une science, stérile en apparence, mais au fond de laquelle il entrevoyait une voie inexplorée de la vérité, une solution peut-être aux difficultés qui assiégeaient son intelligence. L'empereur ayant consenti au départ de Gerbert, celui-ci se mit en route pour la Gaule, à la suite du député de Lothaire, et arriva à Reims.

Cette métropole possédait une école déjà célèbre sous Hincmar, au IXe siècle, et où les disciples d'Alcuin avaient introduit la méthode d'enseignement du célèbre directeur de l'école du Palais. Sous Charlemagne, en effet, toute l'activité intellectuelle s'était portée vers le Nord ; le grand empereur avait déplacé le foyer de la civilisation. Le Midi, plus pénétré des idées romaines, conservait certaines traditions d'élégance, de politesse et d'industrie ; mais les centres d'études les plus célèbres, les écoles les plus fréquentées, le savoir et la pensée sous les deux formes de science et de théologie, étaient au

Centre et au Nord (1). Fulde, où avait enseigné Raban-Maur (2), Osnabruck et Reims sont destinés à devenir les trois grands foyers intellectuels d'où rayonnera la lumière après une éclipse de près d'un siècle. L'école archiépiscopale de Reims n'avait pas longtemps conservé le caractère de grandeur que lui avait imprimé Remy d'Auxerre, à la fin du IXe siècle. Ce moine, qui se rattachait par l'enseignement de Raban à l'école d'Alcuin (3), avait professé avec beaucoup d'éclat la théologie et les lettres humaines ; il avait même compté parmi ses disciples son métropolitain, Foulques, archevêque de Reims ; mais quand l'écolâtre à qui ses contemporains avaient décerné le nom de *docteur illustre* (4), eut quitté Reims pour aller fonder à Paris les premiers cours publics, berceau de l'Université, l'école de Reims vit décroître sa splendeur au milieu des troubles dont cette Église fut agitée par l'intrusion et la déposition de plusieurs de ses archevêques. Elle essaya vainement de se relever vers le milieu du Xe siècle ; les efforts d'Hildebrode-le-Grammairien (5), de Bliduse (6) et d'Abbonde-Fleury furent stériles, et elle ne produisit dans cette longue période que le chroniqueur Frodoard, dont nous avons déjà apprécié les travaux.

Deux ans s'étaient à peine écoulés depuis la mort de Frodoard quand Gerbert entra dans cette école archiépiscopale où, sous la direction de Gérard, il fit de rapides progrès (7). L'archidiacre fut du reste pour lui moins un maître qu'un ami ; aussi s'établit-il entre ces deux hommes également avides de science et de lumière, une de ces amitiés dont l'histoire des lettres nous fournit quelques exemples. Tour à tour maître et disciple, ils

---

(1) AMPÈRE. *Hist. litt.*, t. III, ch. XII, p. 231.

(2) TRITHEM. ap. LAUNOY, *De Scholis*, p. 15.

(3) *Act. Bened.*, t. VII, n. 43.

(4) MART. *Ampl. collect.*, t. VI, p. 702.

(5) MABILL. *Act.*, n. 10, p. 368

(6) *Ibid.*, n. 69.

(7) Id brevi admodùm profecit. RICH., lib. III, § XLV.

mirent en commun leurs connaissances diverses, effaçant par l'étude les distances que l'âge et leurs positions respectives semblaient devoir établir entre eux ; c'est ainsi que le professeur de logique devint à son tour l'élève de Gerbert et reçut de ce dernier des leçons de musique et de mathématiques. Mais il paraît que Gérard, assez bon logicien, avait peu d'attrait pour les sciences exactes, malgré l'analogie qui unit ces deux branches des connaissances humaines ; aussi ne tarda-t-il pas à abandonner la musique, rebuté par les difficultés que lui offrait cet art (1). Nous verrons plus tard où en était la science musicale au milieu du Xe siècle, quand nous examinerons l'enseignement de Gerbert sur ce sujet.

C'était par ces études variées que Gerbert préludait à l'acquisition des nombreuses connaissances qui devaient plus tard mettre en relief son génie et entourer son front de cette auréole de science qui le plaça au premier rang dans l'opinion de ses contemporains (2).

A son arrivée à Reims, Odelric occupait le siége archiépiscopal. C'était, nous dit le chroniqueur, un homme de bien, très-recommandable par sa noblesse et son savoir (3), mais auquel son court pontificat (963-969), constamment absorbé par les sollicitudes temporelles que lui causaient les déprédations des seigneurs voisins, détenteurs des biens de son église, ne permit pas de donner beaucoup de soin à la direction de l'école archiépiscopale. Il est assez probable cependant que Gerbert y professa, puisque nous le voyons déjà célèbre au moment de l'élection d'Adalbéron (969).

Ce prélat, l'un des plus illustres de l'Eglise Gallicane pendant cette dernière partie du Xe siècle, fut aussi l'un de ceux qui travaillèrent avec le plus de succès au rétablissement des lettres (4). Il appartenait à la famille royale et avait fait à l'abbaye

---

(1) Artis difficultate victus a musica rejectus est. *Ibid.*
(2) Quo litteratior nemo extitit. Ex *chronic. Cameracensi et Atrebatensi,* cap. CX.
(3) Rich. lib. III, § XVIII.
(4) *Hist. litt.* t. VI. p. 444.

de Gorze des études assez sérieuses pour être regardé par ses contemporains comme un des plus savants évêques de la Belgique (1). Le roi Lothaire l'avait choisi, à cause de sa vigilance et de son zèle, pour réparer les désastres causés à l'Eglise de Reims par l'intrusion de Hugues (2). Adalbéron, dont Gerbert, par l'affabilité de son caractère et l'importance de ses travaux, avait gagné les bonnes grâces, plaça le jeune moine à la tête de cette école de Reims autrefois sans rivale dans la Gaule-Belgique. C'est ainsi que, par un enchaînement de causes qui avait déjoué toutes les prévisions, l'humble pâtre de Belliac, l'enfant obscur accueilli par charité dans le monastère d'Aurillac, préludait à ses magnifiques destinées en inaugurant son enseignement dans cette ville si haut placée dans le respect de tous, et où les rois venaient, depuis Clovis, recevoir l'onction sainte.

Il n'entre pas dans notre plan d'apprécier ici les éléments nouveaux que le jeune écolâtre introduisit dans le secrétariat de Reims ; cette importante question trouvera sa place naturelle lorsque nous verrons Gerbert, après un séjour de quelques années en Italie, revenir en Gaule et se fixer définitivement auprès d'Adalbéron dont il sera le secrétaire et l'ami, tout en continuant à grouper autour de sa chaire de nombreux et illustres auditeurs. Alors seulement il donnera à l'école archiépiscopale cette direction scientifique et littéraire qui excita l'admiration de ses contemporains. Nous dirons seulement que, pendant cette courte apparition qu'il fit dans la chaire professorale, il voulut, avant d'aborder l'étude particulière des diverses sciences, initier ses disciples aux secrets de la dialectique et de la rhétorique ; passant ensuite à la philosophie, il établit la synthèse des connaissances humaines, afin de montrer l'enchaînement des diverses sciences et les divisions que l'on pouvait en faire pour les étudier avec ordre et méthode. Ce fut au sujet de cette classification qu'éclata sa célèbre controverse avec Otrick.

(1) FOLCUIN. *De Abbatibus Laubiensis monasterii* c. VII, p. 551.
(2) Fils d'Herbert, comte de Vermandois, élu archevêque de Reims à l'âge de cinq ans (925).

CHAPITRE IV.

DISPUTE DE GERBERT AVEC OTRICK ; IL EST NOMMÉ ABBÉ DE BOBBIO.

Avec le nombre de ses disciples croissait aussi la renommée de Gerbert, et déjà sa réputation avait franchi les limites de la Gaule (1). Ses anciennes relations avec l'empereur Othon, l'amour de la science dont l'Allemagne conservait encore quelque étincelle avaient rendu célèbre le nom de l'écolâtre de Reims en Germanie et au-delà des Alpes. A cette époque, il y avait en Saxe un savant illustre nommé Otrick (2) ; la renommée de Gerbert était arrivée jusqu'à lui, et ce qu'il avait pu connaître de son enseignement l'avait vivement frappé, surtout en voyant avec quelle habileté de méthode ses sujets étaient divisés. Toutefois, ne voulant pas s'en rapporter au seul témoignage des admirateurs de Gerbert, et secrètement désireux sans doute de relever quelques erreurs dans la partie des sciences où il excellait, il tâcha d'obtenir des élèves qui fréquentaient le secrétariat de Reims quelques-unes des divisions enseignées dans cette école. Il voulait surtout connaître l'ex-

---

(1) Gerbertus pro maximo suæ sapientiæ merito, qua toto radiabat in mundo. *Vita Roberti Pii*, HELGALDI FLORIACENSIS. Ap. CHESNIUM, t. IV. p. 63.

(2) RICH, lib. III § LV.

posé philosophique de Gerbert, nous dit le moine Richer, afin de juger, d'après sa nouvelle méthode, si celui qui passait pour philosophe et faisait profession de science dans les choses divines et humaines était réellement un savant (1). Toutefois, dans la crainte que l'enthousiasme des disciples n'influât trop directement sur l'appréciation qu'ils feraient des travaux du maître, il envoya en Gaule un Saxon qui lui parut propre à remplir ses vues. Il n'est pas douteux que cet envoyé n'eût pour mission secrète de mettre tout en œuvre pour découvrir dans la méthode d'enseignement et dans les doctrines professées par Gerbert, tout ce qui pourrait paraître susceptible d'être attaqué par son adversaire. Ce nouveau disciple, continue le chroniqueur, assista aux leçons de Gerbert et recueillit avec adresse les divisions des genres posées par le maître ; mais il se trompa gravement sur la synthèse qui embrassait les diverses branches de la philosophie (2).

Gerbert avait en effet établi que la physique est égale aux mathématiques et aussi ancienne qu'elles ; l'envoyé d'Otrick la soumit « par erreur ou de parti pris » (3), aux mathématiques comme l'espèce l'est au genre. Quand le savant Saxon eut connaissance de cette division, il l'examina avec le plus grand soin, et s'empressa de répandre méchamment parmi ses élèves que Gerbert divisait fort mal les sciences parce qu'il prétendait faussement que, de deux espèces égales, l'une est subordonnée à l'autre, comme l'espèce au genre. Il alla même plus loin et, aux applaudissements de ses disciples, il conclut hardiment que « l'écolâtre de Reims ne comprenait rien aux sciences philoso-
« phiques puisqu'il ignorait entièrement en quoi consistent
« les choses divines et humaines, connaissance indispensable
« à un philosophe (4). »

Ce ne fut pas seulement devant ses élèves qu'Otrick essaya de battre en brèche la réputation de Gerbert ; jaloux de voir

(1) *Ibid.*
(2) *Ibid.*
(3) ..... industria an errore. *Ibid.* § LVI.
(4) *Ibid.*

l'empereur conserver pour son ancien protégé les sentiments de bienveillance et d'estime dont il lui avait toujours donné des marques, le savant allemand porta au palais le tableau défectueux, et, en présence d'Othon et de ceux qui passaient à la cour pour des esprits cultivés, il attaqua l'erreur qu'il avait relevée (1). Mais l'empereur, assez instruit sur ces matières, et se souvenant de la justesse d'esprit et de la profondeur de jugement dont Gerbert avait fait preuve dans les discussions soutenues autrefois devant lui, s'étonna, nous dit le chroniqueur, qu'il se fut ainsi trompé (2). Cependant, comme Otrick affirmait que c'était bien là ce qu'on enseignait à Reims, Othon refusa de se prononcer avant d'avoir entendu de la bouche même du philosophe l'explication de sa division. L'occasion se présenta bientôt.

L'année suivante (970), le vénérable archevêque de Reims, Adalbéron, entreprit avec Gerbert le voyage de Rome. Au désir bien légitime de solliciter pour sa nouvelle dignité la bénédiction du Père des fidèles, s'ajoutait encore le projet de faire sanctionner par le pape les priviléges du monastère de Saint-Remi et de l'abbaye de Mousson (3). En passant à Pavie, Adalbéron rencontra l'empereur (4) avec Otrick ; il fut magnifiquement accueilli par Othon qui le conduisit par le Pô jusqu'à Ravenne (5). Ce fut dans cette dernière ville qu'une réunion de savants jugea la querelle des deux écolâtres.

Cette joûte intellectuelle, continue le chroniqueur, passionna tous les assistants, et, à neuf siècles d'intervalle, il peut nous paraître étrange que, dans cette période historique où régnaient le trouble et la confusion, un prince et ses grands vassaux

---

(1) Ex *Chron.* Hugonis Flaviniacensis.

(2) An Gerbertus erraverit admirabatur. Rich, lib. III, § LVI.

(3) Labbe. *Concil*, t.IX, p. 666 et 707. — Voy. aussi Dom Bouquet, t. IX, p. 239 et 240.

(4) Mabill. *Acta*, p. 582-850.

(5) Othon, en janvier 970, était à Pavie ; il se rendit de là à Ravenne en mars de la même année, et signa des diplômes le 22 de ce mois à Ferrare el le 30 à Ravenne. Note de M. Pertz. Voy. Richer, t. II, p. 67.

aient pris intérêt à une discussion philosophique, alors que le droit de la force semblait faire oublier celui de la pensée. Peut-être y avait-il, sous cette lutte courtoise dont l'empereur avait pris l'initiative, une question plus importante ; la Germanie, représentée par Otrick, l'écolâtre de Magdebourg, et la Gaule, par l'organe de Gerbert, allaient disputer sur la valeur de leur enseignement, et entendre, par la bouche d'Othon-le-Grand, proclamer celle des deux écoles qui éclipsait sa rivale. A côté d'Adalbéron se trouvait l'écolâtre rémois assisté d'Adson, abbé de Moutier-en-Der, au diocèse de Châlons ; et près d'Otrick s'étaient groupés plusieurs scolastiques qui attendaient impatiemment cette discussion philosophique, dont l'issue devait, pensaient-ils, tourner à la gloire du célèbre docteur saxon. De son côté, l'empereur désira que Gerbert fut pris à l'improviste, afin qu'il mît à sa défense une plus grande chaleur de discussion ; Otrick s'était réservé le droit de poser les objections en laissant à son adversaire seul le soin de les résoudre.

Lorsque ces conventions eurent été acceptées par les deux parties, toutes les personnes présentes ayant pris place selon leur rang, l'empereur monta sur son trône et parla ainsi (1) :

« Une fréquente méditation, une pratique habituelle amé-
« liore, je pense, la science humaine, lorsque des savants trai-
« tent, en discours choisis, une matière savamment disposée.
« Très-souvent nous nous engourdissons dans le repos ; mais
« si nous sommes pressés par des arguments, nous sommes
« aussitôt excités à une utile méditation ; c'est un moyen de
« tirer des savants la connaissance des choses....... A leur
« exemple livrons-nous aussi à quelques objections qui pour-
« ront conduire l'esprit à une plus grande certitude morale.
« Déroulons donc ici ce tableau des parties de la science phi-
« losophique qui nous fut montré l'an passé ; que chacun l'exa-
« mine avec le plus grand soin, et dise ce qu'il pense pour ou
« contre : s'il est exact, qu'il soit sanctionné par votre appro-

---

(1) Rich. lib. III, § LVII. — Nous suivons ici la remarquable traduction de M. Guadet.

« bation unanime ; si, au contraire, il paraît devoir être modifié,
« qu'il soit, au jugement des savants, ou improuvé ou rectifié.
« Qu'on le produise donc pour être examiné (1) »

On le voit, Gerbert, pris au dépourvu, devait faire l'exposé de tout son système d'enseignement ; et certes jamais cause ne fut portée devant un plus illustre tribunal. Quand on lit, dans le célèbre historien de notre civilisation, le récit d'une séance littéraire sous Charlemagne, dans cette école du Palais que dirigeait Alcuin, on est surpris des immenses progrès que l'esprit humain a faits dans cet intervalle d'un siècle et demi qui sépare Othon-le-Grand du fils de Pépin. Aux questions puériles du second fils de Charlemagne sur l'homme, sur la terre, sur la mer, les saisons, etc., le docte Alcuin faisait des réponses assez naïves parfois et qui attestaient le peu de profondeur des connaissances de son élève ; un mot ingénieux, une combinaison inattendue tenaient lieu de raisons et satisfaisaient les esprits crédules de cette époque qui s'essayait à la civilisation (2). Sous Othon I, la science a acquis plus de sérieux ; les mots y jouent encore un rôle important, mais on sent déjà percer l'esprit d'investigation, et si on décrit moins, on approfondit davantage. Sans doute, cette tendance à la généralisation a ses inconvénients ; exagérée comme elle le fut plus tard, elle engendra la scolastique avec ses subtilités et ses arguties ; mais elle n'en constitua pas moins un progrès réel, puisqu'elle fit succéder à des notions puériles des idées d'ensemble, témoignage irrécusable d'une conception plus vaste et d'un développement intellectuel plus avancé.

Nous ne suivrons pas Richer dans le long récit qu'il fait de cette discussion ; on voit que l'élève et l'ami de Gerbert se complaît à accumuler les subtilités et les arguties d'Otrick pour faire mieux ressortir encore la gloire et le génie de son maître. L'écolâtre de Magdebourg ayant produit la division de Gerbert, celui-ci la parcourut avec attention, en approuva une partie,

---

(1) Rich. lib. III, § LVIII.
(2) M. Guizot, *Hist. de la Civilis. en France*, t. II, leçon 22*, p. 174, etc.

mais rejeta le reste, déclarant qu'il ne l'avait pas dressée ainsi. Pour en fournir une preuve, il exposa sa division et établit que les mathématiques, la physique et la théologie, sciences d'une même ancienneté, doivent être classées sous le même genre et nullement subordonnées les unes aux autres ; il termina son exposé par ces paroles remarquables qui nous montrent que sa noble intelligence, tout en proclamant bien haut les prérogatives de la raison humaine, lui reconnaissait cependant des bornes qu'elle ne pouvait franchir : « Du reste, si quel-
« qu'un trouve à répondre à ma division, qu'il expose ses
« arguments, et qu'il nous fasse comprendre ce que la raison
« naturelle n'a peut-être encore montré à personne (1). »

La clarté de ses réponses n'ayant laissé subsister aucun doute sur la rigoureuse exactitude des divisions établies par Gerbert, Otrick, usant du privilége que l'empereur lui avait accordé d'interroger son adversaire sur tel sujet qu'il voudrait choisir, abandonna l'erreur dont il avait accusé l'écolâtre de Reims et lui posa cette question insidieuse : « Qu'elle est la cause de la philosophie ? » Gerbert, sachant que la première condition de toute discussion est de bien s'entendre sur les difficultés à résoudre, pria son adversaire de formuler plus clairement sa question, et de dire s'il entend parler de la cause qui a produit la philosophie, ou de la cause à laquelle elle doit d'avoir été produite. — « Je demande pourquoi elle a été produite, » répondit Otrick. — « Puisque je vois clairement ce
« que tu proposes, répliqua Gerbert, je dirai que la philoso-
« phie a été produite afin que par elle nous connaissions les
« choses divines et humaines. » Cette définition, qui reproduisait littéralement celle que Platon, et après lui Cicéron, avaient donnée de la philosophie (2), ne satisfit pas Otrick qui reprocha à Gerbert d'être prolixe dans ses paroles. Et comme celui-ci s'appuyait de l'autorité de Platon pour se justifier,

---

(1) Rich., lib. III, § LIX.

(2) Scientiam rerum divinarum et humanarum, legumque quibus gubernantur. Platonis *Op.*

l'écolâtre de Magdebourg, ne pouvant entamer son adversaire, se venge sur le philosophe grec, et essaie de montrer que le disciple de Socrate ne savait pas définir ! Cette boutade qui cachait une défaite ne laissa aucun doute dans l'esprit des auditeurs; aussi, après quelques autres objections sur la cause de l'ombre, sur le plus grand du rationnel et du mortel, l'empereur, à la satisfaction générale sans doute, mit fin à cette discussion qui avait duré une journée presque entière. Gerbert, dont les paroles, nous dit le chroniqueur, coulaient de source, reçut de beaux présents de l'empereur et revint triomphant dans les Gaules avec son métropolitain (1).

Si nous nous sommes étendu un peu longuement sur cette entrevue de Ravenne, c'est qu'elle nous fait assister au réveil intellectuel des esprits dans la dernière partie du Xe siècle. « Rien n'était plus difficile, en effet, dit un savant de nos « jours, que de trouver un point du monde chrétien où l'on « pût jouir d'un certain degré de sécurité. Toutes les villes « situées auprès de la mer et sur le cours des grands fleuves « avaient été détruites ou ravagées par les incursions des « Normands; et, partout où les pirates n'avaient pas pénétré, « les discordes civiles, la lutte de tous les petits tyrans qui « se partageaient l'empire de Charlemagne, entretenaient une « inquiétude et des calamités perpétuelles. Un seul diocèse « peut-être, celui de Reims, éloigné de tous les grands fleu- « ves, à une distance respectable de la mer, gouverné par des « hommes habiles, a pu conquérir quelques instants de paix, « et immédiatement vous voyez dans cette oasis s'établir les « écoles, et l'esprit chrétien porter ses fruits naturels (2). »

Cette dispute, restée célèbre en Allemagne, devint pour Gerbert le point de départ d'une gloire nouvelle; jusqu'à ce jour, il était connu personnellement de l'empereur et sa réputation comme écolâtre avait franchi les murs de Reims, puisqu'elle avait troublé Otrick sur sa chaire de Magdebourg, mais

(1) Rich. lib. III. § LXV.
(2) Lenormand, *Quest. historiques*, IIe partie, p. 69.

son influence avait été toute locale. A partir de l'année 970, au contraire, son nom va se trouver mêlé aux principaux événements de ce siècle, dont il sera l'expression la plus remarquable et le représentant le plus glorieux. Dès ce moment aussi l'historien peut débrouiller plus facilement les phases de cette vie agitée, et puiser dans la correspondance si active et si variée de Gerbert, des éléments qui lui permettent d'assigner aux faits les plus saillants leurs dates respectives.

Les largesses de l'empereur Othon ne se bornèrent pas aux seules marques de faveur que Gerbert avait reçues à Ravenne; bientôt, probablement la même année, il le pourvut de l'abbaye de Bobbio, dans l'Italie septentrionale. Cette nomination, approuvée par le clergé et le peuple fut sanctionnée par le pape qui conféra même au nouvel élu la bénédiction abbatiale (1).

Ici se présente une singulière confusion de dates; Hock, dans son histoire de Sylvestre II, place cette nomination en 982; son traducteur, l'abbé Axinger, en 980 (2); M. Barse, dans ses lettres et discours de Gerbert en 981 (3). Ces différents historiens font remonter avec Fleury (4) à l'empereur Othon II, la collation de ce bénéfice; mais il paraît plus exact d'en faire honneur à Othon-le-Grand. Telle est l'opinion des savants auteurs de l'histoire littéraire de la France (5). Ils ont, toutefois, commis l'erreur de ne faire arriver Gerbert à Reims que longtemps après avoir exercé les fonctions abbatiales en Italie, assertion qui est formellement contredite par la chronique de Richer, dont l'ouvrage est resté inconnu aux bénédictins (6). Une des raisons qui nous déterminent encore à placer en 970 la nomination de Gerbert à Bobbio, c'est la suscription des deux lettres XIVe et XXIIIe, adressées au pape Jean XIII, mort en 972, et non à Jean XIV (984-985), ancien évêque de Pavie,

(1) Ep. XXIII.
(2) Pag. 127.
(3) T. II, p. 6.
(4) *Hist. eccles.*, t. VIII, liv. LVII, p. 346.
(5) T. VI, p. 560.
(6) *Ibid.* p. 504.

et ennemi acharné de Gerbert (1). Cette induction est confirmée par ces expressions significatives d'une lettre adressée par Gerbert, devenu archevêque de Reims, à Othon III : « S'il « y a en moi quelque étincelle de science…. ce feu développé « par l'amitié de votre père, la munificence de votre aïeul l'avait « allumé : *Patris virtus aluit, œvi magnificentia compa-* « *ravit* (2). » Or, Othon Ier, l'aïeul dont il est ici question, mourut en 973.

Bobbio avait été une des plus célèbres abbayes de l'Italie septentrionale. L'Irlandais saint Colomban, fondateur du monastère de Luxeuil, dans les Vosges (590), ayant eu avec les évêques voisins quelques difficultés à l'occasion de la célébration de la Pâque, fut obligé de s'exiler pour fuir la colère de Théodoric II, roi de Bourgogne. Après diverses pérégrinations en Suisse, il passa en Italie, et jeta sur les bords de la Trébie les fondements de l'abbaye de Bobbio (612); il y mourut en 615, objet de la vénération des peuples au milieu desquels il avait promené son orageuse activité (3).

Le monastère fondé par saint Colomban s'était rapidement accru, puisque, au milieu du Xe siècle, il avait des possessions dans toute l'Italie (4); aussi ses immenses richesses avaient-elles excité la jalousie des évêques voisins et la cupidité des seigneurs, que l'absence de tout pouvoir régulier dans l'Italie septentrionale rendait plus audacieux et plus turbulents que partout ailleurs. A cette époque, se trouvait investi de la dignité abbatiale de Bobbio un moine nommé Pétroald, et, d'après les lettres de Gerbert, il est permis de conjecturer que cet abbé, d'un caractère doux et bon, ne s'était pas opposé avec assez d'énergie aux tentatives d'empiétement des vassaux du monastère. C'est ainsi qu'il avait concédé une partie des revenus et même du fonds commun sur lequel il n'avait

---

(1) **Ep. V.**
(2) **Ep. CLIV.**
(3) Voy. M. Guizot. *Hist. de la civilisat. en France*, t. II, leçon XVI, p. 21, 22.
(4) **Ep. XII.**

aucun droit (1). Incapable de rétablir dans l'abbaye l'ancienne discipline, gravement altérée sans doute par cette intrusion de la puissance séculière, et ne se sentant plus assez fort pour ressaisir des droits imprudemment aliénés, Pétroald se démit de sa dignité et reprit à Bobbio le rang de simple moine. Gerbert fut élu à sa place.

L'installation du nouvel abbé se fit avec tout l'éclat que comportait la haute renommée de l'élu et le prestige dont l'entourait la protection impériale. Le peuple, le clergé, les évêques, le pape lui-même (2) accueillirent avec joie le succeseur de Pétroald. Mais cet accueil bienveillant ne tarda pas à se changer en haine, quand Gerbert voulut mettre un terme aux déprédations dont le monastère était depuis longtemps victime. Ceux qui avaient le plus bruyamment acclamé son élection se firent un grief de sa qualité d'étranger, et se vengèrent de son énergie par les plus odieuses persécutions. Il faut lire dans les lettres du nouvel abbé, le tableau navrant de tout ce qu'il eut à souffrir au milieu de ces Italiens, jaloux et perfides, qui ne lui pardonnaient pas le crédit dont il jouissait à la cour d'Othon, et le considéraient comme un intrus, presque comme un ennemi (3).

On peut se faire une idée de sa détresse d'après la lettre qu'il écrivit, presque au lendemain de son installation, à Othon Ier, son bienfaiteur :

J'aimerais mieux n'avoir, au lieu de mes tristesses, que d'heureuses nouvelles à confier à mon Seigneur ; mais puis-je garder le silence lorsque je vois mes moines affamés et presque nus ? Je supporterais encore cette infortune si j'en entrevoyais le terme ; mais en vertu de je ne sais quelles chartes, données comme authentiques, on a mis la main sur tout le patrimoine de S. Colomban. L'argent qu'a dû produire cette aliénation n'existe nulle part ; les greniers, les caves ne contiennent aucune provision, le trésor est à sec : *Apothecæ et horrea exhausta sunt, sed in marsupiis nihil est!* Que suis-je venu

---

(1) Ep. III, IV, XII.
(2) Ep. XXIII.
(3) Ep. XII.

faire ici, infortuné ! J'aimerais mieux, si mon Seigneur voulait le permettre, aller vivre dans le dénûment parmi les Gaulois, que rester en Italie pour y mendier avec mes moines affamés (1).

Il écrivait encore à Gerebert, évêque de Tortone :

Pourquoi nommer un abbé à Bobbio, si son prédécesseur a eu le droit de céder au premier venu, par une charte libellatique, les immeubles du couvent, et d'en distribuer les meubles sous forme d'aumône ? Mais, dit-on, tout était à Pétroald, rien à l'abbé..... On ne le voit que trop, puisque celui-ci ne nous a laissé que le toit et la libre jouissance des premiers éléments.. (2).

Gerbert avait encore à lutter contre de redoutables voisins, dont les usurpations libellées par son prédécesseur avaient accru la puissance; les plus turbulents étaient Boson, Isambard, Brovingue et quelques autres nobles sans fortune qui pillaient les récoltes et affamaient l'abbaye (3). Dans cette extrémité, l'abbé ne devait guère compter que sur lui-même, et ses ressources étaient assez restreintes. Othon, occupé à pacifier quelques provinces de l'empire, ne pouvait venir à son secours, et l'on voit même dans les lettres de Gerbert que ses ennemis essayaient de lui nuire auprès de son protecteur. De perfides insinuations furent glissées, et l'abbé de Bobbio dut se défendre auprès de l'empereur. Il le fit avec noblesse et démasqua ses ennemis dont « les caresses envenimées empruntent la ruse du renard..... »

Je ne parle pas de moi, continue-t-il, que dans leur nouveau langage mes ennemis appellent le bouc émissaire, de moi que l'on accuse d'avoir femme et enfants, parce que j'ai recueilli de France une partie de ma famille : *Propter partem familiæ meæ de Francia recollectam*. O temps ! ô mœurs ! Dans quelle nation suis-je venu vivre (4) !

Tout lui manquait, en effet, et ceux qui auraient dû le protéger l'abandonnaient sans défense, ou encourageaient les ravisseurs. Ses actes, ses paroles, tout devenait une arme

(1) Ep. II.
(2) Ep. III.
(3) Ep. IV.
(4) Ep. XI.

entre les mains de ses ennemis, dont un des plus ardents était Pierre, évêque de Pavie, plus tard pape sous le nom de Jean XIV. Poussé à bout, Gerbert lui adressa cette lettre où perce l'indignation que causaient à son âme loyale et énergique les perfidies de ses adversaires :

Si je suis, en apparence, abbé de S. Colomban, ce n'est certes pas à des Italiens que je dois en être reconnaissant... Vous ne cessez de piller mon église et vous m'offrez des entrevues ! Si d'autres m'enlevaient ainsi ce qui m'appartient, c'est vous qui devriez me le faire rendre; au lieu de cela vous partagez mes dépouilles à vos soldats ! Prenez, pillez, réunissez contre moi toutes les forces de l'Italie ; le moment est bien choisi. L'empereur est occupé à la guerre, et, comme je n'ai pas les moyens d'aller faire mon service auprès de lui, vous n'avez pas à redouter que je vous résiste ici par les armes.... Avec vous j'appliquerai à l'avenir ces mots du poëte : *Il n'y a plus de bonne foi* (1). Ce qu'on a vu, ce qu'on a dit, tout se défigure; aussi à l'avenir je ne communiquerai avec vous que par écrit; c'est par lettre que vous seront notifiées mes volontés et que je recevrai les vôtres (2).

Les intrigues de ses ennemis réussirent cependant à refroidir l'empereur envers son ancien protégé ; on en a la preuve dans ces lignes de Gerbert, qui envoyait un de ses amis à Othon pour rétablir la vérité :

Lorsque je considère la gravité des affaires publiques, je n'ose faire entendre à mon très-illustre Seigneur le cri de mes souffrances personnelles. Qu'il daigne, comme autrefois, s'adresser directement à son serviteur ; il connaîtra ainsi vos ordres et ne rencontrera plus dans vos lettres cette ambiguïté qui semble vouloir amoindrir la sagesse bien connue de notre empereur.... Permettez surtout à l'évêque Gerebert de proclamer mon innocence au sujet de Brovingue et d'Isambard.... et qu'on cesse de regarder comme coupable de lèse-majesté celui qui met toujours sa gloire à être l'ami de César, et qui regarderait comme un crime d'être son ennemi (3).

---

(1) Nusquam tuta fides. Virg. *Æneidos*, lib. IV, vers. 373.
(2) Ep. V.
(3) Ep. I.

Délaissé par Othon, trahi et dépouillé par ses protecteurs naturels, il ne restait à l'abbé de Bobbio qu'à recourir au pape ; c'était encore Jean XIII (1) qui occupait le siége apostolique. Ce pontife, qui avait accueilli Gerbert à son arrivée d'Espagne à Rome, qui l'avait recommandé à l'empereur, et plus tard confirmé son élection à Bobbio, était tout disposé à faire droit aux réclamations de son ancien protégé qui, du reste, n'invoquait pour lui que le droit et la justice :

C'est avec peine que je vois violer et profaner le sanctuaire qui m'a été confié par l'Eglise romaine. Sur quoi compter désormais, si l'on renverse ainsi ce qui a été fait du consentement du prince, par le choix des évêques, avec la participation du clergé et du peuple, et consacré par la suprême autorité du pape, le plus excellent des hommes ? Qu'y aura-t-il de sacré désormais si on laisse enfreindre les préceptes, mépriser les priviléges, supprimer les lois divines et humaines ? N'espérant qu'en vous, j'ai résolu d'aller à Rome si ce voyage peut se faire sans danger... Ici, dans la pratique, les choses du monde sont les premières. Quant aux intérêts de Dieu, ils ne viennent qu'en second lieu, et encore d'une manière spéculative (2).

Il est probable que Jean XIII ne reçut pas cette supplique, ou que Gerbert ne put exécuter son projet de voyage, puisqu'il écrivit peu après au même pontife :

Où me tourner ? ô honte ! si je fais appel au siége apostolique, on me tourne en ridicule ; et je ne puis me rendre auprès de vous, tant est grand le nombre de mes ennemis. On ne me laisse pas même la liberté de sortir de l'Italie ! Il m'est cependant difficile de rester dans ce monastère où on ne m'a laissé que le bâton pastoral et la bénédiction apostolique !... *Nec in monasterio quidquam nobis relictum est, præter virgam pastoralem et apostolicam benedictionem* (3).

---

(1) Jean XIII mourut en décembre 972. *Index chronol.* Dom Bouquet, t. IX, p. CXIX. — Hock, dans son histoire de Sylvestre II, place cette lettre après la mort d'Adalbéron et la fait écrire par Gerbert « pour maintenir les prérogatives métropolitaines » (p. 159); cette hypothèse est inadmissible. Gerbert, en effet, n'était rien dans l'administration diocésaine de Reims ; comment aurait-il pu écrire que « *l'on viole le sanctuaire à lui confié par l'Eglise romaine ?* » Ces paroles ne peuvent s'appliquer qu'à sa charge d'abbé, seule dignité, jusqu'à sa promotion à l'archevêché de Ravenne, qu'il ait reçue du Saint-Siége.

(2) Ep. XXIII.

(3) Ep. XIV.

Dans cet abandon général de ceux qui auraient dû le protéger, au milieu des vicissitudes de cette existence chaque jour agitée et compromise, Gerbert tourne ses regards vers la Gaule, et confie l'amertume de son âme à ceux qu'il a connus dans cette école de Reims vers laquelle il reporte avec tristesse ses pensées et ses regrets (1). Mais c'est surtout dans ses souvenirs d'enfance qu'il aime à venir retremper son courage ; c'est à l'amitié que son âme, meurtrie par les luttes d'intérêts et de passions qui désolent la haute Italie, demande l'appui et les consolations dont elle a besoin. Ce sentiment de l'amitié, le plus grand bienfait que Dieu ait accordé à l'homme, puisqu'il est à la fois douceur et force, celui-là seul peut l'éprouver dont l'intelligence est servie par un noble cœur. A ce double titre, Gerbert était digne de l'inspirer et de le ressentir. Seul, au milieu de cette Italie qui lui est hostile, dans ce monastère autrefois l'asile des vertus, mais dont l'esprit religieux s'est évanoui au contact des intérêts séculiers qui agitent le nord de la péninsule, Gerbert laisse ses pensées re reporter vers cette chère solitude d'Aurillac ; et, dans quelques lignes émues, il confie à Geraud de Saint-Céré, son premier maître et son ami, le poids de ses tribulations. On aime à relire cette page touchante ; elle repose l'âme dans cette période d'anarchie brutale, et, à neuf siècles d'intervalle, elle nous émeut encore par le sentiment de profonde mélancolie dont elle est empreinte :

> Je ne sais si Dieu a donné aux hommes quelque chose de plus précieux qu'un ami ; je dis ami que l'on reconnaît après l'avoir éprouvé, tel qu'on le désirait avant de le connaître. Heureux jour, heure fortunée, auxquels il m'a été donné de rencontrer cet ami dont le souvenir seul bannit de mon cœur les ennuis qui l'accablent ! Ah ! si je pouvais, ne fut-ce que de temps à autre, jouir de sa présence, je m'estimerais trop heureux ! Dans cet espoir, je m'étais préparé en Italie une demeure assez agréable ; mais le voile impénétrable qui dérobe aux mortels le secret de leurs destinées me laisse dans le doute si la mienne m'emporte ou me dirige, tantôt vers un but, tantôt vers un

(1) Ep. XII.

autre. Cependant, ils restent gravés au fond de mon cœur les traits de mon ami, de ce maître que j'aime à appeler mon père ; ô Geraud, donnez-moi vos conseils, car vos paroles seront la règle de mes actions (1).

Aux consolations de l'amitié, Gerbert joignait encore le commerce des lettres, que la sollicitude des intérêts matériels n'avait pu lui faire oublier. L'abbaye de Bobbio était du petit nombre de celles qui avaient conservé dans la haute Italie une faible étincelle de culture intellectuelle, et elle possédait encore une bibliothèque (2). Sous la direction de l'ancien écolâtre, les études y furent remises en vigueur, et nous le voyons, au plus fort de la lutte contre ses ennemis, s'occuper de l'éducation de la jeunesse, et, sur les bords de la Trébie, comme autrefois à Reims, propager les lumières de la civilisation :

Vous savez, écrit-il à Ecbert, archevêque de Trèves, vous savez de quelle générosité je suis devenu l'objet de la part de César..... Si vous croyez devoir m'envoyer en Italie des écolâtres à former, je les accueillerai avec joie (3).

Et à son ami Airard, abbé de Saint-Thierry, près de Reims :

Voici mes instructions : que Pline soit corrigé ; qu'Eugraphe soit revu, et faites transcrire les ouvrages qui sont à Orbais et à St-Basle (4).

Ces occupations littéraires n'empêchaient pas cependant Gerbert d'essayer de tous les moyens de conciliation pour rendre la paix à sa communauté. Cédant aux conseils de sa protectrice, l'impératrice Adélaïde (5), il restreignit son bénéfice et ratifia une partie des usurpations libellées par son prédécesseur (6) ; mais ces concessions, inspirées par le désintéressement et le désir de la paix, furent interprétées comme une marque de faiblesse et accrurent les exigences de ses avides ennemis. Tout devenait un prétexte de rapines, et l'on n'at-

---

(1) Ep. XLVI. Ad Geraldum, *Abbatem Auril.*
(2) Voy. M. Villemain. *Tableau de la littér. au moyen-âge*, t. I, leçon IV, p. 119.
(3) Epist. XIII.
(4) Ep. VII.
(5) Ep. VI.
(6) Ep. VI, XX.

tendait pas toujours la maturité des récoltes pour les enlever. C'est alors que l'indignation s'empare de Gerbert, et il écrit à Boson ces lignes courageuses :

> Finissons-en ; je ne veux vous céder le patrimoine de saint Colomban ni pour de l'argent, ni par amitié. Si quelqu'un vous en a fait une donation, je ne la ratifie pas et je ne veux point la tenir. Rendez à l'abbaye le foin que les vôtres lui ont pris, ou je vous ferai sentir quelle est ma puissance..... Restituez, et alors loin de moi la pensée de ne pas avoir avec vous des rapports affectueux (1).

Toutes ces réclamations furent inutiles ; grâce à l'impunité que leur assuraient la partialité de l'évêque de Pavie et le silence de l'empereur, les tracasseries et les exigences des vassaux de l'abbaye devenaient chaque jour plus audacieuses. A ces embarras du dehors se joignait encore l'indiscipline des moines qui n'avaient jamais accepté sans murmurer cet abbé étranger, dont la sévérité gênait leur relâchement. Ce fut au milieu de cet isolement que Gerbert adressa à son fidèle ami, Geraud, abbé d'Aurillac, cette lettre, écho de sa douleur :

> Il s'éteint, il s'éteint, ô mon Père, l'éclat de la maison du Seigneur ! La république croule, le sanctuaire est envahi, et le peuple devient la proie de ses ennemis. Vos conseils, mon Père ! Quel parti dois-je prendre ? Mes soldats, il est vrai, sont prêts à défendre mes châteaux, mais que puis-je espérer en l'absence du protecteur de la patrie (2), quand nous connaissons si bien la loyauté, les mœurs et les sentiments de certains Italiens ? Cédons à l'orage, revenons à nos études chéries, interrompues par les malheurs du temps plus que par notre volonté. Puisse mon ancien maître Raymond s'intéresser encore à mes travaux littéraires ! En attendant, je compte me rendre à Rome aux calendes de décembre. » (3)

Nous ne trouvons dans les autres lettres de Gerbert, ni dans les chroniques contemporaines, aucune trace de ce voyage de Gerbert à Rome ; il est même probable qu'il n'eut pas lieu à cause des événements dont la ville éternelle ne tarda pas

---

(1) Ep. IV.

(2) Allusion au départ des deux Othons de l'Italie. Après le mariage d'Othon II avec Théophanie, belle-fille de l'empereur d'Orient, Nicéphore (970), Othon-le-Grand et son fils s'étaient rendus à Ravenne, puis à Magdebourg où fut convoqué un concile, en 971. C'est pendant leur absence que Gerbert écrit à Geraud de St-Céré.

(3) Ep. XVI.

à devenir le théâtre. Le pape Jean XIII était mort (6 septembre 972); et, après un pontificat de trois mois, son successeur Domnus descendit aussi dans la tombe. Benoît VI ne fut pas plus heureux, et il vit son court pontificat troublé par la révolte de l'antipape Boniface Francon. Ce dernier, soutenu par la turbulente noblesse de Rome, emprisonna le pape et l'étrangla dans son cachot ; il se fit ensuite introniser sur le siége apostolique, et fut élu pape sous le nom de Boniface VII.

Nous verrons plus tard ce pontife (975), chassé par Benoît VII, piller la basilique du Vatican, enlever tous les ornements de cette église et aller attendre à Constantinople l'occasion de ressaisir le pouvoir qu'il avait usurpé.

Ce fut au milieu de cette confusion que Gerbert apprit la mort du seul protecteur sur le secours duquel il pouvait encore compter ; l'empereur d'Allemagne venait de mourir inopinément en Saxe (mai 973). Le trépas d'Othon-le-Grand eut pour résultat d'accroître le nombre des ennemis de Gerbert, et, devant leur audace de jour en jour plus menaçante, celui-ci fut obligé de céder à l'orage et de quitter l'Italie. Il ne renonça pas cependant à son abbaye ; on voit même par plusieurs de ses lettres (1), ainsi que par l'acte de son élection au siége archiépiscopal de Reims (2), qu'il garda toujours le titre d'abbé de Bobbio, et qu'il conserva des relations avec les moines qui lui restèrent fidèles (3).

En quittant l'Italie, Gerbert, selon Mabillon (4), se serait retiré d'abord en Germanie, à la cour d'Othon II; mais il paraît plus vraisemblable qu'il revint à Reims auprès de son ami l'archevêque Adalbéron. Peu après, en effet, nous le voyons investi des fonctions de secrétaire et replacé à la tête de cette brillante école que ses leçons avaient quelques années auparavant rendue célèbre dans tout l'Occident. Il y reprit le cours de ses enseignements et c'est à cette partie de la vie de Gerbert que remontent ses travaux les plus remarquables.

(1) MABILL. Annal. lib. LI, n. 72.—Ep. LXXXIII, LXXXIV-VII, IX, 2ᵉ class.
(2) Hist. littér. t. VI, p. 561. — Ep. XXV, 2ᵉ class.
(3) Ep. XV, XVIII, XIX, LXXXIII.
(4) MABILL. Annal. lib. XLVI, n. 87.

CHAPITRE V.

RETOUR DE GERBERT A REIMS. — SON ENSEIGNEMENT
DANS L'ÉCOLE ARCHIÉPISCOPALE.

De 973, époque du retour de Gerbert à Reims, jusqu'en 989, date de la mort d'Abalbéron, nous remarquons deux périodes distinctes : la première, qui va jusqu'à 984 environ, est relativement calme ; Gerbert, qui se trouve encore peu mêlé aux affaires politiques, s'occupe exclusivement de développer par l'étude les jeunes intelligences qui lui sont confiées. C'est peut-être la page la moins brillante de sa vie, mais nous croyons qu'elle en fut la plus utile. L'homme de lutte paraîtra plus tard, lorsque les événements mettront en relief cette nature puissante et vigoureuse ; mais sa gloire la plus pure, son influence la plus féconde, remontent encore à cette période calme et laborieuse où, entouré par ses contemporains de l'hommage dû à son génie (1), il développa dans ses disciples cet amour de la science dont son âme était remplie. A partir de 984, l'influence toujours croissante des ducs de France, l'affaiblissement de plus en plus rapide des carlovingiens, et le sourd antagonisme qui éclate entre la France et la Germanie, mêlent Adalbéron et l'écolâtre aux intrigues politiques our-

---

(1) Inter scientia claros egregie claruit. Ex *Chron.* Fratris ANDREÆ lib. III.

dies des deux côtés du Rhin. Placée entre deux puissances rivales, la ville de Reims est le théâtre où va se dénouer le redoutable problème de la substitution d'une race nouvelle aux descendants de Charlemagne. Appelé à y jouer, comme métropolitain, un rôle prépondérant, Adalbéron entraîne avec lui son ami devenu son secrétaire ; et Gerbert, désertant le culte des lettres, se lance avec toute l'ardeur d'une âme passionnée dans cette arène politique qui a toujours exercé, depuis Boëce et Cicéron, sur les esprits cultivés une attraction qui leur a souvent été fatale.

Quelque vif qu'eût été le désir de Gerbert de quitter l'Italie, ce ne fut pas cependant sans une secrète tristesse qu'il abandonna son abbaye de Bobbio. Comme toutes les âmes ardentes, il n'était pas à l'abri des incertitudes qui venaient se répercuter douloureusement dans sa nature mobile et énergique ; nous en trouvons un écho dans la lettre qu'il adressa, vers cette époque, à ses bienfaiteurs de l'abbaye d'Aurillac, en annonçant à Raymond de Lavaur son retour à Reims :

Les Latins et les barbares, qui participent aux fruits de mes travaux, savent aussi combien est vive l'affection que je vous ai vouée ; leurs vœux vous appellent ici parce qu'ils me voient succomber sous le poids des chagrins et des tribulations. Une seule chose me retient en ces lieux, c'est l'amour de l'étude. Contre cette agonie morale on n'a pu trouver encore d'autre remède que la philosophie ; aussi est-ce dans son étude que j'ai souvent puisé de grandes consolations, en même temps qu'elle m'a servi à supporter avec courage les coups de l'adversité. C'est ainsi qu'en Italie, les choses en étant venues à ce point qu'il me fallait ignominieusement courber le front sous le joug des tyrans, ou rassembler des troupes pour résister à leurs prétentions et soutenir mes droits, fortifier mes châteaux, porter de toute part la dévastation, l'incendie et la mort, j'ai préféré la douceur de l'étude qui ne trompe jamais, aux incertitudes et aux hasards de la guerre. Cependant, comme en poursuivant les déductions philosophiques, je ne suis pas encore devenu vraiment philosophe, je n'ai pu calmer entièrement les mouvements impétueux d'une âme trop ardente, et je sens parfois naître en moi le regret de ce que j'ai quitté. Tantôt je suis disposé à prêter l'oreille aux conseils de mon ami, l'abbé

Guarin, et à me rendre auprès des princes d'Espagne ; tantôt les lettres pressantes que je reçois de l'impératrice Théophanie, cette souveraine si digne d'être toujours aimée et obéie, me font renoncer à mon premier projet. Dans cette incertitude, dans ce flux et reflux de douleur, de crainte, de désir et de joie, anxiétés auxquelles mon père Geraud est toujours inaccessible, moi Gerbert, son fils bien-aimé, je lui demande avec confiance un conseil que je suis bien résolu de suivre. Adieu, mon ami ; salut à mon père Geraud, salut à frère Ayrard, salut, maison bénie, qui m'as nourri, élevé, instruit ! Encore une fois adieu, et ne m'oubliez pas dans vos prières; souvenez-vous aussi de mon père Adalbéron, archevêque de Reims, qui vous est entièrement dévoué (1).

Il n'est pas douteux que les conseils de ses amis d'Aurillac n'aient déterminé Gerbert à rester à la tête de l'école de Reims ; aussi le trouvons-nous peu après exclusivement occupé à initier ses nombreux disciples aux préliminaires des sciences dont il devait-être le restaurateur en Gaule. Cette partie de la vie de l'écolâtre, que l'absence de documents rendait naguère encore si obscure, est aujourd'hui parfaitement connue, grâce à la découverte et à la publication du manuscrit de Richer (2). Nous suivrons dans l'exposé des leçons de Gerbert le récit de l'annaliste qui fut son disciple et plus tard son secrétaire.

Le plus beau titre de Charlemagne à la reconnaissance et à l'admiration de l'histoire fut, sans contredit, la tentative de restauration intellectuelle entreprise par ce puissant génie. Sans doute le résultat ne répondit pas à ses espérances ; mais on aurait tort de ne voir dans la renaissance du IXe siècle qu'une tentative avortée, destinée, comme l'unité politique rêvée par le fils de Pépin, à montrer combien fragiles et périssables sont quelquefois les projets les plus habilement conçus. D'épaisses ténèbres, il est vrai, enveloppèrent la Gaule sous les successeurs de Charlemagne ; mais le flambeau qu'il avait rallumé ne s'éteignit pas complètement ; et lorsque les Carlovingiens faillirent à leur mission civilisatrice, ce furent les évêques

---

(1) .... Valeat sanctissimus ordo, meus altor et informator. .. Ep. XLV.
(2) RICHER. *Historiar.* libri IV. ap. Pertz ; Paris 1845, 2 vol. in 8°.

qui maintinrent seuls les traditions des grandes écoles illustrées par les enseignements d'Alcuin. C'est ainsi qu'au milieu d'une société qui, selon l'expression de Loup de Ferrières, « méprisait les loisirs superstitieux des lettres » (1), quelques écoles épiscopales avaient seules conservé, cachée quelquefois, mais toujours prête à jaillir, l'étincelle sacrée que le génie de la France ne laissera jamais périr.

Nous en retrouvons une preuve dans la méthode d'enseignement que Gerbert introduisit à Reims. Alcuin, dans sa célèbre école de Tours, l'école-type du IXe siècle, avait divisé les connaissances humaines en sept grandes catégories, comprises sous la double dénomination de *Trivium* et de *Quadrivium*. Le Trivium, ou étique, avait pour objet les éléments du savoir et comprenait trois arts : la grammaire, la rhétorique et la dialectique. Le Quadrivium, ou physique, embrassait les connaissances que l'on considérait alors comme les plus hautes conceptions de l'intelligence humaine : l'arithmétique, la géométrie, la musique et l'astronomie. Tels étaient les sept degrés de la science par lesquels la philosophie, c'est-à-dire la science humaine, aboutissait à la théologie, ou science divine (2).

Cette méthode d'enseignement fut aussi celle que Gerbert appliqua dans son école; et la première étude à laquelle il soumit ses disciples fut la dialectique. Cette partie de la philosophie ancienne, dont le rôle a été fort important dans l'histoire intellectuelle du moyen âge, ne fut pas, comme on l'a cru longtemps, introduite en Europe par les Arabes (3). L'*Organon* d'Aristote, qui renfermait le système des Caté-

---

(1) LUPI FERRARIENSIS, Epist. I.

(2) Cette division des études au moyen âge correspondait à la division actuelle en sciences et lettres; elle embrassait les *sept arts libéraux*, dont Cassiodore, Boëce et Martianus Capella ont traité *ex professo*. Ce partage des sciences humaines est antérieur au moyen âge. Voy. la lettre LXXXVIII de Sénèque : *De liberalibus studiis*.

(3) Les Maures d'Espagne avaient cependant traduit Aristote vers le milieu du IXe siècle. Voy. l'article de M. CH. LOUANDRE sur Averrhoës et l'Averrhoïsme, *Revue des Deux-Mondes* 1853. 2e trimest., p. 639.

gories, a toujours été connu en Occident, et il serait facile d'en établir la filiation, au IIIe siècle dans l'*Introduction* de Porphyre, au VIe dans les ouvrages de Boëce, et plus tard dans les Commentaires d'Alcuin et de son disciple Raban-Maur (1).

Gerbert initia donc ses disciples aux formes du raisonnement créées par le philosophe de Stagyre, et, sous ce rapport, on peut dire que l'écolâtre de Reims fut un des plus zélés propagateurs de la méthode scholastique, dont l'histoire résume tous les efforts et toutes les luttes de l'esprit humain durant une période de six siècles (2). Le caractère distinctif de la scholastique fut le raisonnement mis au service de la foi ; de là ce prodigieux développement des questions religieuses dont saint Thomas a résumé l'admirable synthèse ; mais de là aussi, par contre-coup, la pauvreté, pour ne pas dire l'absence complète, de tout progrès dans l'ordre des idées purement intellectuelles. Et cependant gardons-nous de n'avoir pour cette période de notre histoire philosophique qu'une parole de mépris ou une sourire de pitié ; s'il est vrai que la science proprement dite ait sommeillé pendant ces siècles reculés, n'oublions pas aussi que la dialectique a été pour la raison humaine un puissant levier, et que c'est à elle surtout que notre esprit a dû ces habitudes de netteté et de précision qui ont assigné dans les temps modernes à la langue française le premier rang parmi les langues philosophiques. Ce fut sans doute un noviciat laborieux et pénible ; mais, dans cette subordination temporaire de la raison à l'autorité, l'intelligence puisa cette énergie, principe de sa puissance, et cette sagacité qui a projeté plus tard sur les sciences d'observation l'éclat de ses merveilleuses découvertes.

Après avoir posé dans la dialectique le principe de leurs

---

(1) Voy. *Œuvres inédites d'Abailard*, introduct. de M. Cousin.

(2) Ce fut une phrase de l'*Introduction* de Porphyre qui, au XIe siècle, et surtout au XIIe, donna naissance à la fameuse querelle des *Réalistes* et des *Nominaux*.

connaissances, Gerbert expliqua à ses disciples les règles de cet art, en commentant l'*Isagoge*, ou Introduction de Porphyre, d'après la traduction du rhéteur Victorin et d'après Manlius (1). Il exposa ensuite les *Catégories* d'Aristote, en s'arrêtant plus longtemps sur les *Herménies* (2), ou livre de l'interprétation. Il est assez vraisemblable que l'écolâtre se servit, pour l'exposition de ces deux traités, de la traduction que Boëce en avait faite. Rien ne prouve, en effet, dans les écrits de Gerbert qu'il fût initié à la langue grecque ; et ceux qui ont cru pouvoir l'établir d'après les quelques mots grecs que l'on rencontre sous sa plume, oublient que, depuis le règne de Charles-le-Chauve (3), les expressions gréco-latines étaient fréquemment employées dans la prose et dans la poésie, sans qu'on doive en induire que les écrivains connussent la langue des Hellènes.

Ce qui semble encore confirmer notre opinion, c'est le soin que met le chroniqueur à nous indiquer la source des principales traductions que Gerbert employait dans le cours de son enseignement. C'est ainsi, continue Richer, qu'après avoir expliqué à ses auditeurs les principes de la *Dialectique* et de la *Grammaire*, il les initia à la connaissance des *Topiques* (4), ou bases de l'argumentation, « traduits du grec en latin par Cicéron » (5), en s'aidant, dans ce travail, des six livres de commentaires du consul Manlius sur l'ouvrage d'Aristote.

Ces principes qui, dans la méthode de Gerbert, paraissent se réduire à la connaissance théorique des formes du langage

---

(1) Selon M. Guadet (Richer, t. II, p. 53, note 1.), ce Manlius serait Flavius Mallius Théodorus, consul avec Eutrope, en 399. Nous croyons cependant que le Manlius dont parle ici Richer n'est autre que le consul Boëce souvent désigné dans les auteurs sous les différents noms : *Anicius, Manlius, Severinus, Boetius.*

(2) C'est le traité d'Aristote, *Périhermènéias.*

(3) AMPÈRE. *Hist. litt. de la France*, t. III, p. 132.

(4) Ce traité d'Aristote était si rare, que le plus illustre dialecticien du douzième siècle, Abélard, ne put en avoir connaissance. Voy. M. COUSIN, *Fragments de philosophie au moyen-âge*, article *Abélard*, p. 60.

(5) RICHER, lib. III, § XLVI.

et de l'argumentation, une fois posés, il passa à la troisième branche des arts compris dans le Trivium, à la *Rhétorique*. Il la fit toutefois précéder d'une étude approfondie du raisonnement, et pour cela il lut et expliqua quatre livres sur les sources des arguments, deux sur les syllogismes catégoriques, trois sur les syllogismes hypothétiques, un sur les définitions et un sur les divisions (1). Ce fut seulement après ces études préliminaires que Gerbert se mit à enseigner le Rhétorique; et au lieu de condenser cet art dans une suite de règles et de formules spéculatives, il crut plus utile de montrer à ses disciples l'application de ces mêmes principes dans les œuvres immortelles que nous ont laissées les plus beaux génies de Rome. Il y avait à cette méthode un double avantage; d'abord elle initiait ses disciples aux secrets de la langue latine, et, tout en épurant leur goût, elle gravait avec l'exemple, dont l'habile professeur faisait ressortir la beauté, le précepte auquel le commentaire donnait une éloquente consécration. C'est ainsi qu'il les familiarisa avec Virgile, Stace, Térence, Juvénal, Perse, Horace et le poëte-historien Lucain. Il rédigea même, ainsi qu'il nous l'apprend dans une de ses lettres (2), un traité complet de l'art oratoire; malheureusement, cet opuscule ne nous est point parvenu, et cette perte est d'autant plus regrettable que Gerbert, écrivant au moine Bernard, d'Aurillac, lui faisait le plus grand éloge de cet ouvrage, à la composition duquel il avait apporté beaucoup de soins.

La rhétorique apprise, et avant d'initier ses auditeurs à des connaissances d'un ordre plus élevé, Gerbert voulut encore les rendre aptes aux controverses publiques ; pour cela, il leur apprit les secrets de l'argumentation et avec un tel succès « que l'art ne s'apercevait pas dans leurs discours, ce qui, « ajoute le chroniqueur, semble être le plus haut degré où « l'orateur puisse parvenir. » (3)

---

(1) Ces divers traités sont de Boëce.
(2) Ep. XCII.
(3) Rich., lib. III, § XLVIII.

Après avoir familiarisé ses élèves avec les auteurs anciens, et quand il vit leur jugement mûri par l'habitude du raisonnement et de la discussion, l'écolâtre aborda le second degré des connaissances humaines ou Quadrivium. Cette dernière branche de l'enseignement d'Alcuin était à peu près inconnue en Gaule ; durant cette longue période de sommeil intellectuel qui s'étend du milieu du IXe à la fin du Xe siècle, les sciences étaient tombées dans un tel état d'abandon et d'oubli que ce fut au prix des plus grandes fatigues que Gerbert parvint à en ranimer l'étude (1). Ainsi que nous l'avons indiqué plus haut, le Quadrivium comprenait l'arithmétique, la géométrie, la musique et l'astronomie ; ce furent aussi les quatre degrés que suivit l'écolâtre dans son enseignement. Toutefois, comme les documents contemporains sont fort incomplets sur ce point, nous chercherons par l'étude des opuscules que nous a laissés Gerbert sur l'arithmétique, la géométrie et l'astronomie, à déterminer la nature de ses leçons, et surtout la part qu'il prit dans ce réveil scientifique.

La première science à laquelle Gerbert initia ses disciples fut l'*Arithmétique* dont il consigna les règles dans son fameux traité intitulé *Abacus*. De tous les ouvrages qui nous restent du célèbre écolâtre, ce dernier est peut-être celui qui a le plus exercé la patience et la sagacité des commentateurs, tant les difficultés du texte jointes au style laconique dans lequel il est écrit, ont contribué à le rendre obscur et difficile à comprendre (2). Il est cependant fort utile de s'en rendre compte, puisque c'est à peu près le seul document de ce genre qui nous reste de la longue période qui s'écoula du VIe au XIIe siècle.

(1) In mathesi vero quantus sudor expensus sit, non incongruum dicere videtur. Rich., lib. III, § XLIX.

(2) Telle était aussi l'appréciation des contemporains, puisque, selon Guillaume de Malmesbury, les plus habiles abacistes avaient de la peine à en comprendre les règles : « Regulas dedit quæ a sudantibus abacistis vix intelliguntur. » Ceci contribua sans doute beaucoup à faire croire que Gerbert avait puisé les éléments de cette science chez les Arabes, après avoir vendu son âme au diable. Le chroniqueur anglais raconte même à ce sujet un épisode où il fait jouer à l'ancien moine d'Aurillac un rôle assez peu délicat. Willelmi Malmesb., *De gestis Reg. anglor.*, lib. II, c. X.

Aujourd'hui, grâce aux rapports adressés à l'académie des sciences par un de ses membres les plus érudits (1), on a une connaissance assez exacte de ce traité, désigné dans les manuscrits tantôt sous le nom de *Théorie des nombres* (Rationes numerorum abaci), tantôt sous celui de *Division* (De numerorum divisione) (2).

Pendant plusieurs siècles, cet opuscule de Gerbert a figuré parmi les œuvres de Bède-le-Vénérable (3), le plus illustre savant du VIII° siècle (4). M. Chasles, sans se prononcer d'une manière absolue, incline également à croire que ce traité d'arithmétique pourrait bien être réellement sorti de la plume de l'écrivain anglais (5); mais les raisons qu'il invoque à l'appui de son opinion ne nous paraissent pas de nature à contrebalancer l'autorité du manuscrit de Leyde retrouvé par Joseph Scaliger (6), dans lequel Gerbert est positivement indiqué comme l'auteur du traité intitulé *Abacus* seu *Algorismus*.

Dans cet ouvrage, l'écolâtre de Reims n'a fait que reproduire en les complétant un peu les théories arihmétiques déjà vulgarisées par Boëce au commencement du VI° siècle. Ce n'est donc pas, comme quelques érudits l'ont prétendu, un traité d'algèbre emprunté aux Arabes (7), ni une théorie du *calcul*

---

(1) Explication des traités de l'*Abacus*, par M. CHASLES, professeur d'astronomie à l'école Polytechnique. Voy. les *Comptes-rendus de l'Académie des sciences*, janvier-juin 1843, t. XVI, p. 156. etc.

(2) Plusieurs écrivains, en particulier les auteurs de l'*Histoire littér.* (t. VI, p. 579), ont supposé à tort que ces titres appartenaient à des ouvrages différents de Gerbert sur le même sujet.

(3) BEDÆ *Opera*, t. I, col. 681.

(4) Né en 672 dans le comté de Durham, et mort en 735.

(5) CHASLES, *Aperçu historique sur l'origine et le développement des méthodes en géométrie*. In-4°, p. 465.

(6) *Codex Scaligeranus*, XXVIII, in bibliotheca Lugduni-Batavorum asservatus. *E schedis* D. PITRA.

(7) NORTH, *Observations on the introduction of Arabic numerals in to England*. — PEACOCK, *History of the arithmetic*. — Encyclopedia metropolitana : *Claims of the pope Sylvester the second*, p. 415. — LESBIE, *The philosophy of arithmetic*.

digital (1) ni la description de cette machine à compter que les Romains appelaient également *Abacus* et qui ressemblait au *Suan-Pan* des Chinois (2). Ces diverses opinions discutées par M. Chasles, dans son remarquable *Aperçu historique sur l'origine et le développement des méthodes en géométrie* (3), amènent ce savant critique à conclure que l'ouvrage de Gerbert ne fut qu'une restauration des méthodes de calcul oubliées depuis longtemps en Gaule, et que Boëce avait puisées dans les anciens monuments des Grecs.

Ici se présente la difficile question de déterminer l'origine des signes arithmétiques employés par l'écolâtre de Reims. Est-il exact de dire que Gerbert introduisit en France les chiffres arabes ; et subsidiairement, peut-on, d'après ses ouvrages sur les mathématiques, conclure qu'il ait réellement suivi en Espagne les cours qui firent de la Péninsule, sous le khalifat d'Al-Hakem II, un foyer de lumière et de civilisation ? Telles sont les questions que nous nous proposons d'examiner avant de dire un mot du fond même du traité qui nous occupe.

Dans son histoire de l'algèbre, Wallis affirme que Gerbert introduisit le premier en Occident le système de numération qu'il avait appris des Sarrasins d'Espagne. Cette assertion, dont la source remonte à un chroniqueur anglais du XIIe siècle, Guillaume de Malmesbury (4), a été reproduite au XIIIe siècle par Vincent de Beauvais (5), et elle s'est perpétuée, depuis, dans

---

(1) L'abbé Le Bœuf dit : « On voit par ce traité que les supputations se faisaient alors par les doigts, qu'on tenait tantôt droits, tantôt pliés, selon que les nombres étaient simples ou composés. » *Recueil de divers écrits pour servir à l'histoire de France*, 1738, t. II, p. 85. — D. CEILLIER, *Histoire générale des auteurs ecclésiastiques*, t. XIX, p. 725. — HERVAS, *Arithmetica delle nazioni*, p. 54. — DELAMBRE, *Histoire de l'astronomie ancienne*, t. I, p. 322.

(2) *Dell' origine, de progressi è dello stato attuale d' ogni letteratura*. Parme, 1782, t. IV, p. 83.

(3) In-4°, p. 414 et 467.

(4) Abacum certe primus a Sarracenis rapiens, regulas dedit quæ a sudantibus abacistis vix intelliguntur. WILL. MALMESB., lib. II, c. X.

(5) *Speculum historiale*, in-folio, lib. XXIV, c. 98, p. 997.

tous les ouvrages qui ont eu pour objet d'étudier l'origine des sciences en Occident (1). Il n'y a à cela qu'une difficulté, c'est que, malgré leur dénomination vulgaire, nos chiffres ne ressemblent pas aux chiffres arabes, tandis qu'ils ont au contraire une très-grande analogie avec les *apices* de Boëce (2). Or, ceux-ci n'étant que la reproduction des caractères employés par Pythagore, et que ce philosophe avait empruntés aux Hindous, la vérité de l'histoire et l'esprit de justice envers le moyen-âge qui, en renouvellant les méthodes anciennes, nous a transmis cet ingénieux procédé de calcul, demanderaient que l'on renonçât à ces expressions de chiffres arabes journellement reproduites dans les ouvrages. Aussi, ajoute M. Chasles, devrait-on dire chiffres de Boëce ou de Pythagore, si trop souvent on ne sacrifiait la vérité à l'usage (3).

D'après la forme des chiffres employés dans ce traité, rien ne peut donc nous faire soupçonner que son auteur en ait puisé les éléments chez les Maures d'Espagne. En outre, il est assez vraisemblable que ces derniers, grâce à leurs fréquentes relations avec l'Inde, avaient, au Xe siècle, adopté dans leurs calculs le zéro, ou tout au moins le point comme zéro ; or, nous n'en voyons aucune trace dans Gerbert, et l'histoire nous apprend que ce signe n'a été introduit en Occident qu'au commencement du XIIIe siècle par Fibonacci (4)

Du peu de rapports que les ouvrages de Gerbert sur les

---

(1) (Gerbert) upon his return, he communicated to christian Europe the method of numbers under the designation of *Abacus*, a name apparently first introduced by him (*Ratiónes numerorum Abaci*) by rules abstruse and difficult to be understood, as William of Malmesbury affirms. It was probably owing to this obscurity of his rules and manner of treating the Arabian, or rather Indian arithmetic, that it made so little progress between his time and that of the Pisan (Leonardo of Pisa). COLEBROOKE, *Brahmegupta and Bhascara, algebra,* dissertat., p. LIII. Cité par M. CHASLES, p. 465.

(2) CHASLES, *Comptes-rendus de l'Académie des sciences*, t. XVI, p. 165.

(3) *Ibid.*, p. 166.

(4) COLEBROOKE, *Algebra of Brahmegupta and Bhascara*, p. LIII. Fibonacci est également appelé Léonard de Pise.

mathématiques ont avec les méthodes en usage chez les Arabes au dixième siècle, il est facile de voir sur quels légers fondements reposent les hypothèses de ceux qui font asseoir l'écolâtre de Reims sur les bancs des universités de Séville et de Cordoue. Il est certain que, dans le neuvième et le dixième siècles, les Arabes avaient fait de grands progrès dans les sciences exactes; au perfectionnement de la trigonométrie, qui reçut d'eux sa forme moderne, ils joignirent la connaissance approfondie de l'algèbre des Indiens, et découvrirent son application à la géométrie. Leurs travaux dans ce genre furent même poussés assez loin, puisqu'ils trouvèrent le résolution des équations du 3e degré par une construction géométrique. Ce développement considérable que les mathématiques avaient pris chez les Maures d'Espagne, comparé aux notions relativement superficielles dont Gerbert fait preuve dans ses traités d'arithmétique, suffirait seul pour rejeter toute pensée d'initiation directe de ce dernier aux sources de la civilisation arabe. Qu'il traite des nombres, des surfaces, des volumes, de la sphère ou de l'astrolabe, l'écolâtre de Reims, bien que supérieur aux savants de l'Occident, contraste tellement avec l'état avancé des sciences chez les Arabes, que l'on « peut douter avec raison « qu'il ait reçu de ces derniers ses connaissances scientifiques, « dans lesquelles on trouve plutôt une imitation des ouvrages « de Boëce qu'un reflet du savoir et des méthodes arabes » (1).

Si nous examinons maintenant le fond de ce traité de l'*Abacus* (2), nous voyons qu'il diffère peu de la méthode de numération indienne reproduite au sixième siècle par Boëce, qui

---

(1) CHASLES, *Développement des méthodes en géométrie*, p. 504. — c. f. GOUJET, *De l'état des sciences en France depuis la mort de Charlemagne jusqu'à celle du roi Robert*, p. 55.

(2) Ce n'est point un nom arabe, comme quelques écrivains l'ont pensé; il se trouve dans les plus anciens auteurs latins comme dérivé du mot grec *abax*, damier. Ce mot a tour à tour servi à désigner la table de Pythagore ou de multiplication, et plus tard un tableau particulier du système de numération; c'est dans ce dernier sens qu'il est employé par Gerbert.

prétendait la tenir des Grecs (1). Dans ce système de numération, les neuf chiffres employés prennent des valeurs de position qui, en allant de droite à gauche, croissent en progression décuple; il ne diffère du système décimal employé de nos jours que par la suppression du zéro; la place que ce chiffre devait occuper dans la colonne était laissée vide (2).

Outre ce traité élémentaire, il paraît que Gerbert a écrit d'autres opuscules sur le système de numération (3); mais il nous a été impossible de les consulter. Ces écrits, qui, pour la plupart, se trouvent dans la bibliothèque du Vatican, sont intitulés : 1° *Gerberti scholastici Abacus compositus :* 2° *De numeris;* 3° *Regulæ Abaci;* 4° *Fragmentum Gerberti de Abaco;* 5° *Gerberti arithmetica.* Au commencement du dix-huitième siècle, le savant bénédictin Pez a encore attribué à Gerbert un manuscrit qu'il découvrit dans la bibliothèque de Saint-Emeran, à Ratisbonne; cet opuscule porte pour épigraphe : *G. liber subtilissimus de arithmetica;* dans ce manuscrit, le traité de l'*Abacus*, désigné sous le nom d'*Algorismus*, est dédié à Othon III (4). Quant aux deux manuscrits de la bibliothèque de Leyde, découverts par Scaliger et Vossius,

---

(1) Selon M. Chasles (p. 476), Archimède et Apollonius auraient connu cette méthode; Montucla, au contraire, pense que son introduction en Grèce fut postérieure à ces grands géomètres. *Histoire des mathématiques.*

(2) Voici les mesures de longueur que Gerbert employait comme unités :
Le *doigt* (*digitus*), environ quatre grains d'orge placés bout à bout.
Le *pouce* (*uncia*) valait d'abord 3 doigts, puis un doigt et demi.
La *palme* (*palmus*), 4 doigts ou 3 pouces; c'était la largeur de la main ouverte.
Le *pied* (*pes*) ou 16 doigts, 12 pouces.
Le *pas* (*passus*), 5 pieds ou 60 pouces.
La *perche* (*pertica*), 2 pas ou 10 pieds.
Le *stade* (*stadium*), 125 pas ou 625 pieds.
Le *mille romain* (*milliarium*), 8 stades ou 5,000 pieds.
La *lieue* (*leuca ou leuva*), un mille et demi.

(3) *Rithmomachia,* ouvrage édité par le duc de Brunswick. Leipsick, 1616, in-folio. — GERBERTI, Epist. CXXXIV.

(4) *Thesaurus anecdot. novissimus*, t. I, dissertatio Issagogica, p. XXXVIII.

M. Chasles pense, non sans raison, qu'ils sont les mêmes que le traité de *Numerorum divisione* dont nous venons de nous occuper (1).

L'essor donné dans l'école de Reims aux études scientifiques ne fut pas stérile, et il provoqua bientôt de nombreux ouvrages sortis de la plume des disciples de Gerbert. La plupart se bornèrent à commenter les principes posés par le maître; entre les plus remarquables, nous citerons : Adelbolde, évêque d'Utrecht (2); Hériger, abbé de Laubes, qui commenta l'*Abacus* dans un écrit que l'on conserve encore à la bibliothèque de Leyde (3); Bernelin, dont les ouvrages sur l'arithmétique et les autres sciences du Quadrivium se trouvent dans la bibliothèque du Vatican (4), et enfin un moine nommé Halber, qui composa également un commentaire sur l'abaque de Gerbert (5).

Ce dernier traité, dédié par l'écolâtre rémois au moine Constantin, était destiné à ceux de ses disciples qui avaient déjà fait quelques progrès dans les sciences exactes ; quant à ceux que leur âge ou leur peu d'intelligence rendait inhabiles à ces sortes d'études, il les initiait aux procédés élémentaires du calcul au moyen d'un abaque à casier, sur lequel il faisait les opérations arithmétiques. Il employait pour cela, nous dit le chroniqueur, mille caractères en corne, probablement des espèces de dés, qui portaient gravée l'effigie des neuf chiffres

---

(1) M. CHASLES, p. 507. Deux exemplaires de cet écrit se trouvent encore à la Bibliothèque impériale de Paris; le premier est intitulé : *Rationes numerorum Abaci* (manuscrit n° 6620), et le deuxième : *Tractatus de Abaco* (n° 7189, A).

(2) ADELBOLDI ad Gerbertum scholasticum, *de Abaco*. — MONTFAUCON, *Bibliotheca bibliothecarum manuscriptarum nova*, t. I, p. 187.

(3) *Ratio Abaci* secundum DIVUM HERIGERUM. *Hist. littér.*, t. VI, p. 580.

(4) MONTFAUCON, *ibid.*, p. 24. — Selon Vignier, le célèbre jurisconsulte Pierre Pithou possédait dans sa bibliothèque quatre livres manuscrits de ce même Bernelin qui n'étaient qu'un commentaire de l'*Abacus* de Gerbert. Voy. *Hist. littér.*, t. VI, p. 69 ; *Biblioth. historiale*, 3 vol. in-folio, Paris, 1588, t. II, p. 642.

(5) *Hist. litt.*, t. VI, p. 138. — CHASLES, p. 508.

du système de numération et servaient à résoudre « avec une « prodigieuse célérité tous les problèmes de la multiplication ou « de la division des nombres (1). » Tels étaient les exercices par lesquels il préparait ses disciples à l'enseignement de la *Géométrie*.

Cette seconde partie des sciences du Quadrivium fut aussi de la part de Gerbert l'objet d'une étude approfondie; et il nous a laissé le résumé de ses travaux dans un traité spécial (2), et dans quelques lettres dont la plus remarquable est adressée à Adelbolde.

Le traité de géométrie embrasse 95 chapitres, précédés d'un prologue dans lequel Gerbert, après avoir attribué aux Egyptiens l'invention de cette science, la définit : *La science de l'étendue et des formes considérées par rapport à l'étendue ;* ou bien *la science raisonnée de l'étendue probable de grandeurs mesurables données* (3). Arrivant ensuite aux notions préliminaires de la géométrie, l'écolâtre définit le *point*, comme principe générateur de la ligne, la *ligne*, la *surface* et le *volume* ; il adopte pour unité de mesure des lignes, des surfaces et des volumes le pied linéaire égalant 4 palmes, le pied carré ou 16 palmes carrées, le pied cube ou 64 palmes cubes (4). L'exposé des mesures anciennes, les définitions des angles, les divers cas de sécance des cercles et les variétés des triangles avec leurs propriétés (5), diffèrent peu des notions que l'on trouve aujourd'hui sur les mêmes principes dans les géométries élémentaires.

Une des théories qui paraissent avoir le plus exercé la sagacité de Gerbert est celle des triangles rectangles, qu'il appelle

(1) Rich., § LIV. Voy. le rapport de M. Guérard, *Journal des Savants*, août et septembre 1840, p. 470, etc.

(2) *Geometria Gerberti*, d'après un manuscrit du douzième siècle trouvé dans le monastère de Saint-Pierre de Salzbourg et reproduit par Bern. Pez, *Thesaurus anecdot. noviss.*, t. III, part. II, p. 5.

(3) In *prolog*.

(4) Cap. IV.

(5) A cap. II ad cap. VIII.

triangles pythagoriciens. Il leur consacre plusieurs chapitres et apprend à les construire en nombres rationnels, un côté étant donné. Pour cela, il emploie deux sortes de règles déduites des formules indiennes ; les unes, attribuées à Pythagore et à Plotin, donnent pour les côtés du triangle des nombres entiers; les autres, des nombres fractionnaires. Au sujet de ces triangles rectangles, nous dit M. Chasles (1), Gerbert résout un problème remarquable pour l'époque, parce qu'il dépend d'une équation du second degré, c'est celui où, étant données l'aire et l'hypothénuse, on demande les deux côtés (2). Il examine ensuite les méthodes par lesquelles, 1° connaissant la base et la valeur de la surface, on peut trouver l'hypothénuse et le côté perpendiculaire à la base ; 2° connaissant la surface et l'hypothénuse, on trouve les deux autres côtés. Pour cela, dit-il, on fait le carré de l'hypothénuse, on ajoute à ce carré 4 fois la surface et on extrait la racine carrée de la somme effectuée. On retranche également du carré de l'hypothénuse 4 fois la surface et on cherche la racine carrée de la différence ; cette racine carrée étant ajoutée ensuite à la racine carrée de la somme, on divise la somme obtenue par deux pour avoir un des côtés; ces deux mêmes racines carrées, retranchées et divisées par deux, donnent l'autre côté (3). Abordant enfin la question des moyennes géométriques entre deux triangles semblables, Gerbert arrive à cette conclusion : le rapport

---

(1) Page 505.

(2) Soit A l'aire et C l'hypothénuse, la solution de Gerbert, traduite en formule algébrique, donne pour les deux côtés la double expression :

$$\frac{1}{2}\left\{\sqrt{C^2+4A} \pm \sqrt{C^2-4A}\right\}$$

(3) Exemple : $\sqrt{25+(4\times 6)} = \sqrt{49} = 7$ ou l'hypothénuse,

$\sqrt{25-24} = \sqrt{1} = 1$. $\frac{1}{2}(7+1) = 4$ ou la base,

$\frac{1}{2}(7-1) = 3$ ou la hauteur.

entre la surface et la moyenne géométrique (1) est le même que le rapport entre deux côtés de même nom dans les triangles considérés (2).

Gerbert, passant ensuite aux applications de la géométrie (3), apprend à calculer avec l'astrolabe (4), ou avec un instrument qu'il appelle horoscope, la hauteur d'une tour, la profondeur d'un puits (5), la distance d'un objet inaccessible (6), etc etc. Après cet exposé pratique, l'écolâtre, reprenant la théorie de la mesure des triangles, dont il avait dit un mot dans les chapitres précédents, s'applique à calculer la perpendiculaire dans un triangle dont on connaît les côtés. Il suit également les procédés ordinaires pour indiquer la manière de calculer l'aire du triangle, du trapèze, du parallélogramme, etc... (7) ; nous devons toutefois remarquer que, pour déterminer la surface du polygone régulier, Gerbert donne les formules erronées dont s'étaient servis les arpenteurs romains ; il est également tombé dans la même erreur pour résoudre le problème inverse : étant donnée l'aire d'un polygone régulier, trouver son côté. Pour le cercle, il en détermine l'aire en s'appuyant sur le calcul d'Archimède qui avait trouvé pour le rapport de la circonférence au diamètre la formule $\frac{22}{7}$; la mesure du prisme et du cylindre, la surface d'une pyramide équilatérale, celle du cône etc etc, y sont aussi sommairement indiquées, mais sans démonstration rigoureuse.

(1) Obtenue en multipliant la base du premier triangle par la hauteur du second et en divisant ce produit par 2.

(2) Nous dirions aujourd'hui que le rapport entre deux triangles quelconques est le même que le carré des côtés homologues.

(3) Cap. XVI, etc.

(4) Instrument qui servait à mesurer la hauteur des astres ; son invention remonte à Hipparque (IIe siècle avant J.-C.).

(5) Cap. XX.

(6) Cap. XXIII.

(7) La formule pour l'aire du triangle en fonction des trois côtés ne se trouve pas dans le traité ; celle qui est donnée pour le triangle rectangle est inexacte.

Du reste, le caractère de l'enseignement mathématique de Gerbert paraît avoir été l'exposé des problèmes et leur résolution graphique plutôt qu'un enchaînement de théorèmes et de déductions, tel que le comportent les méthodes modernes pour les sciences exactes. C'est là ce qui nous explique les applications usuelles dont nous trouvons fréquemment l'exposé dans ce traité de géométrie ; c'est ainsi que les mesures de surface sont employées par Gerbert à déterminer le nombre des brebis, des attelages d'une ferme, des maisons dans une ville de forme circulaire, carrée etc... des pavés d'une église etc... (1).

L'illustre écolâtre a aussi abordé le problème de la mesure de la sphère, en faisant précéder ses calculs d'un chapitre fort important dans lequel il consigne la formule qui donne la somme des termes d'une progression arithmétique (2). Il arrive ensuite à l'indication sommaire de la méthode employée par Eratosthène pour déterminer la mesure du globe terrestre. Ce savant, nous dit Gerbert, fit disposer dans la direction du nord au sud un grand nombre de perches de même longueur ; ces perches projetaient, vers l'heure de midi, des ombres égales, mais au-delà de 700 stades, le même phénomène ne se produisait plus, et les ombres étaient d'inégale longueur. Eratosthène en conclut que, le zodiaque étant partagé en 360 parties, chacune de ces parties correspondait à 700 stades ; d'où par le calcul il évalua approximativement la circonférence de la terre à 250,000 stades (3). Le dernier chapitre de ce traité est consacré à exposer, d'après les mêmes principes, les règles de la construction d'un cadran solaire (4).

Ce traité de géométrie est suivi d'une lettre adressée par

---

(1) A cap. LXVIII ad cap. LXXV.

(2) Cap. LXXXV. Quelques écrivains ont soutenu que, dans un vieux manuscrit, ce chapitre LXXXV indiquait, en chiffres arabes, les progressions arithmétiques ; voy. *Analecta Græca*, t. II, pag. 153 ; mais les deux manuscrits cités par M. Chasles, page 505, et conservés à la Bibliothèque impériale (n°s 7185 et 7377), ne portent que des chiffres romains.

(3) Cap. XCIII.

(4) Cap. XCIV.

Gerbert à Adelbold (1), sur les différentes manières de trouver la surface du triangle équilatéral par la double méthode géométrique et arithmétique (2). Dans cet opuscule, il montre que la formule géométrique $\frac{a^2}{4}\sqrt{3}$ de l'aire du triangle équilatéral est exacte, tandis que la formule arithmétique $\frac{a^2+a}{2}$ n'est qu'approximative. Dans sa démonstration, toutefois, Gerbert commet une erreur, car c'est la formule $\frac{a^2+a}{2}\sqrt{\frac{3}{2}}$ qui devrait résulter de son raisonnement, et celle-ci est véritablement approximative. Si, en effet, on la rend homogène, en y introduisant l'unité de mesure linéaire que nous appellerons d, elle devient $\frac{a^2+ad}{2}\sqrt{\frac{3}{2}}$, et celle-ci approche d'autant plus de l'expression $\frac{a^2}{4}\sqrt{3}$, formule de l'aire exacte du triangle, que d est plus petit (3).

L'observation que nous avons faite, en parlant de l'opuscule d'arithmétique, sur l'improbabilité du séjour de Gerbert dans les écoles arabes, se trouve encore confirmée par la comparaison du traité de géométrie avec les ouvrages remarquables que les Arabes nous ont laissés sur cette science (4). Bien loin en effet d'être à la hauteur des méthodes que ces derniers ont employées, les théories géométriques de l'écolâtre rémois ne

---

(1) Pez a reproduit un traité de cet Adelbold, adressé à Gerbert, sur le volume de la sphère, *Libellus de ratione inveniendi crassitudinem spheræ*; il y donne pour le volume de la sphère la formule $D^3 \frac{11}{21}$, D étant le diamètre basé sur le rapport d'Archimède $\frac{22}{7}$.

(2) Gerberti, Epist. ad Adelboldum, *de causa diversitatis arearum in trigono æquilatero geometrice arithmeticeve expenso*, — ap. Pez, ubi supra.

(3) Chasles, p. 506.

(4) Au neuvième siècle, Mohammed-Ben-Musa-Alkindus, *De quantitate relativa*. — Thébit-Ben-Korah, qui appliqua l'algèbre à la géométrie. — Albategnius (vers 900) vulgarisa les procédés trigonométriques dont il avait sans doute pris connaissance dans l'Inde, où ils étaient depuis longtemps appliqués. Voy. le *Sourya-Siddhanta*.

sont le plus souvent qu'une reproduction fidèle des connaissances vulgarisées au VIIIe siècle par Bède et au VIe siècle par Boëce. La gloire de Gerbert n'en est pas moins grande : abandonnées depuis deux siècles, les études scientifiques étaient tombées en Gaule, et en général en Occident, dans l'abandon le plus complet ; il eut l'honneur d'en réveiller le goût, et ses laborieux efforts, secondés par les disciples que ses enseignements avaient formés, replacèrent la Gaule et la Germanie dans ce rôle éminent que le génie des deux races semble avoir pour mission de remplir, le progrès intellectuel de l'Europe chrétienne (1).

Une des plus belles prérogatives de l'esprit humain, c'est de chercher à élargir de plus en plus le cercle de ses connaissances. Ce désir de connaître, qui fait le fond de notre nature, prend dans les hommes de génie un caractère de ténacité qui ne tarde pas à devenir une passion, passion noble et pure dont l'âme ne peut plus se guérir, dès qu'un rayon de vérité est venu couronner ses efforts ou caresser ses espérances. C'est là ce qui nous explique l'activité fébrile de l'écolâtre de Reims, et ce besoin insatiable de tout connaître, de tout embrasser dans sa vaste intelligence. Aussi, à peine a-t-il initié ses disciples à une de ces sciences dont il est l'infatigable propagateur, que, puisant dans ce succès un nouveau stimulant, il ouvre aux jeunes intelligences, dociles à ses efforts, des horizons plus vastes et de nouvelles perspectives.

Entre toutes les sciences spéculatives, il en est une qui semble plus particulièrement attirer les âmes délicates qui ont reçu le don funeste de désirer toujours. Esprit mobile et inquiet, souvent enclin au doute, ainsi que nous le voyons dans ses lettres, rêveur comme le sont tous les enfants des montagnes, Gerbert éprouva de bonne heure cette mystérieuse attraction qui retient fixés au ciel les regards qui veulent en

---

(1) ..... multos Gerbertus erudivit quorum multiplex sequenti tempore scientia ecclesiæ Dei plurimum profuit. Ex Ordcrici Vitalis *Ecclesiastica historia*, lib. I.

pénétrer les secrets. La tradition (1) nous montre le pâtre de Belliac, à un âge où d'autres jeux captivent l'enfance, absorbé dans la contemplation de ces astres qui roulent brillants et silencieux au-dessus de nos têtes. Sous le beau ciel de l'Espagne, ce goût naturel pour l'astronomie s'accrut encore des notions que Gerbert, grâce au voisinage des Maures, put acquérir sur cette science. Comme tous les peuples pasteurs, les Arabes s'étaient de bonne heure adonnés aux études astrologiques, et au dixième siècle ils étaient, sans contredit, de tous les Occidentaux, les plus versés dans la connaissance des astres et de leurs révolutions. C'est ainsi qu'ils connaissaient la sphéricité de la terre, et un de leurs savants les plus distingués s'était servi pour la démontrer des mêmes arguments que nous employons aujourd'hui (2); ils avaient même déterminé l'obliquité de l'écliptique, l'excentricité du soleil et la précession des équinoxes (3). Héritiers des dépôts scientifiques de l'Orient et de l'Égypte, ils avaient emprunté à Ptolémée une sphère armillaire qui ne différait guère de la nôtre, et sur laquelle les savants de Cordoue avaient déterminé les six cercles (4) dans l'orbite desquels s'effectuent les mouvements sidéraux. Les pôles avec leurs dénominations grecques, les termes astronomiques de nadhir et de zénith (5), la construction des globes célestes, prouvent combien l'astronomie était chère aux peuples arabes; ils avaient même déterminé l'emploi des mansions lunaires, ainsi que le prouve un calendrier arabe et latin rédigé à Cordoue, vers le milieu du dixième siècle de notre ère (6). Toutes ces notions, avidement recueillies

(1) David d'Angers s'est inspiré de cette tradition en y puisant le sujet d'un des bas-reliefs qui décorent le piédestal de la statue que la ville d'Aurillac a érigée au plus illustre de ses enfants.

(2) *Revue des Deux-Mondes*, année 1851, 1ᵉʳ trimestre, p. 630.

(3) MOHAMMED, fils de Djaber, surnommé ALBATEGNIUS.

(4) Ces cercles étaient le méridien, l'équateur, l'écliptique, les deux tropiques et l'horizon.

(5) Des mots arabes *nadhir* et *simet*.

(6) *Revue des Deux-Mondes*, 1851, 1ᵉʳ trimestre, p. 654.

en Catalogne pendant le séjour que Gerbert fit dans cette contrée, servirent de base à l'enseignement *astronomique* de l'ancien disciple d'Hatton.

Le système cosmographique admis à la fin du dixième siècle ne différait pas de celui que Ptolémée avait mis en faveur. Comme au temps du célèbre géographe d'Alexandrie, la terre était toujours le centre du monde et le théâtre des épreuves de l'homme; au-dessous se trouvaient les lieux inférieurs, l'enfer; au-dessus s'étendaient les sept grandes zônes concentriques, spécialement attribuées chacune à une planète, et au-delà le firmament (1), grande voûte opaque à laquelle étaient attachées les étoiles fixes; venait ensuite le merveilleux neuvième ciel, puis le cristallin et enfin l'empyrée ou séjour des bienheureux. Ce furent aussi ces données astronomiques, érigées, par le défaut d'observation, en vérités incontestables, que Gerbert, « à l'étonnement général » (2), propagea dans les Gaules, où l'oubli dans lequel elles étaient tombées les fit regarder comme de merveilleuses découvertes (3). Grâce au précieux ouvrage de Richer, nous pouvons assister, pour ainsi dire, à une des leçons professées à Reims par le savant écolâtre.

Il exprimait, nous dit le chroniqueur, au moyen d'une sphère pleine, en bois, la forme du monde; faisant ensuite obliquer cette sphère par ses deux pôles sur l'horizon, il indiquait les astres qui se trouvaient dans les deux hémisphères septentrional et austral. Cette position, il l'obtenait au moyen du cercle que les Grecs appellent *horizon* et les Latins *limitant*, parce qu'il sépare ou limite les astres qu'on voit, de ceux qu'on ne peut apercevoir (4).

Les sphères dont se servait Gerbert ne se rapportaient qu'à

---

(1) *Firmus*, solide.

(2) Non sine admiratione. Rich., lib. III, § L.

(3) Optime callebat astrorum cursus discernere. Ex *Chron.* Ditmari, Episc. Merseb., lib. VI.

(4) Rich., lib. III, § L.

l'étude de l'astronomie, et nous voyons par quelques-unes de ses lettres (1) qu'il n'abandonnait à personne le soin de les construire, afin d'apporter lui-même à ce travail tous les soins et la précision désirables. Il nous reste, dans la collection de ses œuvres, une lettre adressée à l'écolâtre de Fleury, Constantin (2), dans laquelle il explique à son ami les procédés qu'il employait pour diviser et orienter ses appareils astronomiques; nous traduisons cette lettre, fort intéressante comme document scientifique du dixième siècle, bien que l'astronomie moderne doive y signaler plusieurs erreurs :

Vous désirez savoir, mon très cher frère, comment je construis la sphère sur laquelle sont indiqués les cercles célestes et le cours des astres. Prenez pour cela un globe parfaitement arrondi sur lequel vous tracerez une ligne qui le divisera en deux hémisphères; partagez ensuite cette ligne en 60 parties égales (3). Choisissant un point sur cette ligne placez-y l'extrémité d'une branche de compas ; ouvrez l'autre branche jusqu'à ce que vous ayez compris dans son écartement 6 des 60 parties qui divisent le grand cercle ; décrivez alors une circonférence, elle aura embrassé 12 de ces parties, c'est-à-dire 6 à droite et 6 à gauche.

Laissant toujours une pointe de compas à la même place, donnez à l'autre branche un écartement double du premier, c'est-à-dire tel qu'il comprenne 12 parties du grand cercle ; si vous décrivez avec ce nouveau rayon une circonférence, elle embrassera 24 parties, soit 12 à droite et 12 à gauche. Conservez toujours le même centre et ouvrez votre compas de la 12e à la 15e partie ; tracez un cercle, ce troisième cercle coupera votre globe en deux parties égales, en mettant de votre côté 30 parties, moitié de la sphère totale.

Portez ensuite à l'opposé du point qui vous a servi de centre, mais toujours sur la même ligne, votre compas ; tracez les mêmes

---

(1) Ep. CXXXIV et CXLVIII ; d'après cette dernière lettre, Gerbert après avoir tourné les sphères en bois dur, les recouvrait de cuir de cheval, sur lequel il disposait des couleurs de différentes teintes, pour mieux distinguer les cercles astronomiques.

(2) Ex Codice ms., *Bibliothecæ S. Germani a Pratis*, ap. MABILL., *Analect.*, nova editio, p. 102.

(3) Nous appelons aujourd'hui ce grand cercle le *méridien*.

cercles avec les mêmes dimensions et vous arriverez à des résultats identiques ; votre sphère se trouvera ainsi divisée en cinq cercles.

Prenez alors un autre globe, mais creux, et tracez sur un de ses hémisphères les mêmes divisions que vous avez déterminées sur le premier globe ; pratiquez ensuite une petite ouverture au point où vous avez appuyé la branche du compas ; faites également un trou à tous les points où les cercles décrits viennent couper le premier grand cercle, et vous obtiendrez ainsi 7 ouvertures. Dans chacun de ces trous introduisez des tubes d'un demi-pied de longueur, disposés de manière à se correspondre deux à deux, et pratiquez la même opération sur le second hémisphère.

Ces tubes ne doivent pas, comme ceux du jeu d'orgue, être d'inégal diamètre ; il faut au contraire, pour que la vue ne soit arrêtée par rien, qu'ils soient partout de la même grosseur (1). Dès que vous les aurez fixés au moyen d'un cercle en fer qui empêchera leurs extrémités d'osciller, placez l'instrument en plein air et orientez-le sur l'étoile polaire. Cette dernière opération vous sera facile puisque par les deux tubes extrêmes (2), vous pourrez librement fixer cette étoile. Dans le cas où vous ne seriez pas sûr d'avoir trouvé le pôle, laissez votre tube dans la direction de l'astre que vous croyez être le pôle ; si c'est bien l'étoile polaire, elle ne quittera pas de toute la nuit le champ de votre tube ; si c'est une autre étoile, elle aura bientôt disparu de vos regards par le mouvement des cieux.

Dès que vous aurez déterminé la position de l'étoile polaire, assujétissez votre instrument de manière à ce que rien ne puisse l'ébranler; en regardant par les deux tubes de bas en haut, vous aurez la direction de l'axe joignant les deux pôles ; par le second tube vous verrez

---

(1) Devant cette explication catégorique de Gerbert, nous croyons devoir traduire le mot *fistula* par tube ; M. Guadet (Richer, t. II, p. 57, note 2) a essayé d'établir que ce mot ne servait à désigner qu'une petite tringle ou ligne d'épaisseur, destinée à indiquer certaines démarcations. Mais la comparaison que l'écolâtre établit entre ce tube astronomique et les tuyaux d'orgue, ainsi que l'emploi qu'il en fait plus bas pour déterminer la position de l'étoile polaire, renversent l'hypothèse du savant traducteur de Richer. Il ne faudrait pas croire, comme quelques auteurs l'ont prétendu (*Hist. litt.*, VI, p. 610), que Gerbert ait inventé la lunette astronomique ; il n'employait pour ses observations qu'un simple tube destiné à empêcher la divergence des rayons visuels et à les concentrer sur un point déterminé de la voûte céleste. Voy. Jacobi Bruckeri, *Historia critica philosophiæ*, appendix, t. VI, p. 575.

(2) C'est-à-dire ceux qui sont placés aux deux centres des cercles décrits.

le cercle arctique, par le troisième le tropique du cancer, par le quatrième le cercle équinoxial, par le cinquième le tropique du capricorne, par le sixième les cercles antarctiques.

La construction de cette sphère armillaire sur laquelle il avait encore figuré le cercle que les Grecs appellent *zoé*, et que nous nommons zodiaque, témoigne de l'esprit inventif de Gerbert. Quant aux graves erreurs (1) que la science moderne peut relever dans cette lettre, on doit surtout les attribuer à l'imperfection des méthodes d'observation et à la grossièreté des instruments employés. Du reste, l'ingénieux mécanisme dont nous venons de donner la description ne servait sans doute qu'à démontrer aux disciples déjà instruits les diverses révolutions des astres, car Richer nous parle encore d'une autre sphère plus simple, uniquement composée de cercles, et au-dessus desquels il avait figuré avec des fils de fer et de cuivre la forme et le cours des astres. L'axe du monde y était indiqué par une tige dont l'extrémité figurait le pôle céleste, en sorte que lorsqu'on fixait ce pôle, la machine était conforme au ciel, et toutes les étoiles correspondaient aux signes de la sphère. Le prodige de cet instrument (2) était que ceux mêmes qui ignoraient l'astronomie, si on leur indiquait un seul astre sur cette sphère, pouvaient connaître d'eux-mêmes les autres sans recourir à un maître (3).

(1) Les degrés employés par Gerbert valent six de nos degrés actuels; en conservant l'unité de mesure adoptée par le savant écolâtre, nous devons relever les erreurs suivantes : 1° Il place le *cercle polaire arctique* à 6 degrés du pôle, tandis qu'il n'en est effectivement qu'à 3,9, près de 4 degrés ; erreur en plus s'élevant à la moitié de la vraie valeur. 2° Le *tropique*, qui est également à près de 4 degrés de l'équateur, Gerbert le place à 3 degrés ; erreur en moins s'élevant au quart de la vraie valeur. 3° La distance du tropique au cercle polaire résulte des deux premières qui ne se compensent qu'en partie. Cette distance, indiquée par Gerbert comme de 6 degrés, est en réalité de 7; erreur en moins égale au septième de la vraie valeur.

(2) Illud quoque in hoc divinum fuit. Rich., lib. III, § LIII.

(3) Cette sphère était extrêmement ingénieuse en effet, et toutes celles dont Richer vient de parler prouvent que, depuis le temps de Gerbert, il s'est fait peu de progrès dans la confection de ce genre de globes. (M. Guadet, Richer, t. II, p. 61, note 1.)

Nous ne devons pas nous étonner de la part importante que l'astronomie occupa dans l'enseignement de l'écolâtre rémois (1); cette étude convenait admirablement à son esprit rêveur et profond. Dans ces nuits splendides, où l'âme, seule avec la nature, médite pensive et silencieuse sous un ciel semé d'étoiles, Gerbert, nous dit le chroniqueur (2), aimait à étudier la marche de ces mondes inconnus dont l'éloignement et le mystère éblouissent nos imaginations et déconcertent nos jugements. Qui de nous, quand ces astres perdus dans l'espace versent sur la terre une douce clarté, n'a été attiré presqu'à son insu vers cette immensité inaccessible à la faiblesse de nos sens, et ne s'est laissé bercer par ce mystérieux infini qui nous entoure et nous pénètre! Absorbés dans une muette rêverie, nous suivons du regard ces étoiles brillantes, messagères lointaines d'un monde inconnu, et, contemplateurs obscurs, nous errons à leur suite dans l'immensité des cieux!

La quatrième branche de l'enseignement qui complétait le Quadrivium, et que Gerbert plaçait au second rang (3), fut l'étude de la *Musique*; nous n'en parlerons que d'une manière très-sommaire à cause du peu de documents que les chroniqueurs nous ont conservés. Comme tous les autres arts, la musique avait subi sous Charlemagne une sorte de renaissance; les chantres italiens que le grand empereur appela à sa cour réformèrent la musique religieuse et firent connaître dans les Gaules les principes de l'*organisation* (4). On désignait sous ce nom les règles du contre-point, d'après lesquelles on produit simultanément ou successivement des sons harmoniques et différents : « Ce que nous appelons *organum*, écrivait saint

---

(1) Selon Trithème (*Chronic. Hirsang.*), Gerbert aurait encore écrit deux traités : le premier sur l'astrolabe, le deuxième sur la construction du quadrant ou quart de cercle. Voy. Le Bœuf, t. II, p. 89.
(2) Tempore nocturno ardentibus stellis operam dabat. Rich., lib. III, § L.
(3) Gerberti, prolog. in *Geometria*.
(4) *Ars organisandi*; voy. l'abbé Le Bœuf, *Traité historique sur le chant ecclésiastique*.

« Odon, se fait entendre lorsque des voix séparées l'une de
« l'autre sont d'*accord* quoique *dissonantes* (1). »

Après Charlemagne, durant cette période désignée généralement sous le nom de dixième siècle, la musique fut complétement négligée comme les autres arts libéraux, et nous voyons, d'après un passage de Richer, qu'elle était presque entièrement inconnue à l'époque où Gerbert entreprit de la remettre en honneur (2). Il commença d'abord par établir, continue le chroniqueur, la génération des tons sur le monocorde (3), et distingua leurs consonnances, ou unions symphoniques, en tons et demi-tons, ainsi qu'en ditons et en dièses (4).

Nous ne voyons pas, d'après cela, que l'enseignement de Gerbert ait été une invention, voire même un perfectionnement ; il ne fit que résumer les notions reçues d'Italie au IXe siècle, et montrer les rapports de la musique avec les mathématiques. Il était réservé à Guido d'Arezzo de produire un demi-siècle plus tard cette révolution musicale qui, dégageant l'harmonie des langes scientifiques, lui ouvrit le champ de l'inspiration

---

(1) Cité par M. Ampère, *Hist. littér. de la France*, t. III, p. 257.

(2) Musicam, multo ante Galliis ignotam, notissimam effecit. Rich., lib. III, § XLIX.

(3) Monocordum est lignum longum, quadratum, intus concavum, superducta corda, cujus sonitu varietates vocum comprehendimus. *Musurgia*, t. I, p. 160. Enchiridion. — C'était un instrument au moyen duquel on mesurait géométriquement et par lignes la variété et la proportion des sons musicaux; il se composait d'une règle divisée en plusieurs parties, sur laquelle on tendait une corde de boyau ou de métal dont les extrémités portaient sur deux chevalets. Il y avait un autre chevalet mobile qu'on promenait sur les différentes divisions de la règle, pour trouver dans quel rapport les sons étaient avec les longueurs des cordes. (Note de M. Guadet, Richer, t. II, p. 55.)

(4) Le diton répondait à la tierce majeure; le dièse valait un demi-ton. Chacun des sons musicaux, en tant que mesurables, a pour expression un nombre fixe de vibrations en un temps donné, et ces vibrations plus ou moins rapides, observées sur une corde sonore, correspondent elles-mêmes à des rapports fixes de longueur ou de distance.

religieuse (1), en attendant qu'elle trouvât au XVI° siècle, dans le génie sans rival de Palestrina, cette puissance de mélodie, cette simplicité d'accents et cette mystique tendresse qui transportent l'âme par-delà les horizons bornés de notre monde matériel, et l'introduisent, muette et ravie, dans ces sphères invisibles où les archanges enveloppent de leurs célestes mélodies, comme d'un voile saint, le trône de l'Eternel.

Sans atteindre à cette hauteur d'inspiration, Gerbert n'en fut pas moins le restaurateur de la musique en France ; grâce à ses efforts, toutes les écoles de la Gaule remirent en honneur cet art divin (2), et la postérité reconnaissante joignit pendant plusieurs siècles au nom de l'écolâtre le surnom de *Musicus* (3). Ce titre, Gerbert en fut sans doute moins redevable à son enseignement théorique de l'art musical, qu'à l'application qu'il en fit sur un instrument depuis peu introduit en Occident, nous voulons parler des orgues. Les premières avaient été importées de Constantinople dans la Gaule sous le règne de Pépin ; mais ce ne fut que sous Charlemagne que *l'art d'organiser*, c'est-à-dire l'application des règles de l'harmonie, fut sérieusement cultivé par les Italiens auxquels l'empereur confia la réforme du chant gréco-romain. Gerbert ne connaissait pas seulement l'art de toucher de cet instrument avec délicatesse et sentiment, il le vulgarisa, en dotant plusieurs églises (4) d'orgues à la construction desquelles il consacrait ses soins et ses travaux. Nous trouvons dans un chroniqueur du XII° siècle un écho de l'impression que produisaient les sons harmonieux de l'instrument que l'écolâtre avait fait placer dans l'église métropolitaine de

---

(1) Guido perfectionna la notation, employa des lignes parallèles ou *portées* pour empêcher la confusion des *neumes*, ou intervalles musicaux, et inventa la *clef*. Quelques écrivains lui attribuent encore la substitution de l'hexacorde au tétracorde, l'invention du clavier, etc., etc. Voy. l'ouvrage de M. Bottée de Toulmont, *Notice biographique sur les travaux de Guido d'Arezzo*, Mémoires de la Société royale des antiquaires de France, t. XIII.

(2) Ep. XCII.

(3) Pez, *Anecd.*, t. I, part. II, p. 360.

(4) Ep. XCII ; IX 2° class.

Reims : « Outre une horloge, nous dit Guillaume de Malmesbury, « Gerbert établit dans la basilique de Reims des orgues « dans les tuyaux desquelles il faisait pénétrer des jets de « vapeur qui, passant par les nombreuses ouvertures de ces « tubes de cuivre, rendaient sous la main de l'artiste des « sons harmonieux qui ravissaient les assistants (1). »

Il serait cependant téméraire, d'après ce texte assez vague, de faire de Gerbert l'inventeur des machines à vapeur ; cet honneur, qu'un historien lui a gratuitement concédé (2), est contredit par les principes mêmes sur lesquels s'appuyait l'écolâtre pour obtenir les vibrations des lames métalliques de son instrument. C'était en effet dans l'architecte romain Vitruve, dont l'*Eolipyle* (3) était connu au moyen-âge, que Gerbert avait puisé les applications de l'air dilaté par la chaleur. Nous employons à dessein le mot d'air dilaté, parce que l'antiquité tout entière (4), ainsi que le moyen âge (5), ayant ignoré jusqu'à l'existence de la vapeur d'eau, n'ont pu en utiliser les propriétés dynamiques. Toutes les machines construites par Vitruve, par Héron d'Alexandrie, par Agathias de Byzance et par Gerbert reposaient sur ce principe erroné, qu'un liquide en se vaporisant se transforme en air, dont la dilatation ou la compression pouvait s'appliquer à divers mécanismes assez ingénieux (6).

Autour de la chaire du célèbre écolâtre, recueillant avec avidité ses doctes leçons, vinrent se grouper les jeunes héri-

---

(1) Apud Ecclesiam extant organa hydraulica ubi mirum in modum, per aquæ calefactæ violentiam, ventus emergens implet concavitatem barbiti, et per multiforatiles transitus æreæ fistulæ modulatos clamores emittunt. WILLELMI MALMESBUR., lib. II, cap. X.

(2) BORHBACHER, *Hist. eccles.*, t. XIII, p. 236.

(3) Boule d'airain que l'on chauffait après l'avoir remplie d'eau.

(4) Voy. les expériences d'HÉRON d'Alexandrie, dans son traité intitulé *Spiritalia*. — VITRUVE, traduct. de Charles Perrault.

(5) Cardan, Boyle, etc.... Voy. LOUIS FIGUIER, *Histoire des principales découvertes*, t. I, p. 6, etc.

(6) Chacun connaît les expériences de la *Fontaine de Héron* et les instruments que cet habile mécanicien avait construits pour faire sonner de la trompette à un automate, siffler un dragon de bois, etc., etc.

tiers des plus nobles familles de la Gaule et de l'Allemagne (1). Parmi ses disciples, les chroniqueurs nous ont conservé les noms de saint Héribert, devenu plus tard archevêque de Cologne, de Leuthéric, archevêque de Sens (2), d'Adhelbold, évêque d'Utrecht (3), auquel il dédia son *traité de la sphère*, de Jean, écolâtre d'Auxerre (4), d'Adalbéron, évêque de Laon, de Brunon, évêque de Langres, de Gérard de Cambrai (5), d'Ingon, abbé de Saint-Germain-des-Prés (6), d'Herbert, abbé de Lagny (7), de Francon, évêque de Paris (8) et de Fulbert, évêque de Chartres, l'homme le plus savant du XIe siècle (9). La réputation de l'école de Reims franchit même les frontières de la Gaule ; et les monastères d'Italie, de Lorraine et d'Allemagne tinrent à honneur d'envoyer leurs plus célèbres écolâtres s'initier auprès de Gerbert, aux sciences et aux lettres qu'il professait avec tant d'éclat. C'est ainsi que Rotovic, abbé de Mithlac au diocèse de Trèves, envoya ses deux plus savants religieux, Nithard et Remy (10), étudier à Reims et puiser dans cette célèbre école les connaissances qu'ils vulgarisèrent plus tard en Allemagne.

(1) Summa eruditione ornatus, et imprimis philosophiæ atque mathematicarum scientiarum laude inclytus, omnes facile antevertit. Qua fama invitati plurimi cum publicas philosophantium scholas teneret, ad eum convolarunt ejusque se institutioni crediderunt. JACOBI BRUCKERII, *Historia critica philosophiæ*, t. III, p. 647.

(2) *Spicileg.* ACHERII, t. II, p. 737.

(3) TRITHEM., p. 136.

(4) LABBE, *Biblioth. nova*, t. I, p. 447.

(5) MABILL., *Acta Bened.*, t. VIII, pr. n. V.

(6) HELGALDI, p. 63.

(7) MABILL., *Annal.*, lib. L, n. 71.

(8) FULBERTI, Ep. LXXXVIII.

(9) LABBE, *Biblioth. nova*, t. II, p. 205.

(10) GERBERTI Epist. LXV, LXXIII, CXXXIV, CXLVIII, CLII ; VIII 2e class. — MABILL., lib. XLVIII, n. 64. — BROWERI, *Annal. Trevirens.*, t. I, p. 490.

Nous avons vu Othon-le-Grand attacher Gerbert à sa cour et lui confier, jusqu'au départ de celui-ci pour Reims, l'instruction de son jeune fils Othon II. A l'exemple de l'empereur, le puissant duc de France, Hugues Capet, dont le génie pressentait la chute de la race carlovingienne, voulut que son fils Robert, destiné à porter une couronne, suivît les leçons de l'écolâtre rémois. Le jeune prince, encore dans la fleur de l'âge, fit sous son habile direction de rapides progrès et mérita de ses contemporains le nom de « savant (1). » Comme son maître, on l'appela « philosophe et musicien (2), » et ce fut avec un légitime orgueil qu'il s'honora toujours d'avoir suivi les leçons de ce maître illustre. Nous en trouvons un exemple dans un petit pamphlet composé au Xe siècle par un des élèves de Gerbert, Adalbéron, évêque de Laon, contre le clergé de son temps. Cet opuscule est un dialogue en vers entre le roi Robert et l'évêque de Laon ; ce dernier flétrit en traits énergiques l'ignorance des clercs dont « toute la science, dit-il, consiste « à pouvoir compter sur leurs doigts les lettres de l'alpha-« bet (3). » Robert lui répond que les sciences ne sont pas déchues à ce point puisque l'école de Reims subsiste encore, « cette école, dit-il, où j'ai suivi les leçons du docte « Neptaban (4). »

Devenu par son savoir l'oracle des Gaules et le précepteur

---

(1) Ex *Vita S. Theodorici*, ap. MABILL., *sæculo VI Bened.*, 1 part, p. 197.

(2) Cil Gerberz estait grant clers et philosophes, et avait esté maitres Robert, le fils du roi Hue. *Chronique de Saint-Denys*, p. 304. — Rotbertus philosophus et excellenter musicus. Ex *Chron. Sithiensi*, c. 32, ap. MARTEN., t. III, *Anecdot.* col 565.

(3) Alphabetum sapiat digito tantum numerare. ADALBERONIS *Carmen*, vers. 49.

(4) Plurima me docuit Neptanabus ille magister,
    Labitur aula tholis rutilat quo splendida fulvis. *Ibid.*, vers. 167, 168.
Ce Neptanabus, ou mieux Nectanebo, régna en Égypte (IVe siècle av. J.-C.), et, selon Plutarque et Diodore de Sicile, s'adonna à l'étude de l'astronomie et des sciences exactes. Ce dernier point de ressemblance porta sans doute Robert à désigner son ancien maître sous ce nom un peu énigmatique.

des rois, l'ancien pâtre de Belliac, l'orphelin recueilli dans l'abbaye de Saint-Geraud, n'oublia jamais, au faîte des grandeurs et de la gloire, sa modeste origine et les bienfaits dont les moines d'Aurillac avaient comblé sa jeunesse ; et ce fut surtout avec eux qu'il entretint une active correspondance littéraire dont beaucoup de monuments sont malheureusement perdus pour nous. Avec le peu de ressources dont les savants disposaient alors, il était nécessaire de recourir à la bienveillance de ses amis pour se procurer les ouvrages dont les exemplaires étaient peu répandus ; aussi voyons-nous Gerbert, désireux d'accroître chaque jour les connaissances qu'il puisait dans la lecture des auteurs anciens, mettre à contribution ses amis de France, d'Italie, de Germanie, d'Espagne même pour obtenir par leur entremise des copies ou des extraits qu'il ne pouvait aller recueillir lui-même. A Lupitus de Barcelone, il demande un exemplaire d'un traité d'astrologie (1), à Bonfils, évêque de Gironne, et à son ancien maître Geraud de Saint-Céré, il réclame l'ouvrage de l'Espagnol Joseph, sur la multiplication et la division des nombres, (2), et au moine Airard il fait corriger Pline et Eugraphe (3). En même temps qu'il sollicite des livres auprès des moines de Blandigny (4), il fait rechercher un Suétone et un Aurélien par Etienne, diacre de l'Eglise romaine (5), et il écrit à Renaud, un des moines de Bobbio qui lui étaient restés fidèles : « Vous savez avec quelle ardeur je fais venir
« de tous pays des exemplaires d'ouvrages ; vous n'ignorez
« pas que j'ai de nombreux copistes dans les villes et même
« dans les campagnes d'Italie ; veuillez donc me faire trans-
« crire le traité de Manilius sur l'astronomie, celui de Victorin
« sur la rhétorique, et l'opthalmique de Démosthènes (6).

(1) Ep. XXIV.
(2) Ep. XVII, XXV.
(3) Ep. VII.
(4) Ep. XXXVI, XCVI, CV.
(5) Ep. XL, LXXII.
(6) Ep. CXXX.

Un des hommes les plus célèbres à cette époque par son éloquence et l'intégrité de sa vie, Ecbert, abbé de Saint-Julien de Tours, pouvait-être d'un grand secours pour Gerbert s'il consentait à faire participer ce dernier aux ressources qu'offrait sa bibliothèque ; nous possédons la lettre que l'écolâtre de Reims lui écrivit pour entrer en relation avec lui, et nous la reproduisons comme un modèle de délicatesse et de bon goût :

L'affectueux souvenir que vous avez conservé de moi, les nombreuses marques d'estime que vous me donnez par l'intermédiaire d'amis communs, le prix que j'attache à ces relations, tout contribue à me faire croire que devenir votre ami serait pour moi un grand bonheur. Je ne suis pas de ceux qui, à l'exemple du philosophe Panétius (1), préfèrent quelquefois l'utile à l'honnête ; j'ai toujours au contraire suivi le conseil de Cicéron et fait marcher l'honnête avant l'utile. Or, une amitié telle que celle dont je voudrais voir la réalisation entre nous, réunissant tout ce qu'il y a de plus honnête à ce qu'il y a de plus sacré, sans être cependant dépourvue d'une réelle utilité, vous comprendrez mieux encore combien ces considérations accroissent mes désirs. Une saine philosophie n'admet pas qu'il puisse y avoir jamais opposition entre la parole et la pensée, aussi me suis-je toujours efforcé, dans le cours de mon existence, d'unir au talent de bien dire celui de bien agir.

Sans doute, bien vivre est l'essentiel, et, en dehors des affaires publiques, cela seul suffit ; mais quand on vit comme nous au milieu du monde, l'art de bien vivre ne peut pas se séparer de celui de bien dire. Faut-il convaincre, en effet, faut-il gagner les âmes, diriger les volontés, calmer la colère ou la passion, ce n'est qu'à force d'éloquence que l'on obtient ces résultats.

Aussi est-ce pour acquérir cet art difficile que je m'occupe avec ardeur du soin de réunir une bibliothèque. Tout récemment, j'ai envoyé des copistes à Rome et dans les autres villes de l'Italie, en Germanie et en Belgique, et je me suis procuré à grands frais des exemplaires d'auteurs estimés. La bienveillance et le concours de mes amis me facilitent ces laborieuses recherches : veuillez permettre, je

---

(1) Philosophe grec du second siècle avant J.-C. auquel Cicéron a emprunté le plan et plusieurs parties de son traité *des Devoirs*.

vous prie, qu'il en soit de même à Tours. J'indique au bas de cette lettre les ouvrages dont je vous demande un exemplaire ; quant au salaire du copiste et au prix du parchemin, je me repose sur vous du soin de tout régler, en vous renouvelant l'expression de ma vive reconnaissance... (1).

Quand les ressources lui manquaient, Gerbert envoyait des livres en échange (2), ou bien il fabriquait de ses mains des sphères célestes, et les donnait en retour d'un manuscrit contenant l'Achilléide de Stace (3). C'est ainsi qu'il se mit en correspondance littéraire avec l'archevêque de Trèves, Ecbert (4), avec Thietmar de Mayence auquel il demanda, « comme une « consolation à sa douleur, » quelques parties de l'ouvrage de Boëce sur les Périherménies (5), et surtout avec le célèbre écolâtre de Fleury, Constantin, qui lui procura les opuscules de Cicéron, son traité de la république, ses discours contre Verrès et plusieurs autres harangues (6). Au milieu de ces laborieuses recherches, entreprises dans l'intérêt de la science, il n'oublia pas sa chère abbaye d'Aurillac, et, tout en lui adressant des exemplaires et des copies précieuses (7), il aimait, par une affectueuse correspondance, à retremper son esprit et son cœur dans cette famille monastique (8) dont il était la gloire et au sein de laquelle il ne comptait que des amis :

Vous me demandez, mon très-cher frère, écrit-il à Bernard, moine de Saint-Géraud, ce que je fais, à quoi je m'occupe et si mes travaux me délassent ou me fatiguent. Il ne m'est pas facile de vous répondre en peu de mots, car à celui qui pénètre au fond des choses

---

(1) Ep. XLIV.
(2) Ep. IX, CXVI.
(3) Ep. CXXXIV, CXLVIII.
(4) Ep. CVIII.
(5) Ep. CXXIII.
(6) Ep. LXXXVII.
(7) Ex *Chronic. Auriliacensi.* — *Analecta vetera*, in-folio, p. 350.
(8) Ep. XVII, XXXV.

il semble que je ne fasse rien, ou si je fais quelque chose les plus grandes contrariétés s'y attachent.

D'abord, il y a de la témérité à s'ingérer aujourd'hui dans les affaires publiques parce que l'insatiable avidité des méchants confond les lois divines et humaines, ou plutôt à l'instar des brutes ne reconnaît d'autres lois que la force et le caprice. Dans la vie privée au contraire, j'ai eu du moins cet avantage que quels qu'aient été mes malheurs, aucun de mes amis ne m'a fait défaut dans l'adversité. Ensuite, je laisse à d'autres de décider si j'ai fait quelque chose digne d'être conservé dans la mémoire des hommes, lorsque j'ai abandonné l'Italie pour ne pas être obligé de pactiser, en quoi que ce soit, avec les ennemis de mon Seigneur Othon ou de son fils, et lorsque j'ai fait goûter aux plus illustres disciples les doux fruits que l'étude des sciences et des arts libéraux nous offre pour la nourriture des âmes.

C'est par amour pour mes élèves que j'ai publié, l'automne dernier, un tableau de la Rhétorique, composé de 26 peaux de parchemin jointes et reliées ensemble. Cet ouvrage est assez curieux pour les connaisseurs, et il sera très-utile pour comprendre et classer dans la mémoire les règles fugitives et quelquefois obscures de la Rhétorique. En conséquence, si quelqu'un d'entre vous s'occupe de cette étude, désire apprendre la musique ou est curieux de savoir le parti que l'on peut tirer des orgues, pour peu que cela convienne à l'abbé Raymond, à qui je dois tout, si je ne puis le satisfaire entièrement, j'aurai soin de me faire suppléer par Constantin de Fleury, noble écolâtre, profondément instruit et mon intime ami. Adieu mon trèscher frère, comptez sur mon amitié, et regardez comme à vous tout ce qui m'appartient (1).

Au milieu de cette activité qui poussait Gerbert à chercher jusque dans la médecine (2) un aliment à son esprit infatigable, il visita plusieurs fois l'Italie, tantôt pour y découvrir de nouveaux trésors scientifiques et littéraires (3), tantôt appelé au-delà des Alpes par les sollicitudes que lui causait son abbaye de Bobbio. Il était en effet resté titulaire de ce bénéfice que

---

(1) Ep. XCII.
(2) Ep. IX, CLI; XV 2ᵉ class.
(3) Ep. VIII.

lui avait conféré Othon-le-Grand, et, bien qu'en son absence, il y ait eu au moins trois abbés (1), entre autre Prétroald, prédécesseur de Gerbert (2), il conserva avec quelques seigneurs (3), et les moines fidèles, des relations d'amitié. Plusieurs fois il les reçut à Reims (4), et il leur écrivit souvent, surtout au moine Renaud, pour les consoler de l'anarchie dans laquelle les plongeaient les fréquentes mutations de leurs abbés (5).

Nous venons de voir Gerbert renouer par son enseignement les brillantes traditions qui rattachaient l'école de Reims à la restauration intellectuelle tentée par Charlemagne ; on l'a dit avec raison, cette célèbre école métropolitaine fut le trait d'union qui, à travers les ténèbres du Xe siècle rattacha la renaissance du IXe siècle à celle du XIe siècle. Mais, si nous pouvons saisir cette filiation, il nous est impossible de nous rendre un compte exact des difficultés immenses, insurmontables pour toute autre volonté, que Gerbert eut à vaincre pour remettre en honneur les études dont l'intelligence humaine s'était déshabituée. Une épaisse couche d'ignorance et de barbarie pesait sur les âmes et engendrait dans la conscience publique ces naufrages moraux qu'entraine toujours la décadence intellectuelle. Le mal empirait de jour en jour ; les contemporains de Loup de Ferrière s'étaient contenté de mépriser les études littéraires comme « de supertitieux loisirs, » au Xe siècle on tendait à les proscrire complètement. Nous lisons en effet dans les chroniqueurs du temps qu'un moine illustre, saint Odon, qui charmait ses loisirs par la lecture de Virgile, ayant vu en songe un superbe vase en albâtre d'où s'échappaient des reptiles vénimeux, regarda ce prodige comme un avertissement du ciel qui lui faisait ainsi entrevoir tout ce que l'étude des auteurs païens, malgré leurs beautés, pouvait

---

(1) Mabill., *Annal.*, lib. XLVI, n. 87.
(2) Ep. XV.
(3) Ep. LXXXIV, LXXXV.
(4) Ep. LXXXIII.
(5) Ep. XVIII, XIX, CXXX ; VII 2e class.

renfermer de dangereux et de nuisible pour une âme chrétienne (1).

Heureusement, ces tendances ne furent pas générales, et quelques esprits d'élite arrêtèrent, au péril de leur réputation, et par le sacrifice de leur repos, cette ruine intellectuelle qui menaçait d'envahir le sanctuaire. Gerbert fut dans ce siècle le plus illustre représentant de l'intelligence, et, en attendant qu'il put la faire asseoir avec lui sur le trône pontifical, il l'honora par ses recherches et l'illustra par ses travaux. César, Cicéron, Pline, Suétone, Stace, Démosthène, Manilius, Claudien, Boëce, Martial, Lucain, Aristote, etc etc., enrichirent sa bibliothèque de leurs œuvres immortelles et préparèrent la génération, que le savant écolâtre initiait à ces chefs-d'œuvre de l'antiquité, à cette renaissance dont la fin du Xe siècle fut l'aurore, en attendant qu'elle reçut au XIII siècle son complet épanouissement artistique et littéraire.

Dans la philosophie comme dans les sciences, Gerbert fut la plus éclatante personnalité de son siècle, et il ne faillit jamais à cette noble mission. Les soucis et les préoccupations de la vie politique vont maintenant bouleverser cette existence orageuse, mais l'amour de la science ne l'abandonnera jamais ; et nous le verrons se consoler de ses déceptions dans ce culte des lettres, qui fut la passion de sa vie et à nos yeux son plus beau titre de gloire. « Il lui est aujourd'hui plus honorable en
« effet, dirons-nous avec un illustre écrivain, d'avoir été le
« zélé propagateur des sciences dont les Arabes d'Espagne
« étaient les dépositaires, d'avoir formé au Xe siècle une bibliothèque considérable, d'avoir construit des sphères, que d'avoir
« été plus ou moins habile et plus ou moins heureux dans ses
« intrigues entre Othon, Hugues Capet et Charles de Lorraine,
« de s'être assis un moment sur le siège épiscopal de Reims
« et d'avoir passé plus tard du siège de Ravenne sur celui de
« Rome, par l'influence d'Othon (2). »

(1) MABILL., *Acta Bened.*, t. VII, p. 154, n. 12.
(2) AMPÈRE, *Hist. littér. de la France*, t. III, p. 316.

C'est qu'en effet l'ambition est de l'homme et disparait avec lui, la science seule demeure, selon la belle parole d'Alcuin, parce que la science est immortelle comme notre âme ; et nous devons réserver, comme un juste dédommagement, l'ardeur de nos sympathies aux mérites moins récompensés qui sont morts à la peine, dans l'angoisse des conceptions interrompues, et qui n'ont recueilli d'autre fruit de leurs efforts que la jalousie de leurs contemporains, une amère incertitude sur le résultat de leurs travaux et la poignante énigme de l'avenir.

CHAPITRE VI.

ÉVÉNEMENTS POLITIQUES DEPUIS LE RETOUR DE GERBERT A REIMS JUSQU'A LA MORT DE LOTHAIRE (973-986).

Pendant que Gerbert, tout entier à son enseignement, élevait l'école de Reims à son apogée de gloire et de grandeur, de graves événements politiques, auxquels son nom et celui de l'archevêque Adalbéron devaient plus tard se trouver mêlés, se préparaient dans le nord de la France. Après la mort d'Othon le Grand (973), son fils Othon II lui avait succédé. Bien qu'il ne fût âgé que de 18 ans (1), ce jeune prince, déjà associé à l'empire par son père, fut accueilli avec acclamation par les Belges et les Germains. Sous l'habile direction de sa mère, l'impératrice Adélaïde, les premières années du nouveau règne ne furent troublées par aucune guerre ; elle affermit ainsi l'autorité de son fils et la fit accepter des turbulents barons allemands, dont l'énergie d'Othon Ier avait pu difficilement comprimer l'orgueil et la révolte. Cette paix si fructueuse pour l'Allemagne fut troublée par le roi de France.

(1) Né en 955, Othon II avait été proclamé roi de Germanie à Aix-la-Chapelle, le 26 mai 961, et sacré empereur à Rome le jour de Noël 967. *Index Chronologicus*, t. IX.

Le voisinage des deux royaumes, la jalousie traditionnelle que les descendants de Charlemagne nourrissaient contre les empereurs de la maison de Saxe, dont le chef Henri l'Oiseleur avait recueilli au-delà du Rhin l'héritage des derniers Carlovingiens (1), ces diverses causes avaient créé entre la France et la Germanie une sourde rivalité dont la Lorraine était presque toujours le prétexte. Depuis près d'un siècle, en effet, cette province démembrée du grand empire d'Occident avait tour à tour subi les lois des deux États qu'elle séparait, tantôt absorbée par l'Allemagne, tantôt reconquise par la France, et, en définitive, toujours meurtrie par le choc de ces puissants voisins auxquels elle servait de champ de bataille. Donnée en apanage par l'empereur Arnoul à son fils Zwentibold (2), elle avait été reconquise par Charles le Simple en 912 (3); mais ce prince, impuissant contre ses propres vassaux, ne put empêcher les Hongrois de couvrir la Lorraine de leurs hordes dévastatrices (4). Cédée de nouveau, en 921, à Henri l'Oiseleur (5), celui-ci la transmit à son gendre Gislebert, dont Louis d'Outremer épousa plus tard la veuve, Gerberge (6). A deux reprises, Louis et son fils Lothaire essayèrent vainement de ressaisir cette province; mais Othon-le-Grand attachait à sa possession une trop grande importance pour ne pas la défendre de tout son pouvoir. A l'avènement d'Othon II, la Lorraine appartenait donc à l'empire d'Allemagne et permettait aux Germains de s'immiscer dans les affaires des Francs, dont ils occupaient militairement la frontière septentrionale.

Repoussé en 954 (7), Lothaire avait ajourné ses projets,

(1) Henri IV l'enfant, mort en 911, fut le dernier empereur de la famille de Charlemagne; il eut pour successeur Conrad de Franconie; après sa mort, la maison de Saxe monta sur le trône impérial (919 à 1024).
(2) Ex *Chron.* ALBERICI.
(3) Ex *Chron. Sithiensi.*
(4) FRODOARDI *Chron.* — *Acta SS. ord. S. Benedicti*, sæc. 2.
(5) Ex *Chron. Saxonico.*
(6) Ex *Chronico Turonensi.*
(7) Ex *Chron. S. Maxentii.*

attendant une occasion favorable qui lui permît de réaliser cette conquête, qui paraît avoir été le rêve des derniers Carlovingiens de France. Cette occasion, il crut l'avoir rencontrée en 978. A cette époque, nous dit le chroniqueur Richer, Othon se trouvait à Aix-la-Chapelle avec sa femme Théophanie, alors enceinte ; le roi de France, irrité de voir son puissant rival se rapprocher ainsi de ses frontières, conçut le hardi projet d'enlever l'empereur avec toute sa cour. Il convoqua donc dans la ville de Laon Hugues, duc des Francs, et les grands du royaume, et leur fit part de son plan d'expédition ; l'assemblée l'accueillit avec enthousiasme, et chacun s'engagea à le seconder de tout son pouvoir. Comme il s'agissait de surprendre l'empereur, le plus grand secret fut recommandé, et il ne paraît pas avoir été divulgué, puisque l'armée des Francs, après avoir traversé les gués de la Meuse, faillit surprendre Othon dans son palais. Quelques éclaireurs l'avaient cependant averti de l'approche des ennemis, mais, dans son orgueil, il avait refusé d'ajouter foi à leurs rapports ; bientôt le doute ne lui fut plus permis, et, se voyant dans l'impossibilité de résister, il fondit en larmes tandis qu'il se retirait avec sa femme et les grands de son royaume. Il était temps, du reste, car Lothaire accourait, et, sans les bagages qui avaient embarrassé sa marche, il se fût emparé de l'empereur (1). Le palais d'Aix-la-Chapelle fut mis au pillage, les insignes royaux enlevés, et l'aigle de bronze que Charlemagne avait placée au sommet de son palais, les ailes déployées, fut tournée vers le S.-E., pour répondre au défi des Germains qui l'avaient autrefois dirigée vers l'O., exprimant ingénieusement par là, dit l'annaliste, que les Gaulois fuiraient un jour devant leur cavalerie (2).

Ce fut là, du reste, le seul profit que Lothaire tira de cette aventureuse expédition ; il ne put en effet obtenir ni trêve,

---

(1) Ex *Chronicis* WILLELMI NANGII. — Ex ORDERICI VITALIS, *Hist. eccl.*, lib. I.—Ex *Historia Reg. francor.* ap. D. BOUQUET, t. IX, p. 67.—RICHERII, lib. III, § LXVIII et seq.

(2) RICH., lib. III, § LXXI.

ni cession de territoire, et bientôt il dût reprendre le chemin de la Meuse. Othon venait de rallier autour de lui une nombreuse armée, et, brûlant de venger l'outrage qu'il avait reçu, il envahissait la Gaule à la tête de 30,000 cavaliers. Lothaire, obligé de fuir devant les troupes impériales, passa la Seine et alla « tristement » (1) implorer la protection du duc de France et de son frère Henri, duc de Bourgogne. Après s'être concertés, Lothaire se rendit à Étampes et le duc à Paris pour y lever une armée. Pendant ces négociations, Othon s'avançait, pillant tout sur son passage, mais en ayant grand soin, pour ne pas s'aliéner le clergé, de respecter les églises et les monastères. C'est ainsi qu'il vint à Reims vénérer les reliques de saint Rémi (2), et à Soissons celles de saint Médard.

Arrivé sur les bords de la Seine, Othon fit camper son armée pendant trois jours sur les hauteurs de Montmartre, d'où les Parisiens purent entendre les cris de victoire des Allemands (3). L'empereur ne crut pas prudent d'attendre les renforts que le duc de France amenait à l'armée royale, et, après avoir planté sa lance, en guise de défi, dans une des portes de Paris, il reprit le chemin de la frontière. Mais sa retraite ne fut pas heureuse ; harcelé par Lothaire, il perdit aux gués de l'Aisne une partie de ses soldats et arriva péniblement jusqu'à la Meuse, au-delà de laquelle le roi de France ne crut pas devoir le poursuivre (4).

Ce n'était qu'avec le concours des deux fils de Hugues le Grand que le roi de France avait repoussé l'invasion des Germains, et tout porte à croire que Hugues Capet et son frère Henri, duc de Bourgogne, dont la puissance venait de recevoir un éclatant hommage en sauvant la dynastie carlovingienne,

---

(1) « Gemebundus. » *Ibid.*, § LXXIV.
(2) Ce fut un grief que les Carlovingiens ne pardonnèrent pas à Adalbéron ; nous verrons plus tard Louis V venir en demander réparation les armes à la main.
(3) *Chronique de S. Bertin.*
(4) *Variis Chron.* locis citatis.

devenaient, par leurs prétentions et leur orgueil, une cause réelle d'alarme et de préoccupation pour Lothaire. Ce prince, auquel on doit reconnaître une incontestable habileté politique jointe à une grande bravoure, comprit que l'isolement résultant de sa querelle avec Othon le mettait à la merci des seigneurs et surtout du duc de France, qui exerçait sur les grands vassaux l'ascendant que lui avaient conquis ses richesses et son génie. Il conçut alors le projet de se réconcilier avec l'empereur, et, avec cette dissimulation qui est toujours l'indice d'un pouvoir affaibli, il fit tous ses efforts pour que les négociations fussent poursuivies à l'insu du duc de France. C'était une double imprudence ; d'abord Lothaire froissait, en s'alliant aux souverains allemands, le sentiment national dont il avait pu voir la véritable expression dans cette levée de boucliers qui venait de repousser au-delà des Ardennes les escadrons germains. Il allait donc provoquer dans l'esprit des Francs une réaction d'orgueil national froissé, et les ennemis de la couronne étaient assez hardis pour l'exploiter à leur profit. En outre, était-il habile de signer un traité de paix à l'insu de celui dont le roi avait imploré le secours et à la bravoure duquel il était redevable de sa délivrance? Aussi le résultat immédiat de cette conduite de Lothaire fut de grandir encore la popularité du duc de France, qui rallia silencieusement autour de lui les nombreux mécontents. Pendant ce temps, le roi et l'empereur eurent une entrevue sur les bords de la Meuse, au lieu appelé la Marlée, et la paix fut signée moyennant la cession de la Lorraine à Othon (1) (980).

Rassuré du côté de la France, l'empereur put se rendre en Italie où l'appelaient les troubles auxquels Rome était livrée depuis la mort de son père. Quant à Lothaire, il rentra en France, et commença alors, nous dit le chroniqueur, à se préoccuper de l'impression que produirait sur Hugues la nouvelle du traité qu'il venait de signer à son insu. Cette appréhension, un peu

---

(1) Comme fief, nous dit Guill. de Nangis; mais Richer et Sigebert de Gemblours ne parlent que de sa cession pure et simple.

tardive, il est vrai, se trouva justifiée par la conduite ultérieure du duc de France. Bien que les annalistes ne nous disent rien sur ce point, il est probable que l'entrevue de la Marlée avait eu lieu sous les auspices de l'archevêque de Reims, et, comme le vif attachement de ce prélat pour les enfants de Hugues-le-Grand n'était un mystère pour personne, tout porte à croire que le duc fut bientôt averti de ce qui s'était passé sur les bords de la Meuse. Dissimulant son ressentiment, le comte de Paris voulut avant de manifester sa colère réunir ses fidèles vassaux. Richer nous a conservé le discours qu'il leur adressa et dans lequel on voit poindre le peu de cas que l'orgueilleux seigneur faisait de la dynastie carlovingienne, et la grande influence que lui-même exerçait sur les seigneurs qui avaient associé leur fortune à la sienne. Après avoir énuméré avec une certaine amertume les services récents qu'il a rendus à la royauté, mise en péril par l'invasion d'Othon, il oppose à sa conduite loyale et désintéressée l'ingratitude et la perfidie de Lothaire. Dans leur réponse, les amis de Hugues l'engagèrent à envoyer des députés à Othon qui serait heureux, ajoutèrent-ils, de faire alliance « avec un prince plus puissant que Lothaire, » et auquel le rattachaient les liens du sang (1).

Hugues, acquiesçant à ce conseil, envoya des députés à Rome où se trouvait alors l'empereur ; celui-ci les accueillit avec honneur et leur déclara que si le duc des Francs se rendait auprès de lui il le recevrait avec bienveillance et resserrerait avec lui les liens d'amitié qui les unissaient. En recevant cette assurance, Hugues prit avec lui quelques hommes connus par leur prudence et leur habileté et partit pour Rome (981).

Après avoir vénéré les tombeaux des saints apôtres, le duc de France, accompagné d'Arnoul, évêque d'Orléans, chargé de traduire à Othon qui ne parlait que le latin (2) les paroles de Hugues, fut reçu par l'empereur. L'entrevue fut très-cordiale,

---

(1) La mère de Lothaire, Gerberge, et la mère de Hugues Capet, Hadwide, étaient sœurs d'Othon le Grand.
(2) La langue latine commençait à disparaître de la Gaule.

et les deux princes s'y jurèrent amitié ; Othon poussa même la courtoisie jusqu'à donner au puissant vassal une escorte d'honneur pour l'accompagner jusqu'aux Alpes.

Cet accueil, fait au plus redoutable seigneur de France, redoubla les appréhensions de Lothaire qui voyait ainsi grandir celui dont il avait cru pouvoir mépriser les conseils après avoir accepté ses services ; conseillé par sa femme Emma (1), le roi prit une résolution dont le succès aurait peut-être excusé la hardiesse, mais qui, venant à échouer, pouvait précipiter du trône une dynastie qui osait s'attaquer au seul bras capable de la défendre. Il n'est pas rare de voir dans l'histoire, aux époques de décadence, des princes dont le pouvoir décline, jouer l'avenir de leur dynastie en recourant à des moyens dont la témérité égale la faiblesse, et précipiter ainsi la marche des événements qui doivent les renverser. Un des ancêtres de Lothaire en avait fait la triste expérience, et Charles-le-Simple, prisonnier d'un de ses vassaux, avait expié dans la tour de Péronne les suites de son impuissance et de sa témérité. Cet exemple terrible n'arrêta point Lothaire ; stimulé par sa femme, qui tenait de sa mère un courage et une énergie à toute épreuve, il fit, de concert avec Conrad, roi des Allemands (2), garder tous les passages des montagnes afin d'arrêter celui qu'il appelait déjà « un « secret rival. » De son côté, la reine Emma écrivit à sa mère, l'impératrice Adélaïde, et, après lui avoir donné le signalement de celui qu'elle désigne comme « cherchant à détourner de « la fidélité qu'ils doivent à leur souverain les grands du ro- « yaume, » elle la supplia de s'emparer du duc de France. Toutes ces embûches échouèrent devant l'habileté et la prudence de Hugues, et il put rentrer en France après avoir déjoué les plans de ses ennemis (3).

La guerre allait éclater entre le puissant vassal et le roi de France, et hâter peut-être la catastrophe qui devait déposséder

---

(1) Fille de Lothaire, roi d'Italie, et d'Adélaïde.
(2) C'était sans doute le neveu d'Hermann Ier, duc d'Alsace et de Souabe.
(3) Rich., du § LXXVIII au § XC.

les Carlovingiens de la couronne royale ; Lothaire comprit le danger et recourut à la toute puissante médiation de l'archevêque de Reims pour apaiser le duc irrité. Adalbéron ne crut mieux faire que de s'en rapporter, en cette circonstance délicate, à l'habileté de Gerbert, son secrétaire et son ami. Nous avons de ce dernier une lettre qui nous montre tout à la fois le rôle important qu'il joua dans cette négociation, et la finesse de son jugement qui lui fait découvrir dans le duc de France ce que nous appellerions aujourd'hui l'homme de l'avenir :

> Selon votre désir, écrit-il à Adalbéron, j'ai adressé la consultation, et les deux parties ont approuvé le délai que vous avez assigné à l'entrevue. L'amitié de Hugues doit être précieusement recherchée, et nous devons faire tous nos efforts pour ne pas laisser échouer ce qui a si bien commencé. Toutefois il faut en cette affaire une grande habileté..... (1).

Cette entrevue dont parle Gerbert eut lieu à Compiègne ; Hugues, généreux parce qu'il était fort, adhéra aux préliminaires posés par Adalbéron, et la paix fut conclue entre les deux rivaux ; pour resserrer cette alliance, le jeune fils de Lothaire, Louis, fut associé à la royauté et reconnu par tous les grands comme futur roi de France. Cette réconciliation parut sincère de la part du comte de Paris ; du moins, il se montra toujours le zélé vassal des rois, et s'abstint de toute entreprise qui aurait mis en péril leur pouvoir chancelant. Mais Lothaire apporta-t-il à cette entrevue de Compiègne la même sincérité ? Il est permis d'en douter, quand on le voit peu à près solliciter pour son fils la main d'Adélaïde, veuve de Raymond, duc des Goths (2). Ce mariage répondait à un plan très-habile formé par la reine Emma ; cette princesse voulait par là isoler les vassaux turbulents et les enfermer entre les provinces septentrionales où régnait Lothaire, et l'Aquitaine

---

(1) « ... Amicitia Hugonis non segniter expetenda..... nam quidem intelligentia hœc est..... » Ep. LXI.

(2) La terre des Goths allait de Toulouse au Rhône, en y comprenant l'Auvergne ; elle rentrait dans l'Aquitaine, qui s'étendait de la Loire aux Pyrénées.

que posséderait son fils par son mariage avec Adélaïde. Naturellement, le duc de France n'avait pas été initié à ces projets secrètement négociés entre la reine Emma, Lothaire et un certain comte Gozfred.

Quand les préliminaires eurent été arrêtés, les deux rois partirent pour l'Aquitaine avec une nombreuse escorte et arrivèrent au château de Vieille-Brioude (1). Adélaïde les reçut en grande solennité, et le mariage de Louis ainsi que le couronnement de la nouvelle souveraine furent célébrés par les évêques de la province réunis, à Brioude. Le plan de la reine de France allait se réaliser et les destinées de la famille capétienne se trouver modifiées, quand un caprice d'Adélaïde renversa ces habiles projets. Il y avait entre Louis et sa femme une trop grande disproportion d'âge (2) pour que cette union fût heureuse ; méprisé d'Adélaïde, trop timide pour imposer son autorité à la fière noblesse de l'Auvergne, le fils de Lothaire chercha dans la dissolution l'oubli de son impuissance, et perdit dans la débauche le peu d'énergie qui restait à ce dernier représentant d'une race affaiblie. En apprenant la conduite de son fils, le roi de France accourut à Brioude, mais tous ses efforts furent inutiles, et il dut se résoudre à ramener Louis au nord de la Loire, tandis qu'Adélaïde allait vivre en adultère avec Guillaume d'Arles (3).

Pendant que la France assistait à l'agonie d'une race royale et que les descendants de Charlemagne se rendaient de plus en plus impopulaires, de graves événements avaient surgi en Allemagne et en Italie. Depuis la mort d'Othon-le-Grand dont la main énergique avait tenu en respect les turbulentes factions de Rome, de nouvelles discordes désolaient la ville éternelle. Après un pontificat de trois mois, le pape Domnus avait été remplacé par Benoît VI (972) ; issu d'une des plus illustres

---

(1) Dans la Basse-Auvergne, sur l'Allier.

(2) Nam cum adhuc ille pubesceret, illa vero anus foret... RICH., *ibid.* § XCIV.

(3) Fils de Boson II, comte de Provence.

familles de Rome, ce dernier pontife eut à lutter contre une faction rivale, à la tête de laquelle se trouvait un descendant de ces femmes dépravées qui avaient gouverné Rome pendant la première moitié du Xe siècle. Il s'appelait Crescentius et on le disait fils de la célèbre Théodora (1). Benoît VI, trop faible pour tenir tête à l'orage, fut étranglé par un ami de Crescentius, Boniface Francon qui usurpa le siége apostolique, et s'y fit introniser sous le nom de Boniface VII (974) (2). Les Romains se lassèrent bientôt de sa tyrannie, et l'année suivante le parti des comtes de Tusculum, ayant à sa tête la famille des Albéric, souleva la populace, chassa Boniface Francon et mit à sa place l'évêque de Sutri, Benoît VII (975). Toutefois, ajoute Baronius, avant de quitter Rome, le pontife détrôné pilla la basilique du Vatican, et, après avoir chargé un navire de ces sacriléges dépouilles, fit voile vers Constantinople.

Le départ de Boniface rendit à l'Italie quelques années de paix et de repos ; Benoît VII en profita pour restaurer la discipline ecclésiatique, gravement altérée par les dissensions politiques dont la Péninsule avait été le théâtre. Sa sollicitude s'étendit jusqu'en Angleterre où il encouragea de tous ses efforts la réforme disciplinaire entreprise par saint Dunstan, archevêque de Cantorbéry. Malgré la prudence et l'énergie du pontife, les factions n'étaient pas cependant si bien comprimées, qu'elles n'essayassent encore quelquefois de rétablir à Rome l'anarchie qu'elles y avaient si longtemps fait régner. Vainement le pape implorait le secours d'Othon II ; celui-ci, retenu en Allemagne par des querelles de famille et par l'agression de Lothaire contre la Lorraine, ne put intervenir qu'après avoir conclu la paix avec le roi de France ; il s'empressa alors de franchir les Alpes et de se rendre à Rome, où nous l'avons vu accueillir avec honneur le comte de Paris.

Ce voyage de l'empereur en Italie avait pour but avoué de

---

(1) *Histoire d'Italie*, par le docteur Henri Leo, t. I, p. 198.

(2) Quelques historiens, le considérant comme un antipape, ne le comprennent pas dans le catalogue des souverains pontifes. Voy. Leo Ostiensis, lib. II, c. IV. — Baronius, *Annal. Eccl. ad ann.* 974.

rétablir la paix dans la capitale du monde chrétien ; mais tout porte à croire que certains projets de conquête n'y étaient pas étrangers. Othon-le-Grand avait rêvé la soumission à ses lois de toute l'Italie ; le nom d'empereur d'Occident n'était pas pour lui un vain titre, et il avait compris qu'en laissant aux Grecs tout le midi de la Péninsule, il perpétuait dans ce pays des éléments de lutte et de discorde. Chaque faction pouvait y trouver un appui, et les empereurs d'Orient avaient vu avec trop de regret se détacher de leur couronne cette province qui en était le plus beau fleuron, pour ne pas faire tous leurs efforts pour la ressaisir. Pour réaliser ses desseins de conquête, Othon Ier avait eu d'abord recours aux négociations, et le mariage de son fils avec Théophanie n'avait pas eu d'autre but ; mais la politique cauteleuse de la cour de Constantinople avait déjoué les plans de l'empereur d'Allemagne, et Othon était mort sans couronner son œuvre. Son fils, bien que marié à une princesse grecque, n'avait pas abandonné les projets de son père, et l'on peut croire que les encouragements de Rome ne lui manquèrent pas, pour entreprendre cette conquête d'une contrée dont le voisinage était pour la papauté une menace toujours redoutable.

La situation de l'empire grec semblait du reste devoir favoriser cette expédition ; après la mort de l'empereur Zimiscès (976), Basile et Constantin, ses successeurs, voyaient leur règne troublé par des révoltes intestines et l'invasion des Bulgares. Tout faisait espérer qu'ils seraient incapables de défendre le midi de l'Italie ; aussi Othon n'eut-il aucune peine à chasser de la Calabre les troupes grecques. Mais les deux empereurs, se sentant trop faibles pour résister aux Allemands, appelèrent à leur secours les Sarrasins de Sicile ; ce renfort inattendu changea la face des événements, et l'empereur perdit presque toute son armée dans une embuscade près de Basentello (1) ; lui-même tomba entre les mains de ses ennemis et ne dut son salut qu'à son habileté de nageur (983).

(1) Leo, *Hist. d'Italie*, t. I, p. 198.

Jaloux de réparer cet échec, Othon II se rend en toute hâte à Vérone où il assemble une diète (1) dans laquelle il fait reconnaître son jeune fils Othon III comme son successeur, et charge de la régence sa mère Adélaïde. Levant ensuite une nouvelle armée, il redescend vers le midi de l'Italie; mais à peine arrivé à Rome, il y tombe malade et meurt en peu de jours (7 décembre 983), à l'âge de 28 ans (2).

Il ne laissait qu'un fils âgé de 3 ans, Othon III; les grands qui avaient assisté à la diète de Vérone voulaient le placer sur le trône de son père, et ils réussirent à le faire couronner, à Aix-la-Chapelle, roi de Germanie. Toutefois, le parti des mécontents, dirigé par Henri-le-Querelleur, duc de Bavière (3), pénètre dans Cologne et, grâce à la trahison de l'archevêque Warin, s'empare du jeune Othon. Cet usurpateur, déjà exilé en 978, pour avoir élevé des prétentions au trône d'Allemagne, était robuste et bien fait de corps, avide d'honneurs et d'un génie aussi vaste qu'artificieux (4). Habile à dissimuler son ambition, il voulait, nous dit Gerbert dans une de ses lettres, se faire le tuteur du prince pour régner à sa place (5), et il y eût réussi sans le zèle que les amis de l'impératrice Théophanie déployèrent en faveur de son fils. Ce fut surtout l'œuvre d'Adalbéron et de Gerbert ; avec un dévoûment égal à leur grand cœur, ils soutinrent la dynastie germanique dans cette crise redoutable qui pouvait ravir le sceptre aux mains débiles du petit-fils d'Othon-le-Grand. Ce ne fut pas cependant sans déboires qu'ils supportèrent presque seuls le poids de cette lutte contre les ennemis de la maison de Saxe; Gerbert surtout en ressentit le contre-coup, et nous voyons dans ses lettres combien grandes étaient sa tristesse et sa désolation :

(1) Ex *Chron.* Ditmari.
(2) Selon quelques historiens, il aurait succombé aux suites d'une blessure faite par une flèche empoisonnée.
(3) Richer l'appelle Hézilon.
(4) Richerii, § XCVII.
(5) Ep. XXII. — *Chronicon Hildesheimense*, ap. Chesnium, t. III, p. 515.

Dois-je vous parler de mon chagrin, écrit-il à l'archevêque de Mayence, quand je sais que la même douleur vous accable?... Hélas! nous avions espéré que César survivrait dans son fils! Qui donc l'a trahi?... C'était à sa mère qu'il fallait confier cet agneau et non au ravisseur!... Pour moi, la douleur que je ressens m'empêche de réfléchir à ma situation : tantôt ma pensée se reporte inquiète et troublée sur mes ennemis d'Italie qui dévastent mes domaines ; tantôt, pour bannir sa tristesse, elle s'égare en de plus lointaines contrées ! Alors le souvenir d'Othon II revient à mon esprit; je retrouve ses traits gravés au fond de mon cœur; j'aime à me rappeler ces discussions philosophiques que nous engagions ensemble (1); et, dans ce retour d'un passé qui n'est plus, j'oublie les maux présents... (2).

Ce ne fut pas seulement à des plaintes stériles que Gerbert borna son rôle dans ce redoutable conflit ; homme d'énergie et d'action autant qu'habile politique, il écrivit, tantôt en son nom, tantôt au nom de son métropolitain, à l'évêque de Liége (3) qui penchait en faveur du duc de Bavière, à l'archevêque de Mayence (4) pour stimuler son zèle, et surtout à l'archevêque de Trèves (5), un de ses amis les plus dévoués. Conseils, exhortations, menaces même, il mit tout en œuvre pour relever le courage et raffermir la fidélité chancelante des seigneurs germains, et dévoiler le plan des rebelles, qui, redoutant la puissance de la famille impériale, voulaient en briser la force en la divisant :

Pourquoi élever un second roi sur le trône, écrit-il à Ecbert de

---

(1) Le sens que nous donnons à cette phrase s'éloigne entièrement de celui que Dom Bouquet lui assigne dans une note (*Recueil des histor. franç.*, in-folio, t. IX, p. 276, note B.). Selon le savant bénédictin, Gerbert se plaindrait ici de ce que « des ennemis puissants l'ont dépossédé de ses fonctions de « précepteur auprès d'Othon III, et il demanderait à les reprendre. » Cette hypothèse est inadmissible, si l'on réfléchit que le jeune prince n'avait alors que 3 ans, âge auquel il eût été difficile d'avoir avec lui des discussions philosophiques « *Socraticæ disputationes.* »

(2) Ep. XXXIV.
(3) Ep. XXX, XXXIX, XLII, XLIX.
(4) Ep. XXVII.
(5) Ep. XXVI, XXXVIII, XLII, LV, LVI.

Trèves ; serait-ce parce que, comme vous le dites, Othon III a par sa mère une origine grecque, vous voudriez, à l'imitation des Orientaux, lui donner un associé? Mais qu'est devenue la foi sacrée? Les bienfaits des Othon seraient-ils donc effacés de votre mémoire?... (1).

La situation devenait, en effet, de plus en plus critique ; en même temps que l'Allemagne se divisait en deux factions rivales, l'Italie voyait renaître les troubles que la présence des troupes impériales avait momentanément apaisés. Grâce à la défaite et à la mort d'Othon II, les empereurs de Constantinople avaient pu, sans être inquiétés, se fortifier dans leurs possessions du midi de la Péninsule, en même temps que les ducs de Bénévent et de Capoue agrandissaient leurs possessions aux dépens du pape, laissé sans défense par les événements de Germanie. Benoît VII avait bientôt suivi l'empereur dans la tombe, et Pierre, évêque de Pavie, l'ancien ennemi de Gerbert pendant son séjour à Bobbio (2), lui avait succédé, sous le nom de Jean XIV (984). Mais le règne du nouveau pape fut de courte durée, car Boniface Francon, que nous avons vu plus haut étrangler Benoît VI et s'enfuir à Constantinople après avoir pillé la basilique du Vatican, apprenant la mort d'Othon II et celle de Benoît VII, revint en toute hâte en Italie. Secondé par la faction de Crescentius, il entra à Rome, chargea de chaînes Jean XIV et le jeta dans un des cachots du château Saint-Ange, où il le laissa mourir de faim (985).

Souillé du sang de deux pontifes, Boniface, qui, selon l'expression de Baronius, n'avait aucun titre au souverain pontificat (3), s'empara du gouvernement de Rome, et, pour donner une sévère leçon à ses ennemis, fit exposer sur la place publique le cadavre du pape qu'il venait de faire périr, menaçant d'un semblable châtiment ceux qui oseraient se prononcer en faveur d'Othon. C'était par la violence qu'il s'était frayé le

---

(1) Ep. XXVI.
(2) Ep. V.
(3) Qui nec pilum habuisse dici potest romani pontificis. BARONIUS, *Annal. eccles.* ad annum 985.

chemin du trône, ce fut aussi par la violence qu'il en fut précipité : après avoir supporté pendant quatre mois sa tyrannie, les Romains se soulevèrent, et Boniface périt misérablement. Par un de ces revirements soudains dont l'histoire, aux époques de despotisme, n'offre que trop d'exemples, les amis du pontife vivant furent, après sa mort, ses plus implacables détracteurs ; ils voulurent faire oublier, en insultant à ses cendres, les hommages que, la veille encore, ils rendaient à son pouvoir, et Rome applaudit au barbare spectacle d'une populace traînant dans la boue le cadavre d'un pontife. Ce que la haine et la lâcheté qui n'est plus retenue par la crainte peuvent inventer d'insultes et d'ignominieux outrages fut prodigué à cette froide dépouille, que l'on abandonna nue et déshonorée au pied de la statue de Marc-Aurèle. Il fallut que quelques prêtres, émus de pitié, vinssent furtivement l'ensevelir pendant la nuit (1).

Pendant que ces événements se passaient au-delà des Alpes, enlevant ainsi à l'empereur l'influence que les princes de la maison de Saxe avaient conquise par tant d'efforts en Italie, Othon III était encore menacé de perdre une partie de ses provinces occidentales. Henri de Bavière, en effet, craignant que Lothaire ne vînt apporter à son prisonnier le poids de son intervention et peut-être le secours de ses armes, acheta sa neutralité en lui cédant la Belgique (984). Cette concession flattait trop les secrets projets du roi de France pour qu'il pût hésiter à l'accepter ; aussi s'empressa-t-il d'envahir la basse Lorraine à la tête d'une nombreuse armée. Verdun tomba entre ses mains après un siége de huit jours ; ce facile triomphe lui fit croire trop légèrement à la soumission de tout le pays ; il revint donc à Laon, après avoir laissé la garde de sa conquête à la reine Emma et licencié son armée. Cette imprudence compromit le résultat de sa première campagne ; car à peine les Francs s'étaient-ils retirés que Thierry, duc de Lorraine, soutenu par quelques hommes de cœur à la tête desquels on remarquait

(1) *Codex Vaticanus.*

le frère de l'archevêque de Reims, Godefroid, comte de Verdun, vint remettre le siége devant cette place et l'enleva d'un coup de main. A la nouvelle de cette défaite, Lothaire rappela l'armée qu'il venait de licencier et investit de nouveau Verdun. Le siége fut long et périlleux; le roi y fut même blessé; il parvint cependant à reprendre la ville, et Lothaire s'honora autant par sa clémence envers les vaincus que par le courage dont il avait fait preuve dans cette rapide expédition.

Godefroid et les autres seigneurs prisonniers furent envoyés vers la Marne, où on les traita avec les plus grands égards; Gerbert les y visita souvent au nom de l'impératrice Théophanie (1), et ses exhortations contribuèrent à adoucir leur captivité en même temps qu'elles les maintenaient dans leur fidélité envers leur souveraine (2). Son zèle ne se bornant pas à soulager ceux que le sort des armes avait trahis, il écrivait encore à leurs femmes, à leurs enfants, à leurs amis, pour les consoler et leur apprendre qu'il mettait tout en œuvre auprès du duc de France pour obtenir leur liberté (3).

Ces démarches, cet empressement en faveur du jeune Othon, cette position un peu équivoque qui plaçait les membres de la famille d'Adalbéron sous les drapeaux allemands et dans les rangs de l'armée de Lothaire, finirent par éveiller les susceptibilités de ce dernier. Gerbert était plus particulièrement suspect; soit que le roi de France n'osât heurter de front le redoutable archevêque, soit qu'il devinât le rôle trop important que jouait l'écolâtre, il l'accusa d'être trop dévoué à l'impératrice Théophanie (4), et même d'exercer sur Adalbéron une action trop directe (5). Il est assez vraisemblable que Lothaire n'ignorait pas les relations de Hugues avec l'arche-

---

(1) Ep. XLVII, L, LI, LX.
(2) Ep. XLI, XLVII, LII.
(3) *Ibid*.
(4) *Ibid*.
(5) « .... Noveritis reges Francorum nos non æquis oculis intueri co quod de vestra fidelitate eis contraria sentiamus, simulque quod multa familiaritate fruamur Adalberonis, arch. Rem. » — Ep. LII.

vêché de Reims ; cette ville était en effet toute dévouée au duc de France, et nous verrons plus tard la grande influence que son métropolitain eut sur la substitution de la race capétienne aux descendants de Charlemagne. Toutefois, n'osant encore faire de cette sympathie pour le duc de France un grief contre Adalbéron, le roi l'accusa seulement d'avoir, sans son consentement, ordonné évêque de Verdun son neveu Adalbéron, fils de Godefroid (1). L'archevêque de Reims n'eut pas de peine à se disculper, et il le fit avec noblesse et dignité (2); il résulta cependant de ce conflit une certaine froideur que nous voyons percer dans une lettre écrite vers cette époque par Gerbert à l'archevêque de Trèves :

> Le roi des cieux a dit de rendre à César ce qui est à César, et à Dieu ce qui est à Dieu ; aussi observerai-je nos lois sans jamais m'écarter de l'obéissance que je dois à mes souverains; mais ce que je mets au-dessus de tout, c'est l'obéissance que je dois à Dieu. Toutefois, au temps où nous vivons, il en est si peu qui se préoccupent de ce dernier devoir, qu'on nous accuse de perfidie quand nous voulons suivre avec zèle la loi de Dieu. Placés pour ainsi dire entre l'enclume et le marteau, ce n'est qu'à grand peine d'esprit et de corps que l'on parvient à se sauver (3).

La paix se fit cependant entre l'archevêque de Reims et le roi de France, et ce dernier, d'après les conseils d'Adalbéron, se déclara en faveur du jeune Othon contre les seigneurs rebelles. La conquête de la Belgique, la déférence du duc de France, l'amitié d'Adalbéron et la perspective d'intervenir en médiateur dans les affaires d'Allemagne, tout semblait promettre à Lothaire une ère de grandeur qui pouvait rendre à la couronne de Charlemagne un peu de cet éclat que la faiblesse des derniers rois avait terni; mais Dieu, nous dit l'annaliste, qui dispose à son gré des choses humaines, mit fin

---

(1) Ep. XLIII, LVII, XC.

(2) Ep. LVIII.

(3) « .... Eo que fit ut inter malleum et incudem positis sine jactura animæ et corporis spes evadendi sit difficilis. » — Ep. LIV, Cf. Ep. XCII.

au règne de Lothaire. Il mourut à Laon (2 mars 986), dans la quarante-cinquième année de son âge, après un règne de trente-trois ans (1), et fut enseveli à Reims. Gerbert composa son épitaphe (2), et nous devons reconnaître que la muse de l'écolâtre fut médiocrement inspirée dans ces vers destinés à perpétuer le souvenir d'un prince dont le règne, malgré ses fautes, n'avait pas été sans grandeur.

Avec Lothaire disparaît, pour ainsi dire, la grande famille de Charlemagne, puisque son fils Louis V ne régna que quelques mois. Prince courageux et qui paraît avoir été vivement regretté de ses sujets, l'histoire doit tenir compte des nombreuses difficultés qu'il rencontra dans l'exercice de la royauté. En face de cette race affaiblie s'élevait de plus en plus redoutable la dynastie des ducs de France, qui allait bientôt s'asseoir sur ce trône dont elle avait déjà joui après Charles le Gros et sous Charles le Simple. Fatalement condamné, par la faiblesse de ses prédécesseurs et son propre isolement, à subir l'onéreux patronage de Hugues le Grand et de son fils, Lothaire essaya vainement de briser les liens qui emprisonnaient sa puissance, il ne put y parvenir. Pour lui était le droit, souvent compagnon de la faiblesse; du côté de Hugues-Capet la force, la popularité, de puissantes alliances, et surtout le prestige d'une race qui, n'ayant pas encore assez vécu pour commettre des fautes, voyait se lever à l'horizon l'aurore de ses destinées, tandis que déclinait l'astre de Charlemagne dont les rayons affaiblis s'éteignaient sans éclat et sans gloire.

---

(1) Quelques chroniqueurs ont avancé que Lothaire était mort empoisonné par sa femme Emma, de complicité avec Adalbéron, évêque de Laon, sur lesquels avaient plané des soupçons d'adultère ; mais, bien que les caractères de la maladie décrits par Richer semblent autoriser les soupçons d'un empoisonnement, il serait téméraire, devant le silence de ce témoin oculaire, de formuler sans preuves sérieuses une aussi grave accusation. Voyez en faveur de notre opinion Ep. XCVII.

(2) Ep. LXXVI.

CHAPITRE VII.

SUITE DES ÉVÉNEMENTS POLITIQUES DEPUIS L'AVÉNEMENT DE LOUIS V JUSQU'A LA MORT D'ADALBÉRON (986-990).

Quand la dépouille mortelle de Lothaire eut été descendue, au milieu des marques sincères de la douleur publique, sous les voûtes de ce monastère de Saint-Remi où les rois venaient abriter leurs cendres, près de la basilique où leur front avait reçu le sceau de la puissance et la consécration du pouvoir, son fils Louis, depuis quelque temps associé à la royauté, fut couronné à Compiègne, et y reçut les hommages du duc de France et des autres grands du royaume. La reine Emma, mère du nouveau souverain, y assistait, et nous avons de Gerbert une lettre écrite en son nom à l'impératrice Adélaïde, qui nous peint, en termes touchants, la douleur profonde de cette pauvre veuve et en même temps l'appréhension que lui faisaient éprouver la jeunesse de son fils et l'orgueil toujours croissant des seigneurs :

Ils ont passé les jours de mon bonheur ; il s'est évanoui le temps de ma puissance ; ô ma tendre mère ! celui dont la force était mon appui et qui partageait avec moi l'honneur de la couronne a laissé son épouse veuve à jamais ! Jour cruel qui, en m'enlevant mon époux, m'a plongée dans cet abîme de misères ! Que ma tendre mère accueille les larmes et les angoisses de sa fille dont l'âme déborde de douleurs ! La vie n'aurait plus rien qui pût m'attacher à la terre, si Dieu dans sa bonté ne m'y eût laissé une mère pour me consoler.

Quand pourrai-je vous voir, vous parler?... Les seigneurs de France ont prêté serment à mon fils; faites-moi connaître ce que vous me conseillez de faire et d'éviter, je suivrai vos conseils (1).

La situation était délicate en effet; mais Emma joignait à un grand cœur une habileté politique dont nous avons pu voir des preuves dans cette longue lutte de la royauté contre le duc de France. Avec un fils de 18 ans, faible de corps, et dont la débauche avait paralysé l'énergie, elle comprit que, du moment où la monarchie en était venue à ce point de faiblesse qu'elle avait tout à craindre de ses vassaux, mieux valait encore intéresser à sa conservation le plus puissant de ces seigneurs, que de s'en faire un ennemi. Hugues-Capet, du reste, était digne de cette noble confiance, et il ne paraît pas qu'il ait manqué à la promesse faite à Lothaire quand, sur son lit de mort, celui-ci lui avait recommandé la tutelle de son jeune fils (2). Aussitôt après son couronnement, Louis V tint une assemblée dans laquelle il prononça un discours que Richer nous a conservé. Après avoir sollicité les conseils et l'appui du duc et des seigneurs, le jeune roi annonçait son dessein d'aller châtier l'archevêque de Reims qu'il accusait d'avoir trop ouvertement favorisé les empereurs d'Allemagne, surtout lors de l'invasion de la France par Othon II, en 978.

C'était presque un désaveu de l'alliance allemande que l'on avait jusque-là reproché aux Carlovingiens de trop rechercher; mais cette aggression avait le tort de s'attaquer au prélat le plus influent de la Gaule, et qui comptait à la cour de Louis de nombreux amis. Aussi l'annaliste fait-il observer que le discours royal fut improuvé en partie; mais que, tout en la blâmant en secret, les seigneurs, liés par leur serment, furent obligés de concourir à cette expédition. L'armée royale se dirigea sur Reims, et Louis somma l'archevêque de venir répondre aux accusations formulées contre lui, promettant à

---

(1) Ep. LXXV.
(2) Hugoni Capet commendavit filium juvenem Ludovicum. *Chron.* WILLELMI NANGII.

cette condition d'épargner la ville et ses habitants. Richer a consigné dans son histoire la réponse du pontife, elle est noble et ferme ; son style, et surtout l'habile réserve qui y est gardée, nous permettent de supposer qu'elle est due à la plume de Gerbert :

Comme les bons sont toujours déchirés par les calomnies des méchants, écrit-il au roi de France, je ne suis point surpris qu'on ait trouvé prétexte à cette accusation ; mais ce qui m'étonne davantage, c'est que de grands princes puissent être assez facilement trompés pour ajouter foi à des griefs qui n'ont été discutés devant aucun juge, et qui ne pourraient en effet supporter aucune discussion. Si le roi voulait s'éclairer sur les accusations que l'on avance, pourquoi venir avec une armée?... Si l'on m'objecte le passé, j'avoue que j'ai recherché jusqu'ici le salut des rois ; j'ai honoré leur race... Quant au présent, je ne refuse pas de me soumettre aux ordres du roi, et les otages qu'il demande, je les livrerai, ne redoutant nullement de discuter les charges qu'on m'oppose (1).

Après avoir obtenu des otages et fixé Compiègne pour la réunion de l'assemblée devant laquelle aurait à comparaître Adalbéron, Louis se dirige vers Laon et chasse du siége épiscopal de cette ville Adalbéron ou Ascelin (2), gravement compromis dans les derniers événements. En cela le roi de France obéissait aux insinuations de Charles, duc de Lorraine et frère de Lothaire, qui, voulant régner en maître dans la petite cour carlovingienne, ne craignit pas de compromettre dans une accusation odieuse la reine Emma et l'évêque de Laon. Ce jeune prélat, rempli de talents et de vices, poète, rhéteur, bel esprit et surtout intrigant consommé (3) était l'ennemi personnel du duc de Lorraine ; aussi fut-il le premier sacrifié au ressentiment de Charles. Quant au procès scandaleux que Louis ne songeait pas à étouffer, bien que la mémoire de sa mère pût en sortir flétrie et déshonorée, il fut arrêté, grâce à la médiation de l'impératrice Adélaïde, à laquelle Gerbert avait écrit, au nom

(1) RICHERII *historiarum*, lib. IV, § IV.
(2) Ep. XCVIII, CXXXII.
(3) HENRI MARTIN, *Hist. de France*, t. II, p. 543.

d'Emma, une lettre éloquente où la dignité de la femme blessée s'unit à la douleur que peuvent causer à une mère les soupçons et l'inimitié de son fils :

Ma douleur s'est accrue chaque jour, ô vous à qui je donne le doux nom de mère, depuis la mort de mon époux. J'avais placé toutes mes espérances sur mon fils, il est devenu mon ennemi. A ma honte et à celle de toute ma famille, ceux que je croyais mes amis les plus chers m'ont abandonnée. De criminelles accusations sont portées contre l'évêque de Laon ; on le poursuit et on veut ternir son honneur, pour me souiller d'une éternelle infamie et y trouver une apparence de motif afin de m'enlever ma dignité. Venez, ô ma tendre mère, venez en aide à votre fille que la douleur accable ! Mes ennemis triomphent parce qu'ils savent que je n'ai pour me défendre ni un frère, ni un parent, pas même un ami... O ma mère, que par vous mon fils revienne à sa mère, afin que mon cœur puisse encore aimer celui en qui je pleure de voir un ennemi !... (1).

Cette médiation puissante que Gerbert exerçait en faveur de ses amis de la Gaule septentrionale le fit tout naturellement choisir par le comte de Barcelone, Borell, pour intéresser à sa cause le roi de France. Depuis 985, en effet, l'Espagne chrétienne se trouvait exposée aux formidables invasions d'Al-Mansoûr, l'invincible lieutenant du khalife Heschan II. La Castille avait déjà reconnu ses lois, Salamanque, Zamora, Léon avaient ouvert leurs portes (2) ; Barcelone seule luttait encore. Soutenus par l'énergie de Borell, les habitants de cette ville avaient longtemps défendu ce dernier boulevard de l'indépendance espagnole, jusqu'à ce que, bloqués par terre et par mer, ils furent obligés de capituler (3). Dans cette lutte héroïque et inégale, Borell s'était vainement adressé aux rois Francs, pour en obtenir des secours ; la faiblesse de ces princes ne leur avait pas permis d'envoyer une armée au-delà des Pyrénées.

En apprenant l'influence que Gerbert exerçait au nord de

---

(1) Ep. XCVII.
(2) L. Viardot, *Hist. des Arabes d'Espagne*, t. I, p. 177.
(3) Ex *Cartulario S. Petri Barcinonensis*, ap. Baluzium.

la Loire, le comte de Barcelone écrivit à son ami Geraud de Saint-Céré, abbé d'Aurillac, pour obtenir, par son intermédiaire et celle de l'écolâtre de Reims, quelques subsides de Louis V. Gerbert saisit avec empressement l'occasion d'être utile à son ancien ami et bienfaiteur, mais tous ses efforts furent vains. Nous pouvons du moins le conjecturer par une lettre que, vers cette époque, Gerbert adressa à l'abbé d'Aurillac, et dans laquelle il laissait entrevoir le vif plaisir qu'il aurait de retrouver les lieux de son enfance et de répondre au vœu de Geraud qui voulait revoir, avant de mourir, celui de ses disciples qu'il avait si tendrement aimé :

O vous qui êtes si près de Dieu, pourquoi n'élevez-vous pas vos mains vers lui et n'invoquez-vous pas sa toute-puissance pour la conservation des églises, lorsque vous voyez l'univers entier dévoré par les feux de la guerre? Vous désirez que le soin de ma santé et ma tendre affection pour vous me ramènent sur le chemin qui conduit au sanctuaire de Saint Geraud. Puisse le Tout-Puissant exaucer votre vœu! mais il est aisé de comprendre combien sa réalisation est difficile, à moins que vos prières ne m'obtiennent cette faveur.

Vous me demandez ce qu'on pense du roi Louis, et si l'armée des Francs marchera au secours de Borell? D'un côté, ce ne serait pas à moi qu'il faudrait adresser ces questions; que dit en effet Salluste? (Ceux qui veulent donner leur avis sur les choses douteuses doivent être exempts de colère, de haine et de compassion.) De l'autre, quand il y a parité de raison pour le oui et pour le non, je suis toujours tenté de croire que la négative l'emportera.

Quant aux orgues que vous me demandez, elles sont conservées en Italie pour vous être envoyées dès que la paix nous sera rendue. Ne faites pas attendre plus longtemps la présence d'un père vénéré à des fils que leur amour rend impatients. Si ce n'est pour eux, au moins en considération de saint Remi, apôtre des Francs, faites que ce qui vous est possible nous dédommage de ce qu'il nous est impossible de faire (1).

Ce dernier vœu ne devait pas être exaucé, car la mort enleva le vénérable abbé d'Aurillac avant que ses yeux eussent

---

(1) Ep. LXXI.

pu revoir celui dont il avait dirigé les premiers pas et qu'il aimait d'une affection si profonde. Ce fut probablement au commencement de l'année 987 que s'éteignit Geraud de Saint-Céré, et les moines du monastère lui donnèrent pour successeur celui qui avait la direction de l'école abbatiale quand le pâtre de Belliac y fut admis, Raymond de Lavaur. Il nous reste de Gerbert une lettre adressée au nouvel abbé dans laquelle, après avoir exprimé les regrets que lui inspire la mort de Geraud et les sentiments de joie causés par l'élection de Raymond, il parle avec amertume des ennuis et des embarras dont les événements politiques ne cessent de l'accabler :

> Privé de mon père Geraud dont le mérite était si grand, il m'a semblé que je ne lui survivais pas tout entier; mais, en apprenant que le plus ardent de mes vœux était exaucé et qu'on m'avait donné en vous un second père, j'ai senti renaître dans mon cœur tous les sentiments d'un fils. Je ne suis pas seul à me réjouir de votre élévation, car Adalbéron, qui est aussi un père pour moi et qui s'offre à vous avec tout ce qu'il possède, s'en réjouit d'autant plus vivement qu'il voit briller en vous à un plus haut degré le double flambeau de la science et de la piété. C'est pour ce saint prélat, qui a tant de droits à mon affection, que je viens de passer en France trois années à peu près entières. Pendant ce temps, obligé de supporter les colères des rois, les soulèvements des peuples, les convulsions des royaumes, j'ai été accablé de tant d'ennuis que je me suis presque repenti de m'être chargé de toutes les sollicitudes pastorales (1); cependant, ma souveraine Théophanie, impératrice toujours auguste, m'ordonnant de partir avec elle pour la Saxe le VIII des calendes d'avril, j'ai prescrit à quelques-uns de mes soldats de venir m'y rejoindre (2).

---

(1) Allusion à son titre d'abbé de Bobbio, que Gerbert conserva jusqu'à son élection sur le siége de Reims.

(2) « Le vassal, sur la réquisition de son seigneur, était tenu de le suivre tantôt seul, tantôt avec tel ou tel nombre d'hommes; tantôt dans les limites du territoire féodal, tantôt partout; tantôt pour la défense seulement, tantôt pour l'attaque comme pour la défense. » M. GUIZOT, *Hist. de la civilis. en France*, t. IV, 9ᵉ leçon, p. 33. — Comme abbé de Bobbio, Gerbert était vassal de l'empire, et à ce titre obligé au service militaire.

Je ne puis rien vous mander de certain sur les orgues qui sont restées en Italie, ni sur la direction à donner au moine qui devait les y aller chercher, surtout parce que, hors de la présence de ma souveraine Théophanie, je n'oserais me fier à la fidélité de mes soldats, ce sont des Italiens ! Je ne sais si, avant l'automne, nous conduirons l'armée en Italie ou si nous demeurerons ici pour réunir de nombreuses troupes contre le roi des Francs, Louis, qui ne laisse pas un instant de repos à ses amis et n'inquiète pas le moins du monde ses ennemis ; s'il ne se tient pas en repos, l'événement prouvera dans peu ce qu'il est, et ce qu'on peut en attendre. La paix s'étant rétablie entre les ducs et les princes, le noble et généreux César, fils d'Othon, d'heureuse mémoire, a conduit l'été dernier ses légions contre les Sarmates, qu'on appelle Guinides dans leur langue ; sa présence et le courage de ses soldats ont suffi pour prendre, renverser et détruire quarante-six places très-fortes. Vous, ainsi qu'Airard et toute la communauté du monastère d'Aurillac, recevez avec mes salutations celles d'Adalbéron, archevêque de Reims, qui vous est, comme moi, tout dévoué. Adieu, encore une fois, adieu ! (1).

Certaines expressions de cette lettre sont remarquables, à la veille des événements qui se préparent. Louis V n'était guère en effet redoutable pour ses ennemis, et déjà ses amis mécontents commençaient à murmurer de sa faiblesse et de son incapacité. Retiré à Senlis, il oubliait dans les plaisirs les soucis de la royauté, quand, à la suite d'un accident de chasse, la mort vint le frapper, le 22 mai 987 ; il n'avait survécu que 14 mois à son père. (2) Cet événement arriva dans le temps fixé au métropolitain de Reims pour se disculper des accusations portées contre lui ; il se trouvait à Senlis quand succomba le

---

(1) Ep. XCI. — Nous avons emprunté pour cette lettre, et une partie de la lettre LXXI, la traduction de M. le baron Delzons, dans son histoire manuscrite de la ville d'Aurillac. Tout ce qu'une étude consciencieuse des vieux documents de nos archives peut fournir d'utile et d'intéressant sur notre cité se trouve réuni dans cet ouvrage, dont l'inachèvement ajoute un regret de plus à ceux que la mort de son auteur a provoqués.

(2) Quelques chroniqueurs, entre autres Adhémar de Chabanais, veulent que Louis V soit mort empoisonné par sa femme ; mais leur témoignage est infirmé par le récit que nous empruntons à Richer, témoin oculaire des événements de cette partie du dixième siècle.

jeune monarque, et le chroniqueur ajoute qu'Adalbéron ressentit une vive douleur de cette mort prématurée. Malgré le désir que Louis avait exprimé d'être enseveli près de son père, les grands l'inhumèrent à Compiègne, dans la crainte que la longueur du voyage ne nuisît aux délibérations que demandaient les affaires de l'Etat (1).

Nous voici parvenus au fait capital du Xe siècle, à l'avénement de la famille capétienne. Cette substitution d'un erace à une autre se fit sans secousse ; elle n'excita pas même de surprise dans les populations, tant la vie publique était nulle à cette époque. Pour nous, ce changement de dynastie emprunte aux personnages qui y jouèrent le principal rôle un intérêt particulier ; aussi devons-nous raconter, à l'aide des chroniques contemporaines, les diverses phases politiques qui signalèrent l'élection de Hugues-Capet, afin de pouvoir apprécier la part importante qu'y prit Gerbert. Ce fut à Adalbéron, en effet, à cet archevêque appelé par ses contemporains « le père de « la patrie (2), » que fut confiée cette grande question d'un trône en déshérence. C'est lui que cherchent à s'attacher tour à tour Hugues et Charles de Lorraine ; ils ont compris que l'archevêque, dont la main sacre les rois, leur donnait seul aux yeux des populations de cet âge de foi et de respect, le vrai, le seul caractère qui commande l'obéissance, parce qu'il puise dans la religion le principe de son autorité. Ne nous méprenons pas cependant sur la cause véritable de cette immense influence dévolue au métropolitain de Reims. Sans doute, depuis Hincmar, le siége de Saint-Remy avait, par la vertu de ses prélats et la déférence des rois, vu grandir son éclat et accroître son importance ; mais ce qui fit d'Adalbéron le modérateur des partis et jusqu'à un certain point l'arbitre de la couronne, c'est qu'à ses côtés se trouvait un homme dont la valeur politique et l'élévation de caractère inspiraient à tous une égale confiance.

Depuis longtemps, en effet, Gerbert avait pressenti le dé-

---

(1) Richerii *histor.*, lib. IV, § V.
(2) Noster Adalbero pater patriæ. Gerberti, Ep. LXXXII.

nouement de cet antagonisme qui, depuis plusieurs générations, scindait en deux partis les peuples du nord de la Loire :
« Lothaire n'a de roi que le titre, écrivait-il dès 985 ; Hugues
« n'est pas encore roi, mais il en a déjà les prérogatives et la
« puissance » (1). Doué de cette intuition politique qui lui faisait préciser où se trouvait l'avenir de la France, le germe de
sa gloire et de sa grandeur, on comprend que son influence
dut être immense, surtout parce que, depuis longtemps dévoué
aux ducs de France, il ne prenait pas même le soin de dissimuler son mépris pour les Carlovingiens (2). Quant à Adalbéron, esprit cultivé mais auquel faisait défaut le sens politique (3), il avait sans nul doute auprès de lui, dans cette
solennelle élection du futur roi de France, celui en qui il avait
toute confiance (4), et qu'il n'appelait jamais que son ami (5).
Avec la modestie du génie, qui trouve dans le triomphe de ses
plans sa plus douce satisfaction, le nom du secrétaire ne paraît
jamais dans ces débats où se décide l'avenir de la monarchie ;
mais son esprit y domine, son génie les dirige.

Après la mort de Louis V, auquel la courte durée de son
règne (6) a fait donner le nom de *Fainéant*, les grands vassaux,
réunis à Compiègne pour les funérailles du fils de Lothaire,
tinrent dans cette ville une première assemblée devant laquelle,
sur la demande du duc de France, Adalbéron fut absous de
toutes les imputations calomnieuses ourdies par le roi contre
ce prélat : ici commence à se dessiner l'accord secret qui unissait Hugues à l'archevêque de Reims et que la suite des événements rendra plus évident encore. C'était le duc de France qui
jusque-là avait dirigé les délibérations ; mais, avec l'habileté

---

(1) Lotharius, rex Franciæ, prælatus est solo nomine, Hugo vero non nomine, sed actu et opere. Ep. XLVIII.

(2) Ep. XCI.

(3) Ep. XCIII, XCIV, CII.

(4) « Fiduciarius noster. » Ep. XXXV, XXXVIII.

(5) Ep. LII, CI, CIII.

(6) Ludovicus rex qui nihil fecit. *Chronic.* Odoranni *continuatio*.

dont il a déjà donné tant de preuves sous les règnes précédents, craignant sans doute de froisser la susceptibilité des autres grands vassaux, il déféra à Adalbéron la présidence. Celui-ci, dans une harangue que Richer nous a conservée, proposa aux seigneurs de remettre l'élection du nouveau roi à une assemblée où l'on pourrait se réunir en plus grand nombre ; cette proposition fut acceptée. Toutefois, avant de se séparer, chacun des assistants fit serment, entre les mains de Hugues, « de ne « pas s'occuper de l'élection du futur souverain et de ne rien « faire dans ce but jusqu'à la réunion qui devait se tenir à « Senlis. »

Ce délai, qui enlevait à l'élection de Hugues-Capet tout caractère de surprise, ne fut qu'une pure formalité ; sa cause, tout le fait pressentir, était déjà jugée. Cela est si vrai, que le frère de Lothaire, l'oncle de Louis V, Charles de Lorraine, étant venu, dans l'intervalle des deux réunions, trouver l'archevêque de Reims pour faire valoir auprès de lui les droits qu'il avait à la couronne de son neveu, fut repoussé ; et Adalbéron se débarrassa de ses importunités en lui déclarant « qu'il ne ferait rien « sans le consentement des seigneurs du royaume. » Charles découragé regagna le Belgique (1).

Au temps fixé dans l'assemblée de Compiègne, les grands de la Gaule qui s'étaient liés par serment, se réunirent à Senlis. L'archevêque de Reims fut encore chargé de présider l'assemblée, et il ouvrit les délibérations par un discours que nous a transmis le moine Richer :

Louis, de divine mémoire, ayant été enlevé au monde sans laisser d'enfants, il a fallu s'occuper sérieusement de chercher qui pourrait le remplacer sur le trône pour que la chose publique ne restât pas en péril, abandonnée et sans chef. Voilà pourquoi dernièrement nous avons cru utile de différer cette affaire, afin que chacun de vous pût venir ici soumettre à l'assemblée l'avis que Dieu lui aurait inspiré, et que, de tous ces sentiments divers, on pût induire quelle est la volonté générale. Nous voici réunis ; sachons éviter par notre pru-

---

(1) Richerii *histor.*, lib. IV, § X.

dence, par notre bonne foi, que la haine n'étouffe la raison, que l'affection n'altère la vérité. Nous n'ignorons pas que Charles a ses partisans, lesquels soutiennent qu'il doit arriver au trône que lui transmettent ses parents. Mais si l'on examine cette question, le trône ne s'acquiert point par droit héréditaire, et l'on ne doit mettre à la tête du royaume que celui qui se distingue, non seulement par la noblesse corporelle, mais encore par les qualités de l'esprit ; celui que l'honneur recommande, qu'appuie la magnanimité. Nous lisons dans les annales, qu'à des empereurs de race illustre, que leur lâcheté précipita du pouvoir, il en succéda d'autres tantôt semblables, tantôt différents ; mais quelle dignité pouvons-nous conférer à Charles que ne guide point l'honneur, que l'engourdissement énerve, enfin qui a perdu le sentiment de sa dignité au point de n'avoir plus honte de servir un roi étranger (1), et de se mésallier à une femme prise dans l'ordre des vassaux (2) ? Comment le puissant duc souffrirait-il qu'une femme sortie d'une famille de ses vassaux devînt reine et dominât sur lui ? Comment marcherait-il après celle dont les pairs et même les supérieurs fléchissent le genou devant lui et posent les mains sous ses pieds (3) ? Examinez soigneusement la chose, et considérez que Charles a été rejeté plus par sa faute que par celle des autres. Décidez-vous plutôt pour le bonheur que pour le malheur de la chose publique. Si vous voulez son malheur, créez Charles souverain ; si vous tenez à sa prospérité, couronnez Hugues, l'illustre duc. Que l'attachement pour Charles ne séduise personne, que la haine pour le duc ne détourne personne de l'utilité commune ; car si vous avez des blâmes pour celui qui est bon, comment louerez-vous le méchant ? Et si vous louez le méchant, comment mépriserez-vous le bon ?..... Donnez-vous donc pour chef le duc recommandable par ses actions, par sa noblesse et par ses troupes, le duc en qui vous trouverez un défenseur non seulement de la chose publique, mais de vos intérêts privés. Grâce à sa bienveillance, vous aurez en lui un père. Qui, en effet, a mis en lui son recours et n'y a point trouvé protection ? Qui, enlevé aux soins des siens, ne leur a pas été rendu par lui (4) ?

(1) Charles tenait la basse Lorraine en fief de l'empereur Othon.

(2) Il avait épousé Adélaïde, fille d'Herbert, comte de Troyes, vassal du duc de France. D. Bouq., t. X, p. 226.

(3) Dans la cérémonie de foi et hommage, celui qui recevait un bénéfice baisait les pieds de son seigneur.

(4) Rich., lib. IV, § XI.

Nous avons donné en entier ce discours qui, par sa forme et une certaine analogie de pensées avec celles que Gerbert expose dans quelques-unes de ses lettres, nous paraît appartenir à la plume de ce dernier. Il s'en dégage une théorie, nous ne dirons pas nouvelle, mais hardie pour une époque où les idées morales avaient encore si peu de poids ; en outre, nous pouvons y trouver exposées quelques-unes des causes qui précipitèrent du trône la race de Charlemagne. Quant à l'opinion émise par Adalbéron « que le trône ne s'acquiert point par droit hérédi-« taire, » elle n'était pas aussi nouvelle dans la Gaule que quelques historiens ont semblé le croire. Un des prédécesseurs d'Adalbéron sur le siège de Reims, un pontife qui, par sa science, son courage et ses vertus, fut un des plus illustres représentants de l'Eglise de France, Hincmar, avait déjà soutenu au IXe siècle que « la noblesse paternelle ne suffit pas pour assurer les « suffrages du peuple aux enfants des princes ; car les vices « abrogent les priviléges de la naissance, et l'on dégrade le « coupable non seulement de la noblesse de son père mais « de la liberté même » (1).

L'opinion soutenue par Adalbéron fut accueillie par l'assemblée, et, d'un consentement unanime, Hugues-Capet, porté au trône, fut couronné à Noyon par l'archevêque de Reims, assisté des autres prélats de la province (juin 987). A cette cérémonie assistèrent les représentants de la Gaule, de la Bretagne, de la Normandie, de l'Aquitaine, de la Gothie, de l'Espagne et de la Gascogne. Ainsi furent rejetées les prétentions de Charles de Lorraine et consacré l'avénement au trône de France d'une race nouvelle (2).

Quand une famille puissante disparaît de la scène du monde ; quand les rois déchus prennent le chemin de l'exil ou gravissent les degrés d'un échafaud, il est du devoir de l'historien de s'arrêter en présence de ces infortunes dont le malheur cou-

(1) HINCMARI *Opera*, t. I, p. 696.

(2) Eo (Carolo) enim spreto Francorum primates communi consensu Hugonem Noviomo sublimant regio solio. Ex lib. II *Miraculor. S. Benedicti.*

ronne la majesté et de rechercher les causes qui ont amené ces bouleversements terribles. Tout en proclamant, en effet, la direction que la Providence imprime aux lois générales qui président à la marche de l'humanité, il n'en est pas moins vrai que chacun des événements de l'histoire porte en lui-même ses éléments de grandeur ou de décadence ; c'est le principe de la responsabilité morale auquel sont astreints les individus, les peuples, les races, et d'où résulte cette solidarité, cette harmonie universelle dont le progrès moral est la sanction dernière. Chaque fait historique ayant en lui-même sa raison d'être naturelle, c'est à découvrir cet élément humain, cette cause seconde, que doit s'attacher l'historien, laissant au génie le soin de réunir ces fils épars, ces éléments variés, pour en composer la sublime synthèse d'une histoire universelle, à laquelle chaque peuple apporte le tribut de sa puissance, de sa gloire ou de ses douleurs.

Quel fut le véritable caractère de l'avénement des Capétiens ? C'est une question historique fort délicate que celle de déterminer le mouvement de l'opinion publique à une époque où cette opinion s'ignore elle-même. Il ne faudrait pas juger, en effet, la substitition des Capétiens aux Carlovingiens avec les idées qu'ont pu nous donner les nombreuses révolutions auxquelles nous avons assisté. Ce fut une révolution locale dont les grands vassaux prirent l'initiative et qui passa presque inaperçue ; ne froissant aucun intérêt, elle laissa peu de regrets. Elle ne fit, du reste, que consacrer un fait dont les causes remontaient à la mort de Charlemagne. Quand ce grand empereur fut descendu dans la tombe; quand sa main de fer ne maintint plus dans l'obéissance les peuples divers que son épée avait violemment réunis sous ses lois, chacun d'eux se reconstitua selon ses instincts de race, de langue et de civilisation. Ce travail de désorganisation commencé à la paix de Verdun (843) ne s'exerça pas seulement aux frontières, il eut aussi un écho dans les provinces centrales de l'empire ; et, dans une sphère plus restreinte, la Gaule vit se reproduire le vaste mouvement qui démembrait l'Italie, la Lorraine et l'Allemagne. En l'absence d'idées générales, les aspirations devinrent locales, personnelles ; et de même que l'empire d'Occident s'était dissous en plusieurs états ou royaumes indépendants, la Gaule se fractionna également en seigneuries, duchés ou baronies, tout autant de petits états dont le premier besoin fut de se soustraire à la direction du poupouvoir central. Pour arriver à ce but, les possesseurs de fiefs auxquels Charles-le-Chauve avait accordé l'hérédité se groupèrent afin de mieux résister au pouvoir royal, et ainsi se constitua le régime féodal dont l'avénement de Hugues-Capet fut le couronnement.

Les vassaux qui avaient contribué à démembrer l'empire ne reculèrent pas, pour légitimer ces usurpations, devant l'expulsion de la race qu'ils avaient dépouillée. C'est une loi de notre nature que la présence de ceux envers lesquels on s'est rendu coupable d'une injustice nous est toujours importune ; puissants, on redoute leur vengeance, faibles, leur présence est encore un remords. Ces orgueilleux seigneurs, qui ne voulaient plus obéir, se servirent même de leurs arrière-vassaux pour asseoir leur indépendance ; et les rois, privés de leurs domaines, réduits à la seule ville de Laon, restèrent à leur merci... « L'ar« bre avait étendu trop loin ses branches, dit Montesquieu, et « la tête se sécha. » (1).

Tel fut le principal caractère de cette révolution qui porta au trône Hugues-Capet. C'était le plus puissant des grands vassaux, puisque par lui-même il possédait presque tout le territoire de la Saône à l'Océan, et de la Loire à la Manche ; mais, malgré l'étendue de ses possessions, sa noblesse était de date récente, et sous ce rapport il n'inspirait aucun ombrage aux autres seigneurs. Quelques chroniqueurs lui attribuaient même une origine plébéienne (2) ; dans tous les cas, les généalogies les plus dignes de foi ne faisaient pas remonter la famille des ducs de France au-delà de Robert-le-Fort ou l'Angevin (861).

---

(1) *Esprit des lois*, livre XXXI, chap. 31.

(2) « Hugonem quidam vulgares et simplices credunt fuisse plebeium... » Ex *Chronico Sithiensi*, c. XXIX. — Voy. DANTE. *Purgatorio*, c. XX, v. 49.

Ce défaut se trouvait, il est vrai, largement compensé par les services que les comtes de Paris avaient rendus à la nation ; seuls, pendant que les descendants de Charlemagne, ou s'endormaient dans les plaisirs, ou achetaient la paix à prix d'or, ils avaient repoussé les Normands et les Germains dans les sanglantes invasions du IXe et du Xe siècle. Aussi, la reconnaissance populaire avait-elle placé sur le trône les deux fils de Robert-le-Fort, Eudes (888), et plus tard, Robert (922) ; mais ces élections successives n'avaient pas été faites au détriment des Carlovingiens, on n'avait voulu que récompenser la valeur des ducs de France et s'assurer leurs concours au moment du danger. En 987, au contraire, l'unanimité des seigneurs porta Hugues-Capet à la couronne, et l'Eglise, malgré les liens qui l'unissaient à la race de Charlemagne, sacra le nouvel élu de la nation.

La noblesse et le clergé représentant seuls alors les forces vives et intelligentes de la nation, leur choix fut l'expression du sentiment national, autant du moins qu'il était facile de le constater à une époque où ce que nous appelons l'esprit public n'existait pas. Cet avènement des Capétiens n'en constitua pas moins un progrès réel ; ce fut la première expression du sentiment national dans le choix du souverain et une protestation contre la race allemande, qui avait déjà donné à la Gaule deux dynasties. Comme les Mérovingiens, les Carlovingiens appartenaient également au sang germanique ; et, sous la royauté militaire-barbare des premiers comme sous la royauté militaire-religieuse de Charlemagne, nous avions été traités tantôt en pays conquis, tantôt comme une simple province du grand empire que le fils de Pépin avait essayé de ressusciter en Occident. Sous ses débiles successeurs, les empereurs d'Allemagne s'étaient toujours immiscés dans les affaires intérieures de la Gaule, et ce fut contre cette ingérence d'une race étrangère que protesta l'assemblée de Senlis. C'est, du reste, ce qui ressort clairement du discours d'Adalbéron, qui, pour exclure l'héritier naturel, Charles de Lorraine, n'oublie pas ce grief important : « il n'a pas honte de servir un roi étranger, » allusion au fief que Charles tenait de l'empereur Othon III. Tout en couronnant le régime féodal, l'élection de Hugues-Capet donna donc satisfaction à l'orgueil national, et c'est de l'assemblée de Senlis que date l'ère nouvelle de la nation française.

Ce travail d'émancipation, ce choix de l'homme qui représentait le vieux sang gaulois et qui, le premier, fit asseoir sur le trône une dynastie sortie des entrailles de la nation, tout cela fut en grande partie l'œuvre de Gerbert. Avec sa perspicacité habituelle, il avait pressenti et mis tous ses efforts à préparer ce dénouement ; et il est facile de suivre dans sa vaste correspondance les phases diverses par lesquelles passa cette cause capétienne qu'il avait embrassée avec ardeur. Adalbéron parut seul dans ces solennels débats, mais l'influence de l'écolâtre se montre à chaque pas, et cette parole de M. Michelet résume le rôle puissant de Gerbert dans cette substitution d'une race nouvelle à celle de Charlemagne : « Ce fut une grande « chose pour les Capets d'avoir pour eux Gerbert, car il aida « à les faire rois (1). »

Après son couronnement à Noyon, Hugues-Capet se rendit à Reims pour y recevoir des mains du métropolitain l'onction royale. Ce fut le 3 juillet 987 qu'Adalbéron consacra le nouvel élu (2), et il reçut en récompense le titre de grand chancelier de France, dignité dont il avait été déjà investi sous Lothaire et Louis V. Selon quelques historiens, ce fut le roi Hugues qui, voyant le dévouement de cet archevêque à sa cause, le choisit pour chef de son conseil ; et « c'est de là qu'a pris naissance « cette haute prérogative de premier pair dont les archevêques « de Reims sont en possession (3). » Nous ne voyons pas que le nouveau roi ait accordé de faveurs à Gerbert ; il n'ignorait pas cependant les services que l'écolâtre avait rendus à sa cause.

---

(1) *Histoire de France*, t. II, p. 143.

(2) *Chronic. Reg. Francor.* D. Bouq., t. X, p. 301. — Ex *Fragmento Chron.* Fratris Hugonis Floriacensis. — *Chron. S. Medardi Suessionensis.*

(3) D. Marlot, *Histoire de la ville, cité et université de Reims*, in-4°, t. III, p. 62.

Tout porte à croire néanmoins que sa reconnaissance, pour être restée ignorée, n'en fut pas moins réelle; et ce qui montre le grand cas qu'il faisait du secrétaire d'Adalbéron, c'est que, quand il s'agit de rallier à sa cause les prélats peu empressés à se déclarer en sa faveur, Hugues-Capet chargea Gerbert d'écrire en son nom au plus influent de ces évêques, à Séguin, archevêque de Sens, que sa science, ses vertus et ses richesses rendaient très-puissant dans la Gaule orientale. Cette lettre, modèle de tact et d'habileté, est tout entière de la plume de Gerbert :

> Ne voulant en rien abuser de la puissance royale, nous aimons à nous entourer, dans toutes les affaires de l'Etat, des lumières et des conseils de nos fidèles, et nul plus que vous ne mérite d'en faire partie. Nous vous prions donc affectueusement de venir nous promettre, avant les calendes de novembre, cette fidélité que tous nous ont jurée, et affermir ainsi la paix et la concorde de la sainte Eglise de Dieu et du peuple chrétien. Si par hasard, ce qu'à Dieu ne plaise, les pernicieuses influences de quelques méchants vous détournaient de l'accomplissement de ce devoir, vous encourriez le blâme sévère du pape (1), celui des évêques de votre province ; et la douceur dont nous avons donné tant de preuves ne saurait nous détourner de l'accomplissement d'un devoir que nous impose notre dignité royale (2).

Ce désir de Hugues-Capet fut entendu, et Séguin jura fidélité au nouveau roi ; c'est ce qu'il est permis de conjecturer d'un diplôme royal confirmant, au commencement de 988, les priviléges du monastère de Corbie, et qui porte, après les signatures de Hugues et de son fils Robert, celles d'Adalbéron, archevêque de Reims, et de Séguin, archevêque de Sens (3). Ce fut même ce dernier prélat qui, selon les Bénédictins, sacra le roi Robert à Orléans (4).

L'adhésion de l'archevêque de Sens entraîna les autres évêques encore indécis, et bientôt tout le clergé se déclara

(1) C'était Jean XV.
(2) Ep. CVII.
(3) D. Bouquet, t. X, p. 552, 553.
(4) Monitum *in diplomata Roberti regis*. D. Bouq., t. X, p. 566.

pour la nouvelle dynastie. C'était du reste un habile politique que le prince capétien ; il comprit qu'il trouverait dans une alliance intime avec l'Église le plus puissant levier de son pouvoir naissant, aussi s'empressa-t-il de se déclarer son ardent défenseur (1), en même temps qu'il la comblait d'honneurs et de richesses. Les églises de Paris (2), de Laon (3), le monastère de Fleury-sur-Loire (4) et l'abbaye de Saint-Martin de Tours (5), reçurent de riches immunités ou la confirmation de leurs privilèges. Hugues commençait en effet à s'apercevoir que des deux puissances qui l'avaient élu, l'Église seule lui resterait fidèle, tandis que la féodalité, dont il était la personnification couronnée, ne tarderait pas à se roidir contre celui qu'elle avait porté au trône. Cette prévision se trouva bientôt justifiée.

Les seigneurs avaient bien proclamé roi le duc de France, mais il est assez probable que, dans leur pensée, c'était moins pour se donner un maître que pour expulser les descendants de Charlemagne ; aussi, leur désappointement fut-il grand en voyant Hugues-Capet prendre au sérieux son rôle de roi. Ses prétentions étaient cependant bien modestes, puisque, dans le cours d'un règne qui dura neuf ans, il ne prit pas même le sceptre, de peur de froisser l'orgueilleuse susceptibilité des barons féodaux (6).

Le nouveau roi trouvait hors des frontières de ses États plus de déférence ; c'est ainsi que, peu après son avénement au trône, il fut sollicité par le comte de Barcelone, ancien vassal de la couronne depuis Charlemagne, pour venir au secours

---

(1) Ecclesiæ Dei defensor clementissimus exstitit. Ex *Chron.* Ademari Cabanensis, apud Labbeum.

(2) Regis Hugonis *diplomata.* Inter instrumenta *Novæ Galliæ Christ.*, t. VII, col. 219.

(3) Apud Mabillon. *De re diplom.*, p. 575.

(4) Apud Martenium, *Ampliss. collect.*, t. I, col. 340.

(5) *Ibid.*

(6) Non tamen diademate regni usus est. Ex *Chron.* Willelmi Godelli. — Ex *Chron. Antissiodorensi.*

de l'Espagne catholique. Nous avons déjà vu que Borell, vaincu au passage de l'Èbre et rejeté dans les montagnes, tandis que Barcelone tombait entre les mains du terrible Al-Mansoûr, avait déjà imploré la protection du faible Louis V. Bien que tous les historiens ne s'accordent, ni sur la date précise, ni sur la durée de cette occupation de la Catalogne par les Arabes (1), il est probable que Borell, après avoir repris ses États (2), les perdit une seconde fois, et ce fut alors qu'il écrivit à Hugues-Capet pour solliciter de nouveau l'appui de l'armée des Francs. Gerbert n'avait pas oublié son ancien bienfaiteur, aussi obtint-il du roi la promesse de ce secours, qui, tout en répondant aux désirs de son cœur, pouvait étendre l'influence royale sur une province trop faible pour se passer à l'avenir d'un protecteur plus puissant. Il écrivit au nom de Hugues-Capet la lettre suivante pour annoncer à Borell l'arrivée des Français :

Dans sa miséricorde, le Seigneur nous ayant confié le royaume des Francs dans un parfait état de tranquillité, nous avons résolu, par le conseil et avec le concours de nos fidèles vassaux, de venir promptement en aide aux embarras qui vous inquiètent. Si vous voulez nous maintenir la foi que vous avez si souvent offerte à nos prédécesseurs par vos députés, venez nous la confirmer quand vous apprendrez que notre armée arrive en Aquitaine, afin de donner à notre troupe l'indication des routes qu'elle doit suivre... Enfin, si vous préférez être des nôtres et nous obéir plutôt qu'aux Arabes, envoyez-nous des députés avant Pâques ; ils nous réitéreront l'assurance de votre fidélité, et, à leur retour, ils vous feront connaître l'époque exacte de notre arrivée en Espagne (3).

Quel fut le résultat de cette négociation? L'histoire ne le dit pas ; nous savons seulement que les Arabes poursuivirent leurs conquêtes, et déjà les chrétiens, rejetés entre l'Èbre et le

---

(1) Voy. L. VIARDOT, *Histoire des Arabes et des Mores d'Espagne*, t. I, p. 178.

(2) Ex *Gestis Comitum Barcinonensium*, apud BALUZIUM, in append., p. 540, etc.

(3) Ep. CXII.

Minho, ne possédaient plus que le premier berceau de leur indépendance, quand une diversion de l'Afrique les sauva. Toutes les tribus berbères du Mâhgreb se soulevèrent et forcèrent Al-Mansoûr à s'éloigner du nord de la Péninsule ; ce répit fut le salut des Espagnols, et la défaite de Médina-Celi commença la série des revers qui devaient précipiter la chute de l'empire arabe en Espagne.

Le prétexte de cette expédition au-delà des Pyrénées, bien qu'elle ne dût pas avoir de suite, fut pour Hugues-Capet l'occasion de réaliser un de ses vœux les plus ardents, et qui montre à quel point il croyait son pouvoir encore peu affermi, le sacre de son fils. Il envoya, nous dit le chroniqueur, des députés au métropolitain de Reims et lui fit connaître son désir d'associer au trône son fils Robert. L'archevêque ayant répondu qu'on ne pouvait régulièrement créer deux rois dans la même année, Hugues allégua l'urgence de l'expédition en Catalogne, du salut de laquelle dépendait la délivrance de l'Espagne ; il demandait donc qu'on créât un second roi afin que, si l'un d'eux périssait en combattant, l'armée pût toujours compter sur un chef. Il insista également sur les divisions des grands, leur turbulence et l'oppression que les méchants feraient peser sur les bons, si le trône était encore en deshérence. Le métropolitain, convaincu par ces raisons que les résultats de l'élection de Senlis pourraient facilement être compromis, se rendit aux désirs du roi ; et, comme les grands étaient réunis aux fêtes de la Nativité de Notre-Seigneur (1), Robert fut solennellement couronné dans la basilique de Sainte-Croix, à Orléans, 1ᵉʳ janvier 988 (2).

Cette cérémonie, à laquelle l'expédition d'Espagne servait de prétexte, avait un but plus réel, celui de confirmer la couronne royale dans la famille capétienne, et, en la plaçant sous la consé-

---

(1) Richerii, lib. IV, § XIII.

(2) Ex *Historia Regum Francor.* — Ex *Chron. brevi Ecclesiæ S. Dionysii.* — « Et fist Robert son fiuz enoindre et sacrer à roi en la cité d'Orliens. *Abrégé de l'histoire de France* traduite en français sous saint Louis.

cration de la religion, de la mettre au-dessus de toute contestation de la part des seigneurs. Ce fait, en apparence peu considérable, était cependant toute une révolution, car il sanctionnait un principe de gouvernement, différent de celui qui avait placé les Capétiens sur le trône. Le caractère de l'avénement de la troisième race, en effet, avait été l'élection ; en faisant sacrer son fils, Hugues y substitua l'hérédité. Réagissant contre la féodalité dont il était l'élu, il la remplaça par l'Eglise, et pendant plus de deux siècles, c'est-à-dire jusqu'à ce que le droit d'hérédité absolue soit définitivement adopté et passé en fait sous le nom de légitimité, le sacre remplacera l'élection. C'est ainsi que les six premiers rois de la troisième race firent sacrer leurs fils aînés de leur vivant, et, en affermissant par là le droit de primogéniture, ils fixèrent la couronne dans la maison de Hugues-Capet (1). On observait, il est vrai, dans cette cérémonie quelques simulacres rappelant vaguement l'origine du pouvoir capétien, mais ce n'était plus qu'une formalité sans valeur, une vaine réminiscence d'un passé à jamais répudié.

Ce n'était pas, du reste, pour un souverain de fraîche date une précaution inutile ; la noblesse mécontente commençait à regretter la dépossession de Charles (2), et le parti des opposants avait à sa tête le beau-frère même du roi de France, Guillaume Fier-à-Bras, duc d'Aquitaine (3). Hugues-Capet, probablement avec l'armée destinée à secourir Borell, vint l'assiéger dans Poitiers ; mais tous ses efforts pour s'emparer de cette ville furent inutiles, et le roi de France revint vers le nord. L'armée de Guillaume l'ayant suivi, une bataille sanglante se livra sur les bords de la Loire ; le prince capétien fut vainqueur et la paix fut signée entre les deux rivaux (4).

---

(1) Voy. CHATEAUBRIAND. *Analyse raisonnée de l'histoire de France*.

(2) Non multo post plerosque suorum, quos etiam prius in universis habuerat subditos, persensit coutumaces. GLABRI RUDOLPHI *histor*., lib. II, c. I.

(3) Fils de Guillaume-Tête-d Étoupe, mort en 963.

(4) Ex *Chron*. ADEMARI CABANENSIS, apud LABBEUM, t. II. — Ex *Histor. translat. S. Genulphi,* ap. MABILLONEM, inter acta SS. ordinis S. Benedicti.

Ce traité, qui ne conférait au roi de France qu'un pouvoir nominal sur l'Aquitaine et le midi, lui avait été imposé par les graves événements dont le nord était le théâtre. Le duc de Lorraine, dépossédé de la couronne par l'asemblée de Senlis, avait, après le premier moment de stupeur, relevé son drapeau et tenté de faire valoir ses prétentions. Nul doute que, s'il eût mis au service de sa cause plus d'activité et d'énergie, la nouvelle dynastie aurait pu courir un grand danger ; mais la lenteur et l'insouciance du duc de Lorraine sauvèrent Hugues-Capet. Charles commença par se plaindre amèrement à ses amis et à ses parents, et mit tout en jeu pour les rallier à sa cause. Ces plaintes, habilement semées, venant se joindre au mécontentement des seigneurs contre le nouveau roi, acquirent au prince dépossédé les sympathies des comtes de Flandre qui promirent des secours. Pendant qu'ils s'organisaient, Charles, sachant par expérience combien grande et décisive était l'influence de l'archevêque de Reims, essaya de le gagner à sa cause. Nous n'avons pas la lettre du prétendant, mais on peut juger de sa teneur par la réponse que Gerbert lui adressa au nom d'Adalbéron :

Comment pouvez-vous me demander un conseil, à moi que vous mettez au nombre de vos plus ardents ennemis ! Comment pouvez-vous m'appeler votre père, moi que vous voulez mettre à mort !..... Rappelez-vous, puisque vous voulez que je me souvienne à mon tour, rappelez-vous, dis-je, les conseils que je vous ai donnés lorsque vous êtes venus me parler pour la première fois ; souvenez-vous qu'à cette époque je vous ai engagé à aller trouver les grands du royaume. Car, qui étais-je moi pour imposer seul un roi aux Francs ? Ce sont là des affaires publiques et non des intérêts privés. Vous prétendez que je hais la race de Charlemagne ; mais j'en atteste le Seigneur, je n'ai contre elle aucune haine. Vous me demandez quel est le meilleur parti qui vous reste à prendre. C'est difficile à dire, et je ne le sais vraiment pas ; et quand je le saurais, je n'oserais le dire. Vous sollicitez mon amitié ; plaise à Dieu qu'il arrive ce jour où l'on pourra honorablement s'intéresser à vos affaires ! En supposant que je puisse oublier que vous avez dévasté le sanctuaire, arrêté la reine à laquelle vous aviez prêté serment de fidélité, emprisonné l'évêque de Laon, foulé aux pieds les excommunications des évêques, je ne parle pas de ce que vous voulez entreprendre au-dessus de vos forces contre Hugues-Capet, en supposant que tout cela s'efface, je ne puis oublier que vous avez été ingrat envers moi et ameuté mes ennemis en vous plaçant à leur tête.... Il n'y a plus de bonne foi, voilà pourquoi j'use de prudence en vous écrivant.... (1).

Charles n'avait pas attendu, en effet, les sages conseils d'Adalbéron pour s'emparer de Laon (2) et lever contre le roi de France l'étendard de la révolte. C'était au moyen d'une trahison ourdie par son neveu Arnoul, fils illégitime de Lothaire et clerc de l'église de Laon, qu'il avait réussi à s'emparer de cette place (3). A peine maître de la ville, Charles s'empressa de jeter en prison l'évêque de Laon, Adalbéron, ainsi que la reine Emma, veuve de Lothaire, aux intrigues de laquelle il attribuait ses malheurs (4); il s'occupa ensuite de fortifier sa nouvelle conquête et de la mettre à l'abri d'un coup de main.

Cependant les rois de France, à la nouvelle des événements dont le Vermandois venait d'être le théâtre, avaient levé une nombreuse armée et commencé le siège de Laon ; mais cette ville, assise sur une butte élevée et récemment fortifiée par Charles de Lorraine, résista à tous les efforts des Français. L'automne survint (988), et Hugues-Capet, ne croyant pas prudent d'hiverner en pays ennemi, regagna l'Ile-de-France, en ajournant au printemps ses projets de vengeance.

Comme tous les caractères faibles qui se laissent abattre par le premier revers ou qu'enivre le plus léger succès, Charles crut sa cause gagnée. N'était-il pas le maître de cette ville qui avait servi de palais, il serait plus juste de dire de prison, aux derniers Carlovingiens? Passant de la crainte à l'arrogance, ce prince, naguère si timide quand il implorait la pitié du mé-

(1) Ep. CXXII.
(2) Ex *Chron Sithiensi*.
(3) Gerberti Epistola ad Wilderodum, Argentinum episcopum. — Acta *Remensis concilii*, § XXVI.
(4) Richerii, lib. IV, § XVI.

tropolitain de Reims, se vengea de ses frayeurs et de ses bassesses, comme le font toutes les petites âmes, en abusant de son ombre de pouvoir pour humilier ses ennemis. L'évêque de Laon et la reine Emma eurent surtout à souffrir de ses vexations. Chacun s'intéressait à ces victimes et l'archevêque de Reims écrivit à Charles pour obtenir un adoucissement à leur captivité (1). Emma ayant fait connaître à Gerbert le triste état où elle était réduite, « elle naguère encore reine de « France, et qui, après avoir eu tant de milliers d'hommes « sous ses ordres, n'avait plus même un comte pour la servir « dans sa détresse (2), » l'écolâtre se montra, comme toujours, dévoué à cette princesse qui se rattachait par sa mère à la famille des Othon qu'il avait en toute circonstance si fidèlement servie. Sous le poids de l'indignation qu'excitait dans son cœur généreux le récit des tortures que Charles infligeait à une pauvre femme, délaissée au milieu de ses ennemis, Gerbert adressa à Théophanie, mère de l'empereur Othon III, cette lettre éloquente :

A l'Impératrice Théophanie, au nom d'Emma, autrefois reine.

Que la miséricordieuse influence de votre nom vienne secourir une femme affligée que des brigands retiennent captive. Moi aussi j'ai tenu autrefois le sceptre et joui de la dignité royale ; et aujourd'hui, dépouillée de mon rang et de mes prérogatives, abreuvée d'humiliations et d'outrages, je suis esclave entre les mains de mes plus cruels ennemis. Comment, dans sa scélératesse, ce Charles entendrait-il ma voix, lui qui paraît faire si peu de cas de la vôtre ?..... Il croit au-dessous de sa dignité d'écouter des conseils ! Je ne veux pas lui montrer combien sont chimériques ses espérances de restauration royale ; non, je ne lui demande qu'une chose, c'est de ne pas me frapper, moi qui ne suis qu'une femme, alors qu'il n'oserait lever la main sur un homme (3).

Gerbert ne se contenta pas d'écrire à Théophanie ; il plaida

---

(1) Ep. CXV.
(2) Ep. CXLVII.
(3) Ep. CXIX.

aussi la cause de la captive auprès de sa mère Adélaïde (1), et, tout en manifestant son étonnement de ne pas la voir agir plus efficacement en faveur de sa fille, il la supplia d'intervenir auprès de Charles et de ne pas ajouter foi aux calomnies de ce prince (2).

La voix de l'écolâtre fut entendue, et Théophanie tâcha de réconcilier Hugues et le prétendant carlovingien ; mais ce dernier, enorgueilli sans doute par le départ de l'armée royale, ne voulut donner aucune suite aux négociations. C'est ce qu'il est permis de conclure de la lettre écrite par Gerbert, au nom du roi de France, à l'Impératrice :

> Connaissant votre bienveillance et votre amitié pour moi, j'ai voulu, suivant votre conseil, lever le siège de Laon et recevoir des ôtages de Charles, afin de conserver avec lui des rapports d'alliance et d'amitié. Mais ce Charles, méprisant vos envoyés et vos ordres, n'a point voulu y consentir ; il retient toujours la reine en prison et ne veut pas accepter d'ôtages pour l'évêque. Il verra bientôt où l'aura conduit son opiniâtreté.....

Dans cette même lettre, et toujours par l'intermédiaire de Gerbert, Hugues témoigne le désir d'établir avec l'impératrice et son fils Othon III des relations amicales et une alliance durable ; pour cela, il lui envoie sa femme Adélaïde (3), qui doit se rencontrer avec Théophanie à Stenay, vers la fin du mois d'août (4). Toutes ces tentatives de conciliation furent vaines (5), et le métropolitain de Reims, au nom de tous les évêques de sa province, prononça contre ceux qui avaient emprisonné l'évêque Adalbéron et favorisé la faction de Charles la formule d'excommunication, en frappant d'interdit le diocèse de Laon (6).

---

(1) Adélaïde, mariée en secondes noces à Othon-le-Grand, avait eu de son premier mariage avec Lothaire, roi d'Italie, Emma, mariée plus tard à Lothaire, roi de France.

(2) Ep. CXXVIII.

(3) Fille de Guillaume-Tête-d'Étoupe, duc d'Aquitaine.

(4) Ep. CXX.

(5) Ep. CXXXVI.

(6) Ep. XXII, 2e class.

Ces négociations avaient eu lieu vers la fin de l'été et le commencement de l'automne (988), et nous avons vu que Hugues-Capet, désespérant d'enlever la place avant l'hiver, était revenu vers Paris, remettant au printemps une seconde expédition contre Charles de Lorraine. Ce fut pendant ce répit, employé par le prétendant à fortifier les murs de Laon, que l'évêque s'évada de la tour où il était détenu et se réfugia auprès des rois de France. Il fit, par cet acte, ajoute le chroniqueur, tomber un grave soupçon, car plusieurs s'efforçaient de le perdre auprès de Hugues, en lui persuadant qu'Adalbéron avait fourni à Charles les moyens de s'emparer de la ville (1).

Les deux rois employèrent l'hiver à lever et équiper une nouvelle armée, et quand le printemps, nous dit poétiquement le chroniqueur contemporain, vint « par un air plus doux sou-« rire à la nature et faire reverdir les prés et les campagnes (2), » ils reparurent devant la ville de Laon avec une armée de 8,000 hommes (989). Ils déployèrent à ce siége une grande vigueur, mais toute attaque fut impuissante ; Charles, à l'abri de ses épaisses murailles, se riait de leurs vains efforts. L'évêque de Laon, l'archevêque de Reims et Gerbert avaient accompagné Hugues dans son expédition, et l'écolâtre tempérait les ennuis de cette vie de camp en revenant à ses chères études philosophiques. Cette occupation n'était pas seulement une distraction, il y trouvait même un remède à la maladie dont il souffrait :

Fatigué, écrivait-il à Thietmar, archevêque de Mayence, fatigué par les travaux du siége de Laon, et gravement tourmenté de la fièvre, je ne puis, mon très-cher frère, vous exprimer toute la vivacité de mon affection pour vous..... Et, comme au milieu de mes travaux et de mes fatigues la philosophie est mon seul remède, veuillez compléter les parties qui me manquent de cette science. Pour le moment, transcrivez-moi ce qui me fait défaut dans le premier volume de la première édition de Boëce sur le traité des Périherménies, depuis

---

(1) Ex *Chron.* Fratris Richardi, monachi Cluniacensis. — Richerii, lib. IV, § XX.
(2) *Ibid*, § XXI.

les mots..., jusqu'à ceux-ci : ..... Joignez-y également la partie correspondante du commentaire (1).

Cependant le siége se ralentissait; Charles profita du relâchement survenu dans l'armée de Hugues, à la suite de son échec, pour faire une sortie et incendier le camp (2). Nous trouvons, dans une lettre écrite par Gerbert à un de ses amis de Trèves, le récit de cet incident dont les ennemis du roi s'efforçaient d'exagérer la portée :

Vous qui savez déjà par expérience combien peu il faut ajouter foi aux rumeurs publiques, vous allez en avoir encore une preuve.... Voici ce qu'il y a de vrai : Dans l'après-midi, les soldats du roi, ayant bu du vin, prenaient quelques moments de repos, quand tout à coup les assiégés font une sortie. Nos soldats résistent et, pendant qu'ils repoussent les assaillants, quelques mendiants ont incendié le camp. Nous avons perdu tout notre appareil de siége ; mais cette perte sera largement réparée à la fin du mois d'août.... (3).

Il y eut cependant encore des lenteurs (4) causées par l'énergique résistance des assiégés et par les maladies qui décimaient l'armée du roi de France ; l'archevêque lui-même fut atteint et obligé de revenir à Reims. Pour la seconde fois, Hugues-Capet abandonna ce siége, remettant au printemps suivant une troisième expédition qu'il espérait rendre décisive avec des troupes plus nombreuses.

Dans l'intervalle des deux campagnes, l'archevêque de Reims avait été appelé à trancher un différend fort grave qui s'était élevé dans le monastère de Fleury-sur-Loire, et, retenu par la maladie, il avait chargé Gerbert de répondre en son nom. A la mort de l'abbé Oïbold, les moines de Fleury s'étaient divisés en deux partis : les uns soutenant l'élection d'Abbon, les autres lui préférant un moine intrus énergiquement soutenu

(1) Ep. CXXIII.
(2) Ex *Chron. Sithiensi*, c. 29. — Ex Sigeberti Gemblacensis monachi *Chronico*. — Ex *Chronico Saxonico*.
(3) Ep. CXXI.
(4) Ep. CXXV, CXXXV.

par Hugues-Capet et par son fils Robert. Les hommes les plus éminents de cette époque, saint Mayeul, abbé de Cluny, Erbert de Tours, refusaient de prendre la responsabilité d'une décision aussi délicate que difficile, en présence de l'immixtion du pouvoir séculier dans un conflit purement canonique (1). Gerbert mit son énergie et ses lumières au service de la cause du droit, et parvint à rétablir la paix dans ce monastère qui lui était cher, comme un des foyers les plus importants de science et de vertu que l'ordre de Saint-Benoît eût établi en Gaule. Élevant la discussion au-dessus des mesquines questions de personnes et d'influences, Gerbert posa la tradition comme la règle toujours vivante de l'Église et la meilleure sauvegarde de son unité disciplinaire :

L'Eglise catholique est une, écrivait-il aux moines de Fleury, elle est formée par l'union de tous les fidèles, et nous ne devons jamais nous écarter du sentiment de ces Pères vénérables qui brillent dans l'Eglise de Dieu comme autant d'étoiles au firmament du ciel....... Peu importe, ajoute-t-il, qu'il (l'intrus) se glorifie de l'appui des rois et des princes du siècle, qu'il allègue la protection des grands et des seigneurs, c'est à la faveur seule qu'il doit son élection à la dignité abbatiale, et il a osé usurper une charge que son indignité lui faisait un devoir de ne briguer jamais (2).

La querelle cessa enfin (3), et bientôt la mort de l'intrus vint rendre au monastère de Fleury la paix momentanément troublée (4).

L'énergie déployée par Gerbert, dans cette discussion où l'influence de Hugues-Capet, par la participation active qu'il y avait prise, se trouvait directement intéressée, n'altéra en rien les rapports de confiance et d'amitié qui unissaient le roi de France au célèbre écolâtre ; il lui en donna bientôt une preuve éclatante. Le rêve le plus ardent, et on peut dire aussi le plus

---

(1) Ep. LXX, LXXXI, LXXXVII.
(2) Ep. XCV.
(3) Ep. LXXXVIII, LXXXIX.
(4) Ep. CXLII.

naturel, des familles nouvelles, est de se rattacher par des alliances aux races dont un passé glorieux doit projeter sur leurs descendants, même les plus obscurs, un reflet de cette grandeur qui s'acquiert par une longue série d'aïeux ; comme si elles devaient trouver dans cette alliance avec le passé la consécration de leurs ambitieuses espérances. La famille de Hugues-Capet était, comme nous l'avons vu, d'origine assez récente ; le plus humble des vassaux de la couronne pouvait, sans exagérer ses prétentions, se prévaloir d'une lignée, sinon aussi glorieuse, du moins aussi ancienne. Il voulut donc, par le mariage de son fils Robert, greffer la dynastie nouvelle sur une de ces tiges anciennes, et consacrer par une union glorieuse la légitimité de son élévation. La famille impériale d'Allemagne était trop antipathique aux Français pour qu'il jetât les yeux de ce côté ; il porta plus haut son ambition. Othon-le-Grand, dans un but d'agrandissement territorial et d'influence politique, avait marié son fils Othon II à Théophanie, fille de l'empereur Romain-le-Jeune. Avec un mobile différent, Hugues brigua aussi pour Robert la main d'une princesse de Constantinople, et il chargea Gerbert de rédiger cette demande où le tact politique devait s'allier à la dignité dont un roi de France ne se départ jamais, mais que les Grecs du Bas-Empire semblaient incapables de reconnaître dans les autres, l'ayant eux-mêmes perdue à force de bassesse et de servitude. Voici la lettre remarquable que Gerbert écrivit au nom du roi de France :

Hugues, par la grâce de Dieu, roi des Francs, à Basile et à Constantin (1), *empereurs orthodoxes*. La noblesse de votre origine, l'éclatante renommée de vos actions, tout nous invite, nous contraint même à vous aimer. Parvenus à cette haute position qui excite l'admiration de tous, votre amitié est de tous les liens de ce monde celui auquel on doit attacher le plus de prix. Cette étroite amitié, cette alliance réciproque que nous désirons établir avec vous n'est, de notre part, l'objet d'aucun calcul ni d'aucune ambition. Nous vous

(1) Frères de Théophanie.

offrons, au contraire, avec désintéressement des conditions d'alliance qu'il nous est facile de remplir et qui peuvent être pour vous d'un grand avantage et d'une incontestable utilité; car nous pouvons empêcher à jamais les Gaulois et les Germains d'inquiéter dans l'avenir les frontières de l'empire romain. Mais, afin que cet heureux résultat ne soit pas éphémère, et notre fils unique, déjà couronné roi, ne pouvant à cause de la parenté s'unir aux familles royales qui nous entourent, nous sollicitons instamment pour lui la main d'une fille du St-Empire. Si vous agréez cette demande, donnez-nous en l'assurance par une lettre impériale ou par des envoyés fidèles, afin que, choisissant des députés dignes d'être admis en présence de Vos Majestés, nous puissions par leur intermédiaire réaliser les conventions dont cet écrit vous indique les bases (1).

Les préoccupations auxquelles les deux empereurs d'Orient étaient en proie, par suite de l'usurpation du tyran Bardas-Phocas et la révolte de Bardas-Sclérus, ne leur permirent pas de donner suite à cette demande de Hugues-Capet; l'histoire du moins ne le constate par aucun document.

Au milieu de ces occupations, la maladie dont Adalbéron avait contracté le germe au siége de Laon faisait de rapides progrès. Sentant que sa fin était proche, le métropolitain désira revoir avant de mourir le glorieux chef dont il avait consacré l'élévation au trône ; il craignait aussi, nous dit Richer, que Charles, qui s'était emparé de plusieurs villes, ne vînt assiéger Reims. Instruit du désir d'Abalbéron, Hugues réunit les hommes qu'il avait sous la main et partit aussitôt. Comme il cheminait assez lentement, l'archevêque, dont la maladie s'était encore compliquée d'une fièvre chaude, mourut le jour même de l'entrée de Hugues à Reims (23 janvier 990) (2).

(2) Ep. CXI.
(1) RICHERII, lib. IV, § XXIV. — Nous avons adopté ici la date donnée par le contemporain Richer, dont l'histoire, écrite à Reims sous Gerbert, offre plus d'exactitude et de précision que les autres chroniques postérieures, composées le plus souvent d'après des renseignements peu exacts. Nous devons ajouter cependant que, selon les Bénédictins, Adalbéron mourut en janvier 988 (D. Bouq., t. X, p. 400, note A. — *Hist. littér.*, t. VI, p 447). Dom Marlot donne 989 (*Hist. de Reims*, t. III, p. 64).

Le roi exprima un vif chagrin de la mort du pontife ; il assista à ses funérailles et ses larmes attestèrent la douleur qu'il éprouvait ; ces regrets du reste furent unanimes. Issu d'une des plus illustres familles de la Belgique (1), Adalbéron unissait à un grand esprit de conciliation une prudence consommée ; ces qualités lui permirent de sortir avec bonheur des délicates complications politiques dont il fut témoin, et auxquelles sa haute position comme primat de la Gaule et chancelier de la couronne le mêlait nécessairement. Bien qu'il ne fût pas doué d'une grande portée politique, ni de l'énergie qui permet de dominer les événements (2) quand on n'a pu les prévoir, il eut le sentiment de son impuissance, et, sous l'habile direction de Gerbert, il louvoya entre des écueils contre lesquels eût fatalement échoué un homme moins prudent. Peruadé « que « la pertubation des royaumes est la ruine des Eglises » (3), il tâcha de maintenir toujours un juste équilibre entre les compétitions rivales qui se faisaient jour sous les derniers Carlovingiens, et de consolider la paix tant dans l'empire que dans le royaume de France (4). Il tint entre ses mains les destinées de la Gaule, et grâce aux conseils et à l'influence de son écolâtre, il donna à la France sa première dynastie nationale et en consacra l'élévation en versant l'huile sainte sur le front du premier Capétien. Doué des qualités qui font l'homme simple et modeste, il conserva sur le premier siége des Gaules la bonté de cœur dont il avait toujours donné des preuves ; zélé pour la discipline ecclésiastique, il tint divers conciles où il redressa les abus qui s'étaient insensiblement glissés dans son clergé (5). A sa promotion sur le siége archiépiscopal de Reims, les écoles de cette ville, si célèbres sous Hincmar, étaient complè-

---

(1) Fils de Godefroi, comte d'Ardène ; son frère, comte de Verdun, fut la tige des ducs de Basse-Lorraine.

(2) Ep. XLIX.

(3) Ep. XXVII.

(4) Ep. XXVI, XXXVII, XXXIX, LIII, LXXIV, LXXXVI.

(5) *Concil.*, t. IX, p. 708, 717, etc. — *Gallia christiana*, t. IX, p. 57. — Gerberti Epist., CX.

tement déchues de leur état florissant ; il eut la bonne fortune de rencontrer Gerbert, et, secondé par cet homme de génie, il donna à la ville de Reims une célébrité littéraire et scientifique qui en fit le principal foyer de lumière au Xe siècle. Lui-même ne dédaignait pas d'assister à ces leçons, et on voit par quelques discours de cet archevêque, conservés par ses contemporains, qu'il n'était pas dépourvu d'une certaine culture intellectuelle (1), et qu'il aidait puissamment l'écolâtre dans sa tentative de restauration scientifique et littéraire (2). Mais, à nos yeux, son plus beau titre à la reconnaissance de la postérité, ce fut d'avoir su apprécier Gerbert, pressentir son génie, et, sentiment qui l'honore, d'avoir toute sa vie professé pour lui une vive amitié et une sincère admiration. Associés aux mêmes travaux, pouvant ainsi mieux apprécier dans ses rapports intimes l'élévation de caractère et la hauteur de vues de Gerbert, l'archevêque aima à se reposer sur lui de sa conduite politique, et il eut lieu de s'en féliciter. Aussi ses lettres portent-elles les marques de sa vive tendresse pour cet ami de cœur (3), qu'il recommandait chaleureusement à la faveur impériale (4), et auquel il voulut en mourant donner une dernière preuve de tendresse et d'estime en le désignant pour son successeur (5).

La douleur de Gerbert fut aussi profonde que l'avait été son amitié pour Adalbéron ; ce deuil, au reste, fut général ; et la ville de Reims comme le reste de la province témoigna par ses regrets la grandeur de son affliction. Toutefois, après le départ du roi, qui avait laissé le clergé et le peuple libres de choisir leur nouvel archevêque, la faction dévouée à Charles de Lorraine commença à s'agiter, et Gerbert ressentit le contre-coup de cette réaction :

(1) Ep. CXVII. — Ex *lib. ms. miraculorum S. Theodorici abbatis*, ap. Chesn., t. III, p. 437. — *Mosom. Chron.*, p. 650, etc. — *Bibl. Patrum*, t. XVII, p. 652. — *Concil.*, t. IX, p. 720.

(2) Ep. VIII.

(3) Ep. XXXV, XXXVIII, LII, CI, CIII; IX 2e class.

(4) Ep. CXVII.

(5) Ep. CLII.

Il semble que le monde soit sur le point de retomber dans le chaos après la mort de mon bienheureux père Adalbéron, écrivait-il à Remy, moine de Trèves,..... Je ne parle pas de moi que mille morts menaçaient, soit parce que mon père Adalbéron, de concert avec tout son clergé, les évêques et quelques seigneurs m'avait désigné pour son successeur ; soit parce qu'on m'accusait d'être l'instigateur de toutes les mesures qui avaient déplu. Car ceux de mes amis qui, du vivant d'Adalbéron, avaient eu avec moi des relations, ceux qui m'avaient autrefois soutenu de leurs efforts, tous étaient sur le point de m'abandonner à cause de cette crosse..... (1).

La possession de ce siége illustre éveillait en effet toutes les ambitions et rendait plus délicate encore la situation de Gerbert, auquel « le roi Hugues, les évêques voisins et ceux « qui briguaient le siège de Reims faisaient de magnifiques « avances » (2).

Toutes ces incertitudes avaient plongé son âme dans le découragement et la tristesse ; « la destinée bouleverse tout », écrivait-il (3) ; et au milieu de ce flux et reflux, il reportait anxieusement ses regards vers un coin de l'Europe où il put vivre en paix (4) avec ses chères études et ses souvenirs :

Vous pensez être seul exposé aux coups de l'adversité, écrivait-il à Nithard, abbé de Mithlac ; mais vous ignorez que de plus amères tristesses me sont réservées.... Sachant combien est étroite l'amitié qui nous lie, veuillez hâter votre arrivée, car je retournerai bientôt peut-être à la cour impériale, à moins que je ne revienne le plus tôt possible dans cette Espagne que j'ai quittée depuis trop longtemps (5).

L'écho de ses souffrances et de ses incertitudes était arrivé jusqu'au monastère d'Aurillac, et, dans sa vive sollicitude pour son ancien disciple, l'abbé Raymond désirait connaitre le dénouement de ces trames ourdies contre Gerbert. Il ne nous reste que la réponse de ce dernier, elle contraste avec les autres lettres que l'écolâtre écrivit à cette époque; on dirait que

(1) .... Ob tornatile lignum deserendi erant. Ep. CLII.
(2) Ep. CL.
(3) « Sors omnia versat. » Ep. XV.
(4) Ep. CXVI.
(5) Ep. LXXIII ; XII 2ᵉ class.

le bonheur qu'il éprouve en s'adresant à cette communauté, où il se sent aimé, réagit sur son esprit et enlève à ses paroles l'amertume ou l'abattement dont quelques autres épîtres conservent les traces. Comme dans toutes les âmes énergiques et sensibles, le cœur tempérait dans Gerbert ce que son imagination et sa volonté avaient d'excessif ou de passionné :

Gerbert à Raymond, abbé d'Aurillac. Vous désirez savoir dans quel port je conduirai mon navire, maintenant qu'il a perdu son pilote, et dans quel état se trouvent les affaires des Francs. J'avais résolu de ne jamais abandonner le service de mon père Adalbéron, et de toujours suivre ses conseils ; aussi ai-je été frappé de sa perte imprévue, au point de m'effrayer de lui avoir survécu. Comme nous n'avions qu'un cœur et qu'une âme, ses ennemis, ne le considérant pas comme mort tout entier tant que je respirais encore, ont cherché à exciter contre moi la jalousie de ce Charles qui déchire incessamment le sein de sa patrie, en me désignant à lui *comme le faiseur et le défaiseur de rois* ; de telle sorte que, pour m'être mêlé aux affaires publiques, je subis le contre-coup de leurs vicissitudes, et, dans la ruine de notre ville, j'ai été considéré comme la meilleure part du butin.... Je n'ai pu prévenir ce coup inattendu, et Dieu ne m'a pas encore fait connaître le port dans lequel il me permettra de jeter l'ancre. Ceux qui portent quelque intérêt à ma personne ou à ma fortune attendent la fin de la crise ; pour moi, j'aurai soin, autant que je pourrai, de ne manquer à aucun de mes devoirs, jusqu'à qu'il me soit donné de jouir du terme auquel j'aspire, et de rendre à Dieu mes actions de grâces dans la sainte Jérusalem. Salut, ô mon très-cher Père, salut à frère Ayrard, salut à la sainte communauté que vous gouvernez ! Souvenez-vous de moi dans vos prières, souvenez-vous aussi de mon père Adalbéron (1).

Ce repos auquel Gerbert aspirait avec toute l'énergie d'une âme déçue et fatiguée, l'avenir devait le lui refuser encore ; jusqu'à la mort d'Adalbéron, son influence comme sa personne était restée cachée aux yeux du plus grand nombre, désormais sa puissante individualité va se produire dans toute sa grandeur, et occuper le premier plan dans cette grande régénération sociale qui s'élabora en Occident vers la fin du Xe siècle.

(1) Ep. IX 2e class.

CHAPITRE VIII.

ÉLECTION D'ARNOUL. — SA TRAHISON

Au moment où le roi de France se félicitait de la fidélité des citoyens de Reims, et tandis qu'il hésitait encore sur le choix du successeur d'Adalbéron, Arnoul, fils du roi Lothaire (1), à la trahison duquel Charles avait dû la prise de Laon, sollicita auprès de Hugues-Capet l'archevêché de Reims, promettant d'abandonner Charles, son oncle paternel, de prêter au nouveau souverain le serment de fidélité et même de faire rentrer Laon en son pouvoir. Cette ouverture du jeune Carlovingien, qu'avaient provoquée Adalbéron de Laon (2) et l'évêque de Langres, Brunon, proche parent d'Arnoul, servait trop bien les vues du roi pour qu'il ne s'empressât pas de l'accepter. Il ne se débarrassait pas seulement ainsi d'un ennemi, il recevait encore de ce ralliement du fils de Lothaire un appui moral très-grand, et presque une sanction donnée à son pouvoir mal affermi (3). Comme il arrive souvent en pareil cas, la raison d'Etat l'emporta sur la reconnaissance, et Gerbert, bien que désigné par Adalbéron mourant, et soutenu par tous les évê-

---

(1) Lothaire avait laissé deux fils, Louis V qui lui succéda, et Arnoul, son fils naturel, clerc de l'église de Laon.
(2) Ex *Chron. Virdunensi.*
(3) Spe obtinendæ pacis. *Gallia christiana*, t. IX, p. 59.

ques et le clergé de la province, fut sacrifié à un jeune homme ambitieux et rusé, en qui la naissance suppléait au mérite. Hugues-Capet oublia dans cette circonstance le rôle puissant et dévoué que Gerbert avait joué dans l'assemblée de Senlis ; il ne tarda pas à s'en repentir et à se convaincre qu'en politique, comme en morale, l'ingratitude est souvent une maladresse et toujours une faute.

Les familiers du roi, nous dit le chroniqueur, joyeux de la proposition d'Arnoul, engagèrent le souverain à lui donner promptement cet archevêché qu'il paraissait si ardemment désirer ; et Hugues, étant revenu à Reims, convoqua les citoyens et leur exposa la demande du fils de Lothaire en faisant ressortir tous les avantages de sa promotion. Les Rémois ayant répondu qu'ils ne voulaient pas prendre entièrement sur eux cette responsabilité, attendu « qu'ils ne faisaient pas grand
« fond sur le caractère et l'attachement de ce jeune homme », il fut résolu qu'une assemblée plus nombreuse serait réunie. La convocation ayant eu lieu, on décida que, si Arnoul tenait ses promesses, il paraissait digne de l'épiscopat ; les réponses qu'il fit ensuite aux questions du roi lui gagnèrent par leur modestie les sympathies de tous les assistants. Hugues et les seigneurs le conduisirent alors à un mille de Reims, au monastère de Saint-Remy, où se faisait depuis longtemps l'ordination des évêques ; les avis recueillis furent favorables à Arnoul, et le roi, en annonçant à l'élu ce résultat, lui adressa une harangue qui se terminait par ces paroles : « Je veux qu'Arnoul se
« lie à moi par la foi du serment et qu'il signe une formule
« d'imprécation en double exemplaire, l'un pour moi, l'autre
« pour lui, afin qu'elle devienne une censure si jamais il par-
« jurait sa foi. »

Arnoul, « avide d'honneurs », approuva les paroles du roi, puis il écrivit en double et remit à Hugues-Capet une copie de la déclaration suivante :

« Moi, Arnoul, par la grâce de Dieu, archevêque de Reims,
« je promets aux rois des Francs, Hugues et Robert, de leur
« conserver une foi inaltérable, de leur prêter en tout, selon

« mes moyens, conseil et assistance, et de ne soutenir jamais,
« à leur préjudice, leurs ennemis, ni de mes conseils ni de mes
« armes. Je fais cette promesse en présence de la Majesté
« divine, des esprits bienheureux et de toute l'Eglise, devant
« obtenir la récompense d'une béatitude éternelle, si je l'ob-
« serve fidèlement, et consentant si je m'en écarte (ce qu'à
« Dieu ne plaise!) à ce que toute bénédiction se change en
« malédiction, que mes jours soient abrégés et qu'un autre
« reçoive mon évêché; que mes amis s'éloignent de moi et
« deviennent à jamais mes ennemis. Je souscris, comme
« devant attirer sur moi bénédiction ou malédiction, cet écrit
« fait de main, et je prie mes frères et mes fils en Jésus-Christ
« de le souscrire. Moi, Arnoul, archevêque, j'ai signé. « (1).

Ces précautions humiliantes et qui nous donnent une singulière idée de la dignité de celui qui s'y soumettait, ne parurent pas encore suffisantes; on exigea qu'Arnoul reçut l'Eucharistie, et déclarât publiquement qu'il voulait que le corps du Seigneur devînt pour lui cause de damnation, si jamais il violait traîtreusement sa parole. Il accepta, et cette dernière garantie lui valut enfin la confiance des rois et des seigneurs.

Quelques personnes, ajoute Richer, blâmèrent cependant cet acte comme une violence faite à la conscience. Arnoul, disait-on, était d'une nature si faible qu'il pouvait aisément mal faire de lui-même, et plus facilement encore se laisser entraîner au crime par une impulsion étrangère ; c'était donc l'exposer non seulement à parjurer sa parole, mais à profaner l'Eucharistie qui lui était administrée sous d'aussi terribles présomptions. Après cette série d'épreuves, on procéda à l'ordination d'Arnoul et à son intronisation sur le siége de Reims (2) (commencement mars 990).

---

(1) IVONIS CARNOTENSIS, oper., t. II, p. 181.— *Concil.* LABB., t. IX, p. 734. — D. MARLOT, t. III, p. 693, pièces justific. n. VIII. — DU CHESNE, *Hist. fr.*, t. IV, p. 103. — D. BOUQ., t. X, p. 516. — RICHER, t. IV, § LX. — HOCK, p. 163. — BARSE, t. II, p. 226.

(2) RICHERII, lib. IV, a § XXV ad § XXXII passim. — *Concil.*, t. IX, p. 734.

La position de Gerbert devenait aussi délicate que difficile ; il est toujours pénible de se sentir victime d'une injustice, et les âmes vraiment grandes savent seules dominer ces froissements de l'amour-propre, et faire plier leur intérêt personnel devant des considérations plus élevées. Bien qu'il eût été désigné par Adalbéron et choisi par les évêques suffragants de la province, l'écolâtre ne manifesta aucune amertume en se voyant préférer un jeune homme qui n'avait pas encore l'âge prescrit par les canons (1), naguère frappé d'excommunication (2), et qui, par la trahison dont il s'était déjà rendu coupable à l'égard du roi de France (3), devait en faire redouter de nouvelles. Toutefois, ses incertitudes cessèrent à l'élection d'Arnoul, et nous ne voyons plus Gerbert former de projets de départ comme à la mort d'Adalbéron. Il se souvenait, en effet, que ce prélat, tout en le désignant comme futur archevêque, lui avait fait promettre, si son élection n'avait point lieu, de ne pas abandonner la ville de Reims tant qu'il pourrait exercer une salutaire influence sur le caractère et la conduite de son successeur (4). En outre, il est assez vraisemblable que Hugues-Capet, qui connaissait le dévouement de Gerbert à sa dynastie, l'engagea à rester auprès d'Arnoul que son jeune âge, son inexpérience et ses précédents rendaient trop facilement accessible aux menées des ennemis de la dynastie capétienne. Il conserva donc auprès du nouvel archevêque les fonctions de secrétaire qu'il remplissait sous Adalbéron, et il rédigea en cette qualité le manifeste annonçant l'élection du nouvel archevêque :

Le fils de la métropole de Reims à la sainte Église catholique, salut. Quand notre père Adalbéron, de sainte mémoire, fut ravi à la terre, nous perdîmes la lumière d'un vrai pasteur, et nous devîmes la proie de nos ennemis ; aussi l'un de nos plus grands soins est-il de réparer les ruines que cette mort douloureuse nous a cau-

---

(1) *Hist. littér.*, t. VI, p. 564.
(2) Mansi, *Concil.* suppl., t. I, p. 1193.
(3) Il avait livré Laon à Charles de Lorraine.
(4) *Concil.*, t. IX, p. 748.

sées..... Nous, qui sommes les évêques de la province rémoise, assemblés avec le clergé de divers ordres, suivant le désir du peuple et le consentement de nos rois orthodoxes, avons élu pour archevêque un homme recommandable par sa piété, ferme dans la foi, admirable de constance, prudent dans les conseils et habile dans l'administration des affaires. Ces qualités que nous avons reconnues en lui sont une preuve qu'il possède également toutes les autres. C'est Arnoul, fils du roi Lothaire ; bien que son sang illustre ait été terni par l'anathème que le malheur des temps a fait peser sur sa personne (1), cependant l'Eglise, sa mère, le purifie (2) par ses mystiques sacrements...... Que toute ruse, que toute fraude soient donc bannies de cette élection, et puissent la paix et la concorde s'établir à jamais parmi nous...... (3).

Gerbert dirigea les premiers actes administratifs du nouvel archevêque, qui « suppléait par le bon vouloir à l'expérience dont il était dépourvu (4). » Son concours ne se borna pas seulement à la direction des affaires publiques, il créa aussi à Arnoul des relations avec les anciens amis d'Adalbéron ; c'est ainsi qu'il écrivit en son nom à Ecbert, évêque de Trèves, la lettre suivante :

Connaissant la bienveillance ou plutôt le dévouement dont vous étiez animé envers notre prédécesseur, de sainte mémoire, je m'estimerais trop heureux de pouvoir la mériter de manière à ne la perdre jamais. Je me réjouis de ce que Dieu a mis dans votre cœur tant de bonté, et je désire me lier avec vous d'une amitié indissoluble. Au milieu des dissensions qui déchirent les royaumes, et convaincu de mon inexpérience dans des fonctions si nouvelles pour moi, j'aimerais à m'en remettre à votre haute prudence..... Ce qui me permet d'espérer avec confiance que ces relations d'amitié s'établiront entre nous pour ne plus cesser, c'est qu'elles auront été formées sous les aus-

(1) Allusion à l'excommunication lancée après la prise de Laon. Cf. Ep. XXII, 2ᵉ class. — Mansi, suppl. Concil., t. I, p. 1193.

(2) Il fut relevé des censures par Adalbéron de Laon. Gerberti Epist. ad Wilderodum.

(3) Ep. I, 2ᵉ class.

(4) Ep. II, 2ᵉ class.

pices des mêmes personnes (1) qui vous servaient d'intermédiaires avec mon prédécesseur (2).

Gerbert, voyant le nouvel archevêque prendre très au sérieux ses nouvelles fonctions, et se croyant par là libéré de la promesse faite à Adalbéron sur son lit de mort, songeait à quitter cette ville de Reims où les hommes et les choses ne lui rappelaient que des souvenirs pénibles et d'amères déceptions. Ses ennemis, du reste, ne cessaient de le poursuivre, et leurs calomnies ne tendaient à rien moins qu'à le perdre auprès du roi de France, en traitant de factieux son dévouement à la famille impériale. C'est ce qu'il est permis de conjecturer d'après une lettre dont la destination est inconnue, mais que nous croyons avoir été adressée par Gerbert à son ancien élève, le roi Robert (3) :

Je vois que vous avez compris combien sont grandes mes douleurs, je vous en aime davantage, laissez-moi vous le dire en vous embrassant..... Au nom de mon père Adalbéron, et, en retour de cette inviolable fidélité dont je n'ai jamais dévié soit envers lui, soit envers les siens, ne me laissez pas oublier, je vous prie, de ceux que par affection pour lui j'ai toujours aimés, même au détriment de mes intérêts. Que le dévouement dont j'ai donné des preuves à l'impératrice Théophanie et à son fils, ne me fasse pas devenir le jouet de ses ennemis, dont j'ai déjoué les complots et neutralisé les desseins.... Je vous prie, je vous supplie même, de ne pas trouver mauvais mon zèle pour cette princesse qui jusqu'ici a toujours vu avec plaisir votre grandeur, votre puissance et votre gloire. Que votre bonté me soutienne, afin que l'absence de tout caractère honnête et loyal dans mes ennemis ne parvienne pas à me faire passer pour un sectateur de Catilina, moi qui ai toujours aimé à régler ma conduite, dans les loisirs ou les affaires, sur les préceptes de Cicéron (4).

(1) Allusion à Gerbert.
(2) Ep. III, 2ᵉ class.
(3) Le sens de l'avant-dernière phrase favorise cette supposition que ne contredit pas la réminiscence des noms de Cicéron et de Catilina, après ce que nous avons vu des études que l'écolâtre de Reims faisait embrasser à ses élèves.
(4) Ep. IV, 2ᵉ class.

Jusque-là ses bons rapports avec Arnoul n'avaient pas été troublés ; on voit même, dans une de ses lettres, que Gerbert ne pouvant, selon son désir, se rendre à Rome pour y voir l'impératrice Théophanie (1), intercéda auprès de cette princesse pour que, par sa haute influence, elle fit obtenir le pallium à l'archevêque de Reims (2). Sa demande fut favorablement accueillie, et le pape ne tarda pas à conférer à Arnoul cette distinction honorifique (3).

Cinq mois s'étaient écoulés dans ces travaux divers, et le nouveau pontife, grâce à la direction de Gerbert, remplissait ses fonctions avec une maturité que l'on n'était pas en droit d'attendre de son âge; malheureusement il ne resta pas longtemps fidèle à cette prudente ligne de conduite que l'écolâtre lui avait tracée. La voix du sang parlait à son cœur et lui montrait le seul représentant de sa race, Charles de Lorraine, privé de tout honneur (4) et réduit à s'abriter derrière les murs d'une citadelle « comme un limaçon dans sa coquille (5). » Il s'apitoyait sur le sort de son oncle, nous dit Richer, car il l'aimait beaucoup; dans cette préoccupation, il chercha un moyen par lequel il pourrait lui rendre une partie de sa puissance, sans toutefois encourir le reproche d'avoir trahi le roi. Le plan auquel il s'arrêta ne manquait pas d'une certaine habileté ; il imagina de réunir à jour fixe, et sous prétexte de traiter une affaire importante, tous les grands de la province, puis, quand ils seraient assemblés, Charles, à la tête de son armée, pénétrerait par surprise dans la ville, s'emparerait de l'archevêque et des seigneurs, les retiendrait captifs, et la domination de son oncle

---

(1) Théophanie s'était rendue à Rome, vers la fin de 989, pour calmer les factions et raffermir les grands dans la fidélité à son fils; elle y resta près de trois ans, et mourut dans cette ville en 991.

(2) Ep. VI, 2ᵉ class.

(3) Richerii, § XXXI.

(4) Cum doleret regnum alienæ stirpi datum et suæ præreptum. Ex *Chron. Virdunensi*, p. 161.

(5) « Tanquam limax in concha. » D. Bouq., t. X, p. 404, note B.

s'accroîtrait ainsi d'une province sans que lui-même parût avoir trahi son souverain.

Quand ce plan fut arrêté dans son esprit, il convoqua les seigneurs qui tous s'empressèrent de se rendre à son invitation. Un seul affidé fut pleinement initié à la trahison de l'archevêque, c'était un prêtre nommé Adalger dont on avait gagné l'adhésion en flattant l'amour-propre (1). Ce complice, informé de la nuit où Charles devait être introduit dans Reims, enlève du chevet d'Arnoul, mais avec son consentement, les clefs de la ville et en ouvre les portes à l'ennemi. Le duc de Lorraine pénètre dans la place et la livre au pillage, tandis que les citoyens, éveillés en sursaut par le tumulte des armes et les cris des vainqueurs, n'opposent aucune résistance. Arnoul lui-même affecta la plus grande surprise quand on le fit prisonnier avec les seigneurs assemblés à Reims; tous les captifs furent dirigés sur Laon (2). (Premiers jours de juillet 990.)

C'était dans cette ville que devait se dénouer cette habile trahison; Charles ayant exigé de ses prisonniers le serment de fidélité, ils refusèrent unanimement, l'archevêque tout le premier. « Des deux côtés, ajoute le chroniqueur avec l'énergique « concision de Tacite, des deux côtés on feint de se haïr; on « ne laisse percer en aucune façon la tendre affection que l'on « éprouve; on se fait réciproquement des reproches simulés; « on se renvoie les épithètes de traître et d'usurpateur (3). » En définitive, Arnoul prêta le serment demandé et revint dans sa ville où il travailla dès-lors en faveur de Charles de Lorraine, au mépris de la foi qu'il avait jurée à Hugues-Capet. Ce fut ainsi que la métropole de Reims vint s'ajouter aux villes de Laon et de Soissons que le prétendant possédait déjà (4).

Gerbert n'avait pas attendu ce dénouement; depuis quelque

---

(1) Ex *Chron.* Willelmi Nangii.

(2) Ex *Chron. Virdunensi.*

(3) Odium utrimque simulant; pium affectum nullo modo produnt. Ab utroque quærimonia nonnulla simulabatur, eo quot alter desertor, alter invasor alterius ab utroque enuntiaretur. Richerii, § XXXVI.

(4) Ex *Chron.* Sigeberti Gemblacensis monachi. — Ex *Chron. Saxonico.*

temps déjà sa fidélité aux rois de France l'avait rendu suspect à l'archevêque de Reims, et il est assez probable que l'on fit d'énergiques tentatives pour le gagner à la cause du prétendant. Cette partie de la vie de l'écolâtre est enveloppée d'une obscurité qui a autorisé sur cet illustre personnage les jugements les plus contradictoires, d'où sa mémoire est sortie fort maltraitée. Quelques historiens (1) l'ont même accusé d'avoir trahi Arnoul, en profitant de son inexpérience pour le précipiter dans une voie qui n'avait d'autre issue que le parjure et la trahison. Nous ne pouvons avoir la prétention de lever tous les doutes, d'éclaircir tous les points obscurs de cette existence tourmentée, surtout avec les documents incomplets et souvent contradictoires que nous ont laissés les chroniqueurs de ces âges lointains. Il est certain que Gerbert fut mis à une rude épreuve vers le milieu de cette année 990 ; on peut conjecturer, en effet, que la cause de Charles de Lorraine fut secrètement embrassée et soutenue par la famille impériale d'Allemagne. Othon III et sa mère Théophanie, inquiets des prétentions et de la puissance de la nouvelle race royale, avaient cru devoir passer par-dessus le mépris qu'ils professaient pour le prétendant depuis la captivité de la reine Emma, et leur appui moral avait encouragé les espérances de Charles et provoqué peut-être la défection d'Arnoul (2).

(1) M. Ampère, dans son *Histoire littéraire de la France*, t, III, p. 299, va même jusqu'à affirmer que Gerbert fut de connivence avec Arnoul dans cette trahison ; cette assertion gratuite du célèbre historien se trouve démentie par les lettres de Gerbert et surtout par son *Libellus repudiationis*, Epist. XXIV, 2ᵉ class.

(2) Nous tirons cette induction, 1° de l'assertion positive donnée par quelques chroniqueurs d'après lesquels, à la mort de Charles de Lorraine emprisonné à Orléans, ses enfants auraient trouvé un asile à la cour de l'empereur (Cf. WILLELMI GODELLI, monachi S. Martialis Lemovic. *Chron.*, lib. III. — *Historiæ franc.* fragmentum ap. CHESNIUM, t. IV, p. 85) ; 2° des actes du concile de Saint-Basles, § XXXI ; ces actes, reproduits avec des mutilations dans Du Chesne, t. IV, et dans le *Recueil des histoires de France*, t. X, p. 513, se trouvent en entier dans M. Varin, *Archives administratives de la ville de Reims*, t. I, p. 100.

Cette hypothèse peut seule, ce nous semble, expliquer certaines lettres de Gerbert dans lesquelles il se plaint de la grande perplexité où le placent l'obéissance qu'il doit à Othon, les instances que la faction de Charles fait auprès de lui (1), et le dévouement qu'il professe pour cette dynastie capétienne dont il avait été un des soutiens les plus illustres. Au lieu de suivre cette politique tortueuse qui, ne sacrifiant aucun intérêt, ne stimule aucun dévouement, Gerbert fit preuve, non de cette astucieuse finesse dont ses ennemis ont voulu faire honneur à sa mémoire, mais de ce sens politique qui permet de voir de haut les hommes et les événements. Dans cette crise qui pouvait précipiter du trône la dynastie capétienne, fortement entamée déjà par le mécontentement des seigneurs et ses échecs devant Laon, il se rattacha sans réserve à la cause de Hugues-Capet, et, « malgré le nombre toujours croissant de ses enne- « mis, » il plaça le sentiment du devoir qui le liait au roi de France au-dessus de son affection pour Othon III (2). Ce dernier sut apprécier la noble conduite de l'écolâtre, et il ne paraît pas que leurs rapports d'amitié en aient été altérés; nous verrons même plus tard l'empereur venir généreusement au secours de Gerbert quand ce dernier dut prendre le chemin de l'exil.

Mais tous n'eurent pas cette délicatesse d'Othon, et la fidélité de Gerbert aux Capétiens fut le signal de vexations nouvelles (3) et même d'attaques brutales (4) qui, venant s'ajouter à l'état de souffrance dans lequel il se trouvait (5), le forcèrent à quitter Reims. Ce fut peu avant la conclusion des arrangements d'Arnoul avec le duc de Lorraine qu'il abandonna cette ville et se retira à la cour des rois de France, où il fut accueilli

---

(1) Ep. V, 2ᵉ class.

(2) Ep. XX, 2ᵉ class.

(3) N'étant encore que diacre, Gerbert fut privé de la communion ecclésiastique, Epist. XIX, 2ᵉ class.

(4) Gladiis hostium undique perstringimur. Ep. XIV, 2ᵉ class.

(5) Ep. VIII, 2ᵉ class.

avec les sympathies qu'inspiraient sa constance et ses malheurs (1).

Il s'y trouvait encore quand Charles, de connivence avec l'archevêque, mit au pillage la ville de Reims ; et ce fut au milieu de ses travaux littéraires que Gerbert apprit cette douloureuse nouvelle :

> Ce que j'admire avec le plus de respect dans les choses humaines, écrit-il à Romulfe, abbé de Sens, ce sont les nombreux ouvrages dans lesquels la science a consigné le résultat de ses travaux. Finissez comme vous avez commencé, et calmez mon désir d'apprendre en faisant couler jusqu'à moi l'eau pure de Cicéron. Cicéron prend part à mes peines, et elles sont nombreuses depuis la prise et la dévastation de notre ville..... Secourez-moi, ô mon père, afin que Dieu qui s'est retiré de moi, à cause de mes nombreuses fautes, se rapproche par l'effet de vos prières, qu'il me visite et réside en mon cœur à l'avenir. Et vous même, s'il se peut, venez me consoler moi, qui suis dans la tristesse depuis la mort de mon père Adalbéron (2).

Les événements dont Reims devenait le théâtre n'étaient pas, en effet, de nature à dissiper sa douleur ; ses amis étaient captifs ; la ville dévastée (3) ; sa demeure, livrée au pillage, avait été indignement saccagée ; ses richesses, ses meubles, ses livres même étaient devenus la proie des soldats, et leurs chefs refusaient de faire droit à ses justes réclamations (4).

Cependant rien ne venait encore établir la culpabilité d'Arnoul ; il était prisonnier à Laon, et ses amis alléguaient son refus de prêter serment à Charles comme une preuve évidente de la violence morale qu'il continuait à subir. Rendu peu après à la liberté, l'archevêque s'empressa, pour dissiper tous les soupçons, de lancer l'anathème contre les soldats qui avaient pillé la ville de Reims, et frappa d'excommunication

---

(1) D. Bouq., t. X, p. 404, note B.
(2) Ep. XIII, 2ᵉ class.
(3) Ep. VIII, XIX, 2ᵉ class.
(4) Ep. CXLIII.

tous ceux qui directement ou indirectement s'étaient associés à la sacrilège profanation de l'église métropolitaine (1).

Les évêques de la province voulurent donner à cette sentence la consécration de leur autorité; ils se réunirent donc à Senlis (fin juillet 990), excommunièrent les pillards, et nommément le prêtre Adalger qui fut désigné comme le principal instrument de cette lâche perfidie : « Qu'ils deviennent, était-il dit dans la « sentence du concile empruntant les paroles de l'Écriture, « qu'ils deviennent, ô mon Dieu, comme l'aile du moulin ou « comme le chaume, le jouet du vent. Comme le feu qui con- « sume la forêt, comme la flamme qui dépouille les montagnes, « poursuivez-les de votre tonnerre, et que votre colère les em- « brase.... Qu'ils rougissent de honte ; qu'ils périssent à ja- « mais, et qu'ils reconnaissent ainsi que votre nom seul est « grand, ô Seigneur, et que vous êtes le seul Très-Haut sur « toute la terre! Et parce qu'ils n'ont eu pitié ni de l'enfant ni « de la veuve ; qu'ils n'ont point respecté les temples de « Dieu, et qu'ils ont voulu dominer dans l'Église, que leurs « enfants deviennent orphelins, que leurs femmes pleurent « dans le veuvage! que l'usurier fouille dans toutes leurs pos- « sessions, et que le fruit de leurs fatigues soit l'apanage de « leurs ennemis! que leurs enfants encore en bas âge soient « emmenés captifs, mendiant leur pain, loin de leurs de- « meures.... Frappez-les, ô mon Dieu! et redoublez vos « coups s'ils ne font point pénitence et s'ils ne satisfont pas « à l'Église par la douleur et le repentir! (2) » Quant à l'archevêque, il ne formula pas la plus légère plainte sur son emprisonnement; ce silence affermit encore les soupçons qui pesaient déjà sur sa conduite et dont nous trouvons des traces dans une lettre de Gerbert.

L'écolâtre avait en effet assisté au synode de Senlis (3);

---

(1) D. MARLOT, *Hist. de Reims*, t. III, p. 692, pièces justificat. n. VII. — LABB., *Concil.* t. IX, p. 735. — D. BOUQ., t. X, p. 517.

(2) D. MARLOT, *id.*, p. 693. — VARIN, *Hist. administ. de Reims*, t. I, p. 124 — HOCK, p. 178.

(3) Ep. XVII, 2ᵉ class.

quand l'assemblée se fut séparée, il fit connaître à un personnage que nous croyons être Robert, fils de Hugues-Capet, ce que le concile avait décidé ainsi que la formule d'excommunication ; il ajoutait ensuite :

...... Si je l'eusse pu, depuis longtemps je me serais rendu auprès de vous, et par de nobles conseils et des moyens énergiques nous aurions ressuscité ce nom de roi, dont le prestige semble éteint chez les Francs...... Il viendra, oui, il viendra et bientôt, croyez-moi, ce jour où les pensées, les paroles et les actes de chacun seront enfin manifestés. Jusque là soyez prudent et ne vous prononcez pas sur les graves affaires du royaume, jusqu'à ce que nous sachions la vérité sur le métropolitain...... (1).

Seul, peut-être, Arnoul ne s'apercevait pas de l'orage qui s'amassait sur sa tête ; on peut du moins le conjecturer par la lettre pressante que Gerbert lui envoya avec cette suscription significative,

Gerbert à l'évêque Arnoul (2), encore inviolable. Avez-vous donc une si grande confiance dans le hasard ou dans la sottise des hommes, que vous n'aperceviez pas les glaives suspendus sur votre tête ? Vous ne sentez donc pas les machines de guerre battre déjà vos flancs ?..... Je sais que les prêtres du Seigneur ont dressé votre accusation ; elle est pleine de crimes et de forfaits ! Les juges sont même choisis ; vinsiez-vous à les récuser, votre absence ne pourra vous sauver, et si vous comparaissez, ils vous dégraderont de l'épiscopat..... Pour moi qui connais l'audace des factions, initié aux secrets des légistes et des conseillers, j'ai cru devoir, connaissant votre discrétion, et en souvenir de notre vieille amitié, vous tirer de cette dangereuse léthargie.... (3).

Cet avis de Gerbert était déjà inutile ; « il n'y a point d'assez

---

(1) Ep. XI, 2ᵉ class. — Cf. Ep. XXIII, 2ᵉ class.

(2) L'initiale A se trouve seule à la suscription de cette lettre ; les Bénédictins (*Recueil des historiens français*, t. X, p. 402) la font adresser à Ascelin ou Adalbéron, évêque de Laon ; M. Barse, t. II, p. 237, embrasse aussi cette opinion. Nous préférons celle de Hock, p. 174, comme répondant mieux à l'ensemble de cette épître.

(3) Ep. X, 2ᵉ class.

« sombre nuit pour couvrir un forfait, » nous dit le chroniqueur, aussi ce qui n'était encore qu'à l'état de vague rumeur, prit, par la déposition du malheureux Adalger, un caractère de gravité que l'archevêque ne put se dissimuler plus longtemps. Il l'accrut encore par d'imprudentes mesures ; c'est ainsi qu'on lui reprocha de dépouiller les fidèles serviteurs du diocèse pour enrichir ses prétendus ennemis, d'équiper des troupes destinées à opérer contre le roi des Francs, et de pactiser avec les brigands qui avaient pillé la ville. Arnoul essaya cependant de tenir tête à ses ennemis ; mais le vide se faisait peu à peu autour de lui. Bientôt, ne se croyant plus en sûreté dans Reims, il quitta cette ville et donna à sa trahison une consécration solennelle en allant demander un asile à son oncle, Charles de Lorraine.

Gerbert, qui s'était déjà séparé d'Arnoul (1), rompit alors ouvertement avec l'archevêque. En présence de cette indigne violation de ses serments et de la coupable légèreté avec laquelle il méprisait les engagements les plus solennels, l'écolâtre lui adressa ce fameux « *libelle de répudiation* » où nous regrettons de trouver, en présence de cette grande ruine qui se prépare, des préoccupations matérielles que la gravité des circonstances semblait devoir faire oublier :

Après avoir longuement réfléchi au malheureux état de notre ville, et ne voyant aucune issue à ses douleurs sans la ruine des gens de bien, j'ai pris une détermination qui seule me permet de sortir des embarras actuels et de veiller au salut de mes amis. J'abandonne ce pays, je quitte votre domination, et je vous rends à vous et à mes ennemis ce que je tenais de votre libéralité ; je ne veux pas être accusé de solidarité avec vous, de crainte que ce lien me rattache en quelque manière à la faction de votre oncle. Les engagements que j'ai déjà souscrits ne me permettent pas d'embrasser le parti d'un autre ; or, si je m'intéresse à votre salut personnel, comment pourrai-je agir contre Charles de Lorraine ? Et si je veux agir contre ce dernier, comment pourrai-je vous être utile ? Je tranche cette équivoque en m'éloignant de votre diocèse ; de la sorte, je ne vous devrai.

---

(1) Ep. XVIII, 2ᵉ class.

à vous et à Charles qu'une bienveillance toute désintéressée. Si vous accueillez ce sentiment restreint, veuillez mettre à l'abri, pour moi et pour les miens, les maisons que j'ai bâties à mes frais (1), ainsi que le mobilier qu'elles renferment. Protégez également les églises que, selon l'usage de la province, j'avais obtenues par des donations solennelles et légitimes. Pour tout le reste, je vous l'abandonne. En agissant ainsi, vous m'inviterez à vous être agréable, moi qui vais vivre ailleurs en toute liberté. Mais si vous transgressez ces limites, s'il est vrai, comme je l'apprends, que vous avez abandonné toutes mes possessions à mes ennemis, je n'hésiterai point à répondre à vos procédés par les conseils les plus rigoureux que je donnerai contre vous ; car il ne me sera pas possible d'oublier les maux passés si vous prenez soin, par vos décisions présentes, de me les rappeler (2).

Le doute n'étant plus possible sur la participation d'Arnoul à la trahison d'Adalger, le roi de France, doublement effrayé de l'alliance que le métropolitain nouait avec les princes allemands et Charles de Lorraine, résolut de couper le mal dans sa racine en déposant Arnoul de son archevêché. Toutefois, sachant que cette mesure ne pouvait être régulière sans le consentement du pape, il adressa à Jean XV la lettre suivante, dont le style se rapproche trop de celui de Gerbert, pour ne pas nous autoriser à croire qu'elle est de la plume de l'ancien écolâtre, en ce moment, du reste, chargé des fonctions de secrétaire (3) auprès d'Hugues-Capet :

Au saint pape Jean, Hugues par la grâce de Dieu roi des Francs, salut. Les événements inouïs survenus en notre temps m'obligent de recourir à vos conseils que je recherche avec tout le respect et toute l'affection possible, sachant que toute votre vie a été consacrée à l'étude des sciences divines et humaines. Je vous supplie donc de considérer ce qui s'est passé et de nous prescrire ce qui est à faire, afin que l'honneur dû aux lois sacrées ne soit point foulé aux pieds et que la puissance royale ne soit en rien amoindrie. Arnoul, fils du roi Lothaire (à ce qu'on dit), après avoir jeté le trouble et la révolte dans notre royaume, a été accueilli cependant par nous

---

(1) Ep. CXXIV.
(2) Ep. XXIV, 2ᵉ class. — Barse, t. II, p. 245. — Hock, p. 172, 173.
(3) Ep. CXLIV ; XVIII 2ᵉ class.

avec l'affection d'un parent, nous l'avons gratifié du siége métropolitain de Reims et il a protesté par serment de demeurer fidèle à notre service. Ce serment il ne l'a pas seulement prononcé en public, il l'a encore signé de sa main ; il l'a fait jurer et souscrire par les citoyens de Reims et par les soldats qui se sont engagés à nous servir fidèlement, leur archevêque vint-il à tomber entre les mains de ses ennemis. Au lieu de cette obéissance, et selon l'assertion de témoins irréprochables, il a ouvert lui-même les portes à l'ennemi ; et le peuple et le clergé qu'il devait protéger, il les a livrés au vainqueur comme un butin de victoire. Il alléguera peut-être pour excuse, qu'il était lié à une autre puissance, soit ; mais pourquoi contraint-il les citoyens et les soldats à enfreindre leur serment ? Pourquoi équipe-t-il une armée contre nous ? Pourquoi forme-t-il un camp pour nous résister ? Il est captif, dira-t-il ! Mais alors pourquoi s'oppose-t-il à ce que nous le délivrions ! Les ennemis l'accablent ! Mais pourquoi ne cherche-t-il pas à les fuir ? S'il est libre, pourquoi refuse-t-il de venir nous trouver ? Nous le mandons au palais, il refuse de s'y rendre. Les archevêques, les évêques veulent-ils lui adresser quelques observations ? Il répond qu'il ne leur doit rien. Cet état de choses nous oblige de consulter Votre Sainteté qui tient la place du prince des Apôtres, pour savoir ce qui doit être fait envers cet autre Judas, afin que le nom de Dieu ne soit pas méprisé parmi nous, ou que, pressé d'un juste ressentiment et encouragé par votre silence, nous ne nous vengions sur la ville en la réduisant en cendres ou en dévastant la province. Nous vous supplions donc de nous avertir de la forme qu'il faut tenir en ce jugement, afin que l'ayant requis par lettres, et ne l'ayant pas obtenu, vous n'alléguiez devant Dieu aucune excuse (1).

A cette lettre de Hugues-Capet, les suffragants d'Arnoul en joignirent une également pour hâter à Rome la conclusion de cette affaire qui tenait en Gaule tous les esprits dans l'anxiété :

Lettre des évêques de la province de Reims au très-saint Pape Jean. Nous n'ignorons pas, très-saint Père, que nous eussions dû depuis longtemps consulter la sainte Eglise romaine pour arrêter la ruine de l'ordre ecclésiastique parmi nous. Mais, éloignés de Rome,

---

(1) BARONIUS, *Annal.*, t. X, p. 887. — RICHERIUS, *Defens. libell. de Ecclesiar. potest.*, t. II, p. 363. — BULŒUS, *Hist. Univers. Paris.*, t. I, p. 330. — *Concil.* LABB., t. IX, p. 787. — DU CHESNE, t. IV, p. 107. — D. BOUQ., t. X, p. 521. — VARIN, t. I, p. 141. — D. MARLOT, t. III, p. 69.

gémissant sous le joug de nos ennemis, nous n'avons pu jusqu'ici accomplir notre dessein. Nous déférons aujourd'hui, non sans une vive douleur, au tribunal de Votre Sainteté le crime inouï d'Arnoul, archevêque de Reims, qui a renouvelé dans l'Eglise, par son apostasie, le crime de Judas : oubliant qu'il avait autrefois trahi son évêque et livré Laon au pillage, alors qu'il était élevé comme une jeune plante dans l'église de cette ville, il a encore ajouté une seconde perfidie à celle-ci, en livrant la ville de Reims qui lui était confiée avec le peuple et le clergé. Nous l'avons charitablement averti de sa faute ; mais nos observations n'ont eu aucune influence sur son esprit ; il méprise les admonitions de ses suffragants, et, foulant aux pieds le respect qu'il doit à une promesse signée devant Dieu et les anges, il viole encore ses autres serments. C'est ainsi que, par sa faute, plusieurs églises demeurent destituées de pasteurs, que les peuples meurent sans sacrements, et qu'il méprise la reconnaissance envers les rois qui l'ont élevé, jusqu'à machiner leur ruine complète. Eveillés comme d'un profond sommeil au souvenir d'un homme aussi criminel, nous avons suivi la sentence du Sauveur qui prescrit : Si ton frère a commis quelque offense contre ta personne, conduits-le à part et adresse-lui tes observations, s'il t'entend tu sauveras son âme ; s'il est sourd à tes conseils, choisis une ou deux personnes, afin que tes paroles soient justifiées par témoins ; et s'il persiste dans son obstination, dénonce-le à l'Eglise, et s'il méprise ses avertissements qu'il soit réputé comme un hérétique et un publicain. Veuillez donc, très-saint père, prêter un favorable secours à une église qui penche vers sa ruine, et prononcez contre le coupable la sentence portée par les canons ou plutôt par la vérité même. Montrez-nous que nous avons un autre saint Pierre pour protecteur de la foi chrétienne, et que l'Eglise romaine prononce son arrêt contre un criminel que toute l'Eglise a déjà condamné. Puisse votre autorité nous venir en aide tant pour la déposition de l'apostat, que pour la promotion d'un nouvel archevêque, élu par le commun suffrage des diocésains pour présider en la maison de Dieu, afin que tous puissent connaître pourquoi les autres églises placent votre autorité au-dessus de celle des autres évêques (1).

(1) Baronius, *Annal.*, t. X, p. 887. — Bulœus, *Hist. Univers. Paris.*, t. I, p. 330. — Bzovii, *Annal. Eccles.*, t. XX, p. 580. — *Concil.* Labb., t. X, p. 738. — Du Chesne, t. IV, p. 108. — D. Bouq., t. X, p. 522. — Varin, t. I, p. 141, 142. — D. Marlot, t. III, p. 70.

C'était le pape Jean XV qui occupait alors le siége apostolique ; il voulut avant de se prononcer, entendre les deux parties adverses, et informer avec maturité une cause aussi grave. Ce retard, dont on fit plus tard grand bruit au synode de saint Basles, fut malheureusement attribué par les députés du roi de France aux intrigues d'Héribert, beau-père de Charles de Lorraine. Il s'était, en effet, rendu également à Rome et, à force de présents, il avait gagné à la cause d'Arnoul le fameux Crescentius, dont la tyrannie a jeté sur le pontificat de Jean XV un voile de deuil et de tristesse. Ce qui est certain, c'est que les ambassadeurs de Hugues-Capet, fatigués du délai que l'on mettait à répondre à leur demande, reprirent le chemin de la Gaule sans avoir obtenu la plus légère satisfaction.

Cet état de choses créait au roi de France une situation des plus fâcheuses. Connaissant par sa propre expérience combien grande et décisive était l'influence d'un premier succès, il voulut, puisqu'il ne recevait de Rome aucun secours, atteindre l'ennemi au cœur même de sa puissance. Il pensait avec raison que la ville de Reims serait facilement réduite, quand il aurait enlevé celle de Laon ; à cette fin, il équipe une armée de 6,000 hommes et marche vers le nord, résolu, nous dit le chroniqueur, à réduire son ennemi par la force ou par la famine. Après avoir tout saccagé sur son passage, il arriva en présence de l'armée de Charles ; elle ne comptait que 4,000 hommes, et cependant tel était le prestige qui entourait encore la race de Charlemagne, que le roi de France n'osa pas l'attaquer en bataille rangée. « Il ne se dissimulait pas, nous dit la chroni-
« que, qu'il avait agi criminellement et contre tout droit, en
« dépouillant Charles du trône de ses pères pour s'en emparer
« lui-même » (1). Après s'être longtemps observées, les deux armées se séparèrent sans combattre, et Charles rentra dans la ville de Laon.

---

(1) Regem vero animus sui facinoris conscius contra jus agere argueret, cum Carolum paterno honore spoliaverit, atque regni jura in sese transfuderit. Rich., § XXXIX.

Hugues-Capet ne se crut pas assez fort pour l'y assiéger ; à deux reprises, il avait déjà tenté d'enlever la ville sans pouvoir y réussir, aussi résolut-il de recourir à un moyen moins chevaleresque mais plus sûr, à la trahison (1). Ce fut l'évêque de Laon, Adalbéron, qui servit d'instrument ; ce prélat fourbe et astucieux (2), déploya dans cette affaire une telle souplesse, qu'elle devait être le fruit d'une longue habitude de trahison. Arnoul, dont le caractère faible et crédule était toujours à la merci de ceux qui le flattaient, parut à Adalbéron l'homme dont il avait besoin pour ourdir sa trame ténébreuse. Il lui envoya des députés à Laon, où l'archevêque de Reims se trouvait auprès de Charles, et lui fit demander une entrevue afin, disait-il, de se servir de son intervention pour rentrer en grâce auprès du duc de Lorraine. Arnoul ne soupçonnant aucun piège, assigne un rendez-vous à l'évêque de Laon, et ces deux personnages s'y prodiguèrent les embrassements et les marques de la plus vive affection. Après ces préliminaires, bien faits pour séduire la naïve confiance d'Arnoul, Adalbéron exposa à ce dernier le danger de leur situation respective : Vous servez Charles, moi
« je suis du parti du roi ; nous possédons l'un et l'autre la
« confiance de nos souverains, faites que je rentre en grâce
« auprès du duc de Lorraine, je vous assure celle de Hugues-
« Capet..... Le roi ne demande qu'à ajouter foi à mes paroles ;
« et comme cet accommodement nous intéresse tous les deux,
« il en résultera un double avantage...... » (3). On n'alla pas plus loin dans cette première entrevue, et les deux prélats se séparèrent après s'être donné de mutuelles marques de confiance.

Dans sa bonne foi (4), Arnoul plaida chaleureusement auprès du duc de Lorraine la cause d'Adalbéron, et obtint que son

---

(1) Cernens igitur Hugo quod minime posset Carolum vincere, consilium habuit cum Ascelino *traditore vetulo*. Ex *Chron.* Fratris ANDREÆ, lib. II.

(2) Traître, faulx et malvais. *Manuscrit de l'abbaye de Saint-Victor*, n. 419.

(3) RICH., § XLII.

(4) Adalberonem deceptorem nesciens. RICH., § XLIII.

siége lui fut rendu. Pendant ce temps, l'évêque de Laon combinait avec Hugues-Capet les moyens de s'emparer du prince, d'Arnoul et de leur ville ; ils déployèrent à cette ruse toute leur sagacité (1), et le succès vint la couronner. Réintégré dans son évêché, Adalbéron s'efforça d'abord de gagner la confiance de Charles en lui promettant son concours pour faire triompher la cause carlovingienne ; on se promit d'oublier le passé, et cette première entrevue se termina par des serments réciproques. Hugues-Capet, secrètement informé de tout ce qui s'était passé, approuva les menées de son confident, et promit de faire grâce à l'archevêque de Reims s'il venait se justifier devant lui. Arnoul, conduit par Adalbéron, parut devant le roi de France ; celui-ci l'embrassa et lui pardonna les événements de Reims en disant qu'il n'ignorait pas que Charles avait usé de violence, mais qu'il ne tenait qu'à lui de faire oublier la perte de Reims en amenant le duc de Lorraine à reconnaître son autorité et à avouer « qu'il tenait par con- « cession royale les villes dont il s'était emparé. » Le politique reparaissait ici ; Hugues-Capet voyait, en effet, son pouvoir mal affermi, contesté par ceux mêmes qui lui avaient octroyé la couronne ; il aurait donc voulu le fortifier de l'adhésion du seul représentant de cette famille carlovingienne dont il avait recueilli l'héritage.

L'archevêque de Reims promit plus qu'on ne lui demandait ; il n'y mit qu'une condition, que le roi lui rendrait ses bonnes grâces et son siège épiscopal. Hugues lui prodigua les plus grands honneurs et les plus vives protestations d'amitié ; il le fit asseoir à sa table, le combla de prévenances et le renvoya complètement séduit. Arnoul, qui jouait dans ces négociations un rôle où la crédulité contrastait singulièrement avec l'habileté et la perfidie de ceux qui l'employaient, s'empressa de mériter la faveur royale en cherchant à amener la réconciliation du roi et du duc de Lorraine. Mais ce dernier, que la gravité même de la négociation avait rendu prudent, ne se pressait pas d'acquies-

---

(1) Tecnas superiores effuderunt. Rich., § XLIII.

cer aux propositions de Hugues-Capet ; ses récents succès, la forte assiette de la ville de Laon, tout contribuait à ne pas l'encourager dans cette concession qui cachait la reconnaissance directe de la nouvelle race en consacrant la dépossession de la famille de Charlemagne.

Fatigué de ces hésitations, et se voyant déjà soupçonné par le duc de Lorraine de connivence avec le roi de France, Adalbéron revint à son premier projet et l'exécuta avec une audace qui dénotait dans ce prélat une énergie peu commune, mise au service de la perfidie la plus éhontée. Il avait été replacé sur le siége de Laon et avait, en cette qualité, prêté serment à Charles de Lorraine sur les reliques des saints ; « pour arriver à ses fins, « nous dit le chroniqueur, il avait juré tout ce qu'on avait « voulu » (1). Quand il eut, à force de souplesse, gagné la confiance de Charles et qu'il connut parfaitement les habitudes de la petite cour, il prévint le roi de se tenir prêt.

Le soir du dimanche des Rameaux (991), nous dit Richer, l'évêque se montrant très-gai pendant le repas, Charles qui tenait à la main une coupe d'or, où il avait fait tremper dans du vin du pain coupé en morceaux, la lui présenta, en disant : « Puisque vous avez sanctifié aujourd'hui les rameaux verts, « puisque vous nous avez offert à nous-même l'Eucharistie, et « que, du reste, le jour de la passion de Notre-Sauveur Jésus-« Christ approche, je vous offre, méprisant les propos de ceux « qui ne veulent pas qu'on puisse se fier à vous, ce vase conte-« nant du pain et du vin. Buvez en signe de fidélité à ma « personne ; mais s'il n'était pas dans vos résolutions de garder « votre foi, abstenez-vous, de peur de rappeler l'horrible per-« sonnage de Judas. » — Adalbéron répondit : « Je recevrai « la coupe, et je boirai volontiers ce qu'elle contient. » — « Ajoutez, lui dit Charles, et je garderai fidélité. » — Il but et ajouta : « Et je garderai fidélité, si non que je périsse comme « Judas ! » (2).

(1) Sui voti avidus, quicquid expetitur, spondet. *Ibid.*, § XLVI.
(2) *Ibid.*, § XLVII.

Dans cette même nuit, que le moine chroniqueur appelle « nuit de larmes et de trahison, » Adalbéron enleva furtivement les épées suspendues au chevet de Charles et d'Arnoul, et, faisant entrer ses soldats, s'empara des deux Carlovingiens pendant leur sommeil. « Evêque, s'écria Charles en voyant « Ascelin commander de le jeter en prison, je me demande « avec étonnement si tu te souviens du souper d'hier ! » (1)

Dès qu'il fut en possession de la ville, l'évêque de Laon fit informer le roi, alors à Senlis, qu'il eût à venir mettre garnison dans sa nouvelle conquête ; celui-ci se rendit aussitôt dans le Vermandois, et recouvra sans coup férir la place qu'une trahison lui avait ravie et dont la trahison lui rouvrait les portes (2). Les prisonniers furent remis entre ses mains, et le roi de France revint à Senlis, où il convoqua son conseil pour décider du sort de Charles et d'Arnoul. Quelques-uns inclinaient vers la clémence ; mais Hugues-Capet ne se crut pas assez fort pour être généreux ; il confina donc en prison, à Orléans, Arnoul et Charles de Lorraine. Ce dernier fut enfermé avec sa femme Adélaïde, son fils Louis et ses deux filles Gerberge et Adélaïde (3).

Ainsi se dénoua cette crise qui avait mis en péril la monarchie capétienne ; vaincu par la trahison, le roi de France recourut aussi à cette arme que la conscience réprouve comme immorale et la politique comme imprudente, parce qu'elle ne fait reposer les institutions que sur des hommes qui s'estiment trop peu pour n'être pas toujours à vendre. Hugues-Capet ne fut que coupable, l'évêque de Laon fut criminel ; par devoir autant que par caractère, il devait toujours donner l'exemple de la noblesse et de la loyauté, il faillit à ce double devoir ; et

---

(1) 30 mars 991, suivant M. Pertz ; 2 avril, suivant l'*Art de vérifier les dates.*

(2) Ex *Abbrev. gestorum Franciæ regum.*— Ex *Chron.* Fratris RICHARDI, monachi Cluniacensis. — Ex *Chron.* Fratris ANDREÆ, lib. II. — Ex *Chron. Sithiensi.*

(3) RICH., § XLIX. — Ex *Chron.* ADEMARI CABAN. — Ex *Chron. Malleacense.* — Ex *Chron.* WILLELMI GODELLI.

l'histoire doit flétrir sa conduite comme celle d'un homme qui fut plutôt le courtisan de la puissance que de la justice, et qui fit à sa cupidité et à son ambition un sacrifice que ne s'impose jamais un homme de cœur, le mépris de sa parole et le sacrifice de son honneur. Quant à Arnoul, son jeune âge, l'influence que Charles de Lorraine exerçait sur son esprit, et cette voix du sang que l'on ne parvient jamais à étouffer, atténuent, sans l'excuser complètement, il est vrai, la mobilité de ses sentiments et le peu d'importance qu'il attacha à une promesse solennellement consentie.

CHAPITRE IX.

CONCILE DE SAINT-BASLES (1).

Le même cachot avait reçu Arnoul et le duc de Lorraine ; mais, si la captivité de ce dernier n'excitait guère de sympathies, il n'en était point ainsi de celle de l'archevêque. Ses amis prenaient hautement sa défense ; quelques écolâtres écrivaient même en sa faveur et montraient, d'après les lois canoniques, l'illégalité de sa détention. Le roi de France, informé de ce revirement d'opinion et craignant sans doute que par sa conduite, en apparence arbitraire, il n'augmentât le nombre des partisans d'Arnoul, ordonna, par un décret, que tous les évêques de la Gaule, et surtout les suffragants de Reims, eussent à se réunir en synode. Ceux des prélats auxquels leur santé rendrait ce voyage impossible, devaient se faire représenter par des délégués, afin de prononcer sur le sort de l'accusé ; de le condamner, conformément aux règles positives des canons, s'il était coupable, ou de le rétablir sur son siége, s'il se justifiait.

Le synode s'assembla, le 17 juin 991 (2), au monastère de Saint-Basles, près de Reims ; on y voyait réunis, les évêques

---

(1) Le monastère de Saint-Basles n'étant situé qu'à trois lieues au sud de Reims, les chroniqueurs désignent indistinctement ce concile sous le nom de *Synode de Saint-Basles* ou de *Reims*.

(2) En 992, selon Baronius.

suffragants de Reims, Gui, évêque de Soissons, Adalbéron évêque de Laon, Hervé, évêque de Bauvais, Godesman, évêque d'Amiens, Ratbod, évêque de Noyon, Eudes, évêque de Senlis ; l'archevêque de Bourges, Daibert ; les suffragants de l'archevêque de Lyon, Gauthier, évêque d'Autun, Brunon, évêque de Langres, Milon, évêque de Macon ; enfin Séguin, archevêque de Sens, avec ses évêques, Arnoul d'Orléans et Herbert d'Auxerre.

Ces treize évêques, après une délibération secrète, admirent à siéger avec eux les abbés de divers monastères qui s'étaient également rendus à Saint-Basles.

La tenue du synode étant réglée, la présidence de l'assemblée et le pouvoir de prononcer les jugements fut confié à Séguin, archevêque de Sens, que son âge, la pureté de sa vie et sa science rendaient très-recommandable. Arnoul d'Orléans, qui était de tous les évêques de la Gaule le plus docte et le plus éloquent (1), fut chargé de diriger les débats en qualité de promoteur. On reçut alors les excuses des prélats qui n'avaient pu assister au concile ; puis, le clergé ayant été introduit, il fut donné lecture des règles applicables à l'affaire en litige, et le synode fut déclaré ouvert (2).

Avant de faire l'historique de ce concile, nous croyons devoir indiquer brièvement l'origine des actes que nous allons reproduire et la marche que nous suivrons dans cette importante discussion.

Les actes du concile de Reims furent rédigés par Gerbert, secrétaire de l'assemblée (3) ; malheureusement, la copie authentique n'est pas arrivée jusqu'à nous, et cette perte est d'autant plus regrettable, que l'on n'ignore pas avec quel soin scrupuleux on procédait à ces rédactions. Il ne nous reste qu'un opuscule de Gerbert qui, tout en renfermant le fond des discussions et des doctrines exposées dans le synode (4), ne

(1) Arnulfus ecclesiasticas regulas scientia et opere optime servans.....
AIMONIUS, in fine lib. I *De Miraculis S. Benedicti.*

(2) *Concil. Remense,* c. I.

(3) *Hist. littér.,* t. VI, p. 565.

(4) RICH., § LXXXIII.

peut être considéré comme son expression littérale. Lui-même, dans son prologue, nous avertit qu'il développera « plus au long » (1), et souvent en traduisant d'une langue dans une autre, ce qui a été dit par les pères du concile (2). Cet opuscule fut sans doute écrit par Gerbert au moment où, abandonné des rois de France et de quelques-uns des prélats qui l'avaient élu, il voyait la tempête se déchaîner contre lui (3); il sortit de sa plume vers 993, en même temps que les lettres à Séguin et à Wilderode, sur lesquelles nous reviendrons plus tard.

Cet écrit se ressent nécessairement de la situation pénible où se trouvait le nouvel archevêque; de là quelques tendances excessives, quelques expressions exagérées, dont la plume est plus coupable que le cœur dans des natures ardentes comme celle de Gerbert. Nous n'employons que le mot excessif, parce que nous sommes convaincu que cet opuscule ne nous est pas parvenu dans toute son intégrité. Ce fut en 1570 environ que les centuriateurs de Magdebourg éditèrent pour la première fois, d'après un manuscrit de l'abbaye de Micy, le libelle de Gerbert, afin de servir les intérêts de la réforme (4). En 1600, les héritiers d'A. Wechell en firent paraître successivement deux éditions à Francfort, heureux d'abriter sous le nom d'un pape les témérités, et même les hérésies que l'on pouvait glisser dans cette publication. Il en résulta pour cet ouvrage un certain discrédit qui rejaillit jusque sur la mémoire de Sylvestre II; c'est ainsi que les collections de conciles, même les plus complètes, ont été fermées à son œuvre. Le père Sirmond ne l'a point insérée dans ses *Concilia antiqua Galliæ;* Binius, Labbe, l'édition de Venise, etc. etc... n'en parlent que pour la condamner (5); Mansi l'a omise, et si Baronius en fait mention ce n'est que pour en essayer la réfutation. Pour cet annaliste,

---

(1) « Prolixius disputabo, » *in Prolog.*
(2) *Ibid.*
(3) « Licet æmuli mei dentes in me exacuant..... plus tamen amicorum obsequio, quam invidorum odio permoveor. » *Ibid.*
(4) *Centur. Magdeburg.*, t. X, c. IX, col. 457.
(5) Cf. Varin, t. I, p. 100.

l'urbanité n'était même pas toujours une condition de la polémique, s'il est permis d'en juger par ce qu'il dit de Gerbert, à propos de son opuscule sur le concile de Reims : « Othon
« fit élire pape Gerbert, homme astucieux et très-habile
« à s'insinuer dans les bonnes grâces des princes, indigne
« (je le dis hautement) de ce siége dont il avait été le plus im-
« placable ennemi. C'est lui, en effet, qui, chassé par le pape
« Jean XV du siége archiépiscopal de Reims qu'il avait usurpé,
« entassa contre la puissance pontificale d'indignes calomnies,
« et, le cœur rempli de la bile la plus noire, a laissé échapper
« ce vomissement que les novateurs contemporains, après
« l'avoir absorbé, ont rejeté de nouveau contre la sainte Eglise,
« mais qui a rejailli sur leur propre visage. » (1).

Dans son *Recueil des Historiens de France*, Du Chesne a admis la partie historique de ces actes du concile de Reims ; les Bénédictins ont été plus loin, et dans leur magnifique collection des *Historiens des Gaules et de la France*, ils ont inséré les discours, même les plus hardis ; il s'est toutefois glissé dans leur compilation des ommissions assez nombreuses. En 1839, un érudit, M. Varin, dans une publication des *Pièces inédites pour servir à l'histoire administrative de la ville de Reims*, a donné, pour la première fois, l'opuscule de Gerbert dans son entier, tel du moins que les centuriateurs l'avaient publié au XVIe siècle. Malheureusement, le savant éditeur des archives rémoises a accepté sans discussion tout ce que les protestants avaient glissé dans l'œuvre de Gerbert, surtout certaines propositions qui n'auraient pu être énoncées dans une réunion d'évêques, surtout d'évêques français dont toute la vie, comme les ouvrages, ont été une éloquente apologie de leur foi en l'unité de l'Eglise, sans exciter, nous ne disons pas les murmures, mais les énergiques protestations de tous les membres de l'assemblée. Nous reviendrons, du reste, sur cette question quand nous apprécierons au chapitre suivant l'ensemble des actes du synode de Saint-Basles.

(1) Baronius, *Annal. Eccles.*, t. X, p. 950, édit. de Cologne 1624.

Un document qui a fait défaut aux savants bénédictins de Saint-Maur, et que M. Varin ne paraît pas avoir connu, c'est le manuscrit de Richer auquel nous avons fait jusqu'ici de fréquents emprunts. Ce moine, secrétaire et ami de Gerbert pendant que ce dernier occupait le siége de Reims, avait, comme clerc de la métropole, assisté aux solennels débats où la cause d'Arnoul fut agitée; il en parle donc en toute connaissance de cause, et nous devons ajouter qu'écrivant son histoire pour Gerbert (1) et auprès de lui, il a dû nécessairement puiser à bonne source les renseignements qu'il y consigne. Son manuscrit a eu, en outre, la bonne fortune de nous être parvenu intact; enfoui dans la poussière de la bibliothèque de Bamberg, en Franconie, ce précieux palimpseste (2), tout entier de la main de Richer, nous a conservé sans interpolation la pensée du bon chroniqueur et jusqu'à l'expression vivante des souffrances et des passions de ce siècle lointain. C'est en prenant pour guide les quelques pages, malheureusement trop succinctes, de cette chronique, que nous allons essayer de restituer au travail de Gerbert son vrai caractère, et raconter l'histoire de cette assemblée qui, par l'autorité des personnages qui la composèrent et la gravité des questions qu'on y traita, fût la réunion la plus solennelle du Xe siècle. Quant aux passages qui nous paraissent interpolés, nous les indiquerons dans les notes, réservant au chapitre suivant la double appréciation de ce synode et du rôle qu'y joua Gerbert.

Les actes du concile de Reims sont précédés d'un prologue que nous reproduisons parce qu'il nous indique le but que s'est proposé Gerbert en l'écrivant, et surtout parce que l'émotion qu'il reflète est de nature à expliquer ce que certaines expressions du libelle peuvent avoir de violent et d'excessif ; c'est à la fois un réquisitoire et une apologie :

---

(1) « Imperii tui, Pater, sanctissime Gerberte, auctoritas huic volumini seminarium dedit. » RICH. *in Prolog.*

(2) Il fut découvert en 1833 par M. G.-H. Pertz, le savant éditeur des *Monumenta Germaniæ historica*.

Bien que mes ennemis me poursuivent de leur haine et qu'ils fassent tous leurs efforts pour pervertir le sens de mes paroles et de mes actions, je suis encore plus sensible au dévouement de mes amis qu'aux persécutions de mes adversaires. Une crainte puérile n'a jamais inspiré ma conduite, et je ne veux pas laisser inachevés les efforts de mes amis. Je prendrai donc la plume pour exposer brièvement les résolutions adoptées au concile de Reims, afin que, par ce récit, la vérité se montre dans tout son éclat, et que l'on y trouve aussi les solennelles rétractations faites par des hommes puissants. Que si, dans cet exposé, mes expressions manquaient parfois d'exactitude, je supplie les vénérables prélats qui composèrent cette assemblée de ne pas y voir une injure, mais un effet de mon ignorance. Quant à ceux qui y assistèrent sans avoir voix délibérative, qu'ils ne m'accusent pas non plus d'inexactitude, puisque je suis obligé de traduire certains passages d'une langue dans une autre (1). Je tâcherai cependant de conserver leur profondeur de pensées, leur élévation de style et leur éloquence à certains passages... Il en est d'autres que j'exposerai à la manière des amplifications éloquentes (2)... Toutefois, j'observerai à l'égard de certaines personnes, et surtout envers le traître Arnoul, une extrême réserve, afin que je ne paraisse pas vouloir baser sur mes accusations mon élection au siége de Reims. Un autre but de cet opuscule, c'est de faire connaître, avec quelques développements et tels que je les crois vrais, les droits respectifs des évêques, des archevêques, des métropolitains, des patriarches, des primats et du pape lui-même (3).

Après ce prologue, Gerbert fait connaître les évêques qui prirent part au concile, et l'ordre indiqué pour les discussions ; ce fut Arnoul, évêque d'Orléans, qui prit le premier la parole :

Comme vous venez de le dire, vénérables Pères, aucun tumulte, aucun accusateur de mauvaise foi, aucun juge inique ne doit venir troubler ce concile. C'est un devoir pour nous de conserver à chacun

---

(1) Quelques évêques s'étaient exprimés en langue vulgaire ou gauloise ; nous verrons le même fait se reproduire plus tard au concile de Mousson, où Aymon de Verdun *harangua en gaulois*, « gallice concionatus est. »

(2) Baronius conclut à tort, d'après ces paroles, que Gerbert a l'intention « *de mutiler les actes du concile.* » Voy. BARONIUS, *Annal. Eccles.*, t. X, p. 859, édition d'Anvers 1618.

(3) *Prologus* Gerberti, D. BOUQUET, t. X, p. 513. — VARIN, t. I, p. 100.

le droit et le respect qu'il mérite, de n'enlever à personne l'occasion de parler, de rechercher la vérité, de soutenir ou de repousser les accusations. Que tous les avis, que toutes les propositions se produisent ouvertement, afin que personne n'objecte qu'on lui impose ce qu'il réprouve ou qu'on sacrifie ce qu'il croit juste. Maintenant, puisque vous avez voulu que je prisse le premier la parole devant vous, mes Pères, et devant le clergé que vous venez d'admettre dans cette enceinte, je crois devoir reprendre à son origine la cause qui nous occupe, afin que, nettement exposé, l'objet de ce synode paraisse à tous tel qu'il est.

Au milieu des troubles qui nous ont assaillis, et pendant que je faisais tous mes efforts pour conserver la paix à cette Église dont je suis, par la grâce de Dieu, l'enfant dévoué, la rumeur publique m'a apporté la nouvelle d'un forfait inouï qui m'a glacé d'horreur et d'épouvante. On disait que cette illustre cité de Reims, livrée par la trahison aux mains de l'ennemi, avait été pillée, dévastée, et le Saint des Saints profané par une soldatesque brutale. Et le fauteur de ce sacrilége, le complice de cette trahison, je le répète avec douleur, c'était, disait-on, l'archevêque Arnoul, celui qui aurait dû préserver la ville de ce désastre ! Notre caractère sacré s'est trouvé amoindri par sa trahison, et chacun s'est cru autorisé à faire rejaillir sur nous tous la perfidie d'un seul. Stimulés par le zèle de notre sainte religion, et réunis par les soins de notre sérénissime roi Hugues, nous devons nous laver de cette grave accusation et examiner si notre frère dans l'épiscopat peut se disculper et purifier sa mémoire de ce crime de lèse-majesté ; car, vous ne l'ignorez pas, par le seul fait d'un homme, nous sommes tous accusés de trahison et de perfidie. Si les évêques ont des lois, répète-t-on de tous côtés ; s'ils sont soumis aux rois, pourquoi ces mêmes lois ne punissent-elles pas celui qui les a violées ? Sans doute, ajoute-t-on, parce qu'en dissimulant les fautes de leur frère, ils s'assurent à eux-mêmes l'impunité ! Loin de nous, mes Frères, loin de cette vénérable assemblée la pensée de condamner ou d'absoudre un accusé malgré les lois divines et humaines. Que ceux qui ont connaissance des faits viennent les produire ; que ceux qui ont des accusations à formuler puissent les faire entendre, et si des témoignages contradictoires sont portés, nous péserons les raisons des parties adverses en nous conformant aux canons (1).

(1) *Concil. Remense*, c. II. Ce discours est identique pour le fond à celui que Richer attribue également à Arnoul. Cf. Rich., lib. IV, § LIII.

Quelques-uns des assistants ayant répondu qu'un homme aussi coupable devait être condamné et frappé au plus vite d'un juste châtiment, Séguin, président du concile, annonça qu'il ne permettrait pas la mise en jugement de celui que l'on accusait du crime de lèse-majesté, avant d'avoir obtenu sous serment la promesse des rois et des évêques qu'ils useraient envers lui d'indulgence. Il citait à l'appui de sa demande le XXXIe canon du IVe concile de Tolède qui « défend aux évêques, sous peine « de déposition, d'informer contre un crime de lèse-majesté « par ordre du prince, s'il ne promet de faire grâce du sup- « plice » (1).

Après quelques observations de Daibert, archevêque de Bourges, et d'Hervé, évêque de Bauvais, qui demandaient l'un et l'autre la mise en accusation immédiate d'Arnoul, l'évêque de Langres, Brunon, prit la parole en ces termes :

De tous les membres de cette assemblée, je suis celui que doit le plus émouvoir l'accusation portée contre l'archevêque de Reims ; seul, en effet, je vois, à cause de ce malheureux, mon nom errer sur toutes les lèvres ; car c'est moi qui parais l'avoir précipité dans cet abîme, moi qui, malgré le vœu de tous les gens de bien, mû par le désir de consolider la paix entre deux familles rivales, l'ai élevé au faîte des honneurs! J'ai cédé à mon estime pour le roi Lothaire et à mon affection pour ce membre de ma famille (2). Je n'ignorais pas cependant qu'il avait livré la ville de Laon et qu'il était le chef d'une faction odieuse, mais j'espérais qu'élevé à cette haute dignité, sa conduite deviendrait meilleure, et qu'après avoir fomenté tant de troubles et de dissensions, il consentirait à être un instrument de paix et de concorde. Mais c'est en vain que l'on attend la paix d'un homme qui ne répond que par le mal au bien dont on le comble. Des personnes qui me sont chères et dont l'amitié m'est précieuse, telles que mon frère unique le comte Gislebert, mon cousin le comte Guidon, il les a chargées de chaînes ainsi que leurs amis, tout en paraissant lui-même

---

(1) *Suppl.*, lib. XXXVII, n. 49.

(2) Brunon était fils d'Albrade, fille de Louis d'Outremer et sœur de Lothaire ; il était donc cousin-germain d'Arnoul et s'était, à ce titre, porté garant de la fidélité du nouvel archevêque auprès du roi de France.

gémir en captivité. N'ai-je pas été moi-même exposé à la mort en me rendant caution de la paix?..... En présence du roi et des évêques, devant tout le clergé et le peuple réunis, il s'est librement engagé par serment à aider son souverain de tout son pouvoir, par ses conseils et par ses armes, contre les prétentions de Charles, en même temps qu'il jurait de ne prêter à aucun des ennemis du royaume le concours de ses soldats ou de son crédit. Ce serment annulait dans sa pensée toute promesse passée et rendait vaine toute promesse future. Or, ce Charles qui voulait envahir le royaume, n'était-il pas un ennemi? Étaient-ce des amis ce Manassès et ce Roger, qui attaquèrent à main armée la ville de Reims et traitèrent en vaincus le peuple et le clergé qu'Arnoul devait défendre? Voilà quels étaient ses amis, ses confidents secrets! Ces usurpateurs, ces rebelles, il les comblait de biens!..... Pardonnez-moi, mes Frères, si l'indignation m'a entraîné au-delà de la mansuétude que m'impose mon caractère sacré; la douleur ne me permet pas de terminer ce discours, mais, d'après ce que je viens de dire, il vous sera facile de saisir toute ma pensée (1).

Godesman, évêque d'Amiens, ajouta:

Nous connaissons tous la grandeur d'âme du vénérable Brunon, que ne peuvent détourner de la vérité ni l'affection du sang ni les liens de l'amitié; aussi, puisqu'on a déjà proposé de discuter la culpabilité de l'accusé, il semble qu'on devrait demander à l'évêque de Langres quel jugement il faut porter sur cette affaire. Il convient, en effet, qu'il soit l'arbitre de la sentence, placé comme il est entre les deux parties, dévoué au roi comme sujet et à Arnoul comme parent. Il ne pourra être suspect d'aucune fraude, celui que la fidélité envers son seigneur engagera à prononcer un jugement, et que l'affection qu'il porte à un proche éloignera de toute malveillance (2).

— Je saisis parfaitement votre pensée, mes Pères, répondit Brunon; je comprends même ce que votre délicatesse se fait un devoir de ne pas exprimer. Préoccupés des lois divines que vous devez toujours sauvegarder, vous êtes pleins de compassion pour un homme qui m'est allié par les liens du sang, puisqu'il est le fils de mon oncle,

(1) *Concil. Remense*, c. IV. — Rich., § LVI.
(2) Ce discours, à peine énoncé dans l'opuscule de Gerbert (*Concil. Remense*, c. VI), se trouve en entier dans Richer, § LVII.

le roi Lothaire. Je sens et j'apprécie comme il le mérite ce sentiment de charité, mais à Dieu ne plaise que je fasse passer les liens du sang avant l'amour du Christ !.... Examinons ensemble et avec le soin le plus scrupuleux la cause qui nous est soumise, et que la crainte d'un terrible châtiment pour le coupable ne nous effraie pas, puisque nous savons que l'on n'implore pas en vain la miséricordieuse clémence du souverain qui nous gouverne. Nous ne devons nous préoccuper que d'une seule chose, c'est qu'en voulant faire grâce à un coupable, comme vient de le dire notre vénérable frère Hervé, nous ne compromettions pas seulement le sort de l'accusé, mais celui de l'Église. Je demande donc, si vous l'approuvez, que le prêtre qui a ouvert les portes de la ville soit introduit et dépose sur les faits dont il a connaissance (1).

Tous les assistants adhérèrent à la proposition de l'évêque de Langres ; toutefois, avant de faire comparaître Adalger, on donna, sur la proposition de Ratbot, évêque de Noyon, lecture de la promesse de fidélité consentie et signée par Arnoul avant son élection au siège de Reims. La lecture de cette pièce, dont quelques évêques de Lorraine contestaient l'existence (2), étant terminée (3), le promoteur du concile émit son avis sur la formule souscrite par Arnoul, et avoua que, tout en étant accablante pour l'accusé, elle lui offrait cependant « de subs-« tils éléments de défense » (4). Pendant qu'on allait prendre Adalger pour l'introduire dans l'assemblée, l'évêque d'Orléans montra la différence qui existait entre la pièce souscrite par l'archevêque de Reims et celle qu'avait autrefois signée, pour le pape saint Grégoire, un évêque hérétique rentrant dans le sein de la véritable Église. Le premier, en effet, n'avait obéi qu'à des sentiments d'ambition et de cupidité, en signant cette formule qui devenait aujourd'hui contre lui un chef si grave d'accusation. Sur ces entrefaites, le prêtre Adalger fut introduit devant le synode. Interrogé sur les faits qu'il connaissait, il répondit sans hésiter :

---

(1) *Concil. Rem.*, c. VI. — RICH., § LVIII.
(2) *Concil. Rem.*, c. VII. — RICH., § LIX.
(3) Nous l'avons donnée dans le chapitre précédent, page 143.
(4) Habet etiam subtiles defensionis vires. *Concil. Rem.*, c. IX.

Je n'ai pas, en ce qui me concerne, vénérables Pères, une grande confiance dans mes paroles, car tout ce que je pourrais alléguer pour ma défense peut facilement être tourné contre moi. Cette fâcheuse position, je l'ai pressentie dès le début, quand le vassal de Charles, Dudon, me sollicita d'effectuer cette trahison. Comme je lui manifestais mon étonnement de ce que, parmi tant d'autres personnages, on me choisissait, moi prêtre, pour livrer mon seigneur et mon évêque au duc de Lorraine, auquel rien ne me rattachait, il me répondit en faisant ressortir l'ignorance et la sottise des autres, et en exaltant mon esprit, ma prudence et mon courage ; enfin il ajouta qu'en agissant ainsi, il obéissait aux ordres de mon seigneur, et que telle était sa volonté. Après lui avoir donné ma parole, je voulus, pour plus de sûreté, ne m'en rapporter qu'à moi-même des sentiments de mon évêque. L'affection que j'avais pour Arnoul, ses ordres formels, m'ont précipité dans cet abîme de maux. Je lui demandai ensuite s'il avait des craintes pour lui-même et, dans tous les cas, sur quels appuis je pourrais compter pour mener à bonne fin cette entreprise ; il me répondit que Charles était son oncle paternel, que Manassès et Roger lui avaient prêté tous les serments qu'il avait exigés, et que son oncle maternel Robert, vassal du duc de Lorraine, serait, avec quelques hommes dévoués, mon compagnon fidèle. Afin de donner à toutes ces négociations une apparence d'honnêteté, je me liai comme vassal à Charles de Lorraine (1), et, devenu son homme-lige, je m'engageai par serment à la trahison. Mais, je l'affirme, c'est par l'ordre de l'archevêque que j'ai eu en mes mains les clefs de la ville ; et si j'ai ouvert les portes de Reims, j'ai obéi à sa volonté expresse. Si quelqu'un révoque en doute la sincérité de mes paroles, j'en appelle au jugement de Dieu, et je suis prêt à soutenir ma déposition par l'épreuve du feu, de l'eau bouillante ou du fer rouge (2). J'affirmerai par mes tourments la vérité de mon témoignage (3).....

(1) « Manus Carolo præbui. » Cet usage de se reconnaître vassal en plaçant ses mains dans celles de son seigneur subsista jusqu'à la fin du treizième siècle, d'après ce que nous voyons dans Froissard.

(2) Dans ces âges d'ignorance, on cherchait souvent à découvrir la vérité par de semblables moyens, appelés *jugements de Dieu*. On voit par les paroles d'Adalger que cette coutume était tellement acceptée par l'usage qu'elle put être proposée en plein concile sans qu'aucun évêque réclamât contre cet abus.

(3) *Concil. Rem.*, c. XI. — RICH., § LXII.

Sur la proposition de l'évêque de Senlis, on donna lecture de l'écrit qu'Arnoul lui avait envoyé par Guy de Soissons, et dans lequel le métropolitain de Reims en excommuniant les auteurs du pillage de Reims s'était condamné lui-même (1). Cette lecture terminée, Gauthier, évêque d'Autun, s'écria, en faisant allusion aux anathèmes contenus dans la lettre d'Arnoul :

Que signifient ces menaces ! Est-il sain d'esprit cet évêque qui, pour la perte insignifiante d'un mobilier, condamne ainsi les déprédateurs, tandis qu'il garde le silence quand il s'agit de la captivité de son peuple et de son clergé ? Pour de pauvres chaumières qui tombent de vétusté plus encore que sous les coups des soldats, il lance l'anathème, et il se tait quand le temple le plus auguste de l'univers est dévasté ! Si toutes les créatures sont peu de chose comparées à l'homme, il en est de même des édifices ordinaires comparés aux temples du Seigneur. Sans doute que, pour obéir aux conseils de l'Apôtre, qui nous ordonne « si notre ennemi a faim de lui donner à « manger, s'il a soif de lui donner à boire » (ad Romanos, XII, 20), sans doute qu'il a voulu paraître charitable en fournissant des vivres à ces pillards ! Je remarque cependant qu'il a eu grand soin de les éloigner de ses trésors. Savez-vous ce que sa conduite a causé aux pauvres de Jésus-Christ ! On n'a pu leur prendre ni or ni argent, puisqu'ils n'en possédaient pas, mais on leur a ravi les provisions qu'ils avaient à grand peine réunies pour subsister. Vous connaissez maintenant, mes Frères, les futiles prétextes de cet homme qui ruine les pauvres pour nourrir des brigands. Il a voulu être fait prisonnier afin de donner, par cette feinte captivité, un prétexte à celle des seigneurs..... Il est l'auteur de cette trahison, lui qui l'a provoquée par ses conseils et par ses ordres ; il en est l'instigateur, selon cette parole d'un sage : Ce sont vos compagnons, ce sont vos mains qui ont tout accompli .... Les griefs que je pourrais articuler sont nombreux, mais je m'arrête pour ne point paraître établir un réquisitoire (2).

Guy, évêque de Soissons, ajouta encore un nouveau grief contre Arnoul :

---

(1) Nous avons parlé de cette pièce au chapitre précédent.
(2) *Concil. Rem.*, c. XIII. — Rich., § LXIV.

Si l'archevêque de Reims, dit-il, s'est porté un aussi grand préjudice dans ses écrits, alors qu'il lui était si facile de l'éviter, pourquoi ne l'avez-vous pas condamné au dernier synode de Senlis (1)? Nous tous, évêques suffragants de Reims, étions assemblés; on se plaignit de la désolation qui frappait l'église de Reims, mère de toutes nos églises; on disait que notre métropolitain était prisonnier avec son clergé et le peuple. Le bruit de sa trahison commençait cependant à se répandre. Ce fut alors que d'un commun accord tous les évêques suffragants formulèrent contre les coupables cet anathème auquel nul ne peut échapper; je demande, si ma proposition est acceptée, que l'on donne lecture de cette pièce (2).

On lut alors l'anathème prononcé au concile de Senlis contre ceux qui avaient favorisé le pillage de la ville de Reims, et spécialement contre le prêtre Adalger. Cette lecture terminée, Séguin, président du concile, demanda si ce décret avait été porté à la connaissance d'Arnoul. On lui répondit qu'il en avait été informé.

S'est-il, ajouta l'archevêque, s'est-il séparé de leur communion après les avoir vu condamner aussi justement?

— Loin de là, s'écrièrent les assistants, il les a au contraire maintenus dans la communion publique.

— Cette audace me confond, reprit le prélat; comment, il excommunie d'abord les pillards, il leur ordonne de restituer tout ce qu'ils ont injustement ravi, de venir faire amende honorable à Reims dont ils n'ont point respecté le sanctuaire; et cependant, au témoignage de mes frères, il n'y a eu qu'un vain simulacre de restitution, et personne n'a subi en public la pénitence encourue pour un crime public! Ils n'ont pu l'accomplir en secret, puisqu'il est écrit : « Que celui qui « pèche publiquement se repente publiquement. » Et comment, après avoir condamné ceux qui ont seulement volé un mobilier, ainsi que le faisait observer tout à l'heure notre vénérable frère Gauthier, n'a-t-il pas même excommunié ceux qui ont profané le sanctuaire? A-t-il regardé comme un léger délit cette profanation que les lois divines ne croient pas pouvoir suffisamment punir sans recourir aux lois hu-

---

(1) Tenu en 990, selon Labbe, t. IX, col. 737; voyez le chapitre précédent.
(2) *Concil. Rem.*, c. XIV. — Rich., § LXIII.

maines? Nous lisons en effet dans le X⁰ canon du XII⁰ concile de Tolède : *Que celui qui enfreindra ce décret* (il s'agit de la franchise des églises) *tombe sous le coup des censures ecclésiastiques, et qu'il soit livré à la justice du roi* (1). Le décret est formel, et les sacriléges doivent, après la sentence d'excommunication portée par les évêques, recevoir du roi un châtiment proportionné à leurs méfaits. Du reste, ces profanateurs, on ne pouvait les absoudre sans qu'ils donnassent des marques sérieuses de repentir; l'ont-ils fait? Pour mériter l'absolution, ont-ils rendu la liberté à un seul de ceux qu'ils avaient réellement emprisonnés? Mais, dira-t-on, Arnoul les a absous. Mais alors pourquoi un clerc de son église, le fils du vicomte Rainier, est-il encore en prison? Si, malgré l'archevêque, on a eu recours à la violence, les coupables persévérant dans leur sacrilége, aucun évêque n'a pu les absoudre; si, au contraire, Arnoul a consenti à tout ce qui s'est fait, il ne peut les amnistier, étant lui-même sous le coup de la même condamnation. Admettons encore que le métropolitain les ait relevés de l'excommunication, a-t-il pu le faire sans être assisté de son clergé? Ce dernier se trouvait à la condamnation, il est certain qu'il ne se trouvait pas à l'absolution; celle-ci est donc nulle et de nul effet, puisqu'au lieu d'être donnée en public, elle a été conférée à huis-clos, malgré la défense portée par le XXIII⁰ canon du IV⁰ concile de Carthage : *Que l'évêque n'examine aucune cause sans que son clergé ne soit présent ; car sa sentence sera nulle si elle n'est confirmée par la présence des clercs* (2). Et de même qu'il est écrit : *Quand l'impie est tombé dans l'abîme, il méprise toute loi* (Proverb. XVIII, 3), Arnoul, malgré la conscience de ses crimes, a eu l'audace de célébrer les saints mystères dans cette église que nos collègues, les suffragants de Reims, avaient, par notre conseil, interdite. Si vous l'approuvez donc, je demande que l'on produise les canons applicables à l'accusé, afin que chacun sache bien que ce n'est pas notre jugement, mais celui des Pères, qui prononcera contre Arnoul (3).

Le synode ayant approuvé la proposition de Séguin, on

---

(1) *Concil.*, t. VI, p. 1234.

(2) *Concil. Carthag.* IV, t. II, *Concil.*, p. 1202.

(3) *Concil. Remense*, c. XV. — Ce discours de Séguin n'est pas rapporté dans Richer.

donna lecture des trois canons suivants : *Si un évêque condamné par un concile, si un prêtre ou un diacre suspendus par leur évêque, osent remplir malgré cette sentence les fonctions de leur ministère, ils perdront le droit d'être rétablis dans leur dignité par un autre concile, et ceux qui communiqueront avec les coupables seront excommuniés, surtout si, connaissant le décret qui les frappe, ils continuent à entretenir avec eux des relations.* (1).

Le concile décrète à l'unanimité que celui qui, par sa faute, aura encouru l'excommunication, qu'il soit évêque ou clerc, et qui, pendant la durée de son excommunication, même avant le jugement, participera aux sacrements, sera regardé comme se condamnant lui-même (2).

L'évêque qui aura violé une profession souscrite dans un concile sera déposé; celui qui transgresse en quelque point une promesse librement et solennellement consentie, celui-là abdique par cela même sa dignité (3).

Après la lecture de ces canons, le promoteur du concile, Arnoul d'Orléans, prit la parole en ces termes :

Bien que ces textes soient positifs, vénérables Frères, et qu'Arnoul soit condamné par les décisions des saints Pères, néanmoins, et pour que rien dans notre jugement ne puisse être imputé à la passion, nous avertissons ceux qui voudraient prendre la défense de l'accusé qu'ils le peuvent en toute liberté, ainsi que produire tous les arguments qu'ils croiraient en faveur d'Arnoul. Je pense que nous devons même régler par un décret les droits de la défense, afin qu'il n'y ait sur ce point aucune incertitude. Que celui qui croira donc pouvoir le défendre expose ses raisons. Le clergé de Reims est ici réuni; je vois dans cette assemblée des abbés illustres par leur talent et leur éloquence; qu'ils disculpent l'accusé; qu'ils le relèvent de cette humiliation, et, s'ils croient qu'Arnoul est victime d'une injustice, qu'ils nous montrent les moyens judiciaires de la réparer. Loin de nous, en

---

(1) *Concil. Antioch.*, c. IV, t. II, *Concil.*, p. 576.
(2) *Concil. Carthag.*, c. XXIX.
(3) *Ibid.*, c. XIII. — Le texte de ces trois canons se trouve dans M. Varin, *Archives administratives de la ville de Reims*, t. II, p. 126 et 127.

effet, la pensée de trouver un sujet de joie dans le malheur qui accable notre frère, notre collègue dans l'épiscopat ; et personne ne regardera comme une offense de voir les griefs articulés contre Arnoul réfutés par de franches et véridiques assertions (1).

Alors, en sa qualité de président du synode, l'archevêque Séguin prononça le décret suivant :

Conformément au désir exprimé par notre vénérable frère Arnoul, au nom de Dieu le Père Tout-Puissant, du Fils et du Saint-Esprit, avec le secours de la bienheureuse Marie toujours Vierge, et de tous les saints, au nom de ce saint concile, nous ordonnons à ceux ici présents de faire connaître tout ce que chacun croira pouvoir servir à la défense d'Arnoul; en même temps que chacun devra faire part de ce qui ne lui paraîtrait pas équitable dans la procédure suivie contre le prévenu. Celui qui gardera aujourd'hui le silence, alors qu'il peut exposer ses sentiments en toute liberté, perdra pour l'avenir le droit de critiquer ou de blâmer les décrets du saint concile. Que personne ne craigne donc de s'exposer par sa franchise à des suites fâcheuses, car vous n'ignorez pas que nos princes nous ont accordé à tous la facilité de venir au synode et d'y manifester librement nos sentiments respectifs. Les accusateurs et les détracteurs présents ou futurs, qu'ils attaquent Arnoul ou nous-mêmes, ne relèvent que de leur conscience, ce juge suprême de nos actions. Pendant le cours de ces débats, ayons toujours présente à la pensée l'image du Christ venant rendre ses arrêts au jour du dernier jugement; que les défenseurs d'Arnoul prennent courage à la vue de cet exemple de miséricorde donné par le Seigneur, et qu'ils aient pitié du malheureux accusé (2).

Tous les Pères du concile approuvèrent les paroles de l'archevêque, et l'étonnement se peignit sur le visage de plusieurs des assistants qui croyaient le concile déterminé à condamner Arnoul (3) ; aussi quelques-uns conçurent-ils l'espoir de le sauver. Les prêtres rémois, retenus par le respect, ne voulaient pas accuser leur archevêque, et jusque-là, ils ne s'étaient pas

(1) *Concil. Rem.*, c. XVII. — Rich., § LXVI.
(2) *Concil. Rem.*, c. XVIII.
(3) Qui pertinaci episcoporum sententia Arnulphum damnandum fore putabant. *Ibid.*

cru le droit de le défendre, après les anathèmes prononcés au concile de Senlis. Trois hommes distingués par leur talent et leur éloquence, Jean, écolâtre d'Auxerre, Romulf, abbé de Sens (1) et Abbon de Fleury (2) acceptèrent la défense de l'accusé. Le silence s'étant rétabli, plusieurs volumes furent ouverts et on chercha à établir les raisons de la défense (3).

Les avocats d'Arnoul produisirent d'abord la fausse lettre écrite au nom des évêques d'Afrique, par l'archevêque Etienne, au pape Damase (IVe siècle), ainsi que la réponse du pontife à ce même archevêque. Ces lettres apocryphes (4) avaient surtout pour but d'établir qu'au pape seul appartenait l'information des causes concernant les évêques. Ils lurent ensuite des extraits de plusieurs autres fausses décrétales dont le texte « se trouvait, nous dit Gerbert, dans un volume apporté de Lorraine par Ratbod (5), évêque de Noyon. » Ces décrets, tirés d'une compilation où à des textes authentiques se mêlaient de nombreuses pièces supposées, se rapportaient, soit à la question de juridiction pontificale (6), soit au rang de l'ac-

---

(1) Ou Rainulfe; Gerbert était en relations littéraires avec ce docte abbé. Cf. Epist. CXVI; XIII, XVI 2e class.

(2) Ami de Gerbert (Cf. Epist. ABBONIS ad Gregorium V); il délivra plus tard Arnoul de sa prison d'Orléans.

(3) *Concil. Rem.*, c. XIX.

(4) Falsæ atque adulterinæ. Note de Labbe, *Concil.*

(5) Les *Fausses décrétales*, sorte de compilation anonyme, se composent des lettres apocryphes de soixante papes depuis saint Pierre jusqu'à saint Sylvestre (314), et des lettres, les unes véritables, les autres supposées, de divers autres papes depuis saint Sylvestre jusqu'à Zaccharie (751). Elles parurent d'abord par fragments dans la Lorraine, vers 785, sous Ingbelramn, évêque de Metz; dès le dixième siècle, nous voyons l'Église gallicane protester contre ces décrétales, dont elle pressentit la fausseté sans pouvoir ni la démontrer ni la découvrir. Elles jouirent pendant sept siècles d'une autorité à peu près incontestée, jusqu'à ce que le cardinal Nicolas de Cusa eût, en 1450, démontré leur fausseté dans son savant ouvrage *Concordia catholica*, lib. II, c. II. — Cf. eruditissimam dissertationem Fratrum Ballerinorum *de Antiquis collectionibus canonum*, in oper. S. Leonis insertam, t. III.

(6) Ex *Decr.* JULII papæ.

cusé (1), soit à l'incapacité des témoins cités contre Arnoul (2), soit enfin à l'incompétence du synode (3).

Cette lecture terminée, les défenseurs d'Arnoul condensèrent en quatre chefs les arguments qu'ils venaient de développer en faveur de l'archevêque de Reims :

1° L'accusé devait être d'abord rendu à son siége ;
2° Il devait être juridiquement cité à comparaître ;
3° Avis de cette citation devait être donné au pape ;
4° Accusé, accusateurs, juges et témoins devaient être examinés devant un synode général.

Tel était, suivant la défense, le mode régulier prescrit par les canons.

Ces arguments furent mûrement pesés par l'accusation, mais elle ne les accepta pas, par la raison que toutes les règles tracées par les canons avaient été observées. Celui qui accuse, répondait-on, n'est pas l'ennemi d'Arnoul ; il est digne de foi puisqu'il n'obéit dans sa déposition ni à la crainte ni à la cupidité..... Quant aux appels devant le concile, ils ont été faits par des lettres authentiques, et notifiés par des apocrisiaires, non seulement pendant six mois, mais pendant une année. On ajoutait encore qu'Arnoul ne pouvait être rétabli sur son siége avant son jugement, car le fût-il, le droit de parler ne pourrait lui être conféré, selon le canon du concile de Carthage : *Si les clercs ont refusé d'instruire leur cause pendant un an, on ne doit pas leur accorder dans la suite le droit de parler* (4). Quant à sa captivité que l'on regardait comme odieuse et même injuste, on ajoutait qu'elle n'était en rien contraire aux lois canoniques et que l'histoire en offrait d'autres exemples. C'est ainsi que, dans l'histoire de l'église de Reims, Hildemann, évêque de Soissons, avait été retenu, en attendant le concile, dans le monastère de Saint-Vaast, sous le

---

(1) Ex *Decr.* Stephani, Syxti, Symmachi, Marcelli, Damasi, pap.
(2) Ex *Decr.* S. Clementis, Adriani, Fabiani, Anacleti, pap.
(3) Ex *Decr.* Eusebii papæ.
(4) *Concil. Afric.*, titul. XII.

poids d'une accusation portée contre ce prélat par l'empereur Louis le Débonnaire (1) ; Ebbon, archevêque de Reims, accusé de la même défection en faveur de Lothaire, fut enfermé dans l'abbaye de Fulde (2). Cette doctrine était du reste conforme aux canons des conciles d'Afrique dont quelques extraits furent lus à l'assemblée. (3).

Le troisième moyen de défense, continuait l'accusation, était aussi peu fondé ; la cause en effet avait été portée au pape ; et comme preuves on produisit les deux lettres collectives que le roi Hugues et les évêques de la province de Reims avaient adressées au pape Jean XV pour l'informer de la trahison d'Arnoul. La défense ayant demandé l'époque de l'envoi de ces lettres et le rapport des députés, on répondit qu'elles avaient été expédiées à Rome depuis dix mois. Quant au rapport des députés, on ne pouvait en rien dire ; ils avaient été d'abord parfaitement accueillis par le pape auquel les lettres avaient été adressées, mais les envoyés du comte Héribert ayant offert au pontife un superbe cheval blanc avec d'autres présents, on avait laissé les ambassadeurs de Hugues-Capet pendant trois jours à la porte du palais sans leur donner audience. Ils étaient donc revenus quand ils s'étaient vus dans l'impossibilité de terminer cette négociation (4).

Un incident rapporté par les clercs de Brunon, évêque de Langres, et qui avait trait à la cupidité de Crescentius, patrice de Rome, leva tous les scrupules, et l'assemblée en conclut que la considération du pape ne devait pas empêcher la mise en accusation de l'archevêque Arnoul. On en donnait pour preuve l'exemple des évêques d'Afrique qui, réunis en concile au nombre de 217, sous le pape Zozime, avaient censuré le faste

---

(1) FRODOARDI *histor.*, lib. II, c. 20.
(2) *Suppl.*, lib. XLVII, n. 47.
(3) *Concil. Afric.*, titul. XXXVIII et XLIII.
(4) La lettre écrite au pape par les évêques de la province de Reims ne demandait pas que la cause d'Arnoul fût évoquée à Rome, mais seulement que le pape sanctionnât le jugement des évêques français. Ce désir des suffragants de Reims se trouve plus explicitement renfermé encore dans ce séjour illusoire de leurs députés à Rome; nous reviendrons sur ce fait au chapitre suivant.

de Rome (1) ; c'était à ce synode, auquel assista saint Augustin, que fut traitée l'affaire du prêtre Apiarius (2).

Ces considérations furent exposées par l'évêque d'Orléans avec un talent d'élocution qui charma l'assemblée ; Gerbert, ne voulant pas en priver les lecteurs de son opuscule, a cité une partie de son discours. Nous la reproduisons, malgré son étendue, parce qu'elle nous paraît être la pièce importante du procès, tant à cause des graves questions qui y sont abordées, que pour la forme brillante avec laquelle l'orateur les a exposées :

Nous croyons, vénérables Frères, qu'il faut toujours honorer l'Église romaine, en mémoire de saint Pierre, et nous ne prétendons pas nous opposer aux décrets des papes, sauf toutefois l'autorité du concile de Nicée que l'Église romaine a toujours tenu en grande vénération. Les canons, qui, toujours inspirés par l'esprit de Dieu, ont été sanctionnés en divers conciles et à des époques différentes, doivent être également respectés, et personne ne peut y déroger. Pour nous, une double question se présente, à savoir si le silence du pape ou une nouvelle constitution émanée de lui peuvent préjudicier en quelque chose aux anciens canons. Dans le premier cas, si son silence peut les modifier, tous les décrets, tous les canons antérieurs n'ont plus aucune force de loi quand le pape garde le silence. Dans la seconde hypothèse, à quoi serviraient les lois établies si un seul homme peut tout diriger à son gré ? De l'admission de ces deux principes résulterait pour la discipline ecclésiastique un grave danger, car cette multitude de lois finirait par les annuler toutes. Mais quoi ! direz-vous, voulez-vous donc enlever ses privilèges au pape ? Nullement ; mais si l'évêque de Rome est recommandable par sa science et par sa vertu, nous n'aurons à craindre ni son silence ni ses nouveaux décrets ; s'il s'égare par ignorance, par cupidité ou par passion ; s'il est opprimé dans Rome par les factions, comme nous avons pu le voir de nos jours, nous aurons beaucoup moins encore à redouter ses ordres ou son silence. Celui qui transgresse les lois ne peut pas en effet veiller à leur exécution. O Rome, que ton triste sort est à plaindre ! Toi qui dans les siècles précédents avais produit tant de pures lumières dont s'enorgueillit l'Église, tu vis aujourd'hui plongée

---

(1) *Concil. Carthag. VI,* anno 419.
(2) *Suppl.,* lib. XXIV, n. 11 et 35. — Nous reviendrons sur ce fait au chapitre suivant.

dans des ténèbres dont l'horreur fera l'étonnement des siècles à venir ! Nous avons eu autrefois des Léon, des Grégoire, un Gélase, un Innocent, qui, par leur vertu, leur sagesse et leur éloquence, s'étaient élevés au-dessus de toutes les sciences humaines. Elle serait longue à établir la liste des pontifes illustres qui ont fait rayonner dans le monde l'éclat de leurs lumières; couronnés de cette double auréole de science et de vertu, ils surpassaient tellement le reste des hommes que c'était à la fois un honneur et une justice de les voir investis du gouvernement de l'Église universelle ! Dans ces temps heureux, les évêques d'Afrique s'opposèrent néanmoins aux prétentions de Rome, plutôt, je crois, par l'appréhension des maux dont nous souffrons, qu'en vue du faste de ceux qui présidaient alors.

A quels spectacles n'avons-nous pas assisté de nos jours ? Nous avons vu un pape Jean, surnommé Octavien (1), passer sa vie dans les plaisirs, conspirer contre Othon auquel il avait donné la couronne impériale; quand on le chasse, c'est un néophyte, Léon, qui le remplace (2). L'empereur quitte Rome, et aussitôt Octavien y rentre, chasse Léon, fait couper le nez, les doigts de la main droite et la langue au diacre Jean, met à mort plusieurs seigneurs et meurt peu après. A sa place, les Romains mettent le diacre Benoît, surnommé le Grammairien (3); mais le néophyte Léon, aidé de son empereur, renverse le nouveau pape, le dépose et l'envoie mourir exilé en Germanie.

A l'empereur Othon succède son fils, prince aussi remarquable par sa sagesse que par son courage; Rome voit s'asseoir sur le siége apostolique Boniface (4), un monstre de cruauté qui n'avait pas reculé devant l'assassinat de son prédécesseur. Chassé et condamné par un concile, il revient à Rome après la mort d'Othon II, s'empare du pape Pierre, autrefois évêque de Pavie (5), et, foulant aux pieds sa parole et ses serments, jette ce pontife dans une prison et l'y laisse mourir de faim. Est-il donc ordonné que tant d'évêques distingués par leur science et leur vertu soient soumis à de tels monstres, dont la mémoire est un opprobre et qui vivent dans la plus profonde ignorance des choses divines et humaines ? Sur qui, vénérables Frères, sur qui doit rejaillir ce déshonneur du chef des Églises, autrefois si

(1) Jean XII.
(2) Léon VIII.
(3) Benoît V.
(4) Boniface VII ou Francon.
(5) Jean XIV.

élevé et couronné d'honneurs et de gloire, aujourd'hui flétri, couvert d'ignominie et de honte? C'est notre faute; oui, je le répète, c'est nous qui sommes coupables, nous que la cupidité pousse à préférer nos intérêts à ceux de Jésus-Christ.

Si l'on exige de ceux que l'on choisit pour l'épiscopat la gravité des mœurs, la science et la vertu, que ne doit-on pas demander à celui qui veut être le docteur de tous les évêques? Pourquoi mettre sur ce siége suprême des hommes qui ne seraient pas même dignes de la dernière place dans le clergé!

« Que pensez-vous que soit cet homme assis sur un trône élevé,
« couvert d'or et de pourpre? S'il est dépourvu de charité et seule-
« ment enflé par la science, c'est l'Antechrist assis dans le temple
« de Dieu et voulant nous faire croire qu'il est Dieu. Que s'il n'a ni
« science ni charité, il est dans le temple du Seigneur comme une
« statue, comme une idole, et recourir à lui c'est consulter le marbre.
« A qui nous adresserons-nous? L'Évangile nous apprend « qu'un
« homme, après avoir vainement attendu pendant trois récoltes que
« son figuier portât des fruits, voulut l'arracher, mais, cédant à un
« sage conseil, il différa encore » (Luc, XIII, 8). Tournons nos regards
« vers nos primats, et cherchons la saine doctrine où nos âmes
« pourront la trouver. Quelques évêques de cette sainte assemblée
« savent que des provinces voisines de la Gaule, telles que la Bel-
« gique et la Germanie, ont pour les diriger de pieux et savants pré-
« lats; aussi, n'étaient les discordes qui divisent les princes, serait-
« ce là que nous devrions aller chercher le sentiment des évêques,
« plutôt qu'à Rome où tout est vénal, et où les jugements ne se ren-
« dent qu'au poids de l'or. Et si quelqu'un soutient, avec Gélase,
« que l'Église romaine est juge de toute l'Église et que personne ne
« peut la juger elle-même, qu'il nous mette alors à Rome un pape
« dont le jugement ne puisse être réformé. Encore les évêques
« d'Afrique ont-ils cru impossible cette dernière hypothèse quand ils
« ont dit : *Peut-on croire que Dieu inspire l'esprit de justice à un
« seul et qu'il le refuse à une infinité d'évêques réunis en concile?*(1) »

---

(1) *Ep. Concil. Afric.*, t. II, p. 1675. — Cette partie du discours d'Arnoul que nous avons enfermée entre guillemets est manifestement interpolée; la désignation du pape sous le nom « d'Antechrist » sent les réformateurs du seizième siècle, et il est impossible qu'un évêque ait pu laisser entrevoir dans un synode, sans exciter les réclamations de tous les assistants, la pensée de vouloir porter atteinte à l'existence de la papauté, comme semble l'insinuer la parabole du figuier, et de remplacer, en recourant au schisme, l'autorité pontificale par celle des primats.

De nos jours, il n'y a, dit-on, à Rome presque personne qui possède l'instruction suffisante pour recevoir, d'une manière conforme aux canons, même l'ordre de portier ! Comment oseraient-ils enseigner ce qu'ils n'ont pas appris ! On peut, à la rigueur, excuser l'ignorance dans les clercs, mais elle est intolérable dans un pape, qui doit juger de la foi, des mœurs et de la conduite, non-seulement de tout le clergé, mais de l'Église universelle (1).....

Mais je suppose, continue Arnoul, qu'il y ait à Rome en ce moment un pape comme Damase ; en quoi avons-nous violé son décret ! Si ma mémoire est fidèle, il dit dans le premier article que les causes des évêques et toutes les grandes affaires de l'Église doivent être déférées au Saint-Siége. Eh bien, celle-ci lui a été portée, non-seulement par les évêques, mais par notre glorieux souverain, et on a donné au pape un assez long délai pour connaître la vérité et se prononcer en toute liberté ; nous-mêmes n'avons évoqué cette cause que quand nous avons désespéré de voir le Saint-Siège nous faire connaître son opinion. Le souverain pontife a donc été consulté, comme c'était du reste notre devoir, touchant la déposition d'Arnoul et la désignation de celui qui nous paraissait le plus digne de s'asseoir sur le siége de Reims ; mais, comme il a gardé le silence, ceux dont les intérêts étaient en souffrance ont dû y pourvoir. Pour nous, appliquant à la cause présente un décret du concile de Sardique, dont les décisions furent généralement si favorables aux priviléges de l'Église romaine, nous pensons que ce que dit ce concile, du cas où il n'y a dans une province qu'un évêque, a de l'analogie avec la situation présente de l'évêque de Rome dans l'Église, et nous concluons que c'est pour satisfaire aux vœux légitimes des évêques et du roi que nous sommes ici assemblés, afin de juger et déposer Arnoul, s'il le mérite, et élire son successeur, si nous pouvons trouver un homme digne d'occuper ce siége illustre (2).

---

(1) Le paragraphe suivant (*Concil. Rem.*, c. XXVIII) est également interpolé ; il nous a paru inutile de le traduire.

(2) Voici le décret auquel Arnoul fait allusion : « Osius episcopus dixit : Si
« contigerit in una provincia, in qua fuerint plurimi episcopi, unum forte
« remanere episcopum ; ille vero per negligentiam noluerit ordinare episco-
« pum, et populi convenerint episcopos vicinæ provinciæ : debere illum prius
« conveniri episcopum, qui in eadem provincia moratur, et ostendere quod
« populi petant sibi rectorem ; et hoc justum esse, ut et ipsi veniant, et cum
« ipso ordinent episcopum. Quod si conventus litteris tacuerit et dissimula-

Il est vrai que le pape Damase ne laisse aux métropolitains que l'information et l'examen des causes majeures, réservant au Saint-Siége leur décision ; mais au pape Damase j'oppose l'autorité de saint Grégoire, qui, ayant appris la déposition de Paul, évêque de Tiète, ne se plaignit pas qu'on l'eût déposé sans sa participation (1). . . .

Arnoul tire des nombreux exemples qu'il cite cette conclusion, que, dans les causes évidentes, et quand personne ne fait appel au Saint-Siége, le concile de la province peut canoniquement statuer (2). Passant ensuite à la prétendue lettre de Damase d'après laquelle aucun synode ne peut s'assembler sans l'autorité du Saint-Siége, le vénérable évêque ajoute :

Comment! si les barbares nous enlèvent toute liberté d'aller à Rome, ou si cette ville, subissant le joug des ennemis, passe à un nouveau maître, il ne se tiendra point de conciles! Et tous les évêques du monde catholique attendront, au grand préjudice de leurs souverains, les ordres ou les conseils de leurs ennemis! Mais le concile de Nicée, dont les canons jouissent auprès du Saint-Siége d'une si grande autorité, ordonne de tenir les conciles deux fois l'année, sans jamais faire mention de l'autorité du pape (3).

« verit, nihilque responderit; tunc satisfaciendum esse populis, ut veniant ex « vicinis provinciis, et ordinent piscopum. » *Concil. Sardicense*, titul. VI. — Comme il est facile de le remarquer, ce canon n'a aucun rapport avec la cause évoquée devant le concile de Reims; il s'agissait pour Osius de pourvoir aux évêchés *vacants* d'une province, tandis que dans son plaidoyer Arnoul voulait l'appliquer à la *déposition* d'un archevêque.

(1) Arnoul cite encore quelques exemples sur lesquels il s'appuie pour établir que les évêques coupables peuvent être jugés sans recourir au Saint-Siége. Nous devons ajouter que la plupart des lettres pontificales citées par Arnoul peuvent plutôt s'entendre de la mise en accusation que de la sentence définitive portée par les synodes provinciaux.

(2) Num Damasi decreta damnabimus? Minime; sed in causis latentibus, et in quibus ob magnitudinem sui justa provocatio fit, ad universale concilium vel ad Damasum recurremus, si tamen cum Romæ commorari audierimus : quamvis etiam ad Damasum provocatio Africanis inhibeatur conciliis, ut superius dictum, et adhuc dicendum est. At in causis evidentibus, et in quibus ad romanum episcopum nulla provocatio fit, provincialibus vel comprovincialibus utemur conciliis. *Concil. Rem.*, c. XXVIII.

(3) Cf. *Concilium Milevitanum*, c. IX.

Mais pour enlever à notre discussion tout caractère irritant, honorons l'Église romaine plus encore que ne le faisaient les évêques d'Afrique ; c'est la tradition de nos pères, et nous lui devons cette déférence en mémoire du prince des apôtres. Si l'état des royaumes le permet, consultons-la toujours comme nous l'avons fait pour Arnoul ; et si Rome se tait, comme elle le fait en cette cause, référons-nous aux lois.....

« Mais, ô calamité des temps ! les Églises sont sans chef ! A quelle
« autorité nous adresser, puisque Rome, cette reine des nations, est
« abandonnée de tout secours des dieux et des hommes ? Et puisqu'il
« faut l'avouer, je le dis hautement, c'est elle qui depuis la chute de
« l'empire a perdu l'Église d'Alexandrie et celle d'Antioche ; et pour
« ne rien dire de l'Afrique et de l'Asie, l'Europe commence déjà à
« s'en séparer ; l'Église de Constantinople a répudié son joug, et
« celle d'Espagne récuse ses décisions ! Nous sommes témoins de ce
« schisme dont parle l'Apôtre (II Thessal., 3), et qui ne frappe pas
« seulement les nations, mais les Églises. Déjà s'avance le règne de
« l'Antechrist, ses ministres ont envahi la Gaule, ils nous accablent
« sous le poids de leur tyrannie..... Ce que nous voyons de nos
« yeux, c'est la puissance romaine presque brisée, la religion méprisée, le saint nom de Dieu indignement outragé, et les lois ecclésiastiques foulées aux pieds par les prélats les plus éminents. Rome
« elle-même, Rome dans son isolement se divise, et elle ne sait plus
« pourvoir à son salut ni à celui des autres Églises (1)..... »

Arnoul termina son réquisitoire en engageant le synode à consulter les canons pour savoir par combien d'évêques un prélat devait être jugé (2), et comment il fallait procéder envers celui qui ne veut pas se défendre (3).

Après ce plaidoyer (4), les défenseurs d'Arnoul s'excusèrent d'avoir accepté cette défense avant de l'avoir bien mûrement

---

(1) Il est facile de suivre dans cette sortie virulente les traces des déclamations des novateurs du seizième siècle. Le fond de ce morceau et jusqu'à sa forme se retrouvent dans les pamphlets dont l'Allemagne fut inondée à l'époque des prédications de Luther.

(2) Douze, selon le *II° Concile de Carthage*, titul. X.

(3) *Concil. Carthag.*, c. VII; Epist. BONIFACII papæ.

(4) Ce discours ne se trouve pas dans Richer.

examinée, ainsi que du retard qu'ils avaient causé au concile.

Ils avouèrent que, s'ils avaient pris la parole, ce n'était pas par amour de la controverse, mais parce qu'ils s'y étaient crus obligés à la suite de l'anathème porté par les évêques. Ces observations entendues, tous les membres du synode furent d'avis que l'on devait procéder au jugement, et qu'il n'y avait plus qu'à citer Arnoul devant l'assemblée pour savoir ce qu'il pouvait répondre à l'accusation. Sur l'ordre du concile, il fut donc introduit et prit place entre les évêques.

Le vénérable évêque d'Orléans lui rappela avec ménagement les bienfaits qu'il avait reçus du roi et ses torts envers Hugues-Capet. L'accusé répliqua que loin d'avoir rien entrepris contre le souverain, il avait, pour lui rester fidèle, été pris par les ennemis dans sa propre ville, et, au lieu d'être secouru, il n'avait reçu que des outrages en retour de sa fidélité (1). Arnoul d'Orléans lui fit observer que le prêtre qui, par ses ordres, avait ouvert les portes de la ville, était présent. L'archevêque prétendit que ce prêtre était un témoin suborné, parjure, et que son innocence ne pouvait être suspectée d'après les fausses accusations de ce témoin. Adalger soutenait de son côté que personne ne l'avait poussé à accuser son métropolitain, qu'il aurait pu s'enfuir, « je vous ai toujours été très-fidèle, ajoutait-il, et je « n'ai d'autre motif de vous accuser que de me disculper du « crime de trahison, puisque je n'ai fait que vous obéir.... » Arnoul de Reims se plaignit alors d'être entre les mains de ses ennemis, jamais on n'avait vu un évêque ainsi traité ; aussi se trouvait-il dans l'impossibilité de répondre, puisqu'on l'avait séparé de ses moines, de ses abbés, de son clergé auquel il avait le droit de donner des ordres.

Arnoul était jeune, la solennité de l'assemblée où se débattait pour lui une question capitale, l'acharnement de ses accusateurs, l'abandon de ses plus fidèles amis, tout contribuait sans

---

(1) L'archevêque n'avait jusqu'à ce moment fait aucun aveu ; il reproduit ici, presque dans les mêmes termes, ce qu'il avait répondu à Hugues-Capet pendant le siége de Laon.

doute à le troubler et ses réponses laissaient percer l'émotion de son âme : « On croyait entendre un insensé » ajoute l'auteur du synode (1). Quelle que soit la main qui ait tracé cette parole, l'histoire doit la flétrir ; on n'oublie pas ainsi le respect que l'on doit à un accusé, surtout quand cet accusé, descendu des marches d'un trône, n'a d'autre couronne que celle de l'adversité.

Qu'avez-vous à ordonner à votre clergé, demanda Arnoul d'Orléans ? Est-ce de vous disculper ? Est-ce de porter témoignage ? Mais voici les évêques vos suffragants qui vous ont si souvent, dans vos intérêts, exhorté à venir au synode ; voici vos abbés, vos clercs ! Tous ont la permission de vous défendre, et, par nos anathèmes, cette permission devient pour eux tous une obligation.

Mais l'acussé reprenait ses premières doléances ; il était inouï qu'un évêque fût ainsi maltraité ; aussi ne voulait-il pas répondre dans de pareilles conditions, et devant une assemblée capable d'effrayer même les plus habiles docteurs. — Mais pourquoi, répliqua Guy de Soissons, avez-vous refusé de répondre, ayant été cité tant de fois par les évêques et par le roi votre maître ? — J'étais suspect aux yeux du souverain, répondit Arnoul, et je n'ai pas osé comparaître.

C'est inexact, observa l'évêque de Soissons ; mais vous ayant rencontré près de la ville de Laon, à Chavignon (2), je vous ai adjuré pour la troisième fois, en présence de clercs et de laïques qui pourront encore en témoigner, de comparaître devant vos frères assemblés ; je vous en ai fait la demande au nom du Seigneur, d'après l'autorité des canons, et au nom de cette fidélité que vous aviez juré de garder envers les souverains. Vous ne pouvez nier votre parjure en présence de cet acte authentique que vous avez signé et que nous avons souscrit avec vous. Mais quand vous m'eûtes objecté que vous n'osiez comparaître sans être accompagné d'Eudes et d'Héribert, crainte de violence, je vous offris alors pour ôtage mon frère Gauthier ; j'offris même de vous conduire avec mon père, le comte

---

(1) Quod dictum insulsi hominis putabatur. *Concil. Rem.*, c. XXX.
(2) Entre Laon et Soissons.

Gauthier, afin d'éloigner de vous tout péril et vous permettre de regagner sain et sauf la ville de Reims; toutes ces promesses, j'ai voulu les garantir sous la foi du serment. Vous disiez encore que, captif de Charles, vous vous étiez engagé sur parole et par des ôtages à ne pas quitter votre prison sans son ordre ; je vous demandai alors à quels ôtages vous teniez le plus, ou à Richard votre frère, à l'évêque Brunon, votre cousin, et au fils de sa sœur, tous trois prisonniers entre les mains du roi, ou bien à vos vassaux Sehard et Rainaud qui, s'étant fait remplacer par leurs enfants, avaient pu se retirer, et pour lesquels vous éprouviez du reste si peu d'affection, que vous aviez livré leurs biens aux prétendus envahisseurs....... Je vous demandai encore à quels serments vous étiez tenu, ou à celui que vous aviez volontairement et en toute liberté prêté à Hugues-Capet, ou bien à ceux que vous prétendiez avoir fait par force et malgré vous à Charles votre ennemi ! Trois serments vous liaient, et il vous était impossible de les rejeter ou de les éluder. Par le premier, vous vous étiez engagé à ne tenir ou à ne faire aucune promesse qui pût vous détourner de la fidélité promise à nos souverains. Le second vous obligeait, si vous tombiez entre les mains de vos ennemis, comme vous paraissiez le craindre alors, à profiter de la première occasion pour fuir et revenir fidèlement auprès du roi de France. Or, cette occasion, je vous l'ai offerte, alors que vous aviez autour de vous un très-petit nombre de gardiens, et que j'étais au contraire environné d'une troupe nombreuse et dévouée. Parlerai-je de votre troisième serment ? A votre exemple, combien d'autres se sont aussi parjurés ? Pour vous obéir, vos soldats, vos vassaux avaient promis que si jamais vous étiez entre les mains de vos ennemis, ou si vous trahissiez votre roi, eux du moins garderaient cette fidélité et conserveraient à la couronne cette ville et ces châteaux. Et cependant, en trahissant le roi, vous avez exigé d'eux un nouveau serment; vous avez fermé les portes de la ville au roi votre maître pour les ouvrir à Charles quand il l'a désiré. Vous n'avez donc fait aucun cas de votre engagement solennel quand vous avez, en toute connaissance de cause et dans la mesure de votre pouvoir, prêté aide et conseil aux ennemis du roi de France. Pouvez-vous réfuter un seul des griefs que je viens de formuler ?

Guy ajouta encore quelques détails en langue vulgaire (1)

(1) C'était la langue romane.

sur les conventions souscrites avec Arnoul et sur leur entrevue à Chavignon. L'accusé rougit en entendant rappeler les conditions de l'engagement qu'il avait violé ; il essaya cependant d'expliquer sa conduite. Les évêques ayant demandé que l'on introduisît comme témoin un des amis de l'accusé, on fit entrer Rainier, son confident, au témoignage duquel Arnoul s'était publiquement parjuré non seulement à son égard, mais vis-à-vis de sa femme et de son fils. Quand on eut informé Rainier que l'accusé niait avoir été infidèle au roi, celui-ci, indigné, invective Arnoul en ces termes :

Pourquoi causer par votre perfidie la perte de votre peuple? Avez vous oublié ce que vous m'avez dit près de l'Aisne, avant la prise de la ville? Et pour vous rappeler les faits d'une manière plus précise, ne m'avez-vous pas dit que personne au monde ne vous était plus cher que Louis, fils de Charles (1), et que si je voulais vous être agréable, je devais faire tous mes efforts pour le sauver ? Allez,

(1) Cette assertion que Gerbert met dans la bouche de Rainier a servi de prétexte à un historien, peu sympathique à l'auteur des actes du concile de Reims, pour porter contre lui cette appréciation : « Dans cette espèce de plai-
« doyer sur l'assemblée de Reims, Gerbert ne prend pas toujours garde à ce
« qu'il dit lui-même; ainsi, d'après tous les historiens du temps, le duc
« Charles de Lorraine n'eut ses deux fils jumeaux, Louis et Charles, que dans
« la prison d'Orléans, en 991, où il fut enfermé. Or, dans son plaidoyer, Ger-
« bert fait reprocher comme un crime à l'archevêque de Reims d'avoir dit à
« un de ses serviteurs, avant que la ville de Reims fût livrée aux troupes de
« son oncle, qu'il aimait Louis, fils de Charles; c'est-à-dire qu'il lui fait re-
« procher comme un crime d'aimer un de ses cousins qui ne vint au monde
« que trois ans après. Un plaideur qui se trompe à ce point sur un fait
« peut bien se tromper sur la doctrine. » C'est surtout cette dernière conclusion qui nous a porté à vérifier l'assertion de Gerbert. Il est incontestable que la plupart des chroniqueurs font naître les deux fils de Charles à Orléans, pendant la captivité de leur père (Cf. apud D. Bouq., t. X. — Hug. Floriac, p. 220. — *Abbrev. gestor. Franciæ reg.*, p. 226. — Ex *Chron*. Fratris Richardi, p. 263. — Ex *Chron*. Ademari Caban., p. 145. — Ex *Chron*. Will. Godelli, lib. III.); toutefois l'autorité de ces chroniqueurs, qui presque tous écrivirent au douzième siècle, se trouve atténuée par d'autres récits contemporains qui font naître les enfants de Charles avant sa captivité (Cf. D. Bouq., t. X. — *Chron*. Fratris Andreæ. — *Chron*. Sithiensi. — Ex *Divers. Chron. et gestis*, p. 818. — Ex *Chron. reg. Franc.*, p. 301.); mais, pour nous, l'autorité de Richer, contemporain de ces événements, est décisive. Il dit en effet

et confessez vos crimes aux évêques, afin que, si votre vie est menacée, vous puissiez du moins sauver votre âme, et épargner au peuple la connaissance d'un crime dont il doute encore. Si vous vous obstinez, je publierai hautement cette trahison sur laquelle plane encore l'incertitude, et tous apprendront ainsi à vous connaître. Pour confirmer la vérité de mes paroles, je jurerai qu'elles sont sincères, et comme preuve de mon témoignage, je ferai serment, et mon serf le corroborera en marchant, devant les évêques, sur des socs rougis au feu ; le jugement de Dieu sera pour moi.

Quelques abbés dirent alors que l'on devait permettre à l'archevêque de se retirer pour prendre l'avis des conseillers qu'il voudrait choisir. L'évêque d'Orléans ayant demandé si quelque membre de l'assemblée y mettait opposition, et personne ne réclamant, l'accusé prit avec lui Séguin, archevêque de Sens, Arnoul d'Orléans, Brunon de Langres et Gotesman d'Amiens, et se retira avec eux dans la chapelle souterraine dont on ferma soigneusement les portes.

En leur absence, on donna lecture à l'assemblée de plusieurs canons du concile de Tolède contre les évêques infidèles à leur souverain. Bien que le synode ignorât ce qui se passait dans l'église souterraine, chacun savait cependant que, contrairement à la volonté et aux intérêts de Hugues-Capet, Arnoul avait noué des négociations avec l'impératrice Théophanie et avec les ennemis du roi de France ; qu'il avait enrôlé ses soldats sous les drapeaux de Charles, qu'il était donc coupable du crime de lèse-majesté, et par suite, inhabile à remplir désormais les fonctions épiscopales (1).

formellement, au livre IV de son histoire, § XLIX : « Hugues confina dans
« une prison Charles, sa femme, *son fils Louis* et ses deux filles, Gerberge et
« Adélaïde. » Ce jeune prince Louis fut peu après confié à la garde de l'évêque
de Laon, Adalbéron ; et le même annaliste nous apprend que cet ambitieux
prélat voulut faire servir son prisonnier à une tentative de restauration carlovingienne sur le trône de France (*Ibid.*, § XCVI et XCVII). Devant un
témoignage aussi formel, le jugement de Rorhbacher perd toute sa valeur.

(1) Ex *Concil. Tolet.*, c. 30. — *Ibid.*, titul. 75. — Ex *Concil. Tolet.* VI,
c. 12, titul. 17, 18. — *Item* era DCXIV, DCLXXXIV. — *Item* ex *Concil.
Agathensi*, titul. L, c. 34. — Ces divers canons se trouvent rapportés dans
M. Varin, *Concil. Rem.*, § 32 à 39.

Tandis que les évêques restés dans la salle des délibérations discutaient ces questions, ceux qui s'étaient retirés avec Arnoul appelèrent auprès d'eux leurs collègues. Ceux-ci étant descendus dans la crypte apprirent avec douleur le motif qui les avait fait convoquer. La cause d'Arnoul ressemblait à celle du prêtre Apiarius, et de même que les évêques d'Afrique en avaient rendu compte au pape Célestin, eux aussi allaient exposer la cause de l'accusé aux évêques réunis à Saint-Basles (1). Ils racontent alors les tergiversations de l'accusé, l'aveu qu'il vient de faire en toute liberté de ses crimes et de sa trahison..... il s'est jeté aux pieds des évêques et a avoué ses fautes avec larmes et sanglots en suppliant ses frères dans l'épiscopat de le décharger des fonctions sacrées dont il avait jusque-là usé sans être digne. Mais les évêques appelés par l'accusé voulurent ouïr cette déclaration de sa bouche, et le conjurèrent, au nom du Dieu qui punit les parjures, de ne point charger sa conscience d'un crime imaginaire. Ils le consolèrent ensuite, et lui promirent de le rétablir dans son ancienne dignité, malgré l'opposition des rois, pourvu qu'il se justifiât et prouvât son innocence suivant la justice et la vérité. Mais Arnoul, après avoir remercié les évêques de l'intérêt qu'ils prenaient à sa cause, confirma la vérité des aveux qu'il venait de faire, disant qu'il ne veut pas mentir à Dieu en présence duquel ils se trouve et dont il redoute le jugement. Devant d'aussi graves aveux, les évêques demandèrent que l'on introduisit les plus pieux et les plus savants d'entre les abbés et les clercs, qui tous s'engageraient par serment à garder le plus inviolable secret sur les fautes d'Arnoul ; ils devaient indiquer en même temps le meilleur parti à prendre, et être pour l'avenir des témoins fidèles et loyaux de la procédure. Après quelques instants de réflexion, Arnoul y consentit. On choisit donc

---

(1) Il y a entre les deux cas une grande différence, et une question préjudicielle omise ici.

entre les abbés et les clercs trente membres environ, et, après avoir reçu leur serment, on leur fit connaître, sur l'ordre d'Arnoul et en sa présence, l'ensemble de ses aveux.

L'accusé s'étant ensuite retiré, on délibéra très-longtemps sur les moyens à prendre pour donner satisfaction au peuple et au clergé qui n'avaient pas entendu l'aveu, tout en sauvegardant le secret. On avait déjà décidé que celui qui s'est lui-même choisi des juges ne pouvait plus en appeler à un autre tribunal. Du reste, les évêques échappaient au reproche d'empiéter sur les droits du pape, puisqu'Arnoul n'en avait appelé ni à d'autres juges, ni au Saint-Siége, soit avant l'audience des juges choisis par lui, ce qu'il aurait eu parfaitement le droit de faire, s'il eût regardé sa cause comme bonne, soit après la sentence de ces mêmes juges, ce qu'il n'avait plus évidemment le droit de faire alors. Mais, semblable à un criminel que presse sa conscience, il avait spontanément avoué ses crimes, et s'était fait son propre accusateur. On s'enquit ensuite de la forme dans laquelle devait être faite la déposition du coupable ; et afin de trouver une solution qui sauvegardât à la fois la justice et le respect dû aux traditions, on rechercha ce que les lois et les usages avaient établi en matière de déposition d'évêques et d'archevêques.

Les canons ne prescrivaient que la promulgation de la sentence en vertu de laquelle le coupable était privé du sacerdoce (1) ; la coutume y avait ajouté la cérémonie de la dégradation (2). On en conclut que le prélat déposé devait rendre tous les insignes qu'il avait reçus, c'est-à-dire l'anneau, le bâton pastoral et le pallium. Et en cela, ils ne faisaient ajoutaient-ils aucune injure au pape (3), puisque l'accusé n'en avait point appelé au souverain pontife, en second lieu parce qu'on n'avait pas fait à Arnoul une nécessité de sa déposition, et enfin parce

---

(1) C'est ainsi qu'Eutychès fut déposé par le concile de Constantinople.

(2) Ex *Concil. Tolet.*, c. XXVIII.

(3) On voit par cette fréquente observation que les évêques du synode se sentaient gênés par cette pensée d'abus de pouvoir.

que le pape, invité par le roi et par les évêques, n'avait point répondu à leurs lettres (1).

Le promoteur exposa ensuite à l'assemblée le mode de déposition que le concile de Tolède avait employé contre Potamius, archevêque de Braga (2), et celui dont on avait fait usage pour deux anciens archevêques de Reims, Egidius et Ebbon. Il fut décidé que l'on s'abstiendrait de déchirer les vêtements sacerdotaux comme cela se pratiquait à Rome, puisque ni les canons, ni la coutume, n'établissaient cette peine infamante. Le synode se conforma donc à la discipline tracée dans le concile d'Afrique, afin d'épargner à Arnoul la honte de cette humiliation, de sauvegarder l'honneur de l'Eglise et de ne pas donner prise aux railleries insultantes des gens du siècle. De la sorte, la dignité sacerdotale n'était pas amoindrie, et les aveux de l'accusé perdaient le caractère odieux que la publicité leur eût donné. Les évêques pensèrent ensuite qu'ils devaient faire écrire, en présence d'Arnoul, l'acte solennel de renonciation à sa dignité, et le lui faire signer, en affirmant de vive voix la sincérité de cette pièce, afin que son abdication ne pût paraître extorquée par la violence ou la surprise (3). Cette jurisprudence était conforme aux paroles du pape Grégoire et aux canons du concile d'Antioche (4). Ainsi finit la première séance du concile de Saint-Basles.

Le lendemain, les évêques s'assemblèrent de nouveau dans la basilique du saint confesseur, et tout le clergé ayant pris place, on s'occupa de quelques questions civiles et de plusieurs affaires ecclésiastiques ; celle d'Arnoul vint ensuite. Tout en le regardant comme déjà condamné, chacun plaignait son triste sort ; les uns en avaient pitié à cause de sa noble origine, les autres à cause de sa jeunesse ; et tous les évêques étaient émus

---

(1) *Concil. Rem.*, § XLV.
(2) Ex *Concil. Toletano*, selon les Centuriateurs ; ex *Concil. Valentino*, titul. IV, selon M. Varin.
(3) *Concil. Rem.*, § XLVII.
(4) Ex *Concil. Antioch.*, c. XV.

de la chute de leur métropolitain ainsi que de l'opprobre qui en rejaillissait sur l'épiscopat. Chacun, appréciant cette condamnation au point de vue personnel, pensait qu'il serait délivré de cette solidarité odieuse si l'accusé était absous, et se croyait au contraire atteint par son infamie s'il était condamné (1).

Au milieu de ce concert de regrets, les deux rois Hugues et Robert entrèrent dans le concile avec les principaux de leur cour, et remercièrent les évêques de la fidélité dont ils avaient fait preuve en cette occasion. Ils louèrent les prélats de ne s'être pas seulement séparés des ennemis, mais d'avoir par leur zèle prouvé combien ils réprouvaient cette trahison. Ils demandèrent en même temps qu'on leur fît un rapport sommaire de ce qui s'était passé dans le synode, et du point où en étaient les délibérations (2).

L'évêque d'Orléans répondit au nom du concile ces nobles paroles :

> Ne nous remerciez pas pour ce qui n'est de notre part nullement méritoire; car, s'il est vrai qu'en tout temps nous devions veiller à votre salut, dans cette affaire nous n'avons eu en vue que le salut de notre frère en danger. Et si le jugement n'a pas l'issue que nous désirerions, vous ne devez pas plus l'attribuer à notre attachement pour vous, qu'à notre indignation contre l'accusé. Au milieu des difficultés de ce procès, si le plus faible moyen de défense eût brillé à nos yeux, nous eussions mis en œuvre pour le produire toutes les ressources de la parole, toute la vigueur de notre dialectique, tant était vive pour lui notre compassion et profonde notre amitié. Aussi n'avons-nous pas seulement excité en sa faveur ceux qui pouvaient le défendre, mais nous avons, même par un anathème, forcé à le secourir ceux qui hésitaient à le faire. De nombreux passages des pères ont été produits, mais aucun n'a pu le sauver. Amené devant le concile, l'accusé interrogé a d'abord nié tous les chefs de l'accusation; mais en lui exposant un à un tous les griefs qui lui étaient imputés, nous lui avons prouvé qu'il valait mieux pour lui qu'il les reconnût,

---

(1) *Concil. Rem.*, § XLIX.
(2) *Ibid.*, § L.

puisque ces fautes étaient publiques. Comme de ces aveux résultait aussi la culpabilité des actes qu'il désavouait, on finissait par ne plus douter de ce qu'il s'efforçait le plus de dissimuler. Au milieu de ces tergiversations on lui proposa de se consulter; et il pria qu'on le laissât se retirer avec quelques évêques. Là, tandis qu'on croyait n'avoir à recueillir que des explications justificatives, stimulé par sa conscience, Arnoul fit tout à coup l'aveu de ses crimes, et remplit de stupéfaction les évêques qui l'accompagnaient. Ceux-ci lui promirent en vain qu'il aurait non seulement la vie sauve, mais qu'il ne souffrirait aucune atteinte, s'il parvenait à se justifier. Arnoul n'en persista pas moins dans ses aveux et demanda qu'on le privât du sacerdoce. A cette confession de l'accusé ont assisté quelques abbés et des clercs pour attester aux siècles futurs la sincérité des aveux d'Arnoul. Si tel est votre bon plaisir, faites le comparaître devant le synode, qu'en présence de tous, il soit à la fois le juge et le témoin de sa cause, et qu'il mette à l'abri de l'envie les accusateurs, les témoins et les juges en prenant envers lui-même ces trois rôles différents (1).

Arnoul ayant été introduit, et avec lui tout le peuple qui se tenait hors de la basilique, il se fit un profond silence; alors l'évêque d'Orléans s'adressant à l'accusé :

— Voyez-vous tous les yeux fixés sur vous? Pourquoi ne prenez-vous pas la parole ?

Comme le métropolitain balbutiait quelques mots entrecoupés et que personne ne pouvait entendre, le promoteur continua :

— Êtes-vous encore dans les mêmes sentiments où nous vous avons laissé hier?
— Oui, répondit Arnoul.
— Voulez-vous renoncer à l'honneur du sacerdoce dont vous avez abusé jusqu'ici?
— Vous l'avez dit.

Alors le comte Bouchard de Montmorency, interrompant l'interrogatoire :

— Que signifie cette parole, vous l'avez dit ? Que l'accusé parle

(1) *Concil. Rem.*, § LI.

clairement, qu'il fasse des aveux, afin que dans la suite il ne puisse prétendre que les évêques ont inventé des crimes imaginaires, et nier qu'il ait lui-même fait des aveux.

— Je dis publiquement, reprit l'accusé, et je déclare que j'ai erré et trahi la fidélité que je devais au roi. Mais je demande que vous vous en rapportiez à ce que dira mon seigneur Arnoul, et devant vous je le supplie, lui qui connaît toutes mes pensées, de faire si cela lui convient, l'exposé de ma cause.

— L'accusé est naturellement timide, ajouta l'évêque d'Orléans, et, en outre, il n'ose avouer en public ce qu'il nous a confié sous la foi du serment. Qu'il vous suffise de savoir ce qu'il avoue publiquement, c'est-à-dire qu'il n'a pas été fidèle aux promesses faites aux rois, et qu'il les a violées ouvertement, ainsi que la déclaration qu'il avait signée.

— Ce n'est point assez pour moi, interrompit Bouchard, il faut qu'il avoue ou qu'il nie publiquement devant vous sa trahison, afin qu'on puisse lui donner légitimement un successeur.

— Certes, répliqua l'évêque d'Orléans, vous ne serez pas aujourd'hui les égaux des prêtres auxquels seuls est due une confession complète. Est-ce que si un vassal était accusé devant le roi d'un crime déterminé dont il niât la culpabilité, tout en se reconnaissant coupable sous d'autres chefs de manière à ne pouvoir plus obtenir de grade ni de bénéfice, et s'il ne demandait grâce que pour sa vie, si alors, dis-je, son bénéfice vous était offert par la munificence royale, refuseriez-vous de l'accepter! Que vous importe que dans l'ensemble des crimes capitaux un accusé soit puni pour un homicide, pour un adultère ou un empoisonnement? Qu'il vous suffise de savoir que dans sa confession il nous a dévoilé ses fautes, qu'il se déclare publiquement indigne du sacerdoce, et qu'en face de l'assemblée il avoue sa culpabilité envers les rois, au point de ne pouvoir plus jouir des honneurs de ce monde; car peu importe qu'en fait de crimes, ce soit pour celui-ci ou pour celui-là qu'il se dépouille du sacerdoce.

Se tournant alors vers l'accusé :

— Que pensez-vous de tout ce que j'ai dit jusqu'ici en votre nom?
— Je l'approuve et j'y souscris, répondit Arnoul.
— Prosternez-vous donc, ajouta l'évêque d'Orléans, devant vos seigneurs et rois que vous avez si gravement offensés; avouez votre crime et implorez leur clémence pour avoir la vie sauve.

Le malheureux archevêque, prosterné en forme de croix sur le pavé, demanda avec larmes et gémissements grâce pour la vie. Ce spectacle émut de douleur tout le synode ; et tout à coup Daibert, archevêque de Bourges, se précipita aux pieds des rois pour leur demander au nom de tous la vie du coupable. Emus de pitié, les souverains se laissèrent fléchir : « Qu'il ait « la vie sauve à votre considération, ajoutèrent-ils, et qu'il « reste sous notre garde sans craindre les chaînes ou le glaive « à moins qu'il ne tente de s'enfuir. »

Cette restriction ne plut pas aux évêques, car ils pensaient qu'Arnoul étant jeune, il serait facile de lui inspirer le désir de s'enfuir, et que cette seule tentative suffirait pour l'exposer à la peine capitale. Ils redoublent donc de prières, et obtiennent que l'archevêque déposé n'encourra la peine capitale que s'il commet un nouveau crime qui mérite ce châtiment. S'étant relevé, et n'ayant plus à redouter le dernier supplice, Arnoul attendit tout confus qu'on procédât à sa déposition. On lui demanda s'il voulait qu'elle fût faite solennellement et selon les canons ; il s'en remit au jugement des évêques. Conformément à leur décision, il déposa entre les mains du roi ce qu'il en avait reçu (1), puis il se dépouilla entre les mains des évêques des insignes de sa dignité épiscopale. Ceux-ci ne voulurent pas les retenir, mais seulement les conserver pour les rendre à son successeur. Arnoul demanda ensuite que l'on dressât l'acte de renonciation sur le modèle de celui de son prédécesseur Ebbon, et après la transcription de cette pièce il en donna lecture au concile ainsi qu'il suit :

Moi, Arnoul, ex-archevêque de Reims par la grâce de Dieu, reconnaissant ma fragilité et le poids de mes péchés, j'ai établi juges de mes fautes les archevêques Séguin et Daibert, les évêques Arnoul, Godesman, Hervé, Gauthier, Brunon, Milon, Adalbéron, Eudes, Guy, Herbert et Ratbod, et je leur ai fait une confession sincère, afin d'obtenir le remède du repentir et le salut de mon âme au moment de m'éloigner de la dignité et du ministère de pontife, dont

---

(1) Il ne s'agit ici que de ses possessions territoriales.

je me reconnais indigne, et auquel je me suis rendu étranger par les fautes dans lesquelles je leur ai confessé en secret être tombé, et dont j'étais publiquement repris, afin qu'ils puissent rendre témoignage, substituer et consacrer un autre à ma place, qui préside dignement et serve utilement l'Église à laquelle j'ai jusqu'ici présidé, moi indigne. Et afin qu'à l'avenir je ne puisse plus faire de réclamation par l'autorité des canons, j'ai signé cet écrit de ma propre main; tel il a été lu, tel je l'ai souscrit. Moi, Arnoul, ex-archevêque de Reims, j'ai signé (1).

Tous les évêques présents, invités par lui à souscrire cet écrit, le signèrent en prononçant cette formule : « En consé-« quence de votre aveu et de votre signature, cessez vos fonc-« tions. » Il délia ensuite du serment de fidélité le clergé et le peuple, et leur accorda la liberté de passer en la possession d'un autre.

Tandis qu'on procédait solennellement à la déposition d'Arnoul, le prêtre Adalger se précipite aux pieds des rois et se plaint amèrement d'avoir été excommunié par cela seul qu'il avait obéi aux ordres de son archevêque et seigneur. Arnoul d'Orléans lui dit :

N'as-tu pas ouvert aux ennemis les portes de Reims ?
— Sans doute, répondit Adalger.
— N'est-ce pas toi qui entras en ennemi dans le temple de Dieu ?
— Je l'avoue.
— Eh bien, je te juge d'après tes paroles ; que ton crime retombe sur ta tête.

L'évêque Gauthier ajouta :

— Puisque ton archevêque a été si gravement puni pour avoir ordonné la trahison, tu dois aussi être châtié, toi qui l'as accomplie et t'en es fait l'instrument.

Brunon s'écria également :

— C'est toi et tes pareils qui avez, par vos perfides conseils, perdu ce jeune homme sans expérience, et ton seigneur gémirait prisonnier tandis que tu te réjouirais criminellement ! Pourrais-je ne pas pro-

(1) *Concil. Rem.*, c. LIV. — RICHER, § LXXII.

tester en voyant renvoyer absous ceux qui ont précipité mon parent dans cet abîme de maux?

L'assemblée laissa à Adalger le choix, entre la dégradation ou un perpétuel anathème; comme il s'était présenté de lui-même au concile, il n'eut à redouter aucune violence.

Adalger réfléchit longtemps ; enfin il préféra la dégradation à l'anathème éternel. On le revêtit alors de ses ornements sacerdotaux, et les évêques les lui arrachèrent sans pitié en le déposant de tous les ordres jusqu'au sous-diaconat, et à chaque dégradation ils disaient successivement : « Cesse tes fonc-« tions. » Puis l'ayant réconcilié, on le soumit à une pénitence et on lui permit la communion laïque.

Les pères du synode renouvelèrent ensuite l'anathème contre les sacriléges qui avaient livré la ville de Reims, et n'étaient point venus à satisfaction ; et après cette sentence, le concile se sépara solennellement (1).

(1) *Concil. Rem.*, c. LV. — RICHER, § LXXIII.

CHAPITRE X.

APPRÉCIATION DU CONCILE DE SAINT-BASLES. — ÉLECTION DE GERBERT A L'ARCHEVÊCHÉ DE REIMS.

Nous venons d'exposer les actes du concile de Saint-Basles, tels du moins que nous les ont conservés les éditeurs protestants de Francfort. Ce synode étant un des faits les plus importants du Xe siècle, et le nom de Gerbert se trouvant mêlé à ses délibérations puisqu'il fut appelé à prendre en main ce bâton pastoral dont Arnoul s'était rendu indigne, nous allons essayer d'apprécier les questions canoniques qui y furent soulevées, la valeur de l'arrêt qui frappa le dernier descendan de Charlemagne et enfin le rôle que joua Gerbert dans cette procédure, dirigée contre l'archevêque dont il avait été l'ami et le confident.

Le Xe siècle occupe dans l'histoire de la discipline ecclésiastique une place particulière ; son caractère spécial semble être l'incertitude. L'ère des conciles généraux paraissait fermée et depuis plus d'un siècle la voix des évêques n'avait point retenti dans ces imposantes assemblées (1) ; l'Orient, détaché du grand arbre catholique, voyait insensiblement la vie morale et religieuse abandonner ce glorieux rameau qui avait donné à l'Eglise des pères et des docteurs ausssi illustres que nombreux. En Occident, ce que l'on pourrait appeler la vie

---

(1) Le dernier concile général était celui de Constantinople, tenu en 869.

publique de l'Eglise ne s'était encore affirmée que dans des synodes provinciaux qui suppléaient par leur nombre (1) à l'imposante solennité des conciles œcuméniques, dont la réunion n'avait encore jamais eu lieu chez les Latins (2). Plus exposées que celles d'Orient aux coups des barbares, les églises d'Afrique, de Gaule et de Germanie s'étaient efforcé, dans leurs fréquentes réunions synodales, de relever les ruines amoncelées par les invasions dont les flots avaient abîmé sous les débris de l'empire les derniers vestiges de la législation. Le recueil des canons ou décrets de ces conciles tant généraux que particuliers fut, pendant plusieurs siècles, le seul code législatif en usage dans l'Occident; le droit civil l'avait même accepté en y ajoutant quelques capitulaires dont l'esprit ne s'éloignait guère de la loi ecclésiastique, à laquelle ils servaient même le plus souvent de commentaire ou de sanction.

A ces collections, que l'absence de communications entre les peuples rendaient forcément assez restreintes, vinrent peu à peu se mêler des pièces d'une authenticité suspecte, telles que les *Canons des apôtres*, recueil (3) apocryphe d'actes et de décrets attribués aux premiers fondateurs de l'Eglise, mais dont la fausseté fut reconnue, dès l'an 494, par le pape saint Gélase, dans le synode qu'il avait assemblé à Rome (4). A la même époque où paraissaient les canons des apôtres, un autre recueil également apocryphe commençait à se répandre sous le titre de *Constitutions apostoliques*. Cette compilation comprenait en huit livres tous les décrets, les actes et les coutumes attribués aux disciples ou à leurs successeurs immédiats; et un habile faussaire y avait ajouté d'autres pièces que la foi naïve de ces siècles reculés avait acceptées sans

---

(1) Depuis le concile de Rome (313) jusqu'au dixième siècle, il y eut en Occident plus de cent synodes provinciaux.

(2) Le premier concile général ne fut tenu en Occident que sous le pape Calixte II, dans la basilique de Latran (1123).

(3) Ce recueil parut probablement vers le quatrième siècle.

(4) Liber *Canonum Apostolorum* est apocryphus. *Decreti*, pars I, distinctio XV, c. III, § 64.

discussion, bien que leur authenticité fut matériellement inacceptable.

Telle fut la législation disciplinaire jusqu'au commencement du Ve siècle ; elle n'embrassait encore, au témoignage du pape saint Innocent, que les traditions apostoliques, les coutumes introduites par les usages et les prescriptions, quelques décisions pontificales et les décrets des conciles de Nicée et de Sardique (1). Bientôt parut une collection de canons des conciles orientaux et surtout des synodes d'Afrique, dont l'autorité fut immense dans l'Eglise d'Occident. Cette collection appelée l'*Ancienne* fut complétée au Ve siècle par Denys-le-Petit qui réunit dans un seul recueil les canons des divers conciles œcuméniques ou particuliers et les décrets pontificaux depuis le pape saint Syrice (384) jusqu'à Anastase II (500). Cette collection qui porte le nom d'*Ancien recueil de canons* (2) fut revêtue de l'approbation du Saint-Siège.

Un siècle plus tard environ, saint Isidore de Séville (VIIe s.) ajouta à la collection de Denys-le-Petit, divers décret pontificaux et les canons de quelques conciles tenus en Espagne et en Gaule ; ce code fut adopté dans toute la Péninsule et y jouit d'une autorité que justifiait du reste la réputation de science et de vertu de son auteur. Tels furent les recueils de lois qui régirent l'Eglise d'Occident jusqu'au commencement du IXe siècle. A cette époque un habile et heureux imposteur mit au jour sous le nom d'Isidore *peccator* ou *mercator* une collection nouvelle connue depuis dans l'histoire sous le nom de *Fausses décrétales* (3). Ce nouveau code qui se faisait surtout remarquer par l'affirmation plus explicite de certains droits attribués au Pape, fut généralement adopté par les diverses églises d'Occident et jouit auprès des canonistes, et

---

(1) Epist. S. Innocentii I ad episc. Constantin. et ad episc. Alexandrin. apud Coustant. *Epist. Romanor. pontific.* col. 790 et 799.

(2) *Vetus canonum codex;* ce recueil fut accepté en Frnce par Charlemagne, qui le reçut des mains du pape Adrien.

(3) Quelques fragments de cette compilation avait déjà paru à la fin du VIIIe siècle sous Inghelramn, évêque de Metz.

même des conciles, d'une autorité à peu près incontestée jusqu'au XV° siècle ; nous aurons bientôt l'occasion de revenir sur cette collection de décrétales.

Il fallait, ce nous semble, établir les sources du droit canonique et l'état de la jurisprudence au X° siècle pour mieux apprécier les débats du concile de Saint-Basles et les incidents auxquels donna lieu plus tard le procès d'Arnoul. Examinons maintenant, au point de vue juridique, ce qui dans le jugement de l'archevêque de Reims fut en harmonie ou en opposition avec les principes du droit commun au X° siècle.

A cette époque, l'ancienne législation qui soumettait aux conciles provinciaux, sinon dans tous les cas la sentence définitive, du moins l'instruction, et ce que l'on pourrait appeler aujourd'hui le jugement en première instance, des causes contentieuses de la province n'était pas encore abrogée. Les canons sont formels sur ce point, et les assemblées synodales, sans avoir le droit de définir les dogmes ou de porter des lois générales (1), possédaient une puissance judiciaire également autorisée par la coutume et la tradition :

Si un évêque, lisons-nous dans le XV° canon du concile d'Antioche, tenu au IV° siècle, *si un évêque accusé d'un crime est condamné par tous les suffragants de sa province, il ne peut se présenter devant aucun autre tribunal* (2).

Si dans une province, écrivait, au VI° siècle, le pape Pélage I°r, *s'élève une discussion importante, et si les évêques ne peuvent s'entendre sur sa solution, elle doit être déférée au métropolitain ; et si des difficultés surgissent*

---

(1) Epist. MARCELLI papæ ad Maxentium. — Epist. JULII papæ I contra *Orientales* pro Athanasio.

(2) Si quis episcopus criminaliter accusatus ab omnibus, qui sunt intra provinciam episcopis, exceperit unam consonamque sententiam, ab aliis ulterius judicari non poterit. *Concil. Antioch.*, c. XV. — Quelques auteurs (Febronius, de Marca, Dupin, etc., etc.) ont faussement conclu de ce canon le rejet des appels au pape (Cf. *Concil. Sardicense*, c. IV et V). Nous reviendrons tout à l'heure sur cette grave question.

encore, c'est par le synode régulièrement convoqué qu'elle devra être résolue selon les canons (1).

Telle était aussi, vers la même époque (585), l'opinion professée par le IIe concile de Mâcon : *Si un évêque,* disaient les pères de ce synode, *se trouve sous le poids d'une grave accusation, sa cause doit être instruite par le métropolitain qui fera tous ses efforts pour concilier le différend; mais si l'énormité du crime est telle que le métropolitain ne puisse seul prendre sur lui la responsabilité de la décision, il convoquera un ou plusieurs évêques pour l'assister de leurs conseils. Si ce moyen ne suffit pas, il devra réunir un synode devant lequel l'évêque accusé viendra se disculper de l'accusation portée contre lui* (2).

Un évêque ne peut être dépossédé des prérogatives de son rang, écrivait le pape Nicolas Ier, *qu'autant qu'il aura*

---

(1) Si vero in qualibet provincia ortæ fuerint quæstiones, et inter ipsius provinciæ episcopos discrepare cœpit ratio, atque inter dissidentes non conveniat, ad majorem tunc sedem referantur. Et si illic facile et juste non discernuntur, ubi fuerit synodus regulariter congregata, canonice et juste judicentur. PELAGII papæ I ad episc. Orient., epist. I, § I. — ..... De totius negotii qualitate metropolitanus curabit instruere, et si coram positis partibus nec tuo fuerit res sospita judicio, ad nostram cognitionem quidquid illud est, transferatur. LEONIS I epist. ad Anastasium. — ..... Si autem majora negotia orta fuerint, ad majorem sedem referantur ; et si illic facile discerni non poterunt, aut juste terminari, ubi fuerit summorum congregata congregatio, juste et Deo placite coram patriarcha aut primate ecclesiastica negotia, et coram patricio sæcularia judicentur negotia in commune. ANACLETI papæ Ep. I, in fine.

(2) Si aliquid contentionis adversus episcopum potentior persona habuerit, pergat ad metropolitanum episcopum, et ei causas alleget, et ipsius sit potestatis honorabiliter episcopum de quo agitur evocare, ut in ejus præsentia accusatori respondeat ; et oppositas sibi actiones extricet. Quod si talis fuerit immanitas causæ, ut eam solus metropolitanus definire non valeat, advocet secum unum. vel duos coepiscopos. Quod si et ipsis dubietas fuerit, conciliabulum definito die, vel tempore, instituant, in quo universa rite fraternitas collecta, coepiscopi sui causas discutiat, et pro merito aut justificet aut culpet. *Concil. Matisconense II,* c. IX. — *Item* ex *Concil. Carthag. III,* c. VII. Apud Gratianum IV, quæst. V, c. I.

comparu devant douze évêques, présidés par le métropolitain (1).

C'était donc, mais en sauvegardant toujours le droit imprescriptible d'appel à Rome (2), c'était donc dans les synodes provinciaux assemblés par le métropolitain (3), et, à son défaut, par le plus ancien évêque de la province (4), que devaient se traiter les questions disciplinaires qui surgissaient dans les diocèses suffragants (5). Telle avait été, nous dit un zélé défenseur des droits du Saint-Siége, la coutume la plus généralement suivie dans l'Eglise pour la déposition des évêques (6). Cette pratique, en tout point conforme aux principes du droit, puisqu'elle permettait de juger un délit sur les lieux mêmes où il avait été commis (7), fut strictement observée par le concile de Saint-Basles dont la compétence ne peut être révoquée en doute.

La citation d'Arnoul devant le synode eut également lieu selon les règles canoniques (8), et ce fut par un acte de condescendance que les évêques de la province ne lui appliquèrent

---

(1) Censeo nec ullam posse episcopos sui honoris sustinere jacturam, quos non constat fuisse a duodecim episcopis, præsente primamque sententiam metropolitano episcopo obtinente, cum examinarentur, auditos. NICOLAI I epist. ad Salomonem Britonum regem.

(2) *Concil. Sardicense*, c. IV et V.

(3) Ex *Concil. Nicæno*, c. V. — Ex *Concil. Antioch.*, c. XX.

(4) Cf. *Tridentina synodus*, sess. XXIV, c. II *de Reformat.*

(5) Ce pouvoir des métropolitains a été restreint depuis par la coutume et surtout par le concile de Trente. Cf. *Concil. Trident.*, sess. XIII, c. VIII; sess. XXIV, c. V, *de Reform.*

(6) Hæc vulgata episcopalium depositionum fuit disciplina. ZACCARIA, *Antifebronius vindicatus*, dissertatio VIII, c. IV, ap. Migne, *Cursus Theologiæ completus*, t. XXVII, p. 1071.

(7) Ubi crimen admittitur, ibi causa ventiletur. *Decreti*, pars II, causa III, quæst. VI, c. 1. — Si quis episcoporum super certis accusetur criminibus, ab omnibus audiatur, qui sunt in provincia sua, episcopis; quia non oportet accusatum alibi quam in foro suo audiri. FABIANI papæ ad Hilarion. episc., epist. III, c. 2 et 4.

(8) Epist. DAMASI papæ ad Stephan. archiep. — *Item* ex epist. SYLVESTRI papæ.

pas dans le long délai qui s'écoula, entre la première citation et la comparution de l'accusé, les peines sévères décernées par les canons contre les contumaces (1).

Quant au respect que l'on doit toujours à un accusé, l'assemblée de Reims ne s'en départit jamais à l'égard d'Arnoul, malgré la gravité du crime qui lui était reproché. Quelques historiens (2) ont blâmé les membres du synode d'avoir instruit la cause sans faire comparaître l'accusé ; mais ce reproche ne repose sur aucun fondement. Les discussions qui signalèrent en effet presque toute la première session du concile eurent moins pour objet Arnoul que les principes mêmes de l'information de sa cause et des moyens de défense ; le procès ne commença réellement qu'à l'interrogatoire de l'accusé et aux dépositions des témoins, conformément aux règles du droit (3). Les pères du concile portèrent même, à l'instigation de l'évêque d'Orléans, le sentiment de la justice jusqu'à ordonner sous peine d'excommunication à tous ceux qui croiraient pouvoir établir la non-culpabilité de l'archevêque, de prendre en main sa défense (4) ; et les noms des écolâtres que nous avons cités indiquent assez que s'il n'eût fallu que la double autorité de la science et de la vertu pour gagner une cause, celle d'Arnoul aurait facilement triomphé. Les éléments de défense qu'ils apportèrent et sur lesquels le concile fut appelé à statuer étaient puissants, et on peut dire que ce fut dans leur discussion que se concentrèrent tous les efforts de l'accusation, puisque les aveux d'Arnoul vinrent enlever à la seconde partie des débats toute matière à controverse. Nous allons donc examiner chacun des arguments que les trois écolâtres s'efforcèrent avec une noble indépendance de faire prévaloir dans cette assemblée.

(1) *Decreti*, pars II, causa III, quæst. XI, c. 10, 14.
(2) Entre autres Rohrbacher, *Hist. de l'Église*, t. XIII, p. 275.
(3) *Decreti*, pars II, causa III, quæst. XI, c. 1, 3, 5, 9. — Epist. TELESPHORI papæ. — Epist. II CALIXTI papæ ad episc. Gall. — Ex *Concil. Tolet. VI*, c. 2.
(4) *Concil. Rem*, c. XVIII.

La première opposition qu'Abbon et Romulf formulèrent contre la mise en accusation d'Arnoul était tirée de l'état de captivité dans lequel l'archevêque était détenu ; ils cherchèrent à établir, d'après les canons, que *l'accusé devait, avant son jugement, être d'abord rendu à son siége et réintégré dans sa dignité.*

C'était en effet un point de droit qu'aucun évêque ne pouvait être cité devant un synode sans avoir été préalablement remis en possession de sa dignité ; mais les défenseurs d'Arnoul donnaient au canon sur lequel ils s'appuyaient, et qu'ils ont négligé de nous faire connaître, un sens tout autre que celui qu'avaient déterminé le droit et la coutume. Voici en effet ce qu'écrivait aux prélats de la Gaule le pape Félix : « *Si un « évêque chassé de son église ou dépouillé de ses biens est « retenu prisonnier, il doit être canoniquement remis en « possession de tout ce qui lui a été enlevé... Personne « ne pourra donc le citer en justice avant qu'un synode « régulièrement convoqué ne l'ait réintégré dans toutes « ses prérogatives.....* » (1). Mais ces paroles du pape Félix ne pouvaient s'appliquer à la cause présente ; il est évident en effet qu'elles ont pour objet de sauvegarder la dignité de l'évêque forcé de céder à la violence de ses ennemis. Or, cette interprétation, qui ressort également des lettres du pape Caius (2) et de Fabien (3), excluait formellement Arnoul de la prérogative invoquée par ses défenseurs ; il n'avait pas, en effet, été expulsé de son siége, il n'avait eu à subir, bien qu'il l'eût allégué tout d'abord, aucune violence de la part de Charles ; ce

---

(1) .... Si episcopus suis fuerit aut ecclesiæ sibi commissæ rebus expoliatus, a sede propria ejectus, in detentione aliqua sequestratus a suis ovibus, tunc canonice ante in pristinum statum restituatur..... Nullatenus ergo a quoquam respondere cogatur, antequam integerrime omnia, quæ per suggestiones inimicorum suorum amiserat, potestati ejus ab honorabili concilio, legali ordine, redintegrentur. FELICIS epist. II ad episc. Gall.

(2) CAII papæ epist. ad Felicem episc., c. 3.

(3) FABIANI epist. II ad episc. Orient. — Cf. *Decreti*, pars II, causa II, quæst. II, c. 1, 2, etc. — *Ibid.*, causa III, quæst. I, c. 1, 2, 3, etc. — *Ibid.*, quæst. II, c. 8. — *Ibid.*, causa V, quæst. II, c. 4.

fut de son plein gré, et après avoir longuement tramé sa trahison, qu'il abandonna la ville de Reims pour subir un simulacre de captivité dont nous avons vu plus haut le dénouement. Ainsi se trouvait écarté le premier chef produit par la défense en faveur du métropolitain.

Quant au second, qui avait surtout pour objet la valeur juridique des citations faites à l'accusé, il était aussi peu fondé. Depuis le concile de Senlis, en effet, de nombreux monitoires avaient été adressés au métropolitain, et il s'était toujours refusé d'y répondre ; les intervalles prescrits par les canons (1) avaient été observés, et Arnoul, en admettant même pour lui l'impossibilité absolue de comparaître, n'avait pas employé le moyen qu'un décret du synode de Rome mettait en son pouvoir, l'envoi d'un délégué pour le représenter devant ses juges (2).

Dans le troisième argument, les défenseurs émettaient le désir que les juges, les témoins et l'accusé eussent à comparaître devant un concile plus général. Mais, d'après ce que nous venons de voir, le synode provincial était non seulement compétent, mais il était formellement interdit, excepté dans le cas d'appel au pape, de faire juger une cause hors de la province dans laquelle le délit avait été commis : « *Toutes les accusations doivent être résolues dans la province et par les évêques suffragants*, est-il dit dans le concile tenu à Rome sous le pape Adrien, *à moins qu'il ne soit fait appel au siége apostolique* » (3). Cette règle de droit avait fait même l'objet d'une sanction pontificale, et, d'après la constitution du pape Anaclet, « *il fallait une autorisation spéciale du Saint-Siége pour être jugé par un autre tribunal que celui de sa province* » (4). Il n'y avait donc de supérieur

---

(1) Epist. Damasi papæ ad Steph. archiep. — Epist. Sylvestri papæ.

(2) *Synod. Roman.* sub Hadriano papa, c. V.

(3) Omnis accusatio intra provinciam audiatur, et a comprovincialibus terminetur, nisi ad sedem apostolicam fuerit appellatum. Ex *Rom. synod.* sub Hadriano papa.

(4) Anacleti papæ epist. I, c. III. — Cf. Epist. Innocentii papæ ad episcopum Rothomagensem, epist. II, c. III.

au synode provincial que le concile général ou l'autorité pontificale ; ce fut au reste sur cette dernière prérogative de Rome que porta tout le poids de la discussion et le principal argument de la défense ; aussi demandons-nous à préciser davantage ce point délicat.

Il est certain qu'aux premiers temps du christianisme, l'Eglise, obligée de tenir tête aux persécuteurs et de faire face au danger, plus grand peut-être encore, des dissensions intestines dont les hérésies la menaçaient sans cesse, eut plus à se préoccuper de la défense de ses dogmes et de sa morale que des mesures purement disciplinaires. Les premières en effet étaient fondamentales, nécessaires ; les autres supposant une société pour les observer, il fallait laisser à cette société le temps de se constituer. Il en est toujours ainsi à l'origine des associations et on peut leur appliquer, dans cette période de formation, ce que Montesquieu dit de certaines institutions qui ont des *mœurs* plutôt que des *lois* (1) ; ces dernières ne se développant en effet que proportionnellement aux besoins ou aux circonstances qui leur donnent naissance.

Aussi quand l'Eglise, échappée aux coups de ses ennemis, put, sous Constantin, réunir ses membres mutilés par les supplices ou dispersés par l'exil, le premier objet de sa sollicitude fut la conservation intacte des vérités fondamentales du christianisme. C'est ce qui ressort de l'examen attentif des actes des premiers conciles ; le dogme y occupe la première place, et c'est toujours pour foudroyer une hérésie que se réunissent ces solennelles assemblées dans lesquelles les martyrs venaient corroborer par leur présence la vérité de cette foi chrétienne pour laquelle ils avaient noblement souffert, tandis qu'à leurs côtés d'illustres apologistes établissaient son harmonie divine avec la double autorité de la science et de la vertu. Les règlements de discipline générale ne venaient qu'en seconde ligne pour ainsi dire, et c'était aux conciles provinciaux que le pou-

---

(1) *De l'Esprit des lois*, liv. XVIII, c. XIII.

voir législatif dans ses applications particulières semblait plus spécialement confié (1).

Il est facile de concevoir que, dans ces siècles reculés la puissance judiciaire fut pour ainsi dire un corollaire obligé du pouvoir législatif ; c'est là ce qui explique pourquoi le nombre des recours à Rome, même dans des causes considérées plus tard comme très-graves, fut alors si restreint. C'est ainsi que la mise en accusation des évêques, leur jugement et même leur déposition furent longtemps prononcés par les assemblées synodales (2). L'autorité du pape dont la primauté, divinement établie par le Christ, allait se confirmant de siècle en siècle par les respects et la déférence du monde catholique, cette autorité, disons-nous, n'intervenait guère que dans les questions de foi et de discipline générale, soit par ses décisions, soit par la direction que son autorité suprême imprimait aux conciles œcuméniques. Mais quand le dogme catholique eut triomphé des redoutables hérésies qui menaçaient l'existence de l'Eglise dans cette première phase de son établissement, quand la foi se fut dégagée brillante et pure des nuages dont ses ennemis avaient voulu l'obscurcir, alors le rôle de la papauté sembla grandir avec ses triomphes. Cette primauté conférée à Pierre par le Christ, reconnue par les apôtres et consacrée par plusieurs siècles d'amour et de respect, allait pouvoir appliquer d'une manière plus complète le

---

(1) C'est ainsi que le *Concile de Nicée* (325) fut provoqué par l'hérésie d'Arius ; celui de *Constantinople* (381) par l'hérésie des Macédoniens; celui d'*Éphèse* (431) contre l'hérésie de Nestorius ; celui de *Chalcédoine* (451) contre Eutychès; le deuxième de *Constantinople* (553) à la suite des erreurs attribuées à Origène et de la fameuse querelle des Trois Chapitres ; le troisième de *Constantinople* (681) contre les Monothélites; le deuxième de *Nicée* (787) contre les Iconoclastes ; le quatrième de *Constantinople* (869) contre Photius.

(2) Libens tamen assentior ejusmodi causas ex vetere disciplina ad provinciarum synodos consuevisse perferri, quodque id cum ad veritatem pernoscendam. tum ad ferendam ex æquitate sententiam accomodatius esse videretur. Zaccaria, *Antifebron. vindicat.*, dissert. VIII, c. VI, ap. Migne, t. XXVIII, p. 1095.

principe dont elle était l'expression. Comme on voit un fleuve, d'abord étroit et resserré à sa source, se dilater insensiblement, et, dans sa course majestueuse vers l'Océan, aller répandre l'abondance et la fécondité jusque dans les contrées les plus reculées, ainsi la papauté, à travers les crises tour à tour douloureuses et héroïques des siècles de son histoire, a puisé dans sa divine institution les éléments qui, successivement dispensés aux peuples chrétiens selon leurs besoins et leurs aspirations, ont changé la face du monde et fait progresser l'humanité.

Ce développement progressif de la suprématie pontificale a frappé tous les historiens, et chacun a essayé de l'expliquer selon les besoins de sa thèse ou la pente de ses croyances. Selon l'illustre historien de la *Civilisation en France*, la prééminence du Saint-Siége s'expliquerait par l'absence en Occident de tout autre patriarche qui aurait pu contrebalancer l'autorité du pape ; « l'évêque de Rome était seul, et cette « circonstance aida beaucoup à son élévation exclusive » (1). Ailleurs, le même écrivain fait résulter le pouvoir spirituel de la papauté, tantôt de sa puissance territoriale et de son pouvoir temporel (2), tantôt des glorieux souvenirs de la Rome antique et de la liberté que cette cité sut garder, tandis que tout le reste de l'Occident se courbait sous le joug des barbares (3). D'après M. Villemain, c'est dans la division des deux empires d'Orient et d'Occident entre les fils de Théodose, au IVe siècle, qu'il faut placer le principe dont la suprématie pontificale fut la conséquence nécessaire (4). Enfin, selon un troisième historien, la primauté des évêques de Rome fut ou bien le résultat des vertus des premiers successeurs de saint Pierre (5),

---

(1) M. Guizot, *Histoire de la Civilisation en France*, t. 1, leçon III, page 77.

(2) *Ibid.*, t. II, leçon XIX, p. 89.

(3) *Ibid.*, t. II, leçon XXVII.

(4) M. Villemain, *Tableau de l'éloquence chrétienne au quatrième siècle : saint Jean Chrysostôme.*

(5) M. Quinet, *le Catholicisme et la Révolution française*, leçon VI, page 141.

dominant sur cette Rome « où nul ne peut habiter sans qu'il
« se sente grandir d'une coudée » (1), ou bien l'expression
de cet esprit d'unité que la cité de Romulus portait attachée
à ses murailles, et qui « inspirait au pape le principe du
« catholicisme romain, comme il avait inspiré au pontife de
« Jupiter Capitolin, d'être le prêtre de l'univers » (2).

Nous n'avons pas à établir ici les origines divines de la primauté du Saint-Siége; le développement de ce pouvoir, fondé sur la parole du Christ et confirmé par le respect et l'obéissance des peuples, se fit sans secousse comme tout ce qui est grand et fort. A l'inverse des pouvoirs humains qui brisent et renversent les obstacles s'opposant à leur élévation, la papauté, assurée du résultat puisqu'elle s'appuyait sur la parole infaillible de Dieu, procéda avec ce calme, cette maturité qui sont les attributs du droit et de la justice (3). Aussi laissa-t-elle aux différentes églises particulières leur physionomie propre, leur caractère spécial, comme pour mieux faire ressortir par ces nuances variées la sublime et harmonieuse unité de l'ensemble. Cette condescendance de l'Eglise Romaine pour tout ce qui ne touche pas à l'essence du catholicisme n'a pas été assez remarquée; elle eût cependant servi à expliquer le rôle principal de la papauté du VIIIe au IXe siècle: Amener par un effort lent et modéré le monde catholique à l'unité disciplinaire comme elle l'avait maintenu par sa haute direction dans l'unité dogmatique. Ce rôle était d'autant plus délicat que les limites du droit étaient moins nettement dessinées, et qu'à la suite des fréquents synodes provinciaux certaines églises avaient adopté, sur des questions encore indécises, des appréciations différentes qui donnaient à chacune d'elles une physionomie particulière.

C'est ainsi que l'Église d'Afrique, par exemple, obligée dès

---

(1) *Ibid.*, page 135.
(2) M. Quinet, *Génie des Religions*, liv. VII, c. III, p. 417.
(3) Voy. Moehler, *de l'Unité de l'Église*, trad. par l'abbé Gerbet dans le *Mémorial catholique*, t. X, p. 290, année 1828. — Newmann, *Histoire du développement de la doctrine chrétienne*, ch. III, sect. IV, p. 171. — De Maistre, *Lettres et opuscules inédits*, t. 1 et 11, p. 533.

les premiers siècles de lutter contre de redoutables hérésies, avait dû recourir à de fréquents synodes pour faire face aux périls qui menaçaient son existence. De là, l'immense influence de ces assemblées synodales, dans lesquelles ne se traitaient pas seulement les questions dogmatiques soulevées par les novateurs, mais tout ce qui se rattachait encore aux mesures disciplinaires et canoniques. Sous ce dernier rapport, le seul qui puisse nous intéresser dans la discussion présente, les prélats africains, malgré leur dévouement au Saint-Siége et leur respectueuse déférence pour ses décisions, avaient, dans plusieurs conciles, formellement ordonné que toutes les questions se rapportant aux jugements des clercs et des évêques devaient se traiter dans la province et être jugées par le synode en dernier ressort.

L'Église d'Espagne contrastait avec cette Église d'Afrique dont un simple détroit la séparait. Le caractère de la race ibérienne s'affirme dans l'histoire par une grande énergie jointe au culte de l'autorité poussé quelquefois jusqu'à la glorification de l'absolutisme. Cet amour de l'unité auquel l'Espagne a dû sa reconstitution comme peuple libre après la conquête arabe, et les plus belles pages de son histoire moderne, perce dans les nombreux conciles qui, du Ve au IXe siècle, se tinrent dans diverses villes de la Péninsule, et surtout à Tolède. Autant l'Église d'Afrique affectionnait ses coutumes particulières, autant celle d'Espagne se sentait entraînée vers Rome et rivalisait de respect et de dérence pour ses décisions et ses décrets.

Seule, l'Église des Gaules avait su garder une juste mesure; eclectique par instinct, l'esprit français n'est pas ami de l'exagération. Ce caractère, qui rend quelquefois parmi nous l'opposition plus dangereuse parce qu'elle est moins saisissable, s'était également traduit dans les rapports du clergé gaulois avec Rome. Toujours dévouée de cœur à l'autorité pontificale, l'Église de France avait applaudi à la noble conduite de Charlemagne, unissant dans une même pensée de gloire, de salut et de civilisation, la valeur du soldat au dévouement d'un fils pour l'Église romaine. L'alliance du pape et de l'empereur, de la majesté du droit et de la majesté de la puissance, pouvait seule arracher l'Occident à la barbarie, et équilibrer ces deux forces qui, absorbées l'une par l'autre, n'auraient produit que le despotisme ou l'anarchie. Malheureusement cette alliance dura peu, et quand la couronne impériale prit le chemin de la Germanie, les rapports de Rome avec le clergé des Gaules se ressentirent de cet éloignement. Un des signes les plus caractéristiques de cette nouvelle période fut la grande controverse canonique suscitée, dans la dernière moitié du neuvième siècle, au sujet d'Ebbon et de Rothad, entre le célèbre archevêque de Reims Hincmar, et les papes Sergius II et Nicolas Ier.

A cette époque, en effet, un nouveau recueil de lois canoniques avait paru; bien que le mystère le plus profond planât sur le nom de leur auteur et qu'elles ne fussent appuyées sur aucune autorité, les *Décrétales* avaient introduit dans le droit public des principes, nous ne dirons pas entièrement nouveaux, mais à coup sûr peu connus et encore moins appliqués jusque-là. Ce recueil s'imposa insensiblement, et nous le voyons au dixième siècle déjà regardé, dans la pratique, comme le seul code canonique jouissant dans les causes en litige d'une autorité à peu près incontestée; nous disons à peu près incontestée, parce que ceux-là mêmes qui l'attaquaient ou s'efforçaient de réagir contre certains points des décrétales, y puisaient à l'occasion des arguments en leur faveur (1). Cette adoption générale d'un code que ne recommandaient ni le nom du compilateur ni l'autorité de Rome, puisque les papes furent étrangers à sa publication (2), cette adoption,

---

(1) C'est ainsi qu'elles furent invoquées *dans leur intérêt* par les pères du concile de Quiersy-sur-Oise, tenu en 857 sous la présidence d'Hincmar. — Voy. encore les actes du *Concile de Troyes*, en 867, et la célèbre discussion du *synode d'Attigny*, en 870.

(2) C'est à tort que M. Henri Martin (*Histoire de France*, t. II, p. 437) fait remettre les *fausses Décrétales* à Anghelramn, évêque de Metz, par le pape Adrien (785). Le célèbre historien a confondu deux collections de canons entièrement distinctes; le recueil donné à l'évêque de Metz par le pape, ou remis à ce dernier par Anghelramn (car les deux opinions sont également probables), ne contient pas les lettres supposées des papes des trois premiers siècles. Cf. SIRMOND, *Concilia antiqua Galliæ*, t. II, p. 99 et 585. — FLEURY, *Hist. ecclés.*, XXII, XLIV. — GORINI, *Défense de l'Eglise*, t. II, p. 391.

disons-nous, répondait évidemment à un besoin réel ; et, comme l'apparition de ce recueil fut contemporaine des efforts tentés par la papauté pour donner à l'Eglise cette unité disciplinaire qu'elle avait le droit de lui imposer en vertu de son pouvoir de juridiction, il faut considérer les décrétales, quelle que soit d'ailleurs leur authenticité, comme répondant à cette grande aspiration vers l'unité qui semblait pousser alors l'Occident vers des voies nouvelles.

De savants auteurs ont, il est vrai, démontré la fausseté de certains canons insérés dans les décrétales (1), mais nous ne voyons pas en quoi se trouveraient justifiées les critiques acerbes que quelques écrivains (2) ont adressées à l'Eglise, et en particulier à la papauté, au sujet de cette publication. Il y avait même, ce nous semble, une inconséquence flagrante à les attaquer au nom des principes que ces historiens et ces canonistes prétendaient défendre. Qu'est-ce en effet qu'une loi ? « Dans sa signification la plus étendue, nous dit Montesquieu, « c'est l'expression des rapports nécessaires qui dérivent de « la nature des choses » (3) ; et selon saint Thomas, « un « ordre de la raison tendant au bien général, promulgué par « celui qui a la charge de la communauté » (4). Toutes les définitions de la loi s'accordent à constater qu'elle doit être faite avant tout dans l'intérêt de la société à laquelle on l'impose ou qui l'accepte (5). De là résulte logiquement cette conséquence, que, la loi ayant pour but le bien général, c'est au prince qui a la charge de conduire la société ou à la société

---

(1) BALLERINI de antiq. coll. can., part. III, c. VI. — FLEURY, *Droit ecclés.*, t. I, p. 12. — EICHORN, *Droit canonique*, t. I, p. 147. — RICHTER, § 69.

(2) Cf. H. MARTIN, *Hist. de France*, t. II, p. 437. — GUIZOT, *Hist. de la civilisation en France*, t. II, leçon XXVII. — TH.-M. RUPPRECHT, *Not. hist. ad univers. jus can.*, t. I, p. 257. — RIEGGER, *Dissert. de collect. juris eccles. ante Gratianum*, c. VII, p. 46. — FEBRONIUS, t. II, p. 305.

(3) *Esprit des lois*, liv. I, c. 1.

(4) *Summa theolog.* I II, quæst. XC, art. 4.

(5) *Ibid.*, quæst. XCI, XCV, art 3.

elle-même qu'il appartient de faire des lois (1). D'où il suit encore qu'une loi, même viciée dans son principe, devient obligatoire par le fait même de l'adhésion de ceux qu'elle intéresse ; leur consentement lui donne la valeur d'un principe de droit public (2). C'est aussi ce qui arriva pour les décrétales. Ce fut une compilation dans laquelle à des canons authentiques se trouvèrent mêlées des pièces fausses ou interpolées, mais il n'en est pas moins vrai que ce recueil fut peu à peu accepté par l'église d'Occident, qu'il lui servit pendant plusieurs siècles de code canonique, et que, par suite, les jugements rendus en conformité avec ses principes sont inattaquables au point de vue du droit.

Les décrétales ne furent pas davantage, comme l'ont avancé quelques historiens, un arsenal d'où les papes tirèrent des armes pour établir leur suprématie dans l'Eglise (3). Loin d'avoir été rédigées, en effet, dans l'intérêt exclusif de la papauté, leur auteur annonce, au contraire, dans la préface, que ce recueil de canons est spécialement destiné « à servir les évêques « contre les métropolitains et les souverains temporels » (4). Il est vrai que le Saint-Siége recueillit les bénéfices de cette publication qu'il n'avait en rien autorisée, mais nul doute que toutes les prétentions de Rome eussent été frappées de stérilité si elles n'avaient eu pour elles le droit et la justice sanctionnés d'une manière éclatante par l'adoption d'une législation répondant au besoin d'unité qui s'éveillait dans la conscience publique. Il serait, en effet, inexact de dire que, jusqu'au IXe siècle,

---

(1) *Ibid.*, quæst. XC, art. 3 ; XCII, 2 ad 2 ; II II, quæst. L, art. 1 ad 3 ; LX, art. 6.

(2) Moribus utentium ipsæ leges confirmantur. *Decreti*, pars. I, distinct. IV, c. 3. — C'est aussi la pensée de saint Augustin : « In legibus quamquam de « his homines judicent, cum eas instituunt, tamen cum fuerint institutæ et « firmatæ non licebit judici de ipsis judicare, sed secundum ipsas. » Augustini, *Lib. de vera religione*, c. XXXI.

(3) Bartholus Feltriensis episcopus, *Juris canon. instit.*, c. XX, n. 15, p. 145. — Voy. également les auteurs cités à la page précédente.

(4) Cf. Zaccaria, dissertatio VIII. — Guizot, t. II, leçon XXVII.

les papes n'ont pas exercé un pouvoir réel, d'institution divine, sur le gouvernement de l'Eglise chrétienne. L'Evangile, les conciles, les pères et la tradition ne laissent aucun doute sur ce point fondamental (1). Dans l'économie du christianisme, la suprématie du prince des apôtres et de ses successeurs n'est pas seulement une primauté d'honneur, mais de juridiction, contenant, pour les appliquer selon les temps et les circonstances, tous les pouvoirs nécessaires au maintien de l'unité catholique et à la consolidation de cette puissante hiérarchie dont, après le Christ, le souverain pontife est la base et le fondement.

Toutefois, le gouvernement de l'Eglise n'est pas un gouvernment absolu, ayant acquis dès le principe son complet développement; c'est là un écueil contre lequel viennent trop souvent se briser ceux qui prétendent analyser ce qu'ils appellent les transformations de l'Eglise, et qui n'est autre chose que le développement logique et progressif des principes qu'elle a reçus de son divin fondateur. Il est, en effet, de l'essence de tout ce qui est fort de se développer, de se réaliser ; rien de grand n'a de grands commencements, nous dit le poëte (2); c'est l'éternelle devise de toute puissante institution (3). A un moment donné, au IXe et au Xe siècles surtout, les forces de l'Eglise se concentrèrent plus visiblement entre les mains d'un seul, afin que dans cette concentration, la résistance fut proportionnée à la violence et à l'énergie de l'attaque ; mais il serait absurde de croire que, par le seul fait de la publication des fausses décrétales, la discipline ecclésiastique ait été renversée de la base que les siècles et la tradition avaient rendue si vénérable, pour l'asseoir sur des principes nouveaux et en opposition avec l'ancienne jurisprudence.

---

(1) Voyez sur la primauté de juridiction que tous les siècles ont attribuée au Saint-Siége, la savante dissertation de l'abbé Gorini, *Défense de l'Église*, t. II, part. II, c. III, p. 321, etc. — *Ibid.*, c. VIII, p. 485, etc.

(2) Crescit occulto velut arbor ævo ..... HORACE.

(3) Voy. DE MAISTRE, *Essai sur le principe générateur des constitutions politiques*, n. XXIII, p. 31.

Sans doute il y eut un point disciplinaire que le nouveau recueil modifia, au moins dans la pratique, ce fut le jugement et la déposition des évêques ; et comme cette question se rattache d'une manière spéciale aux délibérations du synode de Saint-Basles, nous allons essayer de la préciser. Comme chef de l'Eglise, le successeur de Pierre a pour mission spéciale de conserver l'unité dans la société chrétienne, c'est là le but et la fin de sa primauté ; et pour être efficace elle doit avoir le droit de rattacher par un même lien de dépendance et de soumission tous les membres de la grande famille chrétienne. Posée en ces termes, la question de droit ne saurait être, pour des catholiques, un objet de divergence, et chacun reconnaît que le pape peut évoquer à son tribunal toutes les causes majeures, et qu'il a le droit de prononcer en dernier ressort sur les controverses disciplinaires.

Quant à la question de fait, elle est plus délicate à résoudre. Le gouvernement de l'Eglise, en effet, n'est pas un idéal abstrait et encore moins une royauté absolue ; son histoire nous le montre au contraire sous une forme monarchique, progressive, fortement tempérée d'aristocratie épiscopale et d'un peu de démocratie. Dès le principe, dirons-nous avec un célèbre polémiste allemand, le besoin et l'action d'une autorité suprême ne pouvaient être que peu sensibles. Aussi, pour bien comprendre l'action de l'autorité dans les premiers siècles, devons-nous partir de ce principe, que l'énergie avec laquelle se manifeste l'unité chrétienne est toujours en proportion du nombre et de la violence des attaques qui veulent la troubler. Dans les temps les plus calmes, nous ne remarquons que l'action de chaque évêque dans les limites de son diocèse. La paix est-elle troublée dans une région ? nous voyons les rapports devenir plus sensibles entre les diocèses, et les évêques d'une même province se montrent, combinant leurs forces et se groupant autour d'un métropolitain. Enfin, un péril plus imminent et un désordre plus général menacent-ils l'Eglise ? L'action de la papauté se fait alors sentir, et cette concentration en un seul des forces de l'Eglise donne à la défense plus de puissance et d'énergie (1).

Toutefois, cette suprématie du pouvoir apostolique n'alla point jusqu'à la suppression absolue de certaines coutumes nationales que les conciles particuliers, les évêques et quelquefois même le génie des races avaient introduites aux époques de calme, dans l'interprétation de quelques points disciplinaires. Ces coutumes aspiraient naturellement à se conserver et c'est là ce qui,, seul, explique les différents malentendus qui surgirent à quelques époques de l'histoire ecclésiastique. « Nous n'avons point, écrivait un illustre évêque dont le dé-
« vouement ne doit pas nous faire oublier la science profonde,
« nous n'avons point de règles particulières touchant la foi et
« les mœurs ; l'Orient, l'Occident, l'univers entier doivent être
« uniformes dans ces deux chefs, parce que la foi est essentiel-
« lement une, et que les principes des bonnes mœurs sont par-
« tout les mêmes. C'est dans la discipline seule que se remarque
« cette variété qui fait une des beautés de la sainte épouse de
« Jésus-Christ. » (2).

Cette variété dans l'application de certains canons disciplinaires que signalait au XVIIe siècle le pieux évêque de Marseille, alors que de nombreux conciles et des rapports plus fréquents entre les églises avaient plus étroitement resserré les liens hiérarchiques, dut à plus forte raison exister à des époques où les relations des diocèses avec Rome étaient moins fréquentes et par suite moins rigoureusement déterminées. Aussi, tout en sauvegardant la question de principe et en exerçant assez souvent les droits que sa primauté lui donnait sur les évêques, (3) le Saint-Siége réclamait-il rarement au sujet

---

(1) MOEHLER, *de l'Unité de l'Église,* trad. dans le *Mémorial catholique,* t. X, p. 290, année 1828.

(2) DE BELZUNCE, *Instruct. pastorales,* p. 60.

(3) An ignoratis hanc esse consuetudinem, ut primum nobis scribatur, et hinc, quod justum est, decernatis? Epist. S. JULII I ad Eusebianos, *Epist. Roman. pontif.*, t. 1, col. 386. — *Id.*, col. 527, 532. — *Concil. Sardicense,* c. III, IV, V. — S. INNOCENTII epist. II ad Victricem, *Epist. Rom. pontif.*, t. I, col. 749. — SOZOMENUS, *Hist. eccles.,* lib. III, c. X. — Epist. S. CŒLES,

des décisions synodales portées par les prélats d'une province contre un évêque leur suffragant. Il semble, en effet, dirons-nous avec Ballerini, qu'en jugeant définitivement, d'après d'anciens usages, les causes des évêques de la province, les synodes aient moins voulu établir un abus de pouvoir ou la négation des droits du Saint-Siége, qu'un moyen de terminer plus promptement les affaires, d'obvier aux inconvénients que pouvait amener le déplacement des témoins, et de mettre fin à des scandales et à des retards de nature à empêcher ou compromettre l'exercice de la justice (1).

TINI ad episcop. Gallicanos, ap. Coustant ep. IV, col. 1071. — Epist. VIGILII deponentis Theodorum Cæsareæ Cappadociæ episcopum. — BONIFACII I, epist. III ap. Coust., col. 1016. — Epist. NICOLAII ad episc. Gall. — Concil. Tricassinum, anno 867, ap. SIRMOND, Concil. antiq. Galliæ, t. III, p. 358. — Epist. VIGILII ad Profuturum Brag. epic., ap. BALUZIUM, Nov. coll. conc., t. I, col. 1468. — Cf. ZACCARIA ANTIFEBRONIUS, dissert. VIII, c. IV.

Plusieurs historiens ont cru pouvoir dénier au Saint-Siége le droit de juger les causes épiscopales, même après l'appel de l'accusé, et ils se sont appuyés sur le concile de Nicée, sur la décision des évêques réunis à Carthage pour l'affaire du prêtre Apiarius, et enfin sur la célèbre dispute qui s'eleva au neuvième siècle entre le pape Nicolas Ier et l'archevêque de Reims Hincmar. Or, le concile de Sardique (347), suppléant aux canons trop concis du concile de Nicée, reconnaît que lorsque les accusés en appelleront du concile provincial à Rome, le Saint-Siége aura le droit de faire réviser la procédure. Quant à la contestation survenue au cinquième siècle entre le pape Zozime d'abord, puis Boniface Ier, et l'Église d'Afrique, elle fut surtout le résultat d'une méprise : les Romains attribuant au concile de Nicée des canons publiés par celui de Sardique, et les Africains, saint Augustin lui-même, rejetant, non la doctrine des appels à Rome, puisque ce grand docteur y fait plusieurs fois allusion dans une lettre à Boniface, mais la prétention de ceux qui voulaient donner comme appartenant au concile de Nicée des canons qui ne s'y trouvaient point contenus. Quant à Hincmar, dans sa discussion au sujet de l'évêque Rothade, il fut un peu trop esclave de la lettre de certaines lois ; mais il était bien loin de sa pensée de contester la suprématie du pape, puisqu'il assistait à ce synode de Troyes (867) dans lequel fut rédigée la déclaration suivante : « A l'avenir, qu'aucun évêque ne soit dépouillé de son grade « sans l'avis du pontife romain, comme il est évidemment établi par des « décrets multipliés et de nombreux priviléges..... »

(1) ..... Ob expediendum facilius et celerius negotium, et ne, ob longinquitatem itinerum ac difficilem traductionem testium, moræ innecterentur longiores, quibus scandala diutius vigerent, et subreptiones aut obreptiones facile irreperent. BALLERINI, oper. S. LEONIS, t. II, col. 983.

Nous nous sommes longuement appesanti sur l'apparition des fausses décrétales, parce qu'elles nous paraissent marquer une phase nouvelle dans l'Église latine, et surtout parce que ce fut à leur sujet que s'envenima la discussion du procès d'Arnoul. Les défenseurs du métropolitain s'appuyèrent, en effet, sur ces canons pour évoquer l'affaire au tribunal de Rome et forcer le synode à se déclarer incompétent.

Nous avons vu plus haut que, d'après le texte même des décrétales, le concile provincial avait le droit et même pouvait seul, hors le cas d'appel au pape, juger les délits commis dans les diocèses suffragants. Cette déférence pour les droits du Saint-Siége était déjà si universellement reconnue, que le roi de France et les évêques de la province de Reims crurent devoir s'y conformer en écrivant à Jean XV pour le prier d'informer la cause d'Arnoul avant que le synode n'eût été appelé à statuer. Cette ambassade, il faut l'avouer, tout en sauvegardant les droits du Saint-Siége, en les proclamant même d'une manière explicite (1), ne fut guère, dans la pensée des évêques et de Hugues-Capet qu'une application toute littérale des paroles du pape Jules I aux Eusébiens : « Vous n'ignorez pas que, « d'après la coutume, vous devez d'abord nous écrire, puis « vous porterez vous-même la sentence, conformément aux « principes du droit » (2).

Du reste, ce qui prouve combien peu sérieuse était la démarche des ambassadeurs français auprès du pape Jean XV, ce fut la précipitation qu'ils mirent à quitter Rome. Si la prudence et le respect de la justice font aux magistrats un devoir de s'entourer de toutes les lumières qui peuvent contribuer à éclairer la cause sur laquelle ils sont appelés à prononcer, qui pourrait blâmer la cour de Rome d'avoir voulu entendre les envoyés d'Arnoul avant d'autoriser sa mise en accusation ? En présence de cette réserve naturelle que doit observer un juge envers les

---

(1) Voy. les lettres du roi et des évêques de France, p. 156 et 157.

(2) An ignoratis hanc esse consuetudinem, ut primum nobis scribatur, et hinc, quod justum est, decernatis? Epist. S. Julii I ad Eusebianos.

parties qui en réfèrent à son tribunal, il est impossible d'excuser la précipitation des envoyés français, s'empressant de quitter Rome parce qu'on leur avait fait attendre une audience pendant trois jours. Ils alléguèrent, il est vrai, pour expliquer leur conduite, que la cour romaine s'étant laissé circonvenir par les envoyés du comte Héribert (1), ils n'avaient pas cru devoir rester à Rome, en présence de la partialité évidente dont Crescentius et les siens paraissaient animés en faveur d'Arnoul.

L'état de Rome à cette époque ne justifiait que trop certaines paroles amères que Gerbert place sur les lèvres de ces députés ; la faction des comtes de Tusculum avait perdu depuis la mort de son chef Albérich toute influence en Italie, et les partisans de la famille de Marosie s'étaient emparés de nouveau du pouvoir. Crescentius, fils de l'ancien chef de parti du même nom, s'était mis en possession du patriciat et régnait sur Rome du fond du château Saint-Ange (2). En 987, il avait même forcé le pape Jean XV à s'exiler en Toscane ; mais la paix s'étant rétablie, grâce à l'intervention de l'impératrice Théophanie, mère d'Othon III, le pape revint à Rome pour retomber sous l'absolue dépendance du patrice. Subissant tous les caprices de ce tyran qui joignait à un pouvoir ombrageux la cupidité la plus sordide, Jean XV ne conservait un simulacre de liberté qu'à la condition de l'acheter au poids de l'or (3). Aussi les ministres de son entourage étaient-ils très-occupés des moyens de s'en procurer, au grand scandale de ceux que leur piété ou les affaires de leurs églises appelaient dans la capitale du monde chrétien. C'est ainsi que, peu de temps après le concile de Reims, un des défenseurs d'Arnoul, Abbon de Fleury, étant allé à Rome pour faire sanctionner de nouveau les priviléges

---

(1) C'était Héribert III, fils d'Albert 1ᵉʳ et de Gerberge, fille de Louis d'Outre-mer ; il était par sa mère parent d'Arnoul.

(2) Crescentius pro libitu Romæ cuncta miscens. BARONIUS, *Annal.*, t. X, p. 901.

(3) *Encyclopédie catholique*, traduite de l'allemand par Goscheler, t. V, p. 424.

de son monastère, fut affligé, nous dit son biographe, de la cupidité qu'il y remarqua (1), et contre laquelle Jean XV, dominé par Crescentius, était incapable de réagir (2). Ce fut également à ces désordres que firent allusion les clercs de l'Eglise de Langres, quand ils racontèrent aux pères du synode de Saint-Basles, que, s'étant rendus à Rome pour se plaindre de la captivité de leur évêque, les officiers avaient exigé d'eux dix sous d'or pour les laisser pénétrer jusqu'au pape (3).

En laissant de côté ces griefs qui, tout en portant atteinte à la dignité des personnes, ne pouvaient en rien amoindrir la majesté du tribunal, ni affaiblir le respect dû à ses décisions, il est néanmoins facile de voir que le roi de France profita du plus petit incident pour soustraire au pape et faire juger à Reims la cause d'Arnoul. Craignait-il que Crescentius dont l'influence pouvait être achetée par les partisans du duc de Lorraine, ne pesât sur la décision du souverain pontife ; ou bien pensait-il qu'une flétrissure solennelle, portée par des évêques français, venant frapper le dernier descendant de Charlemagne, il découragerait par cette énergique mesure toute autre tentative de réaction, en même temps qu'il donnerait une nouvelle force à son pouvoir naissant ? Cette dernière hypothèse paraît la plus vraisemblable ; et l'intervention des deux rois Hugues et Robert, dans les débats, nous montre la véritable physionomie de cette assemblée de Reims.

Sans doute, il nous est très-difficile de restituer aux discours qui y furent prononcés leur véritable caractère, puisqu'ils nous sont parvenus par un canal trop suspect pour que l'on puisse les accepter tels que les ont publiés les centuriateurs de Magdebourg ; mais, tout en tenant compte des altérations qu'ils ont

---

(1) Non qualem voluit aut qualem debuit sedis apostolicæ pontificem nomine Johannem invenit : nempe turpis lucri cupidum, atque in omnibus sui actibus venalem reperit. *Vita S. Abbonis Floriacensis*, auctore AIMONIO Floriacensi monacho, c. XI. — *Item Chron. Farfense*, p. 644.

(2) BARONIUS, t. X, p. 898.

(3) *Concil. Rem.*, c. XXVII.

pu subir, il n'en est pas moins vrai que la tendance générale du concile de Reims fut excessive, sinon dans l'application des canons, du moins dans certaines paroles. La pièce capitale de cette discussion fut le discours dans lequel l'évêque d'Orléans formula contre Rome la violente diatribe dont nous avons, au chapitre précédent, donné de longs extraits (1). Nous avons dit alors que l'ensemble de ce discours nous paraissait avoir subi de la part des éditeurs protestants de Francfort des interpolations manifestes; nous en trouvons une preuve suffisante dans l'excès même des attaques placées par les centuriateurs de Magdebourg dans la bouche d'Arnoul. Quelle eût été en effet la raison d'être de cette injuste sortie contre la papauté? On l'aurait peut-être comprise après une condamnation ou un blâme venu de Rome ; mais au moment où, selon l'édition protestante, Arnoul prit la parole, le pape n'avait fait aucune réclamation]; on ignorait même s'il était favorable ou contraire à l'accusé. S'aliéner ainsi l'autorité pontificale dont la suprême direction avait été formellement reconnue dans la lettre des évêques et dans celle du roi de France, c'eût été joindre à un acte de révolte une faute et une maladresse.

Il nous est d'ailleurs impossible d'admettre que le promoteur du concile, ce prélat « qu'environnait la double auréole « d'une science profonde et d'une illustre origine » (2), et à l'orthodoxie duquel ses ennemis eux-mêmes ont rendu hommage (3), il nous paraît impossible, disons-nous, qu'il ait soutenu devant une réunion d'évêques instruits, profondément dévoués à l'Eglise, des maximes dont le résultat eût été la justification des schismes et des hérésies. C'est ainsi que, selon ce réquisitoire, Arnoul, foulant aux pieds la tradition constante de l'Eglise (4), l'enseignement des conciles et l'essence même du

---

(1) *Concil. Rem.*, c. XXVIII.

(2) Glabri Rudolphi *hist.*, lib. II, c. V.

(3) Ecclesiasticas regulas scientia et opere optime servans. Aimonius, in fine lib. I *de Mirac. S. Benedicti.*

(4) Cf. Epist. XIII S. Gelasii, ap. Labbe, *Collect. Concil.*, col. 1200.

pouvoir apostolique (1), aurait essayé d'établir que les canons et les décrets des conciles particuliers sont supérieurs au pape, et que celui-ci ne peut en rien les modifier. Plaçant ensuite dans la science le fondement de l'autorité et dans la vertu le principe du pouvoir, il serait tombé dans l'hérésie des donatistes (2) et des pélagiens, tout en aboutissant à cette conclusion schismatique formulée dans son discours : les jugements du pape peuvent être réformés par les synodes, et à l'autorité pontificale, comparée au figuier stérile de l'Ecriture, on peut substituer celle des primats. Cette apologie du schisme est tellement en opposition avec les traditions de l'Eglise de France, qui a toujours professé pour l'unité catholique le respect le plus profond et le dévouement le plus constant, que cela seul suffirait pour nous autoriser à affirmer que les actes du synode de Reims ne nous sont point parvenus dans leur intégrité (3).

Nous avouons néanmoins que certaines paroles, reproduites plus tard par Gerbert dans sa défense, sont regrettables ; faut-il pour cela, comme l'ont fait quelques écrivains (4), n'avoir que des anathèmes ou des injures contre les évêques qui les prononcèrent ? Nous ne le croyons pas ; tout en ne pactisant point avec l'erreur, il n'est jamais permis de pousser la polémique jusqu'à l'oubli du respect des personnes ; et la modération dans le blâme nous paraît être un des plus nobles attributs de la justice et de la vérité. Les pères du synode, dirons-nous, en empruntant les paroles d'un savant canoniste sur la querelle autrement sérieuse qui au IV⁰ et au V⁰ siècles menaçait de diviser Rome et l'Eglise d'Afrique, les pères du synode n'eurent

---

(1) Cf. Bossuet, *Defensio cleri Gall.*, lib. XI, c. XX.

(2) Cf. *Concil. Carthag.* ad annum 411.

(3) Cette opinion est aussi celle de Dom Marlot, qui a dit en parlant des actes du concile de Saint-Basles : « Leur autorité n'est pas si certaine qu'on n'en puisse douter, ayant été dressés par Gerbert et *depuis corrompus par les hérétiques*, comme le docte de Sponde le soupçonne. » D. Marlot, *Hist. de' Reims*, t. III, p. 80. C'est aussi la pensée de Hock, *Vie de Sylvestre II*, p. 463.

(4) Voy. Baronius, Rohrbacher, etc.

pas la volonté de contester au souverain pontife sa primauté de juridiction. Et si dans quelques-unes de leurs paroles, ils parurent vouloir en restreindre les applications, il faut surtout l'attribuer à la chaleur de la discussion. Qui ne sait, en effet, que, dans l'entraînement de la dispute, la portée de nos paroles dépasse bien souvent le but que l'on se propose, et même la pensée de ceux qui les emploient (1).

Après le discours de l'évêque d'Orléans, l'assemblée procéda à l'interrogatoire de l'accusé et à son jugement ; convaincu de trahison par les dépositions de ses complices, Arnoul avoua son crime et se reconnut indigne de continuer l'exercice de ses fonctions archiépiscopales. Nous devons l'avouer, en lisant les actes de cette dernière partie du concile on ne peut se défendre d'un sentiment de surprise ; il y eut une telle précipitation dans ce jugement que l'on se demande avec anxiété si la passion et le désir de plaire au nouveau roi n'influèrent pas d'une manière trop puissante sur la conscience du tribunal. Sans doute Arnoul était coupable, il avait violé son serment de fidélité, trahi son souverain, livré au duc de Lorraine une ville qu'il aurait dû défendre contre ses incursions ; néanmoins, il est

(1) ..... Laudati patres recitatis verbis non eam jurisdictionem pontifici denegarunt, quam eidem competere certissime cognoscebant. Quod si nonnullis in locis ipsam jurisdictionem aliquatenus perstrinxisse videntur, novum non est in disputationis æstu aliqua verba excidere, quæ aliquanto excedunt, et nimis probant quam deberent et quam ipsi vellent, a quibus illa adhibentur. BALLERINI, *S. Leonis oper.*, t. II, col. 985.

Toutefois, nous ne saurions accepter, au sujet du synode de Saint-Basles, le caractère que M. Varin (*Archives administratives de la ville de Reims*, t. I, p. 101, note.) a voulu donner à cette assemblée. D'après cet annaliste, le débat s'établit « pour décider à qui appartient le pouvoir dans la société ca- « tholique ; est-il inévitablement dévolu à l'évêque de Rome, ou peut-il être « exercé par une assemblée d'évêques? » Jamais la question ne fut posée de la sorte dans ce synode, et les pères de Saint-Basles connaissaient trop bien les paroles du Christ et l'éloquent commentaire que tous les siècles en ont fait pour révoquer en doute la suprématie de saint Pierre et de ses successeurs. Il est également inexact, comme l'avance M. Guizot (*Hist. de la civilis.*, t. II, leçon XXIII), que les *Églises nationales* aient été vaincues dans ces conflits au neuvième et au dixième siècle ; il n'y a pas d'Églises nationales dans le **catholicisme**.

facile de voir dans les actes du concile que les évêques inclinaient vers la miséricorde. Ce n'était pas sans émotion qu'ils voyaient l'infamie rejaillir sur un de leurs frères, sur le primat des Gaules, sur le dernier rejeton de cette famille carlovingienne dont le glorieux souvenir semblait ravivé par l'état de faiblesse et d'impuissance où se trouvait réduite cette race détrônée. L'accusé était jeune, d'un caractère faible et qui avait trop facilement suivi l'entraînement de son cœur ; toutes ces considérations auraient porté les juges à la clémence, et, si l'on en croit le témoignage de quelques chroniqueurs (1), le président du synode, Séguin, parla même dans ce sens. Cette pitié pour Arnoul dérangeait tous les calculs de Hugues-Capet ; aussi, en apprenant les dispositions de l'assemblée, s'empressa-t-il de se rendre avec son fils Robert dans la salle des délibérations, et sa présence dissipa tous les scrupules (2)

La tentative de restauration carlovingienne entreprise par le duc de Lorraine et l'archevêque de Reims, avait excité dans toute la Gaule septentrionale d'ardentes sympathies, et le roi de France avait pu voir que ceux qui contribuent par ambition ou par intérêt au changement des races royales, ne sont pas toujours les plus fermes soutiens des dynasties nouvelles. Aussi, attachait-il à la condamnation d'Arnoul une importance que justifiait du reste le double rôle politique et religieux que l'archevêque de Reims avait joué dans cette défection. Le sentiment du respect que l'on doit à la justice et à l'indépendance des juges lui faisait sans doute un devoir de n'intervenir en rien dans ce procès où se décidait le sort de son ennemi, mais la raison d'état fut plus éloquente que celle des convenances, et Hugues-Capet vint diriger les délibérations. Par une de ces réactions dont le cœur humain est trop souvent le théâtre, la présence des rois suffit seule pour étouffer dans le cœur des juges tout sentiment de miséricorde, et chacun fut heureux d'abriter derrière la justice sa complaisance pour le nouveau pouvoir.

(1) Hugo Floriacensis, ap. D. Bouq., t. X, p. 220.
(2) Ex *Chronico* Alberici monachi trium fontium.

On vit alors cet émouvant spectacle d'un descendant de Charlemagne, couché le visage dans la poussière, les bras en croix, demander, dans cette humble posture de suppliant, grâce pour sa vie ! Cet archevêque, né sur les marches d'un trône, inclina son front royal devant les pieds de l'homme qui l'avait dépossédé de la couronne, et ses lèvres implorèrent la pitié du descendant d'un des plus humbles vassaux du royaume de France. Hugues-Capet daigna se montrer clément; son ennemi était assez humilié pour n'être plus à craindre et il pensa qu'un redoublement de rigueur ne pourrait qu'accroître les sympathies dont l'excès même de son abaissement pouvait provoquer l'explosion; il accéda donc aux prières de l'archevêque de Bourges, et fit à Arnoul grâce de la vie, se contentant de le condamner à une détention perpétuelle (1).

Le concile touchait à sa fin; tout ce qui est essentiel en matière de procédure criminelle : compétence du tribunal, citation régulière de l'accusé, liberté des témoins et de la défense, proportion entre la peine et le délit, tout avait été observé par le synode de Saint-Basles. Il ne restait plus à Arnoul, selon l'enseignement formel du pape Etienne aux évêques catholiques (2), d'autre ressource que l'appel à Rome. Ce droit de recours au pape qui a toujours été une des plus nobles prérogatives du Saint-Siége (3), et qui ne peut être dénié à aucun accusé (4), ne fut pas invoqué par l'archevêque de Reims avant le prononcé du jugement, comme il en avait le droit (5). L'exer-

---

(1) Dans sa chronique, Hugues de Flavigny prétend que le roi voulut faire crever les yeux à Arnoul, mais cette allégation ne se trouve confirmée par aucun historien contemporain. Ex *Chron. Virdunensi*, ap. D. Bouq., t. X, p. 205.

(2) Omnis accusatio intra provinciam audiatur, et a comprovincialibus terminetur, nisi tantum ad apostolicam sedem fuerit appellatum. STEPHANI papæ epist. II, c. VII.

(3) Cf. Epist. BONIFACII I ad episc. Thessaliæ, ap. Coust., col. 1038. — Epist. S. AGAPETI ad Justinianum imperatorem. — AGATHONIS verba in *Concil. Romano* in causa Wilfridi, Eboracensis episcopi. — *Concil. Sardicense*, c. III, IV, V.

(4) SIXTI papæ epist. II. — *Item* MARCELLI papæ epist. I.

(5) EUTYCHIANI papæ epist. II, c. 1, ad episcopos Siciliæ.

ça-t-il après la sentence qui le frappait ? Il ne paraît pas, du moins d'après les actes du concile, qu'il y ait eu recours, soit dans le délai légal de cinq jours fixé par le code de Théodose (1), soit pendant les dix jours que les lois de Justinien accordaient à tout condamné qui voulait en appeler de la sentence des premiers juges (2).

En présence de ce silence d'Arnoul, et après avoir reçu l'aveu de son crime ainsi que sa renonciation formelle aux prérogative épiscopales, les pères du concile s'occupèrent de donner un successeur à l'archevêque de Reims. D'après la jurisprudence des décrétales (3), il aurait sans doute fallu attendre la sentence arbitrale de Rome avant de procéder à cette nouvelle élection ; mais outre que ce point de droit était peu défini (4), il était aussi fort rarement appliqué, puisque nous lisons dans le droit canon « qu'autrefois la plupart des évêques, bien que « jugés et condamnés à l'insu du souverain pontife, étaient « remplacés par d'autres prélats élus de la même manière ; « et Rome tolérait ces sortes de jugements pour ne pas porter « le trouble dans ces églises particulières » (5). L'histoire même de l'Eglise de Reims offrait un exemple qui n'était pas

---

(1) *Theodosianæ leges* in lib. V sententiarum Julii Pauli. — Le code Théodosien avait été adopté par l'Église.

(2) *Novella XXIII; item* lib. XLIX, *Digest.*

(3) Cf. Eleutherii papæ ad Galliæ provincias epist.

(4) Dum *iterato judicio* pontifex causam suam agit, nullus alius in ejus loco ponatur, aut ordinetur episcopus..... Sixti II papæ epist I ad Græcum episc. — Cf. Leonis papæ epist. LXXXII, c. 1, ad Anastasium episc. Thessalonic. — Julii papæ epist. 1 ad episc. Orient. — Les mots *iterato judicio* indiquent évidemment une seconde information judiciaire ordonnée par le pape à la suite de l'appel fait à son tribunal par un accusé. Tel est, en effet, le sens des canons III et V du concile de Sardique. C'est ainsi que Théodoret, évêque de Cyr, condamné par un synode d'Orient, en ayant appelé au pape saint Léon le Grand, celui-ci le rétablit sur son siège, et le concile de Chalcédoine reconnut la parfaite légalité de ce jugement. Voy. Aristenus ap. Bevereg. in pandect. canon., t. I, p. 435. — Zaccaria, Antifebron. ap Migne, t. XXVII, p. 1079.

(5) *Decreti*, pars II, causa III, quæstio VI, c. IX. — Cf. Epist. Joannis papæ ad Salomonem ultinum regem Britonum.

sans analogie avec l'affaire d'Arnoul, et l'on voit en les comparant que le synode de Saint-Basles ne fit guère que reproduire celui de Beauvais tenu au milieu du IXe siècle. A cette époque, Ebbon, archevêque de Reims, ayant pris part au soulèvement des fils de Louis-le-Débonnaire contre leur père, avait été déposé pour ce motif au concile de Diedenhoffen, en 835, et enfermé dans le monastère de Fulde (1). Rétabli sur son siége après la mort de Louis (840), il en fut de nouveau chassé par Charles-le-Chauve (mai 841), et le siége de Reims resta vacant pendant quatre ans. En 845, un concile se réunit à Beauvais et déclara qu'Ebbon ayant été déposé après avoir signé son abdication, on devait lui donner un successeur. Les suffrages du clergé et du peuple se portèrent sur Hincmar. Celui-ci fut solennellement intronisé sur le siége primatial de Reims, du vivant même d'Ebbon qui essaya vainement de faire valoir ses droits auprès du pape Sergius; deux ans plus tard, un nouveau concile convoqué à Paris par le souverain pontife ratifia l'élection de Hincmar (2).

Ce fut sans doute à cause de cette tolérance et dans l'espoir de voir Rome sanctionner plus tard le fait accompli, que les pères de Saint-Basles se crurent autorisés à user des mêmes prérogatives. Stimulés en outre par l'état déplorable ou se trouvait réduite l'Eglise métropolitaine, depuis si longtemps privée de son pasteur, ils procédèrent sans retard à l'élection du successeur d'Arnoul. L'on se souvint qu'Adalbéron, de sainte mémoire, avait, sur son lit de mort, désigné Gerbert pour son successeur. Aussi tous les suffrages se portèrent-ils sur l'ancien écolâtre. Celui-ci n'était encore que diacre (3), et ce fut après les plus vives instances des évêques qu'il se décida à accepter cet honneur (4); il pressentait les orages que sa nouvelle dignité allait amasser sur sa tête. Conformément aux

---

(1) Ex ms. codice Atrebatensi apud CHESNIUM, t. II, p. 340.
(2) *Encyclopédie catholique* traduite par Goscheler, t. XI, p. 17.
(3) Ex *Chronico Virdunensi*.
(4) Cf. Epist. ad Wildcrodum. — *Concil. Mosomense.*

canons (1) le clergé et le peuple acclamèrent le nouvel élu, et Hugues-Capet, heureux de récompenser le mérite et le dévouement de Gerbert, ratifia, selon l'usage (2) cette élection, et conféra même à l'ancien précepteur de son fils le titre de grand chancelier de la Couronne (3)

Afin de donner au nouvel archevêque une preuve de leur estime, les évêques réunis au synode, consignèrent à l'unanimité dans un acte authentique, les motifs de leur choix ; nous donnons la traduction de cette pièce d'après le texte conservé dans les lettres de Gerbert :

Les jugements de Dieu, nos très-chers Frères, sont toujours justes, mais souvent cachés à nos esprits ; car après la mort de notre père Adalbéron, d'heureuse mémoire, nous avons placé sur le siége de Reims un homme du sang royal que les clameurs du peuple nous forcèrent à élire. Nous croyions en cela nous conformer à la parole de l'Écriture, d'après laquelle *la voix du peuple est la voix de Dieu*, et observer en même temps la règle canonique, d'après laquelle on doit accéder pour l'élection d'un évêque aux suffrages et au désir du clergé et du peuple. Mais en nous attachant inconsidérément à la lettre, sans pénétrer le vrai sens de l'Écriture, nous avons été induits en erreur ; car ce n'était pas la voix de Dieu celle qui criait : *Qu'il soit crucifié ! Qu'il soit crucifié !* Ainsi toute voix du peuple n'est pas la voix de Dieu, et il ne faut pas toujours suivre le désir du clergé et du peuple lorsqu'il s'agit d'élire un évêque, mais le sentiment des personnes simples, incorruptibles, et que ne stimule aucune espérance ou aucun intérêt. La doctrine des Pères est qu'il n'est pas permis à la foule de choisir ceux qui sont appelés au sacerdoce, mais de s'en remettre au jugement des évêques, auxquels il appartient de vérifier si celui qui doit être ordonné est versé dans la foi, dans les saintes lettres et dans la vie épiscopale. Voulant donc nous confor-

---

(1) S. Cypriani epist. LXVIII. — Epist. Hincmari ap. Labbe, t. VIII. col. 1867.

(2) Cf. Gratianum, distinct. LXIII, c. IX. — Ivo Carnutensis in epist. ad Hugonem Lugdun. — *Concil. Tolet. XII*, c. VI. — *Dissertatio* Jacobi Sirmondi, ap. Labbe, t. VIII.

(3) Ex *Carthulario B. Mariæ Suessionensis* ubi habetur privilegium in quo Gerbertus illustri hoc titulo præfulget. *Gallia christiana*, t. IX, p. 62.

mer aux constitutions des saints Pères, appuyés de la faveur et du concours des deux princes toujours augustes, Hugues, notre souverain seigneur, et le très-excellent roi Robert, ainsi que du consentement de ceux qui, dans le peuple et dans le clergé, tiennent le parti de Dieu, nous avons élu pour archevêque l'abbé Gerbert (1), homme d'un âge mûr, d'un naturel prudent, docile, affable et bienveillant. Nous le préférons à un jeune homme léger, inconstant, ambitieux, gouvernant tout avec témérité, et incapable de mettre dans la direction des affaires ecclésiastiques et des intérêts civils la sagesse et la prudence nécessaires. Si l'on doit rechercher ces qualités dans tous les évêques, à combien plus juste titre sont-elles nécessaires dans celui auquel sa prérogative de métropolitain donne la préséance sur tous les autres. Nous élisons donc Gerbert, qui a été moine; sa vie et ses mœurs nous sont connues depuis sa jeunesse, et nous avons l'expérience de sa science des lettres divines et humaines. Désirant être dirigés par ses conseils, conduits par sa prudence, nous confirmons son élection et nous la corroborons à l'unanimité, d'accord avec tous les gens de bien (2).

Quand son élection eut été acclamée par le peuple et approuvée par le roi, le nouvel archevêque, se conformant à la coutume fit, avant de s'ingérer en aucune fonction, cette solennelle profession de foi :

Moi, Gerbert, par la grâce prévenante de Dieu bientôt archevêque de Reims, faisant avant toutes choses avec simplicité ma profession de foi, je crois et je confesse que le Père, le Fils et le Saint-Esprit ne font qu'un seul Dieu. Je reconnais toute la divinité, égale en essence et en substance, coéternelle et toute puissante dans la Trinité. Je confesse que chaque personne est vrai Dieu et que les trois personnes ne font qu'un seul Dieu. Je crois que l'Incarnation divine ne s'est opérée ni dans le Père ni dans le Saint-Esprit, mais dans le

---

(1) Gerbert était toujours resté titulaire de l'abbaye de Bobbio ; selon Dom Bouquet (t. X, p. 410, note A), il conserva même cette abbaye jusqu'à son élection sur le siège de Ravenne.

(1) Mabill., Annal. Bened., t. IV, p. 71. — Concil. Labbe, t. IX, p. 739. — Gallia christiana, t. X, instr. 20. — Du Chesne, t. II, p. 834. — Bulæus, Hist. Univers. Paris., t. I, p. 333. — D. Bouq., t. X, p. 409. — D. Marlot, t. III, p. 83.

Fils seul, de sorte que celui qui, dans la divinité, était le Fils de Dieu le Père, est devenu, comme homme, le fils de sa mère, vrai Dieu du Père éternel, véritablement homme par sa mère. Je confesse qu'il a pris son corps dans le sein de sa mère, et qu'il a pris une âme raisonnable ; qu'il y a en lui deux natures, étant Dieu et homme, mais qu'il est une seule personne, un seul Fils, un seul Christ, un seul Seigneur, créateur et maître de tout ce qui existe, avec le Père et le Saint-Esprit. J'affirme qu'il a réellement souffert dans sa chair ; qu'il a enduré dans son corps une mort véritable, et qu'il est vraiment ressuscité dans sa chair, en laquelle il viendra juger les vivants et les morts. Je crois qu'il n'y a qu'un seul Créateur, un seul Seigneur, un seul Dieu de l'ancien et du nouveau Testament ; que le démon, qui n'était point mauvais par nature, l'est devenu par sa volonté. Je crois que nous ressusciterons dans la chair de nos corps et non dans une autre ; je crois également un jugement à venir où chacun recevra, selon ses œuvres, châtiment ou récompense. Je ne défends point le mariage ; je ne condamne point les secondes noces ; je n'interdis pas l'usage de la viande. Je crois et je confesse que l'on doit vivre en communion avec les pénitents réconciliés ; que le baptême efface tous les péchés, tant celui que nous contractons par le vice de notre origine, que ceux commis volontairement, et qu'il n'y a point de salut à espérer hors de l'Eglise catholique. J'adhère aux quatre saints conciles (1) reconnus et approuvés par notre mère l'Eglise universelle (2).

Ainsi se termina ce concile dans lequel les passions politiques exercèrent une trop grande influence pour ne pas provoquer plus tard contre ses décisions une réaction d'autant plus violente que beaucoup crurent faire oublier ainsi leur coupable faiblesse. Comme il arrive trop souvent dans ces appréciations

---

(1) Ces conciles étaient ceux de Nicée, de Constantinople, d'Éphèse et de Chalcédoine, que saint Grégoire comparait aux quatre Évangiles. B. Gregorii, lib. 1, epist, XXIV. — Cf. Verba Gelasii in *Concilio Romano*. — D'après D. Rivet, on ne regardait à la fin du dixième siècle comme généraux que les quatre premiers conciles. D. Bouq. t X. p. 409, note C.

(2) *Concil.* Labbe, t. IX, p. 739. — Bulæus, t. I, p. 334. — Du Chesne, t. II, p. 834. — D. Bouq., t. X, p. 409. — D. Marlot, t. III, p. 84. — Hock, p. 231.

rétrospectives d'un fait odieux, on fit peser sur un seul homme la responsabilité que tous avaient encourue ; et parce que Gerbert bénéficia de la déposition d'Arnoul, ce fut sur lui que s'exerça la malignité de ses ennemis.

Pendant tout le procès, l'ancien secrétaire de l'archevêque avait gardé un profond silence ; sa conscience ne lui permettait pas de disculper l'accusé, et il aurait cru indigne de contribuer par ses conseils ou ses accusations à la chute de l'homme que tout semblait l'appeler à remplacer. Choisi comme secrétaire du concile, il se renferma dans ce rôle modeste qui le mêlait à toutes les discussions sans jamais engager sa responsabilité, et nous ne voyons pas dans les actes du synode qu'il ait jamais cherché à en diriger les décisions.

Les invectives de ses ennemis ont cependant fait peser sur sa mémoire d'odieuses accusations ; non contents d'insinuer que la mise en jugement de l'archevêque fut en partie le résultat de ses intrigues (1), ils en ont fait encore l'âme de cette réunion synodale, et quelques historiens l'ont même représenté comme l'adversaire de la papauté, comme le fauteur d'un projet de schisme dans la société catholique (2). C'est le propre des hommes supérieurs d'exciter d'ardentes sympathies et des haines vivaces que l'historien aurait tort de prendre pour base de ses appréciations. Nous avons vu plus haut dans quelle confusion se trouvait la législation au Xe siècle, et les efforts des papes pour l'amener à l'unité ; bien que ce retour eût lieu sans secousse, il était impossible qu'il ne produisît pas quelques froissements isolés, mais dont la portée n'allait jamais, dans la pensée de ceux qui s'en plaignaient le plus hautement, jusqu'à vouloir saper la base du pouvoir pontifical. Nous reviendrons sur ce point en examinant la conduite ultérieure de Gerbert dans sa lutte contre Rome ; et loin de nous la pensée de cher-

---

(1) D. BOUQUET, X. p. 420, note A. — AMPÈRE *hist. littér. de la France*, t. III. p. 299.

(2) Varin, *Archives administratives de la ville de Reims*, t. I, p. 101, note.

cher à atténuer la fâcheuse portée de quelques paroles du nouvel archevêque. Mais en circonscrivant la question au concile de Saint-Basles, le seul point qui nous occupe en ce moment, quels griefs peut-on articuler contre Gerbert ?

Il nous a conservé le procès-verbal des actes synodaux, mais les a-t-il falsifiés ? En admettant même, ce qui est impossible, que les discours séditieux que nous avons donnés plus haut, aient été prononcés par l'évêque d'Orléans, en quoi Gerbert serait-il responsable de ces doctrines ? Secrétaire du concile, ne devait-il pas en refléter la physionomie, en relater les incidents ? Comment admettre du reste qu'il ait pu altérer ces actes du synode, alors que pas une réclamation ne s'éleva, bien qu'il eût adressé à tous les évêques qui y avaient pris part une copie de ce document. Peut-on admettre que l'intrépide adversaire de l'évêque d'Orléans, Abbon de Fleury, que son dévouement pour Arnoul de Reims rendait naturellement peu sympathique à Gerbert, n'eût pas élevé la voix, protesté solennellement contre ces interpolations, dans la longue campagne que nous lui verrons entreprendre plus tard en faveur du prélat déposé ? Ce silence unanime des contemporains qui, tout en reprochant au concile sa condescendance aux ordres du roi (1), n'ont pas une parole de blâme contre le nouvel élu, est à nos yeux, la preuve la plus manifeste de sa prudente réserve et de cette habileté dont on a voulu lui faire un crime, sans remarquer qu'il la puisait dans le sentiment de sa dignité et dans une profonde connaissance des hommes et des mobiles qui les font agir.

Lui ferait-on un grief d'avoir accepté le bâton pastoral dont on dépossédait Arnoul ? Mais si le jugement de l'archevêque fut régulier, s'il est vrai, comme tous les documents en font foi, que l'unanimité des suffrages vint, selon ses expressions, le prendre au sein de son obscurité pour le placer sur le premier siège des Gaules, en quoi son acceptation mériterait-elle un blâme aussi sévère que celui dont certains historiens ont flétri

---

(1) Ex *fragment. Chronic.* Fratris Hugonis Floriacensis.

sa mémoire (1)? Aucune règle canonique ne fut violée, ni dans son élection (2), ni dans sa confirmation, par le synode provincial (3).

Que deviennent maintenant toutes les calomnies que cette élévation de Gerbert sur le premier siége de la Gaule a entassées sur sa mémoire? Il serait téméraire de se faire une opinion absolue sur cette question délicate dont l'appréciation divisait les contemporains de l'illustre pontife. C'est ainsi que l'évêque de Mersbourg, Ditmar (4), soutient dans sa chronique, écrite vers l'an 1000, que Gerbert fut élu archevêque de Reims « selon toutes les règles canoniques (5). » L'opinion de ce chroniqueur, « très au fait des choses qu'il rapporte, nous « disent les Bénédictins, et qui seul dans ce siècle reculé nous « a laissé des récits acceptables (6), » aurait dû laisser dans le doute si Gerbert, en recevant la dignité épiscopale, ne fut pas de bonne foi sur la légitimité de son élection. Sous ce rapport, quelques écrivains catholiques auraient pu suivre l'exemple d'un pape, successeur de Sylvestre II, Sergius IV, qui, en composant l'épitaphe de l'illustre pontife, lui a fait un titre de gloire d'avoir mérité le premier siége des Gaules (7). Au lieu de cette

---

(1) Voy. BARONIUS, *Annal. eccles.*, t. X. — ROHRBACHER, *Hist. de l'Église*, t. XIII, p. 270.

(2) Cf. Decretales epist. SIRICII ad Himerium. — INNOCENTII I ad *Synod. Tolet.* — S. LEONIS ad Anastasium Thessalon. — SYMMACHI ad Cæsarium Arelaténsem. — S. GREGORII MAGNI, lib. III, epist. XIX.

(3) Cf. *Concil. Arelatense II*, c. V. — *Item* ex *Concil. Aurelianensi IV*, c. III. — Ex epist. S. LEONIS ad Rusticum, epist. CLXVII, col. 1420. — HINCMARI Rhemensis *Opuscul.* contra Hincmarum Laudun, c. VI.

(4) Né en 976, mort en 1018.

(5) Ad Remensem urbem regendum juste promotus. DITMARI *Chron.*, lib. VI, p. 399.

(6) D. BOUQ., t. X, *præfatio* p. XXI. — Scriptor non spernendus, imo in pretio habendus, quod res sui temporis pene solus posteris tradidit ex fide. D. BOUQ., t. X, p. 118, note A.

(7)   Primam Gerbertus meruit Francigena sedem
       Remensis populi, Metropolim patriæ.

réserve de bon goût, on est péniblement surpris de voir le célèbre auteur des *Annales ecclésiastiques*, Baronius, prodiguer l'insulte et le mépris (1) à un homme qui certes ne fut pas sans défauts, mais auquel l'Église et la civilisation ont dû le réveil intellectuel du onzième siècle.

C'est un grand symptôme d'infirmité morale que d'aimer à prêter aux autres de petites passions et des mobiles sordides. Quand un homme est aussi élevé par l'esprit que par le cœur ; quand, dans ses écrits comme dans ses actions, il s'est toujours montré noble et loyal, pourquoi chercher à subordonner certains actes à des pensées contre lesquelles toute une vie a protesté? Ne serait-ce pas que, pour certains esprits, il y a peut-être une jouissance secrète à rabaisser ce qui est grand, à amoindrir ces puissantes personnalités qui ont laissé dans l'histoire les traces profondes de leur génie? Triste résultat que celui qui n'aboutit qu'à dépouiller un homme supérieur de la gloire et du respect consacrés par l'admiration et la reconnaissance des siècles !

(1) In cunctis amens (Gerbertus) et furens insanivit ac deliravit. *Annales*, t. X, p. 893. — Homo versipellis. *Ibid.*, p. 894. — Gerbert ne figure pas dans le catalogue des archevêques de Reims dressé par de Thou. Cf. D. Marlot. *Hist. de la ville de Reims*, t. III, p. 82.

CHAPITRE XI.

GERBERT, ARCHEVÊQUE DE REIMS. — (991-995).

Nous voici parvenu à la période la plus orageuse de la vie de Gerbert ; absorbé jusque-là par les travaux de son enseignement, l'illustre écolâtre ne s'était qu'incidemment mêlé aux affaires publiques. Mais quand les suffrages unanimes des prélats et du clergé l'eurent élu à la place du pontife déposé, une existence hérissée de fatigues, de luttes et de déceptions, vint remplacer pour lui les doux loisirs de l'étude. A peine intronisé sur le siége d'Hincmar et de Saint-Remy, le nouvel archevêque s'empressa de porter remède aux affreux désordres qui, pendant la longue absence d'Arnoul, s'étaient enracinés dans le diocèse de Reims. A cette fin, il convoqua dans sa ville métropolitaine un synode où figurèrent tous les évêques de la province (1), et comme les voies de douceur étaient impuissantes pour arrêter le mal, les prélats assemblés lancèrent l'anathème contre les pillards et spécialement contre leur chef, Héribert, comte de Vermandois (2).

Outre les actes de ce concile (3), il nous reste encore d'autres monuments de l'infatigable activité de Gerbert. La haute re-

(1) On y remarqua Guy, évêque de Soissons, Adalbéron de Laon, Ratbod de Noyon, Rotharde de Cambrai, Eudes de Senlis, Foulques d'Amiens, Framéric de Thérouanne et Hervé de Beauvais.
(2) Partisan d'Arnoul et de Charles de Lorraine. Epist. XL, 2ᵉ class.
(3) *Concil.* LABBE, t. IX, col. 740. — D. BOUQ., t. X. p. 412.

nommée de science dont il jouissait, et à laquelle il avait été redevable de son élection, fit du nouvel archevêque l'oracle de la Gaule, et ses décisions sur des sujets théologiques ou canoniques étaient accueillies de tous avec une grande déférence. Quelques-unes de ses réponses sont frappantes par l'esprit de modération qui les inspire et par les sentiments de charité dont elles sont empreintes (1). Un de ses suffragants avait abusé de son autorité, Gerbert le rappela au respect de la justice envers ses inférieurs dans une lettre où nous lisons ces paroles remarquables :

Bien que tous les prêtres du Seigneur soient pareillement soumis à la discipline ecclésiastique et tenus d'obéir aux saints canons inspirés par le Saint-Esprit et consacrés par les respects du monde entier, c'est néanmoins à nous, évêques, qu'incombe plus particulièrement encore l'obligation de faire pénétrer ces préceptes dans le troupeau qui nous est confié, par l'exemple de nos mœurs et la régularité de notre conduite.... (2).

Foulques, évêque d'Amiens, emporté par la fougue de la jeunesse, avait, de vive force, confisqué au profit de son frère les biens de quelques églises de son diocèse ; l'archevêque de Reims, son métropolitain, lui adressa cette sévère admonition :

Au milieu de mes nombreuses et importantes occupations, j'ai été péniblement impressionné par le récit de vos fréquents excès. J'ai à surveiller toute la métropole de Reims et spécialement votre personne, car votre jeunesse et la légèreté de vos mœurs ne vous ont pas encore permis d'apprécier tout le poids du sacerdoce..... Nous vous avertissons donc, notre très-cher frère, de réparer vos erreurs et de venir atténuer vos torts envers nous, afin que, reconnaissant vos excès, vous trouviez dans leur aveu le pardon de toutes vos fautes (3).

D'après les chroniques du Xe siècle, les conflits étaient à

---

(1) Epist. XXXVI, XLII, 2ᵉ class.
(2) Epist. XXXIX, 2ᵉ class.
(3) Epist. XLVII, 2ᵉ class.

cette époque très-fréquents entre les moines et les évêques (1) ; les nombreux priviléges des premiers rendaient l'administration des diocèses très-difficile, et devenaient la source de vives altercations dans lesquelles les évêques maintenaient avec énergie la légitimité de leurs droits (2). Nous avons vu le rôle important que les monastères remplirent au milieu du chaos dans lequel se débattait alors la société. Il est incontestable, en effet, qu'ils rendirent aux lettres, à la morale et à l'Eglise d'éminents services ; mais cette importance même avait ses dangers. Se sentant utiles, presque nécessaires, les moines ne se contentèrent plus d'être des auxiliaires, ils parurent, dans certaines circonstances, vouloir absorber à leur profit le nouvel ordre de choses, et leurs prétentions inquiétèrent à bon droit les prélats auxquels est confiée la conduite des Églises particulières (3). A ces conflits de juridiction était venue s'ajouter encore la question des dîmes sur lesquelles les évêques alléguaient des droits et que les monastères ne voulaient pas céder (4). Dans son court pontificat, Gerbert fut deux fois choisi pour arbitre à l'occasion de difficultés survenues entre les moines de Saint-Denys et l'évêque de Paris (5), et plus tard entre l'archevêque de Tours, Archambault, et les religieux de Saint-Martin. Dans cette discussion, l'archevêque de Reims, zélé défenseur de l'épiscopat, se prononça toujours contre les prétentions monastiques, et peut-être pourrait-on trouver dans ce

(1) Epist. Abbonis in app. ad Cod. can., p. 404.

(2) Voy. l'historique de la lutte qui éclata entre Arnoul, évêque d'Orléans, et Abbon de Fleury, dans Aimoin, biographe de ce dernier.

(3) Voyez le récit du concile de Saint-Denis, tenu en 996. Dans ce synode Abbon, abbé de Fleury, tint tête aux évêques et excita contre eux une sédition dans laquelle Séguin, archevêque de Sens, fut grièvement blessé. *Vita S. Abbonis Floriacensis*, auctore Aimonio monacho, c. IX.

(4) Abbo in app. ad Cod. can., p. 417.

(5) Epist. XXXII, 2ᵉ class. — Nous voyons, d'après cette lettre, que Gerbert n'avait pas craint de s'attirer la froideur de Hugues-Capet en donnant une décision contraire, paraît-il, à celle que le roi, ardent protecteur des monastères, attendait du métropolitain de Reims.

fait l'explication des insinuations calomnieuses et des attaques violentes dont Gerbert fut l'objet de la part de certains chroniqueurs appartenant à ces ordres religieux qu'il avait peu ménagés. Consulté par l'archevêque de Tours, son ami, il lui répondit:

J'ai reçu votre plainte et je compatis fraternellement à vos tribulations ; la meilleure preuve que je puisse vous en donner, c'est de vous envoyer au plus tôt mes conseils et l'expression de mes vives sympathies. Le clergé régulier de Saint-Martin, me dites-vous, a refusé votre bénédiction ; conformez-vous à la parole de l'Ecriture : *Il n'a pas voulu la bénédiction, elle se retirera de lui à jamais.* (Psalm. 108, 18). Quant à l'injure qu'il a cru vous adresser en refusant votre concours, elle est de celles auxquelles on ne répond, selon la parole du Sauveur, qu'en secouant contre leurs auteurs la poussière de nos souliers (1).

Nous ne voyons pas cependant que, personnellement, l'archevêque de Reims ait eu de démêlés avec les monastères qui se trouvaient en grand nombre dans son diocèse. Il faut en chercher la raison dans l'énergie bien connue de son caractère, jointe à un grand sentiment de tolérance et de charité dont il donnait l'exemple et qu'il recommandait à ses suffragants comme la meilleure règle de conduite :

Vous savez trop bien, mon très-cher frère, écrivait-il à l'un d'entre eux, quelle modération il faut apporter en toutes choses pour que j'aie besoin de vous rappeler, qu'en matière de salut, le principe fondamental à observer c'est l'éloignement de toute exagération : *Rien de trop* (2). Or, dans l'exercice de vos fonctions de juge ecclésiastique, vous avez violé les règles fixées par les Pères. Quels sont, en effet, les conciles ou les décrets qui ont défendu de baptiser les enfants et d'ensevelir les fidèles !...... J'engage donc votre paternité à tempérer son jugement et à arranger cette affaire de manière à ne pas déplaire à la majesté divine, tout en satisfaisant au désir de vos frères dans l'épiscopat (3).

(1) Epist. XLVIII, 2ᵉ class. — Il paraît que les moines de Tours persévérèrent dans leur révolte, puisque nous trouvons dans une autre lettre de Gerbert (Epist. L, 2ᵉ class.) une condamnation portée contre eux par les évêques réunis en concile dans l'église de Saint-Paul, à Cormery.
(2) Térence.
(3) Epist. XLIV, 2ᵉ class.

Au milieu de ses occcupations et de ses sollicitudes pastorales, Gerbert sut encore trouver assez de loisirs pour composer un *Traité de l'Eucharistie* (1). Voici à quelle occasion fut écrit cet opuscule. Au IX⁰ siècle, Paschase Ratbert, moine de Corbie, avait composé un ouvrage remarquable sur la présence réelle de Notre-Seigneur Jésus-Christ dans le sacrement de l'Eucharistie. C'était surtout au moyen des citations des Pères qu'il avait établi la tradition constante de l'Eglise sur ce point dogmatique. Mais la langue théologique n'étant pas encore parfaitement fixée, il fut facile à quelques écrivains de mal interpréter certaines expressions de Paschase. C'est ainsi que deux contemporains de ce dernier, Raban Maur, archevêque de Mayence, et Ratramne de Corbie attaquèrent le traité de l'Eucharistie et y relevèrent trois innovations qu'ils qualifièrent d'erreurs doctrinales. Cette controverse, qui avait agité la dernière moitié du IX⁰ siècle, subsistait encore, paraît-il, au X⁰, en même temps que l'erreur des stercoranistes. La réfutation de cette dernière absurdité et la conciliation des opinions de Paschase et de Raban sur le dogme de la présence réelle, tel fut le double but de l'ouvrage de Gerbert.

Cet opuscule est divisé en deux parties. Dans la première, qui est la plus importante, Gerbert, après avoir énuméré les trois points qui divisaient les écrivains du IX⁰ siècle, entreprend de montrer que les dissentiments ne sont qu'apparents,

---

(1) *De corpore et sanguine Domini*, ap. Pez, *Thesaurus anecdoct. novissimus*, t. I, part. II, col. 131. — Cet opuscule, publié pour la première fois sans nom d'auteur par le P. Cellotius, fut attribué par Mabillon (*Acta Bened.*, t. VI, præfatio, n. 47 et 48) à Hériger, abbé de Laubes (écrivain du dixième siècle); mais le savant bénédictin, Dom Bernard Pez, ayant retrouvé, dans l'abbaye de Gothwit en Autriche, un manuscrit de ce traité avec le nom de Gerbert, a établi d'une manière incontestable que l'archevêque de Reims en était l'auteur (Pezii *Dissertatio*, p. 69, n. 2). En dehors de l'autorité du manuscrit découvert par Dom Pez, le style de l'ouvrage, la précision des arguments et l'emploi des raisonnements scientifiques suffiraient seuls pour le faire attribuer à Gerbert de préférence à Hériger, qui n'avait composé qu'une *Lettre* sur ce sujet. Cf. *Historia Gotteschalci*, Parisiis 1655. p. 541, in-folio. — *Histoire littéraire*. t. VI, p. 587.

et qu'il y a entre l'archevêque de Mayence et le moine de Corbie parfaite unité de croyance sur le fond et l'objet du dogme eucharistique (1).

Le premier reproche formulé par Raban Maur avait pour objet l'identité du corps de Jésus-Christ. Paschase Ratbert, employant les paroles de saint Ambroise, avait affirmé que le corps pris par le Sauveur dans le sein de la Vierge Marie, et qui souffrit et mourut pour nous, était identiquement le même que celui qui s'offrait sur l'autel; Raban et Ratramne prétendaient le contraire (2). Gerbert, après avoir cité de nombreux textes de Pères Grecs et Latins en faveur de deux opinions, en tire cette conclusion que, tout en conservant la même nature, le corps de Jésus-Christ peut prendre des formes différentes; et c'est ainsi que l'on peut parfaitement accorder les passages des Pères qui, tantôt comme saint Jérôme, parlent d'un corps double, tantôt d'un corps triple, comme saint Augustin. Il y a, en effet, ajoute Gerbert, un corps né de Marie, un corps eucharistique, et un corps mystique qui est l'Eglise; et Jésus-Christ est réellement, entièrement, comme homme et comme Dieu, dans tous les trois; non qu'il y ait un triple corps, mais une seule substance sous des formes différentes (3). Gardons-nous toutefois de ne voir dans ce mystère qu'un pur symbole (4); Jésus-Christ y est réellement présent, et nous ne devons pas confondre la *figure* extérieure et la *vérité* ou réalité intérieure de ce sacrement. La première n'est que l'apparence du pain et du

---

(1) ..... Ut, his diligenter perspectis, cui Deus, aut per quem dignatus fuerit aperire, pateat et tantos viros non dissentire, et in catholica ecclesia unum et idem debere omnes sapere, et schisma non esse. Cap. I.

(2) M. Ampère a commis une très-grande confusion de noms et de doctrines en parlant de cette controverse. Voy. *Hist. littér.*, t. III, p. 272.

(3) Non est enim diversitas ubi est unum; quia non duo aut tria corpora, sed unum. Cap. VII.

(4) Vere unica et perfecta hostia, fide æstimanda, non specie; nec exterioris hominis censenda visu, sed interioris affectu. Cap III.

vin ; la réalité, au contraire, c'est le corps et le sang de Jésus-Christ (1).

Ces dernières paroles de l'archevêque de Reims disculpaient Paschase du second reproche que lui adressait Raban Maur, en accusant le moine de Corbie d'avoir admis en même temps dans l'Eucharistie une *figure* et une *vérité*; Gerbert précise mieux ces termes et montre que, loin d'être inconciliables, ils s'expliquent parfaitement.

Quant au troisième grief reproché à Paschase par ses adversaires, d'après lesquels il aurait avancé que Jésus-Christ était encore passible dans le sacrement de l'autel, Gerbert prétend n'avoir trouvé aucune assertion de ce genre dans le traité de Ratbert (2).

Toute cette première partie de l'opuscule est surtout composée de citations des Pères, presque toutes, du reste, fort heureusement choisies ; Gerbert les complète par divers raisonnements tirés de l'arithmétique, de la constitution physique du globe, de la géométrie et de la dialectique. Nous remarquons dans cette dernière partie l'opinion émise par l'archevêque de Reims au sujet des *Universaux*, « ce pro« blème qui domine toutes les parties de la philosophie, « car il n'y a pas une seule question qui dans son sein ne « contienne celle-ci » (3). Gerbert se sépare ici complètement d'Aristote et de Boëce, et il accepte sur les espèces et les genres la théorie platonicienne, d'après laquelle les idées générales ne sont pas des notions abstraites purement sub-

---

(1) Nos autem simpliciter fateamur quia figura est, dum panis et vinum extra videtur; veritas autem, dum corpus et sanguis Christi in veritate interius creditur.... Sicut omnia in Christo vera credimus, veram videlicet divinitatem et veram humanitatem, verum Deum et verum hominem ; ita in mysterio corporis et sanguinis ejus, quod virtute celestis benedictionis et Verbi divini in id quod non erat consecratur, nihil falsum, nihil frivolum, nihil infidum sentiamus. Cap. IV.

(2) ..... Hoc ego certe in libro ejus non reperi. Cap. VIII.

(3) M. Cousin, *Fragments de philosophie du moyen âge*, article Abélard, p. 70.

jectives, mais bien des réalités objectives, ayant une valeur indépendante de l'esprit qui les conçoit. « Les genres et les « espèces, nous dit-il, ne sont pas, en effet, de pures in- « ventions humaines, mais Dieu les a déposés comme tels « dans la nature des choses ; c'est là que les sages vont les « puiser pour en faire ensuite d'utiles éléments d'investiga- « tion (1). »

Dans la seconde partie du traité, Gerbert réfute brièvement l'erreur des stercoranistes, acceptée par Raban Maur et par Héribald, évêque d'Auxerre. Le Christ, dit-il, conserve dans l'Eucharistie son caractère inaltérable ; notre âme retire de cette communion sacramentelle la vie spirituelle de la grâce, et notre corps y participe en puisant, dans cette union mystérieuse avec Dieu, le principe de sa glorification future (2).

Mais n'associons pas à ces pensées surnaturelles d'images grossières et matérielles ; cela seul, en effet, est sécrété par notre corps qui ne peut être consumé par lui ; or, il ne saurait en être ainsi pour Jésus-Christ dans l'Eucharistie, puisqu'il y est impassible et que sa divinité est inséparable de son humanité sainte.

En résumé, ce traité, malgré sa brièveté, est de tous les ouvrages théologiques du Xe siècle (3), le plus remarquable, tant par l'élévation des pensées que par la forme qui les exprime. Joignant à une profonde connaissance de la tradition catholique des sentiments de piété d'autant plus vifs qu'il les pui-

---

(1) Cap. VII.

(2) Cæterum quia vere credimus non solum animam sed et carnem nostram hoc mysterio recreari, carni quidem caro spiritaliter conviscerata transformatur, ut et Christi substantia in nostra carne inveniatur, sicut et ipse nostram in suam constat assumpsisse Deitatem ; ut qui manducat ejus carnem et bibit sanguinem, vivat per animam et nunc et in æternum, et caro de terræ pulvere resuscitata vivificetur in novissimo die. Cap. IX.

(3) Les seuls ouvrages sur l'Eucharistie que nous ait laissé le dixième siècle, outre celui de Gerbert, sont : 1° un commentaire de Rémy, moine de Saint-Germain d'Auxerre, sur l'Évangile de saint Jean (D. Martène, *Ampl. Collect.*, t. VIII, p. 282) ; 2° une lettre de Rathier, évêque de Vérone, sur la communion (*Spicileg.* Acherii, t. XII, p. 37).

sait dans une âme dégagée de toute vaine subtilité, Gerbert nous a laissé dans cet opuscule une des plus éloquentes expositions du dogme de l'Eucharistie. Et on aime à voir ce puissant génie, qui faisait de la science l'auxiliaire obligé de la foi (1), reconnaître à la raison des bornes infranchissables, et, en présence de ce profond mystère, avouer son impuissance avec cette humilité qui est un des plus nobles caractères des esprits supérieurs : « L'amour de la justice engendre la « piété dont la science est un des fruits les plus précieux ; « c'est ainsi que nous voyons souvent des âmes simples et « naïves, mais riches en vertus et en bonnes œuvres, péné- « trer plus avant dans les mystères que ceux dont la science « est plus profonde. C'est moins par des arguments que par « la prière et les aspirations du cœur que nous sentirons « combien est réelle et non figurée la présence du Seigneur « dans le sacrement de l'autel ; car la foi commence où s'ar- « rête la raison. » (2).

Au milieu de ses occupations théologiques, l'archevêque de Reims continuait à se livrer avec ardeur aux travaux scientifiques et littéraires ; protégeant avec une paternelle sollicitude cette école de Reims qu'il avait restaurée, il aimait à y attirer ceux que captivait l'amour de l'étude et le désir de s'instruire, pour les renvoyer ensuite répandre dans les provinces éloignées les connaissances qu'ils avaient acquises près de lui (3).

Comme au temps où la célébrité de son enseignement dans l'école de Reims avait ému l'Allemagne, Gerbert, archevêque, vit ses conseils recherchés par cette cour de Germanie où l'on conservait toujours le souvenir de son talent et de sa fidélité à la dynastie des Othon. Sa réputation de savant engagea l'empereur Othon III, encore dans toute l'exaltation de la première jeunesse, à se mettre sous la direction de l'ancien

---

(1) Epist. XXXII, 2ᵉ classe.
(2) Cap. VII.
(3) Epist. XLI, XLIII, 2ᵉ class.

précepteur de son père; ce fut en ces termes, aussi flatteurs que délicats, qu'il en fit la demande à l'archevêque de Reims :

L'empereur Othon à Gerbert, le plus habile des philosophes et qui a remporté la palme dans les trois parties de la philosophie : Je voudrais bien être l'objet de votre excellente amitié que nous révérons tous, et m'assurer pour jamais le concours de votre direction ; car je sais apprécier combien seraient utiles à mon inexpérience les leçons de votre haute sagesse. Pour parler sans figures, je vous demande avec instance de mettre votre zèle accoutumé, votre prudence et votre habileté au service de mon inexpérience ; et je désire que cette salutaire influence ne s'exerce pas seulement sur mes paroles et sur mes écrits, mais qu'elle me soit également fidèle dans les affaires publiques. Retranchez ce qu'il y a en moi de rusticité saxonne, et développez au contraire ce que je puis avoir de délicatesse grecque ; car il pourrait bien se trouver dans mon esprit quelque étincelle du goût des Hellènes (1), si j'avais un maître pour la faire jaillir. Je vous prie donc bien humblement de l'enflammer au contact de la lumière de votre esprit ; éveillez-en moi, avec l'aide de Dieu, le génie vigoureux des Grecs, et instruisez-moi dans la science des nombres, afin que cette connaissance approfondie me mette à même de mieux comprendre la docte antiquité. Que votre bonté paternelle ne diffère point, en répondant à ma demande, de m'informer par lettre de ce que vous jugez à propos de faire ou de ne pas faire. Adieu. — Je n'ai jamais composé de vers ; c'est un art que j'ai encore à apprendre ; quand j'y aurai fait quelques progrès, je vous enverrai autant de pièces de poésies qu'il y a d'hommes en France (2).

Gerbert avait été toujours trop dévoué aux empereurs de Germanie, ses premiers bienfaiteurs, pour ne pas saisir avec empressement cette occasion d'être utile à ce jeune prince qu'il aimait ; aussi sa réponse ne se fit-elle guère attendre :

Au glorieux Othon, son Seigneur, Gerbert, par la grâce de Dieu, évêque de Reims, à l'empereur tout ce qui est digne de son empire ! Pour répondre à la bonté excessive que vous me témoignez et que

---

(1) Othon III était fils de Théophanie, princesse grecque, célèbre, au dixième siècle, par son esprit et sa beauté.
(2) Epist. CLIII. — Hock, p. 253.

vous voulez bien me promettre pour l'avenir, je n'aurais peut-être à vous offrir que des vœux, au lieu d'un mérite réel. Si la lumière de la science éclaire quelque peu mon esprit, j'en suis redevable à votre illustre maison, aux soins de votre père, et à la générosité de votre aïeul (1). Aussi n'ai je pas la prétention de vous apporter des richesses qui m'appartiennent, je ne fais que rendre les trésors que j'ai reçus, et que vous avez déjà acquis, ou que vous êtes sur le point d'acquérir : témoin la demande vraiment royale que vous m'adressez. Car si vous n'étiez point persuadé que la puissance des nombres s'applique aux principes et au développement de toutes choses, vous ne chercheriez pas avec tant d'empressement à en acquérir une connaissance parfaite ; et si vous n'aviez pas compris l'importance de la philosophie morale, toutes vos paroles ne porteraient point la vive empreinte de l'humilité, cette vertu qui est la sauvegarde de toutes les autres.

Cependant une conscience pure ne donne pas seule la finesse du goût et l'éloquence, qualités qui, selon votre judicieuse remarque, découlent et des talents naturels, et du génie des Grecs. Il est merveilleux de voir un homme, Grec d'origine et Romain par sa puissance, réclamer, comme à titre héréditaire, les trésors de la sagesse des Latins et des Hellènes. J'obéis donc, César, à votre désir en ceci comme dans tout ce qu'il plaira à Votre Majesté d'ordonner. Car celui-là ne peut vouloir se soustraire à votre service qui ne connaît rien de plus doux que de vous obéir (2).

Il s'ensuivit entre la cour d'Allemagne et l'archevêque de Reims un échange, assez fréquent sans doute, de lettres sur des sujets littéraires et scientifiques ; malheureusement, les lambeaux de correspondance qui nous restent ne nous permettent de hasarder sur ce point que des conjectures. Nous croyons cependant que ce fut à cette époque que Gerbert adressa à son royal élève un exemplaire de Boëce, avec une épigramme en douze vers destinés à être placés au bas d'un portrait de ce philosophe. Nous donnons la traduction de cette petite pièce qui « par le bon goût, la noblesse et l'énergie dont

---

(1) Ces derniers mots justifient ce que nous avons dit au sujet de l'abbaye de Bobbio, donnée à Gerbert par Othon-le-Grand et non par son fils.

(2) Epist. CLIV. — Hock, p. 256.

« elle porte l'empreinte, surpasse toutes les poésies enfantées
« dans le siècle de Gerbert et pendant les deux siècles sui-
« vants » (1) :

Lorsque Rome, au faîte de sa puissance, tenait encore le monde asservi sous ses lois, tu fus, ô Boëce, le père et le flambeau de la patrie; consul, tu dirigeas glorieusement les affaires publiques; philosophe, les lumières que tu répandis ne furent pas moins éclatantes que celles dont nous sommes redevables au génie des Grecs. Mais Dieu voulut châtier le monde, et la liberté romaine succomba sous l'épée barbare des Goths; pour toi, consul et exilé, ta mort couronna ces deux titres d'une gloire immortelle. Aujourd'hui, Othon III, l'honneur de l'empire et le protecteur des arts t'admet à sa cour; et, rendant un noble hommage à ton génie, il élève un monument pour éterniser le souvenir de tes œuvres (2).

Cet enthousiasme de Gerbert pour l'illustre auteur de la *Consolation philosophique* se comprend facilement dans un homme qui, pressentant, au milieu des ténèbres du X⁰ siècle, les futures aspirations de l'esprit humain, voulait que la foi ne se séparât jamais de la science, mais que celle-ci fût la préparation de la première, selon la parole de Saint-Paul (3) :

---

(1) *Hist. littér.*, t. VI, p. 585.

(2) Voici ces vers qui se trouvent dans Cave, p. 512. — Cf. BARONIUS ad ann. 526, p. 117, édit. 1658. — *Epigrammata et Poemata vetera*. Paris, 1594, n. 65.

> Roma potens dum jura sua declarat in orbe,
> Tu pater et patriæ lumen, Severine Boethi,
> Consulis officio rerum disponis habenas,
> Infundis lumen studiis, et cedere nescis
> Græcorum ingeniis; sed mens divina coercet
> Imperium mundi, gladio bacchante Gothorum,
> Libertas romana perit: tu consul et exul
> Insignes titulos præclara morte relinquis.
> Nunc decus imperii summas qui prægravat artes
> Tertius Otto sua dignum te judicat aula,
> Æternumque tui statuit monumenta laboris,
> Et bene promeritum meritis exornat honestis.

Quelques éditions donnent encore trois distiques, mais ils n'ont aucun rapport avec Boëce; ils font allusion au monument élevé à un roi du nom de Chilpéric.

(3) Rationabile obsequium vestrum (Rom., XII, 1).

Cher gardien de mon âme, écrivait-il à Arnoul. évêque d'Orléans, Dieu a beaucoup fait pour l'homme en lui donnant la foi et en ne lui ôtant pas la science. Par là, saint Pierre a reconnu Jésus-Christ pour le fils de Dieu et a fidèlement confessé sa divinité ; voilà pourquoi le juste vit de la foi. Unissons-donc toujours la science à la foi, car des insensés ne peuvent point croire.... (1).

Ce zèle pour l'étude, Gerbert ne se contentait pas de le stimuler dans ses amis, il en donnait lui-même l'exemple, en unissant aux sollicitudes de l'épiscopat les fatigues de l'enseignement. C'est ce qui résulte d'une lettre écrite vers la fin de 992 à un évêque auquel il renvoyait un jeune homme dont il avait été le parrain ; il y remerciait Dieu du calme relatif dont il jouissait, sans dissimuler cependant les tristes pressentiments qui l'assiégeaient et qui l'empêchaient de se charger de l'éducation de cet enfant sur lequel pourrait peut être un jour peser le souvenir de ses propres douleurs (2).

Ces inquiétudes et ces pressentiments n'étaient que trop fondés. Aux tracasseries des partisans d'Arnoul et aux attaques à main armée du comte Héribert (3), étaient venues se joindre de nouvelles préoccupations. Nous avons vu que, depuis sa décision dans le conflit survenu entre l'évêque de Paris et les moines de Saint-Denys, le roi de France tenait rigueur à Gerbert. Peut-être la froideur de Hugues-Capet contribua-t-elle à enhardir les ennemis de l'archevêque ; dans tous les cas, une sorte de réaction s'opéra en faveur d'Arnoul, prisonnier à Orléans. On commença par le plaindre, on finit bientôt par le croire innocent, et l'écho de ces plaintes arriva au pape Jean XV. Celui-ci « indigné », nous dit un chroniqueur (4), désapprouva ce qui s'était passé à Saint-Basles et fit entendre des paroles de blâme contre la faiblesse des évêques et spécialement contre la conduite de Gerbert. En apprenant que les

---

(1) ..... Huic fidei ideo scientiam copulamus, quia stulti fidem non habere dicuntur..... Epist. XXXII, 2ᵉ class.

(2) Epist. XLVI, 2ᵉ class.

(3) Epist. XL, XLIII, 2ᵉ class. Epist. CXXVII, CXXIX.

(4) Ex *Chron.* Hugonis Floriacensis.

accusations de ses ennemis avaient trouvé à Rome un accueil favorable, l'archevêque de Reims, fort de sa loyauté et de la droiture de ses sentiments, adressa au pape la lettre suivante :

J'ai ressenti dans le fond de mon âme une vive douleur en apprenant que l'on m'a dépeint aux yeux de Votre Sainteté comme coupable d'intrusion sur le siége de Reims. Jusqu'à ce jour, je puis le dire, je n'ai cherché dans l'Eglise de Dieu qu'à être utile à tous et à ne léser personne. Il ne m'est jamais arrivé de divulguer les fautes d'Arnoul. Je me suis borné à me séparer de lui publiquement quand sa trahison m'a été connue ; et si je me suis décidé à cette dernière démarche, ce n'est pas, comme le prétendent mes ennemis, dans le désir d'usurper son siége, mais, j'en prends Dieu à témoin, ainsi que ceux qui me connaissent, à la seule fin de ne point m'entacher des crimes d'autrui (1).

A cette lettre respectueuse, le roi de France en joignit une autre que l'archevêque de Reims contresigna en sa qualité de grand chancelier de la Couronne. Dans cette missive, écrite au nom de Hugues-Capet, Gerbert constate l'émotion produite dans les Gaules par la désapprobation du pape, et pensant « que les dissentiments ne s'apaisent jamais mieux que de « vive voix » (2), il propose au pape une entrevue à Grenoble, ou dans telle autre ville qu'il plaira à Sa Sainteté, pour y régler tous les différends :

Votre Sainteté, écrivait le roi de France, recevra de la part de mes évêques et de la mienne, par Jean, archidiacre de l'Eglise de Reims (3), des lettres contenant le récit détaillé que nous vous rendons de l'affaire d'Arnoul. Nous y joignons la prière que vous veuillez bien reconnaître nos droits, et ne pas ajouter foi à des bruits incertains plutôt qu'à des faits positifs. Nous ne pensons pas avoir agi contre votre autorité apostolique. Si vous n'ajoutez pas entièrement créance au témoignage des absents, la ville de Grenoble, située sur

---

(1) Epist. XXXVIII, 2ᵉ class.
(2) Epist. XXXIX, 2ᵉ class.
(3) Nous donnons à l'archidiacre le nom de Jean, d'après Labbe, t. IX, p. 743 ; les Bénédictins l'appellent Tendon, voy. D. Bouquet, t. X, p. 418.

les confins de l'Italie et de la Gaule, à déjà souvent été le théâtre des entrevues des pontifes romains et des rois francs, et peut le devenir encore si la chose vous agrée. Si vous aimez mieux néanmoins nous visiter chez nous, nous vous accueillerons, à votre descente des Alpes, avec les plus grands honneurs, et nous vous rendrons, pendant votre séjour et à votre départ, toutes les marques de respect qui vous sont dues. Nos paroles sont l'expression d'un amour sincère et la preuve manifeste que ni nous, ni les nôtres, ne cherchons point à nous soustraire à votre jugement. Veuillez donc, nous vous en prions, accueillir avec bienveillance l'archidiacre, notre envoyé, afin qu'à son retour il nous réjouisse par le succès de sa mission, et enflamme le zèle de vos dévoués serviteurs (1).

Nous ignorons quelle fut la réponse du pape; ce que nous apprennent les chroniques du temps, c'est que, la situation de Jean XV devenant de plus en plus critique à Rome, il lui fut impossible de se rendre aux vœux du roi de France. Le Milanais et la Campanie étaient en effet en pleine révolte, et la tempête, soulevée par Crescentius contre l'empereur Othon, menaçait même la ville éternelle (2). Ce fut sur ces entrefaites (janvier 993) que le souverain pontife convoqua dans la basilique de saint Jean-de-Latran un concile dont une partie des actes, celle qui se rapporte à la canonisation de saint Udalric, nous a été conservée (3). Dans ce même concile, Jean XV adressa un blâme solennel aux évêques qui avaient pris part à la déposition d'Arnoul, et les frappa d'interdit (4). A cette nouvelle, les nombreux ennemis que Gerbert s'était attirés, autant par la

---

(1) Du Chesne, t. IV, p. 113. — Hock, p. 225.

(2) Barse, t. II, p. 401.

(3) Ce fut, au témoignage de Mabillon, le premier exemple de canonisation solennelle faite par le pape. D'après le savant bénédictin, il y eut trois périodes dans l'histoire de la canonisation : Avant le dixième siècle, la sainteté était proclamée par la voix des évêques et les suffrages du peuple; depuis le dixième siècle, jusqu'à Alexandre III (1179), ce fut par l'autorité du pape, mais tout en conservant aux évêques leur ancien droit; depuis Alexandre III, le pouvoir de canoniser est réservé au souverain pontife. Mabillon, *Acta SS. ordinis S. Benedicti*, sæcul. V. præfat. LIX.

(4) Cossartii ap. Labbe, t. IX. col. 743.

fermeté de son caractère que par la supériorité de son génie, se joignirent aux partisans d'Arnoul ; et l'archevêque ne dut pas seulement tenir tête à l'orage, il lui fallut encore soutenir, encourager les amis chancelants qui voilaient leur défection sous le spécieux prétexte de remontrances et de conseils. Cette période de 993 à 995 est la plus douloureuse de la vie de Gerbert, pourquoi n'avouerions-nous pas qu'elle en fut aussi la plus blâmable ? Les hommes vraiment supérieurs ne demandent à l'histoire que la vérité, et il y a dans la manière dont ils expient leurs fautes ou réparent leurs erreurs un tel caractère de grandeur et de dignité que, tout en les trouvant coupables, la conscience humaine tire encore de leurs faiblesses un éclatant hommage à la justice et à la vérité.

L'interdit lancé par Jean XV contre les évêques du concile de Reims jeta la perturbation dans l'épiscopat. Jusque là, chacun avait pu croire que l'élection du nouveau métropolitain avait été faite et acceptée de bonne foi ; mais Gerbert, avec son caractère ardent, tenace comme le granit de ses montagnes, porta dans le débat qui suivit la sentence pontificale l'exubérance de sa nature mobile et passionnée. Sa première pensée ne fut pas de chercher dans la justice et la soumission la justification de ses actes et l'apologie de sa conduite. En apprenant la censure lancée par le pape, mais dont aucune preuve légale n'était encore venu, il est vrai, prouver l'authenticité, l'archevêque de Reims, voulant avant tout maintenir dans son parti l'archevêque de Sens dont l'autorité était fort grande dans les Gaules, fit tous ses efforts pour l'empêcher de déserter sa cause :

Votre prudence, écrivit-il à Séguin, aurait dû vous mettre en garde contre les menées insidieuses de ces hommes pervers et vous rappeler la parole du Sauveur: *Si l'on vous dit, le Christ est ici, le Christ est là, n'en croyez rien* (Math. XXIV, 23). On dit que Rome justifie ce que vous condamnez et condamne ce que vous regardez comme juste, et nous répondons qu'à Dieu seul et non aux hommes il appartient de condamner ce qui paraît juste et de justifier ce qui semble mal. *C'est Dieu qui justifie*, nous dit l'apôtre, *qui donc osera condamner?* (Rom. VIII, 33), d'où on peut conclure que nul ne peut justifier quand Dieu a condamné. Or, Jésus-Christ a dit: *Si votre frère pèche contre vous, allez à lui, réprimandez-le seul à seul d'abord..... et s'il ne veut écouter ni vos conseils ni ceux de l'Eglise, qu'il soit pour vous comme un païen et un publicain* (Math. XVIII, 15). De quel droit alors nos ennemis prétendent-ils que, pour la déposition d'Arnoul, nous eussions dû attendre le jugement de l'évêque de Rome ? Pourraient-ils nous apprendre comment le jugement du pape doit l'emporter sur celui de Dieu ? Mais le premier évêque de Rome, le prince même des apôtres, n'a-t-il pas dit *qu'il fallait obéir à Dieu plutôt qu'aux hommes ?* (Act. V. 29). Et l'Apôtre des nations ne s'écrie-t-il pas : *Si quelqu'un vous apprend autre chose que ce que vous avez appris, fut-il un ange des cieux, qu'il soit anathème ?* (Galat. 1. 9). Parce que le pape Marcelin a brûlé de l'encens devant la statue de Jupiter (1), fallait-il que tous les évêques en fissent autant ! Je le dis hautement, si l'évêque de Rome péchait contre son frère, et si, plusieurs fois averti, il ne voulait pas écouter la voix de l'Eglise, je le répète, l'évêque de Rome lui-même devrait être, conformément à la parole de Dieu, regardé comme un païen et un publicain. Plus l'on est élevé, plus la chute est profonde ! Que s'il nous retranche de sa communion parce que nous refusons de penser autrement que le veut l'Evangile, il ne pourra nous séparer de la communion du Christ; puisque même un simple prêtre ne peut être dépossédé de ses fonctions sacrées, à moins que sa faute n'ait été prouvée ou qu'il en ait fait l'aveu. *Ni la mort ni la vie*, écrivait saint Paul, *ne peuvent nous séparer de l'amour du Christ* (Rom. VIII, 35); et y aurait-il une séparation plus douloureuse que celle qui éloignerait un chrétien du corps et du sang de Jésus-Christ qui tous les jours s'immole pour notre salut? Celui qui s'enlève la vie ou qui la ravit à son prochain est coupable d'homicide ; quel nom faudrait-il donner à celui qui se priverait lui-même ou priverait ses frères de la vie éternelle !

Cette maxime de saint Grégoire, *Que l'ordre du pasteur soit juste ou injuste, son arrêt est redoutable pour le troupeau,* a été portée contre le peuple, non contre les évêques ; ce n'est pas aux évêques en effet, mais aux fidèles que s'applique cette qualification de trou-

---

(1) Saint Augustin nous apprend que ce n'était qu'une calomnie sans fondement inventée par Pétilien. Cf. S. Augustini *de Unico Baptismate*, lib. I, c. XVI.

peau.... Vous n'avez donc pu être suspendu de la communion des fidèles, comme des coupables qui ont avoué leur crime ou qui en ont été convaincus; on n'a pu également vous condamner comme rebelle, vous qui n'avez jamais voulu éviter les saints conciles. Vous devez donc d'autant moins redouter cette censure que votre conduite comme votre conscience sont également pures, et qu'aucune sentence légale n'a été et ne peut encore être portée contre vous. Elle n'a pas été portée en effet, puisque, d'après la maxime de saint Grégoire, *une sentence non écrite ne mérite pas le nom de sentence;* j'ajoute qu'on ne saurait la porter, car, selon la parole de l'illustre pape saint Léon, *Le privilège de Pierre ne peut aller jusqu'à prononcer contre la justice.*

Ne fournissons donc pas à nos adversaires l'occasion de soumettre le sacerdoce, qui est un comme l'Eglise, au pouvoir d'un seul, auquel s'il était corrompu par l'or, la faveur, la crainte ou l'ignorance chaque prêtre devrait ressembler pour être promu à cette dignité. Que l'Eglise catholique accepte pour loi commune l'Evangile, les apôtres, les prophètes, les canons inspirés par l'esprit de Dieu et consacrés par le respect du monde entier, que l'on y joigne encore les décrets du Saint-Siége quand il ne s'écartent pas des canons, et que celui qui, par mépris, foule ces lois aux pieds, soit jugé, condamné par elles. Que le successeur de Pierre déploie toute son autorité à maintenir et à faire observer cette discipline, et son ministère pacifique sera à jamais entouré de la vénération de tous. Adieu; et gardez-vous de vous abstenir des saints mystères; car l'accusé qui garde le silence devant son juge se reconnaît coupable, et c'est avouer son crime que d'accepter un châtiment sans protestation. Or, l'aveu est une cause de perte ou de salut selon qu'il est inspiré par le mensonge ou par la vérité. Je le répète donc, se taire devant un juge équivaut à un aveu; et c'est être homicide que d'avouer des crimes mensongers et qui peuvent entraîner la mort, car le suicide est le plus criminel des homicides, et le Seigneur a dit: *Je te juge sur ton aveu* (Luc XIX). Repoussons donc cette fausse accusation; méprisons ce jugement illégal, de crainte que malgré notre innocence nous ne paraissions coupables aux yeux de l'Eglise (1).

Chacun, du reste, comprenait l'importance des questions soulevées dans ce conflit, et l'émotion qu'il causait avait

---

(1) *Concil.* LABBE, t. IX, col. 744. — D. BOUQ., t. X, p. 413.

même franchi le Rhin. Les prélats Germains étaient assez favorables aux prérogatives du souverain pontife, aussi se déclarèrent-ils en grand nombre pour Jean XV ; quelques-uns cependant, très-dévoués à Gerbert, voulurent avant de se prononcer connaître les actes de ce concile de Reims dont les conséquences menaçaient de troubler l'Occident. Parmi ces amis de l'archevêque, l'histoire nous a conservé le nom de Wilderode, évêque de Strasbourg. Ce prélat, juste appréciateur du mérite et de la loyauté de Gerbert, lui avait écrit pour lui signaler la fâcheuse impression produite sur les bords du Rhin par sa résistance aux ordres du pape ; il lui demandait en même temps un compte-rendu des actes de son élection, ne doutant pas qu'ils ne continssent la réfutation des calomnies soulevées par ses ennemis. Gerbert lui envoya une copie de ces actes qu'il avait rédigés en qualité de secrétaire et joignit à cette pièce officielle, malheureusement perdue pour nous, une lettre apologétique dans laquelle il exposait ses vues particulières sur certains points encore obscurs du droit canonique. Il y insistait beaucoup sur les droits réciproques du souverain pontife et des évêques, et ses opinions suivaient naturellement la pente d'idées sur laquelle le plaçait l'obstination qu'il mettait à établir la légitimité de son élection.

Cette lettre à Wilderode, que les auteurs de l'histoire littéraire regardent comme « la plus intéressante du recueil de « Gerbert » (1), ne nous est malheureusement pas arrivée dans toute sa pureté. Du Chesne et Dom Marlot n'en ont publié que le début (2) ; Dom Marténe a ajouté quelques paragraphes aux précédentes publications (3) ; Dom Bouquet ne la donne que par fragments (4), et elle ne se trouve complète que dans l'édition protestante de Francfort. C'est à cette dernière que M. Varin l'a empruntée pour l'insérer dans ses *Archives administratives de la ville de Reims* (5).

(1) *Hist. littér.*, t. VI, p. 596.
(2) Du Chesne, t. IV, p. 114. — D. Marlot, t. II, lib. I, c. 16, p. 51.
(3) *Ampliss. Collect.*, p. 351, 352.
(4) D. Bouq., t. X, p. 414.
(5) T. I, p. 179.

Cette lettre, qui, par sa longueur, ressemble à un véritable traité (1), débute par un tableau de l'amitié qui, dans son énergique concision nous paraît supérieur à tout ce que l'antiquité a écrit de plus beau sur ce sentiment, « le plus parfait des sen-« timents de l'homme parce qu'il en est le plus libre, le plus « pur et le plus profond » (2) :

Si les ignorants ne le soupçonnent pas, les hommes instruits savent qu'il peut exister des relations délicates, de saintes amitiés, sources des plus grands biens, bonnes dans leurs effets puisqu'elles le sont dans les causes qui les ont fait naître. Les familles, les cités, les royaumes même ne reposent que sur ces relations sociales et ces rapports d'amitié dont le cœur de l'homme est susceptible. Ces âmes que captive l'attrait de la solitude, à quel sentiment obéissent-elles, sinon au désir de se rapprocher de Dieu et de vivre en union plus intime avec lui ! Le monde lui-même, s'il se conserve, malgré les éléments contraires qui le bouleversent, il ne le doit qu'à l'amitié; et ce noble sentiment franchissant encore les bornes de notre horizon terrestre rattache le monde visible au monde immatériel auquel appartient notre âme. Comme tout ce qui est bon nous arrive de Dieu, type éternel du bien absolu, c'est de lui qu'émanent aussi ces liens sociaux, cette amitié, qui, dans le plan de la Providence, conservent l'harmonie entre les hommes. Ce bien si doux et si précieux de l'amitié, il faut, à mon avis, le rechercher pour lui-même, et non comme le désirent certains philosophes pour les avantages qu'il nous procure. *Quel que soit, en effet, le bonheur que le sage puisse goûter dans le témoignage de sa propre conscience,* nous dit Sénèque dans ses lettres morales, *il veut cependant avoir un ami, ne fût-ce que pour l'aimer et puiser dans ce sentiment un secours à sa vertu languissante. — Le sage ne se suffit pas,* disait Epicure, *il lui faut un ami non pour être secouru dans la maladie, assisté dans la détresse, mais afin d'avoir un malade à consoler, un malheureux dont il puisse alléger les douleurs.*

C'est à ce noble sentiment que vous avez obéi quand, malgré la distance qui nous sépare, vous m'avez envoyé, à moi que vous connaissez à peine de nom, les douces paroles dont mon âme a été consolée. Vous désirez connaître mes joies et mes tribulations ; cette

---

(1) 20 pages in-quarto.
(2) LACORDAIRE, *Sainte Marie Madeleine*, c. I.

démarche me prouve par sa délicatesse combien est judicieux et distingué le prélat auquel obéit aujourd'hui l'Helvétie. A un juge aussi éclairé je ferai volontiers connaître les persécutions dont on m'accable, j'exposerai les questions sur lesquelles je suis d'accord avec mes adversaires, et celles sur lesquelles nous ne pouvons nous entendre, afin que, connaissant la cause en litige dans toutes ses circonstances, vous puissiez vous prononcer d'une manière équitable en faveur du parti qui a pour lui la justice.

Gerbert aborde ensuite la réponse à la demande de Wilderode, et sa lettre embrasse deux parties ; la première historique, ou de fait, relate ce que nous avons déjà vu sur Arnoul, sa défection, sa participation à la révolte de Charles-de-Lorraine, son emprisonnement et son jugement par le concile de Saint-Basles. Dans la seconde partie dogmatique, ou de droit, l'archevêque de Reims examine le reproche que ses adversaires adressent au concile, d'avoir, par la déposition d'Arnoul, méconnu l'autorité du pontife Romain. C'est en profond canoniste que Gerbert établit d'après leur nature la distinction et la subordination réciproque des lois.

Les lois, écrit-il, ont un double fondement, la nature et l'autorité. Les premières ne sont ignorées de personne ; quant aux lois basées sur l'autorité, elles sont divines ou humaines, et les unes et les autres prescrivent ce que nous devons faire ou éviter dans l'accomplissement de nos devoirs envers Dieu et envers les hommes. Passant ensuite au principe d'autorité, Gerbert établit que la force des lois varie suivant que Dieu a parlé immédiatement ou par le canal des hommes, par les apôtres ou par d'autres évêques. Quant à ces derniers, continue-t-il, il faut avoir égard à leur nombre, à leur science et à leur sainteté ; mais ce qui doit toujours dominer, c'est le respect et l'obéissance que tous les chrétiens doivent à la parole du Christ, aux traditions apostoliques, aux décisions des conciles, et en général à toutes les prescriptions dont l'assentiment du monde catholique a consacré l'autorité. L'archevêque de Reims n'exclut pas de ces sources les décisions pontificales, mais il est facile de voir que l'ensemble de son argumentation n'a d'autre but que d'arriver à cette conclusion : les décrets des papes peuvent être abrogés par les lois canoniques portées dans les conciles généraux. Une fois ce principe admis, Gerbert s'y appuie pour montrer que la déposition d'Arnoul fut une mesure canoniquement régulière, et sa propre élection par cela même inattaquable. Cette dernière partie de la lettre à Wilderode est remarquable par une très-grande vivacité de langage à l'adresse des prétentions de Rome ; elle est presque tout entière composée d'extraits des œuvres d'Hincmar, un des prédécesseurs de Gerbert sur le siége de Reims, prélat célèbre par sa lutte opiniâtre contre Rome :

Je crois avoir satisfait au désir d'un savant prélat ; il est clair qu'Arnoul a été condamné conformément aux règles de l'Evangile et aux préceptes des apôtres et des prophètes ; on a observé dans cette affaire les saints conciles, même les décrets des évêques de Rome, d'après l'avis et la décision des prélats les plus doctes et les plus éloquents Et moi, prêtre, humble par le mérite, mais grand par le siége que j'occupe, je viens à vous, prêtre éminent du Seigneur, je viens vous confier mes tristesses et mes tribulations. Moi qui ai souvent été « balloté par l'orage et la tempête » (1), pendant que je scrutais les secrets des philosophes, alors que je cherchais à fuir des nations barbares sans pouvoir y réussir; moi qui, dans cette insigne trahison qui livra la ville de Reims à ses ennemis, fut considéré comme une proie au milieu du peuple captif, je me réfugie vers vous comme dans un port assuré. Tendez donc une main secourable à celui qu'emportent les flots incertains ; soutenez-moi dans le découragement qui m'accable, et si jamais la main de la destinée s'appesantit sur vous, je serai aussi votre soutien.

Je ne demande point de l'or, je ne réclame pas les biens que l'on m'a ravis, je ne regrette que mes affections brisées..... L'envie à la dent cruelle, l'aveugle cupidité ont, par la bouche de mes ennemis, semé le bruit que j'avais usurpé le siége d'un autre, que c'était à mon instigation que le pasteur avait été pris, accusé, condamné, toutes choses que le clergé de la Gaule sait être fausses, calomnies indignes contre lesquelles protestent les rois et les grands du royaume. Je défie même qui que ce soit de prouver que j'ai fait la

---

(1) « Multum terris jactatus et alto. » Virgile, *Æneidos*, lib. 1, vers. 7.

moindre démarche pour obtenir cette dignité. Ceux là pourraient l'affirmer qui, à mon insu, unirent leurs efforts pour m'élever sur ce siége archiépiscopal; j'en atteste encore mes frères et mes coévêques qui, après la déchéance d'Arnoul, me forcèrent au nom du Seigneur d'en prendre possession.

Si vous me demandez pourquoi ils l'on fait, je vous répondrai que je l'ignore ; oui, je l'avoue, j'ignore comment il s'est fait que moi, pauvre et exilé, sans noblesse et sans fortune, j'ai été préféré à des personnages que leurs richesses et la dignité de leurs familles semblaient désigner à tous les suffrages. C'est à vous, o mon Dieu, que je suis redevable de cet honneur, à vous qui, selon la parole du Psalmiste, *prenez l'indigent sur un fumier pour le faire asseoir entre les princes, pour l'élever sur un trône de gloire* (Ps. 112, 7). O Jésus, vous qui dispensez et accordez tous les biens, tous les honneurs, auteur de la paix et de l'amour, vous savez que j'ai toujours aimé la Belgique et la Germanie comme une mère, que leurs infortunes m'ont fait trembler, et que dans leur prospérité mon cœur s'est réjoui ! O mon Dieu, rendez-moi, je vous le demande avec instances, rendez-moi ces amitiés que j'ai perdues ; soyez entre Wilderode et moi un intermédiaire de paix, afin que je puisse reconquérir son affection refroidie, qu'il soit mon avocat et le garant de mon innocence auprès des prélats, auprès de son souverain qu'au temps du roi Lothaire j'ai protégé contre la ligue de ses ennemis. Aujourd'hui ils me rendent le mal pour le bien ceux que je croyais des protecteurs du bon droit, des amis de la justice et de la vérité ! L'Eglise des Gaules gémit sous le joug, aussi n'était-ce pas de ce côté, mais de la Germanie que j'attendais du secours ; vaine espérance ! vous êtes seul, o mon Dieu, ma planche de salut !

Rome elle-même, jusqu'à ce jour regardée comme la mère de toutes les églises, Rome, dit-on, n'a que des paroles de blâme pour les bons et des encouragements pour les méchants; elle entretient des relations avec des hommes qu'elle devrait mépriser, et, abusant du pouvoir de lier et de délier que vous lui avez confié, elle condamne ceux qu'anime le zèle de votre loi sainte... .

Je vais attendre votre jugement sur ce que vous venez de lire et sur la relation du concile de Reims que j'ai également rédigée ; si le fond et la forme de ces opuscules n'ont point choqué votre goût si pur et si exercé, j'en serai d'autant plus satisfait qu'une de mes récompenses les plus douces est de mériter les suffrages des hommes supérieurs.

Nous l'avouons, le début et la fin de cette lettre contrastent tellement avec le milieu, qu'il nous semble impossible de concilier ces deux parties si disparates. N'oublions pas, en effet, que cette lettre et celle qui est adressée à Séguin, ne nous sont parvenues, ainsi que les actes du concile de Reims, que par l'intermédiaire d'autorités suspectes, heureuses d'abriter sous le nom d'un pape des témérités de langage et de doctrine échappées à Hincmar dans les ardeurs d'une lutte qui se termina du reste par la soumission de l'illustre archevêque (1). Cette pensée des éditeurs protestants semble indiquée par la suppression des guillemets devant les citations d'Hincmar, suppression qu'explique seule le désir d'attribuer à Gerbert des paroles qui, en réalité, appartiennent à un de ses prédécesseurs. Un écrivain auquel de profondes études sur ces siècles reculés ont assigné parmi les érudits une place distinguée, M. Varin (2), n'hésite pas à croire que ces deux lettres de l'archevêque de Reims ne nous sont point parvenues dans leur intégrité première : « Mal-
« gré l'autorité des savants bénédictins, dit-il, nous ne sommes
« pas demeuré suffisamment convaincu, et nous serions porté
« à croire, non pas à la supposition, mais à la falsification de
« l'œuvre de Gerbert. Les éditeurs de Francfort auraient,
« à notre avis, interpolé dans le texte sorti de la plume de
« Gerbert de longs fragments empruntés aux écrits d'Hinc-
« mar, afin de mettre dans la bouche d'un pape ce qui
« aurait eu moins de force dans celle d'un évêque Galli-
« can » (3).

En laissant donc de côté les violences de langage que l'entraînement de la lutte explique sans les justifier, il ne se dégage des deux lettres adressées à Séguin et à Wilderode qu'une doctrine, qui paraît avoir été en effet celle de Gerbert, et que nous pouvons résumer ainsi : D'après le concile de Nicée, le

---

(1) Nobis est vestræ Apostolicæ auctoritati obediendum. HINCMARI, Epist apologetica.

(2) Secrétaire du comité des chartes et inscriptions, doyen de la Faculté des lettres de Rennes.

(3) *Archives de Reims*, p. 179, note.

synode est seul juge des causes litigieuses survenues dans la province ; or, Arnoul ayant été jugé et condamné par cette autorité légale, son successeur est légitimement élu, et le pape, soumis comme tous les évêques aux canons des conciles généraux, n'a pas le droit de les modifier de son autorité privée. L'archevêque de Reims ne voulait donc pas subordonner les décrets du Saint-Siége aux conciles particuliers, ce qui eût abouti à un déplacement du principe d'autorité dans l'Église ; il n'excluait pas non plus des sources du droit les décisions pontificales ; il demandait seulement que ces décisions fussent conformes aux canons des conciles généraux. Nous ne voyons pas en quoi cette assertion de Gerbert, soumettant les décrets pontificaux aux canons des conciles généraux, a pu motiver contre lui un tel concert de blâmes et de récriminations. Bossuet l'a également soutenue dans le 3e article de la déclaration de 1682, et, bien qu'au témoignage de Benoît XIV (1), le pape Clément XII ait eu la pensée de condamner *la défense de la déclaration*, il est certain qu'aucune censure, aucune condamnation n'ont été prononcées par le Saint-Siége contre la doctrine des quatre articles. Cette réserve de la papauté, envers une assemblée tenue au XVIIe siècle, devrait rendre aussi plus modérée, ce semble, l'appréciation des actes provoqués au Xe siècle par un point de législation assez mal établi encore. Il y a dans l'histoire de l'humanité des courants d'opinion que l'on aurait grand tort de juger au point de vue des idées acceptées à d'autres époques ; c'est là un écueil dont amis et ennemis ont également à se défendre ; les premiers seraient entraînés à tout louer dans le passé, les autres n'y verraient qu'un perpétuel sujet de blâme, et, de ce conflit suscité par l'esprit de système, la vérité ne sortirait que flétrie ou mutilée.

Ce n'est pas que nous approuvions, encore une fois, la résistance opiniâtre de Gerbert dans cette lutte contre Rome ; mais

---

(1) *Lettre à l'Archevêque de Compostelle*, 2 juillet 1748.

il nous semble qu'avant de formuler contre lui un jugement aussi sévère que celui dont quelques historiens ont pris l'initiative, il faudrait tenir compte de l'état d'indécision où certains points disciplinaires, aujourd'hui mieux arrêtés et définis, se trouvaient alors. Ce qui prouve du reste combien profonde était la croyance que Gerbert avait de son droit, ce furent ses démarches pour provoquer un concile aussi nombreux que possible, où il pût exposer publiquement sa conduite et discuter son élection. L'ambitieux dont de ténébreuses menées ont préparé l'avènement aux honneurs n'éprouve pas ce besoin de publicité; il recule devant le jugement qui pourrait faire rejaillir sur lui la honte ou le déshonneur.

Trois jours après avoir écrit à Wilderode, l'archevêque de Reims adressa, avec un exemplaire des actes du concile, la lettre suivante à Notger, évêque de Liège :

.... Pour céder aux vœux de mes ennemis, je travaille de toutes mes forces à faire assembler un concile national composé de tous les évêques de France. Non seulement les curieux, mais mes adversaires auront une entière liberté de s'y trouver et d'y disputer; car mes intentions sont si droites et mon innocence m'inspire tant de confiance, que je poursuivrai de toute l'énergie de ma volonté ce jugement légitime qui paraît me fuir..... Ne perdez pas de vue ces paroles du Seigneur : *Malheur à celui de qui vient le scandale !* (Math, XVIII. 7.) or, quand l'apôtre saint Paul écrivait : *Nous prêchons Jésus-Christ, qui est pour les Grecs une folie et pour les Juifs un scandale* (1 Cor. 1. 23), ce n'était pas sur lui que pesait le scandale, mais bien sur ceux qui, selon la parole du prophète, *appellent bien le mal et mal le bien* (Isaïe V. 20). Le Seigneur connaît ceux qui sont à lui et qui ont du zèle pour ses intérêts; or, si *Dieu est pour nous qui sera contre nous* (Rom. VIII. 31). Je vous conjure donc de ne pas ne croire plus vos ennemis que vous-même sur ce qui me concerne. Eprouvez si je suis encore tel que vous m'avez connu, c'est-à-dire franc, loyal, sans ruse et sans orgueil, n'ayant jamais failli à l'amitié en général et en particulier à la vôtre que je vous supplie de m'accorder encore puisque je ne l'ai pas perdue par ma faute. Rendez-moi cette amitié qui m'est si chère; en me la refusant vous m'affligerez douloureusement, mais si au contraire je puis la retrouver, ma joie sera bien vive (1).

Ce n'était pas seulement en détachant de lui ses amis, que les adversaires de Gerbert voulurent fléchir sa résistance, ils eurent encore recours à l'influence de ceux avec lesquels l'écolâtre avait été lié très intimement pour peser sur ses décisions. Un des défenseurs d'Arnoul à Saint-Basles, Constantin, était devenu abbbé de Mici ; très-dévoué à Gerbert, il conseillait à ce dernier de terminer le débat en renonçant de son plein gré à sa dignité métropolitaine. Ce remède était héroïque et il aurait fallu pour le suivre, que l'archevêque fût animé d'un esprit d'abnégation bien différent des sentiments dont il avait donné des preuves depuis l'origine du conflit. Peut-être crut-il aussi que céder sans jugement serait reconnaître la légitimité des attaques de ses adversaires et s'avouer coupable d'intrusion ; si cette pensée, fort spécieuse du reste, traversa son esprit, Gerbert ne s'y arrêta pas. Pour lui la question était moins dans les hommes que dans les principes ; aussi plus tard quand l'autorité suprême aura juridiquement prononcé la sentence, verrons-nous ce fier athlète, cette âme énergique, qui, abandonné de ses amis les plus chers, avait lutté seul pour ce qu'il croyait être la justice, le verrons-nous courber son front devant l'arrêt qui le frappe et s'incliner par obéissance avec une magnanimité qui donna la vraie mesure de sa grandeur. Mais jusqu'à ce jugement qu'il réclamait, et auquel il avait droit, Gerbert ne veut rien céder, et, généralisant la question qui se débat entre Rome et les évêques, il répond à son ami :

...... Dans la question présente, ce n'est pas de moi qu'il s'agit, mais d'un intérêt bien plus grave et plus important: il s'agit de la considération et de la dignité du sacerdoce, et du sort de l'état. Car si dans le cas présent on ne consulte pas les évêques, c'en est fait alors de la puissance, de l'estime et de la dignité de ceux qui, d'après cette doctrine, ne pouvaient ni ne devaient dépouil-

(1) Epist. XXXIV 2ᵉ class.

ler du sacerdoce un évêque, même souillé de vices. Agit-on au contraire du consentement des évêques? alors ils se condamnent eux-mêmes en avouant qu'ils ont jugé un homme qui ne pouvait être soumis à leur juridiction Voilà où aboutissent ceux qui répudient aujourd'hui leur participation au jugement et à la condamnation d'Arnoul. On évoque le souvenir des souffrances de l'accusé, de sa capture, de son emprisonnement, on parle de l'élection de son successeur; et, dans ce retour sur le passé, le nouvel archevêque et ceux qui l'ont élu ne sont pas épargnés par la calomnie. Les rois eux-mêmes seront loin d'être innocents à leurs yeux; car personne ne pourra se flatter de n'avoir encouru aucun blâme, mérité aucun reproche, et tous seront solidairement responsables. Encore une fois, ce n'est pas à l'indulgence des juges qu'il faut en appeler, mais à la stabilité des principes (1).

Stimulés par les pressantes sollicitations de Gerbert, quelques évêques se réunirent à Chelles, afin de donner à leurs réclamations un caractère plus imposant de force et d'unité. Le synode fut présidé par le roi Robert, et un certain nombre de prélats vinrent prendre place auprès des trois archevêques, Séguin de Sens, Archambauld de Tours et Daibert de Bourges. Gerbert, d'après ce que nous a conservé Richer qui cite ce synode dans sa chronique, fut chargé d'exposer les affaires sur lesquelles devaient délibérer les évêques réunis; et, après divers canons sur les besoins des temps (2), il fut décidé que si le pape de Rome suggérait quelque chose de contraire aux décrets des Pères, sa décision serait considérée comme non avenue et de nul effet. On sanctionna ensuite d'une manière irrévocable tout ce qui avait été réglé à Saint-Basles, pour la déposition d'Arnoul et la promotion de Gerbert, en s'appuyant sur ce canon : *Ce qui a été statué par un synode provincial ne doit être témérairement détruit par personne* (3).

---

(1) Epist. XXXIII 2ᵉ class.
(2) Epist. L 2ᵉ class.
(3) Richerii *Histor.*, lib. IV, § LXXXIX.

Quand la nouvelle des résolutions prises au synode de Chelles parvint à Rome, le pape comprenant toute la gravité que pouvait prendre ce conflit dans lequel une partie du clergé des Gaules, sous l'impulsion de Gerbert, menaçait de remettre en question le long travail d'unité disciplinaire que la papauté poursuivait depuis plusieurs siècles, le pape, disons-nous, ne se borna plus à de simples menaces, ni à un interdit dont on paraissait faire peu de cas ; il évoqua l'affaire à son tribunal. Rome fut indiquée comme le lieu où devait se tenir le futur synode (1), mais les évêques de France n'ayant pu se rendre à cette invitation, Jean XV assigna la ville d'Aix-la-Chapelle. Le choix de cette ville, qui relevait de l'empereur, indisposa le roi de France et lui servit de prétexte pour empêcher encore les prélats de son royaume de s'y réunir (2).

Sans se laisser décourager par ces obstacles, le souverain pontife prit le parti d'envoyer en France un légat, et il choisit pour cette mission délicate Léon, abbé du monastère de Saint-Boniface à Rome, personnage également renommé par son érudition et sa prudence. La ville de Mousson en Lorraine fut assignée pour le lieu de réunion du concile.

En arrivant en France, le légat qui s'était fait précéder d'une lettre adressée aux rois Hugues et Robert (3), et dans laquelle se trouvait énergiquement blâmée la conduite des évêques gaulois, le légat trouva la cour de Hugues-Capet disposée à faire des concessions. Depuis quelques mois en effet Robert (4) avait épousé Berthe, fille de Conrad, roi de Bourgogne transjurane, et veuve d'Eudes, comte de Tours et de Chartres. Gerbert qui avait été consulté sur ce mariage avait fortement engagé le jeune roi à ne pas le contracter (5) ; mais l'archevêque de Tours, Archambauld, passant par-dessus les liens

---

(1) ABRAHAM BZOVIUS *in Annal. Baronii*, t. XX, p. 583.
(2) *Ibid.*
(3) Epistola ad Hugonem et Robertum, ap. PERTZ, *Monumenta Germaniæ historica*, t. III, p. 686. — Cf. MIGNE, *Patrolog.*, t. CXXXIX, p. 338.
(4) Il avait, en 992, répudié sa première femme Suzanne.
(5) RICHERII, lib. IV, p. 309.

de parenté qui empêchaient l'union des deux époux, avait béni solennellement leur mariage. A cette époque où les mœurs subissaient le contre-coup de la décadence intellectuelle, la papauté, et c'est un de ses titres à la reconnaissance et aux respects de l'histoire, veillait avec un soin scrupuleux à l'observation des lois canoniques, qui limitaient à un nombre de cas fort restreints les mariages entre parents. Il y avait dans ces prescriptions, outre une raison de morale d'un ordre élevé, une puissante tentative de réaction contre cet esprit local qui menaçait de paralyser toutes les forces vives de l'Occident. Cette tendance à s'isoler qui a eu dans la féodalité son expression politique était heureusement contrebalancée par ces défenses sévères portées par l'Eglise contre les mariages contractés entre parents ; c'était agrandir ainsi le cercle de la famille et préparer celui de la société.

Quelques évêques de France et le pape protestèrent contre le mariage célébré par l'archevêque de Tours (1) ; et le légat sut habilement faire servir à sa cause les préoccupations bien légitimes des nouveaux époux. L'affection la plus vive existait entre eux, aussi comprend-on facilement que toute la cour, même la reine-mère, Adélaïde, se soit refroidie pour la cause de Gerbert, quand le légat eut laissé entrevoir que le pape se montrerait d'autant plus facile sur la question du mariage que le roi serait plus désintéressé au sujet d'Arnoul (2). L'archevêque de Reims se trouva donc abandonné de ceux qui l'avaient naguère soutenu, encouragé, et il resta seul pour tenir tête à l'orage qui chaque jour devenait plus menaçant. Sa vie même n'était plus en sureté (3), le peuple et le clergé s'éloignaient de sa table et ne prenaient point part aux offices religieux qu'il célébrait ; bientôt la maladie vint s'ajouter aux tracasseries de ses ennemis (4), et, sous les coups redoublés qui

---

(1) Ex *Decret.* Ivonis episcopi Carnutensis, parte IX, c. 8.
(2) *Hist. littér.*, t. VI, p. 567. — *Hist. de l'Église gallicane*, par les Pères Longueval et Fontenay de la Compagnie de Jésus, t. IX, p. 56.
(3) Epist. XLV 2ᵉ class.
(4) Epist. XLIX 2ᵉ class.

l'atteignaient, Gerbert tomba dans le plus profond découragement. Cette grande âme, que la lutte semblait rendre plus énergique et plus fière, fut sans défense contre la défection de ses amis; les plus fidèles la mort les lui avait ravis (1), et il voyait avec amertume que ceux qui lui restaient étaient moins ses amis que les courtisans de sa fortune. Aussi son cœur qui avait trop bien exprimé les charmes de l'amitié pour n'en pas éprouver toutes les douleurs, ressentit profondément le contre-coup de ces brisements successifs. Quant il vit que tout précipitait le dénouement, et que les partisans d'Arnoul allaient proclamant partout leur triomphe comme assuré (2), dans ce grand naufrage de ses affections, « la seule chose qu'il regret- « tait » (3), Gerbert, isolé « au milieu de ces Gaulois si « doux en paroles et si amers en réalité » (4) reporta ses regards attristés vers la chère maison où il avait passé ses premières années. C'est un besoin de notre nature morale d'aimer à chercher auprès de notre berceau les consolations et les amitiés qui, seules nous reposent des incertitudes et des déceptions de l'existence. Dans la chaire de l'écolâtre, comme sur le siége archiépiscopal de Reims, Gerbert avait toujours entretenu avec ses anciens maîtres ces relations affectueuses où l'esprit et le cœur trouvaient un puissant aliment dans l'affectueux souvenir que tous avaient conservé de l'ancien moine d'Aurillac. Chacun suivait avec sollicitude les destinées de cet enfant de Saint-Geraud, et l'on peut voir dans leur correspondance, malheureusement incomplète, avec quel intérêt chacun s'associait aux triomphes de Gerbert ou prenait part à ses tribulations. En retour de cette vive affection, et en souvenir des bienfaits de l'éducation qu'il avait reçue de Geraud de Saint-Céré, l'ancien pâtre de Belliac, portait à l'abbaye qui l'avait re-

(1) L'impératrice Théophanie était morte en 991 ; le cardinal diacre Étienne et saint Maïeul de Cluny en 994; l'archevêque Ecbert de Trêves en 993, etc., etc.
(2) Epist. XXIX 2ᵉ class.
(3) Epist. ad Wilderodum.
(4) Epist. LIII, 2ᵉ class.

cueilli un sentiment d'affectueuse reconnaissance qui ne se démentit jamais, en même temps qu'il aimait à y entretenir le zèle et le goût des études, par l'envoi fréquent « d'ouvrages rares « et précieux de traités sur la grammaire, d'exégèses sur saint « Jérôme et saint Ambroise..... etc » (1). Parmi les nombreux amis qu'il comptait dans l'abbaye, il en était un surtout pour lequel il professait une affection plus délicate et plus profonde, c'était son ancien maître Raymond. Une très-grande analogie de caractère, un vif désir de s'instruire, une grande bonté de cœur, et, dans Gerbert, un profond sentiment de reconnaissance avaient noué entre ces deux hommes une amitié que rien ne vint jamais troubler. Ce fut aussi à Raymond de Lavaur qu'au milieu de ses angoisses et de ses déceptions, il adressa ces lignes dont chaque mot semble un douloureux écho des tristesses de son âme :

Gerbert à l'abbé d'Aurillac et à ses Frères :

Absorbé par une foule de soins et d'embarras, soit dans l'exercice de mes fonctions, soit pour l'intérêt de ma ville archiépiscopale, je n'ai voulu jusqu'à ce jour vous faire connaître ni par écrit, ni verbalement par un messager, ce qui se passe à mon occasion. Aujourd'hui, puisque le Frère..... ainsi que je vous l'avais précédemment annoncé par un autre messager..... Tandis que, pour la cause de Dieu, je fuyais la ville de Reims, Dieu par sa grâce m'a fait asseoir sur le siége archiépiscopal de cette ville. Cette élévation a excité contre moi l'envie des grands et du peuple, et, ne pouvant satisfaire leur haine par la force des armes, ils en demandent les moyens à toutes les ruses de la chicane. Certes, une attaque à main armée serait moins intolérable que cette lutte de subtilités et d'arguties. Quoique j'aie satisfait à mes adversaires par mon éloquence et la manière avec laquelle j'ai interprété les saints canons, ils n'ont point encore déposé la rancune qu'ils ont amassée contre moi. A mon aide donc, mes Pères, secourez votre élève en offrant à Dieu pour lui des prières ardentes ; la victoire du disciple est la gloire du maître. Je vous rends grâces à tous en général pour les soins que vous avez pris de mon éducation ; mais j'en remercie en particulier mon Père Ray-

1) Ex *Chronico Aurilacensi.*

mond, à qui, s'il est en moi quelque science, j'en suis redevable, après Dieu, plus qu'à personne au monde. Qu'elle fleurisse donc votre sainte communauté! Qu'ils soient heureux ceux que j'y ai connus autrefois, ceux qui m'étaient liés par les nœuds de l'affinité, s'il en reste encore parmi vous! Je les connais à peine; leurs traits se sont presque effacés de ma mémoire, non que mon élévation me les ait fait oublier, mais la persécution que je subis est si affreuse que je suis broyé, brisé, et, sous le poids de mes angoisses, je suis devenu, pour ainsi dire, un tout autre homme. Ce que j'ai appris dans mon adolescence, jeune homme je l'ai oublié; ce que j'ai ambitionné dans ma jeunesse, vieux je l'ai méprisé : tels sont les fruits que je retire de mes travaux! Vains plaisirs! voilà les joies que procurent les honneurs du monde! Croyez-en donc mon expérience : plus la splendeur qui les environne élève extérieurement les grands, plus elle les ronge et les persécute au fond du cœur! (1).

Les dernières paroles de cette lettre nous laissent entrevoir combien était profond l'abîme creusé dans le cœur de Gerbert; les honneurs, les dignités, la gloire, la science elle-même que nous lui avons vu naguère invoquer comme un remède tout puissant contre les afflictions de la vie (2), rien ne semble plus stimuler cette âme défaillante. Cruellement atteint dans ses affections, trahi ou délaissé par ses amis, il n'avait plus autour de lui un cœur auprès duquel il put abriter le sien dans ce naufrage de tout ce qu'il avait aimé. Il fallait peut-être à cet homme dont l'énergie se jouait de tous les obstacles, dont la volonté puissante pouvait si facilement l'emporter bien loin sur le chemin de la révolte, il lui fallait cette suprême consécration de la souffrance morale sous laquelle s'affaissent les âmes vulgaires, mais qui, seule, complète les hommes supérieurs.

Des deux rois de France, le premier l'abandonnait par calcul, le second, Robert, par intérêt; il ne restait plus à Gerbert de ces nombreuses têtes couronnées auxquelles il avait donné ou conservé le diadème, il ne lui restait plus que le jeune Othon III, et encore de perfides menées essayaient-

(1) Epist. XXXV 2ᵉ class.
(2) Epist. CXXIII.

elles de lui enlever l'amitié de ce prince. C'est ce qu'il est permis de conjecturer d'après certaines lettres fort obscures et auxquelles il est impossible d'assigner une date précise. Il est vraisemblable que, directement ou par un intermédiaire, l'empereur d'Allemagne avait exprimé à Gerbert son mécontentement. L'archevêque lui écrivit une lettre remarquable par sa noblesse et sa dignité, et de laquelle il bannit toutes les formules obséquieuses qu'il pouvait employer au temps de sa puissance, mais qui eussent été dans sa détresse transformées par ses ennemis en adulations intéressées :

Je sais que j'ai offensé Dieu, et que je l'offense encore en beaucoup de choses, mais j'ignore en quoi l'on pourrait me convaincre de vous avoir offensé vous et les vôtres, et pourquoi mes services ont si subitement déplu.... Pendant longtemps on a cru que mon influence auprès de vous pouvait être utile à d'autres, aujourd'hui j'aurais besoin que ceux-là me protègent que j'ai autrefois secourus ; car il est plus sûr de se fier à ses ennemis qu'à ses amis. Ceux-ci en effet me promettaient un avenir sans nuages ; mes ennemis au contraire, mieux inspirés par leur haine ou leur vengeance, au lieu de me prédire tant de bonheur, m'anonçaient que, si le commencement était doux, la fin serait amère. Que tous ces événements sont tristes pour moi, mais qu'ils sont aussi peu dignes de la majesté impériale ! Pendant trois générations, et au milieu d'ennemis en armes, j'ai gardé une inviolable fidélité à vous, à votre père et à votre aïeul; pour vous j'ai exposé ma personne, quelque minime qu'elle soit, à la fureur des rois et à la colère des peuples. Seul dans les déserts et la solitude; au milieu des attaques et des insultes, tourmenté par la faim et la soif, par la chaleur et par le froid, j'ai supporté tant d'orages sans plier, à cette seule fin de voir, dussè-je l'acheter au prix de ma vie, de voir le fils de mon empereur sortir de prison et ressaisir le sceptre. Je l'ai vu régner et je m'en suis réjoui ; plaise à Dieu que je puisse m'en réjouir jusqu'à ma mort et terminer mes jours en paix avec vous (1).

Othon III était jeune, par conséquent généreux, il comprit la pensée de Gerbert et, bien que sa réponse ne nous ait pas

(1) Epist. XXX, 2ᵉ class.

été conservée, il n'est pas douteux qu'elle n'ait apporté à l'archevêque l'assurance d'une amitié qui avait pu être ébranlée mais non compromise ; il est probable aussi que l'empereur lui offrit un asile à la cour de Germanie, et nous verrons bientôt Gerbert accepter cette noble hospitalité (1).

Les événements allaient se précipitant ; rois et légat, tous avaient un égal intérêt à terminer au plus tôt cette affaire de Reims qui tenait en suspens la Gaule et une partie de la Germanie. Il paraît, d'après la chronique du contemporain Richer, que les deux rois de France eurent la pensée de se rendre au concile de Mousson, indiqué pour le 2 juin 995 ; mais informés que l'évêque de Laon (2) négociait avec l'empereur pour enlever les deux princes capétiens et replacer la race carlovingienne sur le trône, ils refusèrent d'y assister, et firent défense aux évêques de France de sortir du royaume. Le perfide évêque de Laon fut arrêté, et le seul résultat de cette conspiration avortée fut de resserrer encore la captivité de Charles de Lorraine et de ses enfants (3). Pendant ce temps, et tandis que les rois empêchaient leurs évêques d'assister au synode projeté, ceux de Germanie, craignant d'encourir le blâme du pape s'ils ne s'y rendaient, se réunirent à Mousson au temps fixé par le légat (2 juin 995).

L'assemblée se tint dans la basilique de Sainte-Marie, mère de Dieu ; on y remarquait Léodulf de Trèves, Notger de Liège, Suger de Memmingen et Aymon de Verdun : l'abbé Léon siégea au milieu d'eux comme légat du pape. En face de lui se plaça Gerbert, archevêque de Reims, qui, seul des évêques des Gaules, et malgré la défense des rois, s'y était rendu avec la conviction de son droit et de son innocence (4). Auprès des

---

(1) Epist. XXVIII 2ᵉ class.

(2) Le même qui avait livré Arnoul et Charles de Lorraine à Hugues-Capet.

(3) RICHERII *Hist.*, lib. IV, § XCVI à XCIX. — Nous emprunterons à Richer les actes du concile de Mousson, d'après l'excellente édition et traduction de M. Guadet.

(4) Sola sua innocentia fretus. BZOVIUS, *Vita Sylvestri II*, p. 76.

évêques, siégèrent également les abbés de divers monastères et quelques clercs ; il y eut aussi des laïques, entre autres Godefroy (1) avec ses deux fils et Rainier, vidame de Reims.

Quand le silence eut été établi, Aymon, évêque de Verdun, se leva et, dans un discours prononcé en langue gauloise (2), expliqua que le souverain pontife, après avoir vainement essayé de réunir les évêques de France soit à Rome, soit à Aix-la-Chapelle, avait enfin désigné Mousson, petite ville du diocèse de Reims, pour y entendre exposer devant son légat la procédure suivie dans le jugement d'Arnoul et la promotion de Gerbert. Le prélat montra ensuite aux évêques une lettre scellée de plomb, adressée aux prélats de la Gaule, et, après en avoir rompu le cachet en présence de l'assemblée, il donna lecture de la lettre pontificale (3).

Quand le concile eut pris connaissance de cette pièce que les contemporains ne nous ont pas conservée dans leurs chroniques, Gerbert se leva et lut aux évêques le discours suivant :

Révérends pères, j'ai toujours désiré, longtemps attendu ce jour, depuis le moment où cédant aux sollicitations de mes frères, j'assumai sur moi, non sans danger pour ma vie, le fardeau de l'épiscopat. Le salut d'un peuple qui périssait et en même temps votre autorité étaient pour moi d'une telle considération que je croyais ne devoir rien craindre. Je me rappelais vos bienfaits passés, la bienveillance douce et affable que vous m'aviez souvent témoignée, en l'accompagnant de fréquents éloges, lorsque tout-à-coup une rumeur subite m'anonça que vous étiez offensés et que l'on regardait comme une faute ce que d'autres louaient comme un grand acte de vertu. Je fus épouvanté, je l'avoue, et les glaives que je redoutais d'abord m'émurent moins que votre indignation. Aujourd'hui que la faveur du ciel me met en présence de ceux auxquels j'ai toujours confié mon sort, je dirai quelques mots pour établir mon innocence, et j'expliquerai par le conseil de qui j'ai été fait évêque de Reims.

(1) Comte de Verdun, ami de Gerbert.
(2) La langue vulgaire remplaçait déjà dans beaucoup de provinces, au dixième siècle, la langue latine.
(3) *Concil.* Labbe, t. IX, col. 747.

Après la mort de l'empereur Othon, de sainte mémoire, ayant pris la résolution de ne pas m'éloigner des clients de mon père, le bienheureux Adalbéron, je fus par lui-même, et à mon insu choisi pour l'épiscopat ; et lorsqu'il alla joindre le Seigneur, je fus désigné, en présence d'hommes illustres, pour le futur pasteur de l'Eglise de Reims. Mais l'hérésie simoniaque, me trouvant fortement attaché à Pierre, me repoussa et présenta Arnoul. Je lui rendis cependant, plus peut être qu'il n'aurait fallu, de loyaux et fidèles services, jusqu'au jour où comprenant, soit par d'autres, soit par moi-même, qu'il apostasiait publiquement, lui ayant envoyé une lettre de répudiation, je l'abandonnai, lui et tous ses apostats, non dans l'espoir d'obtenir son siège, ni que la promesse m'en eût été faite, comme le soutiennent mes ennemis, mais parce que j'étais effrayé des monstrueuses machinations d'un homme qui agisssait dans l'ombre. Ce n'est donc pas, je le répète, pour le supplanter que je l'ai abandonné, mais pour ne pas mériter l'application de cette prophétie : *Vous donnez du secours à un impie, vous faites alliance avec ceux qui haïssent le Seigneur, et pour ce sujet vous méritez la colère de Dieu.* Ensuite, la sanction ecclésiasique ayant, pendant fort longtemps, couvert tout ce qui avait été fait, et la décision étant devenue définitive, comme il ne restait plus qu'à obliger Arnoul, par l'autorité judiciaire du prince, à s'éloigner du siège archiépiscopal comme séditieux et rebelle, conformément aux dispositions du concile d'Afrique, je fus de nouveau circonvenu et sollicité par mes frères et par les grands du royaume de me charger, après l'exclusion de l'apostat, du soin d'un peuple tourmenté, déchiré par les factions. Longtemps je m'y refusai, et plus tard ce n'est pas sans difficulté que j'y consentis, parce que je compris quels tourments de toute sorte je me préparais. Tel est le simple exposé de ma conduite, telle est la pureté de mon innocence, telle est, en tous points, la netteté de ma conscience, que je présente au Seigneur, et à vous, qui êtes ses prêtres.

Mais voilà qu'il s'élève contre moi un calomniateur qui, pour exciter plus fortement la haine, se complaît dans un langage étrange : *Tu as livré ton Seigneur, tu l'as confiné dans une prison, tu as enlevé son épouse, tu as envahi son siége !* Or est-ce ainsi que j'ai agi envers mon Seigneur, envers celui dont je ne fus jamais le serviteur, à qui je n'ai jamais prêté aucune espèce de serment ? Si je le servis quelque temps, c'est par l'ordre de mon père Adalbéron, qui me commanda de rester attaché à l'Eglise de Reims jusqu'à ce que je connusse et les mœurs et les actes du pontife qui lui serait donné.

Tandis que j'exécutais cet ordre, je suis devenu la proie de mes ennemis, et ce que je tenais de votre munificence et de la noble générosité des ducs de France me fut violemment enlevé par une troupe de brigands, qui me vit même avec regret échapper presque nu à ses glaives. Enfin, lorsque je me fus éloigné de cet apostat, je n'épiai ni ses actes, ni ses démarches, et je n'eus avec lui aucune espèce de communication. Comment ai-je pu le livrer, quand j'ignorais où il était ! Je ne l'ai pas davantage tenu en prison, moi qui récemment, en présence de témoins dignes de foi, me rendis près de mon Seigneur, afin d'obtenir qu'à cause de moi il ne lui fut pas donné de gardes un seul instant. Si vous m'étiez favorables, Arnoul tomberait si bas dans votre appréciation qu'il ne pourrait me nuire en rien ; si votre décision m'était contraire, ce qu'à Dieu ne plaise, que m'importerait qu'Arnoul ou tout autre fut fait évêque de Reims ?

Quant à ce qui est dit du rapt de son épouse et de son siége envahi, cette objection est puérile ; car je dis d'abord qu'elle ne fut jamais son épouse celle qu'en échange du don légitime d'une dot spirituelle, il dépouilla des bénéfices qu'elle avait précédemment reçus, qu'il déchira, qu'il mit en pièces. Il n'avait pas encore été honoré de l'anneau épiscopal, que déjà ses simoniaques complices avaient saccagé tout ce que possédait cette église, son épouse. J'ajoute que, si l'on accordait qu'elle ait été en quelque sorte son épouse, elle a cessé de l'être depuis qu'il l'a laissé polluer, violer et, pour ainsi dire, prostituer par des brigands. Ai-je donc pu lui ravir une épouse qu'il n'eut jamais ou qu'il a perdue par ses crimes ? Quant à son siége, comment ai-je pu l'envahir, entouré qu'il était d'un peuple innombrable, moi étranger, inconnu, sans richesse aucune ?

Mais peut-être m'objectera-t-on que cette affaire capitale a été discutée sans consulter le siége apostolique, soit par ignorance, soit de dessein prémédité. Certes, il ne s'est rien fait, rien n'a dû se faire qu'il n'en ait été référé au siége apostolique, et pendant dix-huit mois on a attendu sa décision. Mais quand les hommes ne se décident pas, on a recours aux paroles plus puissantes du fils de Dieu : *Si*, dit-il, *votre œil vous scandalise arrachez-le* (Math. V. 29). Il veut qu'un frère qui pêche, et qui, averti devant témoins et devant l'Eglise, ne se corrige pas, soit tenu pour païen et publicain. Arnoul donc, sollicité et averti par les lettres et les envoyés des évêques des Gaules de déposer ses fureurs, et, s'il le pouvait, de se purger en quelque manière d'un crime de perdition, et ayant méprisé ces salutaires avertissements, fut tenu pour un païen et un publicain. Il n'a pas, toutefois, été jugé comme un païen, à cause du respect dû au siége apostolique et des priviléges du sacerdoce, mais la sentence de condamnation portée par lui-même sur sa conduite, a manifesté que c'est là la seule chose digne d'éloges qu'il ait faite dans sa vie; et certainement, si les évêques l'absolvaient lorsqu'il se condamne lui-même, ils encourraient la peine de son crime. *Si tous les prêtres et le peuple approuvaient ceux qui méritent d'être condamnés,* dit le grand pape Léon, *la condamnation envelopperait les complices; car l'approbation ne détruit pas la prévarication. C'est ce qu'a fait connaître l'Eternel quand il a fait périr un monde pêcheur par un déluge universel.* Et le pape Gélase ajoute : *Une erreur qui a été une fois condamnée avec son auteur fait tomber son exécration et son châtiment sur quiconque y participe ou s'y associe.*

Ce fut donc après qu'Arnoul eut été exclu de l'Eglise de Reims, que ses fonctions sacerdotales me furent imposées, au nom de la Divinité, par mes frères les évêques des Gaules, malgré ma résistance et la grande appréhension que j'avais de ce que j'ai souffert et de ce que je souffre encore. Que s'il s'est fait quelque chose de contraire aux lois sacrées, ce n'est point par esprit de révolte, mais parce qu'il fallait se plier aux nécessités des temps, car, en temps de troubles, s'attacher d'une manière absolue aux règles et aux canons, ne serait-ce pas s'exposer à perdre la patrie et consommer sa ruine ? Les lois sont muettes, en effet, au milieu des armes dont cette bête féroce E..... (1) a abusé au point de se saisir des prêtres vénérables du Seigneur comme de vils esclaves, de n'épargner pas même les saints autels et d'intercepter toutes les communications publiques.

Je reviens à moi, très-révérends pères, à moi qui me suis exposé à une mort furieuse et à tous ses tourments pour sauver un peuple qui allait périr, et secourir la chose publique. Ici des mains, armées par la misère et la famine, pillent les magasins et les boutiques, là des glaives menaçants et de perpétuelles frayeurs me font des jours sans repos et des nuits sans sommeil. Pour apaiser tant de maux, on n'espère qu'en votre autorité seule, qu'on regarde comme assez puissante pour venir au secours, non seulement de l'Eglise de Reims, mais de toute l'Eglise des Gaules, désolée, presque ruinée. Nous

---

(1) Il semble que ceci se rapporte à Eudes, comte de Meaux et de Troyes. (Note de M. Pertz.)

attendons ce bienfait de la Divinité qui nous protège, et nous la prions tous de nous l'accorder (1).

Après avoir lu ce discours, Gerbert le remit entre les mains du légat du pape, et tous les évêques ainsi que le comte Godefroid se retirèrent à l'écart pour délibérer. Bientôt ils appelèrent auprès d'eux l'archevêque de Reims et lui demandèrent d'employer sa toute-puissante intervention pour faciliter le voyage du moine Jean, un des assesseurs du légat, afin qu'il pût, sans être inquiété, se rendre à la cour de Hugues-Capet. Le légat, qui n'avait réuni le concile de Mousson que pour informer la cause d'Arnoul et l'élection de Gerbert (2), voulait, avant de prononcer une sentence définitive, connaître le sentiment de la cour de France sur le conflit qu'il venait apaiser (3). Gerbert promit son intervention, et la ville de Reims fut assignée pour être, au commencement de juillet, le lieu de réunion d'un nouveau concile dans lequel il serait définitivement statué sur les actes du synode de Saint-Basles.

Le concile de Mousson paraissait terminé quand Gerbert reçut de quelques évêques, envoyés par l'abbé Léon, l'ordre de s'abstenir, jusqu'à la prochaine assemblée, de célébrer les saints mystères. Il est assez vraisemblable que le légat voulait ainsi obliger l'archevêque à reconnaître, en pratique du moins, la valeur de l'interdit qu'il avait essayé si vigoureusement de combattre dans ses lettres à Séguin et à Wilderode (4). Il eût été vraiment grand pour Gerbert de se soumettre à cette mesure préventive émanée d'une autorité à

---

(1) *Concil.* LABBE, t. IX, p. 748-749. — BARONIUS, *Annal. eccles.*, t. X, p. 914-915. — D. BOUQ, t. X. p. 533-534. — RICHER, lib. IV, § CII, CIII, CIV, CV.

(2) BZOVIUS, p. 77.

(3) L'abbé Léon n'avait pas encore paru à la cour de Hugues-Capet, il s'était rendu à Mousson par la Suisse et les bords du Rhin.

(4) C'est ce qu'il est permis de conjecturer des paroles de Richer : « Gerberto cum, post aliquot sermones a domno papa, corpus et sanguinem Domini, ac sacerdotale officium prohibere vellent.... » RICHERII *Histor*. lib. IV, § CVI.

laquelle il avait consenti à soumettre la légitimité de son élection; au lieu de cette soumission, et craignant sans doute qu'elle ne lui fût imputée comme un aveu de sa culpabilité, il refusa d'obtempérer aux ordres des évêques. Le légat ayant aussi voulu le convaincre et l'engager à accepter cette interdiction momentanée, Gerbert lui démontra avec fermeté que, d'après les canons, il n'est au pouvoir ni d'un évêque, ni d'un patriarche, pas même du souverain pontife, d'exclure de la communion des fidèles quiconque n'a pas été convaincu de crime ou n'a pas refusé de comparaître devant un concile. Pour lui, ajoutait-il, il ne pouvait être soumis à une telle peine, lui qui était venu au synode, seul des évêques des Gaules, malgré la défense des princes, et qui n'avait encore été convaincu d'aucun crime; cette opinion, l'archevêque l'appuya sur les deux conciles d'Afrique et de Tolède. Toutes les difficultés antérieures menaçaient de surgir de nouveau quand elles furent apaisées par l'esprit conciliant et modéré de Léodulf, archevêque de Trèves; ce vénérable prélat représenta à Gerbert combien serait grand le scandale qui résulterait de son obstination, et quelles suites funestes pouvait avoir cette désobéissance aux ordres du souverain pontife; l'archevêque consentit alors, mais « par obéissance (1), » à s'abstenir de la célébration des saints mystères jusqu'à l'époque fixée pour le prochain concile. Quand cet incident eut été vidé, les évêques renouvelèrent leur engagement de se réunir de nouveau, le huitième jour après la fête de saint Jean-Baptiste, dans le monastère des moines de Saint-Remy, à Reims, et le synode se sépara (2).

Il est assez vraisemblable que Gerbert, à l'issue du concile de Mousson, se retira en Allemagne; il est certain, dans tous les cas, qu'il ne revint pas à Reims d'où l'éloignaient le respect des convenances et le sentiment de sa propre dignité.

---

(1) « Sub nomine obedientiæ. » D. Bouq., t. X, p. 535.

(2) *Concil.* Labbe, t. IX, p. 750. — D. Bouq., t. X, p. 534. — Rich., lib. IV, § CVI.

Cet exil volontaire déplut à la reine Adélaïde, femme de Hugues-Capet; cette princesse, qui lui avait toujours témoigné le plus vif attachement (1), s'émut de la résolution de Gerbert et insista auprès de lui pour le faire rentrer à Reims. Quelques évêques joignirent même leurs instances à celles de la reine ; Gerbert leur adressa cette réponse aussi ferme que mesurée :

A ma glorieuse souveraine Adélaïde, toujours auguste, et à tous mes frères, les évêques suffragants de la métropole, Gerbert, par la grâce de Dieu, évêque de Reims (2), salut en Jésus-Christ :

La lettre que j'ai reçue de vous m'a causé d'abord un vif plaisir, et j'ai apprécié les sages conseils qu'elle renfermait ; mais vos dernières lignes m'ont péniblement impressionné. Aux témoignages d'une affection qui m'est si douce, et aux exhortations que vous m'adressez pour hâter mon retour sur le siége de Reims, pourquoi joindre des paroles aussi pénibles que celles-ci : *Sachez*, me dites-vous, *que si vous ne tenez aucun compte de cet avertissement, vous ne devrez pas être surpris de voir que nous n'ayons plus recours à vos conseils pour diriger les délibérations et les affaires publiques.* Tant que j'ai administré la ville de Reims, m'est-il jamais arrivé de rejeter vos conseils ou de faillir à mes promesses ? Croyez-vous que tout allât mieux sous le pontificat d'Arnoul ? Mais par sa ruse et sa trahison celui-ci vous a fait perdre cette ville de Reims que je vous ai péniblement conservée, moi, malgré toutes les machinations et les attaques de nos ennemis. Ce qui m'étonne, c'est que vous ne soupçonniez pas les ruses de vos adversaires. Ceux en effet qui veulent, à la honte de votre couronne, rétablir Arnoul, font de ma ruine, qu'ils provoquent par tous les moyens, une condition de leur succès. Je n'en veux d'autres preuves que votre intention d'accorder sa grâce à Arnoul afin de le replacer sur ce siége que j'occupe depuis peu de temps, et, en second lieu, parce que vous avez fait cette concession à l'abbé Léon afin d'obtenir ainsi de lui la ratification du récent mariage du roi Robert; c'est du moins ce qu'on m'a écrit de Reims..... Si Arnoul doit obtenir sa grâce, si Gibuin (3) ou tout autre doit être introniśé sur le siége que j'ai occupé, pourquoi reviendrais-je à Reims,

(1) Epist. *passim.*
(2) Il pouvait encore prendre ce titre, puisque le jugement définitif ne devait être prononcé qu'au prochain concile.
(3) Neveu de Gibuin 1ᵉʳ, évêque de Châlons.

puisque je ne puis le faire sans danger? Voilà la vérité, mais je crains que vous ne la compreniez pas encore. Je connais votre bonté pour tous les hommes, et j'apprécie surtout l'affection toute particulière que vous daignez me témoigner ; aussi croyez bien que s'il m'est impossible d'y correspondre par des actes, mes vœux ne vous feront jamais défaut.

Sans vous occuper plus longtemps de ma personne, puisque, grâce à Dieu, je suis aussi heureux que l'on puisse l'être après une existence aussi bouleversée, je vous prie, je vous adjure, par le nom du Tout-Puissant, de secourir au plus tôt l'Église de Reims abattue et désolée. Cette ville est en effet la principale cité du royaume des Francs, et si elle périt, elle entraînera nécessairement la ruine des membres qui s'y rattachent. Et pourrait-elle ne pas succomber, cette ville sur laquelle deux évêques allèguent des droits, et qui, placée pour ainsi dire entre le marteau et l'enclume, ne reconnaît aucun pilote, et flotte au gré des vents comme une barque livrée au caprice des flots! Que feriez-vous si un tiers venait, sans l'assentiment de l'Église, s'emparer de ce siége! Ce n'est ni un oracle ni une prédiction que je veux émettre; mais je me souviens que contre moi ont conspiré non seulement les gens de guerre, mais les membres du clergé, à ce point que nul ne voulait plus s'asseoir à ma table ou m'assister dans les saints offices. Je passe sous silence les affronts et les mépris dont on m'a abreuvé ; je ne dis rien des injures dont plusieurs m'ont accablé. Et c'est pour affronter de pareilles ignominies que vous m'engagez à revenir ; c'est pour me forcer à en subir de plus cruelles encore que vous joignez les menaces aux exhortations? O Mon Dieu ! me croit-on assez insensé pour supposer que je ne vois pas les glaives suspendus sur ma tête, ou que je consentirai à troubler par un schisme l'unité de votre Eglise ! Mes regards sont assez perçants pour sonder la fourberie de ces hommes pervers, et plutôt que de voir l'Eglise déchirée par les factions, je verserai, s'il le faut, tout mon sang pour en défendre l'unité.

Je vous en conjure donc, ô ma souveraine, et vous, mes frères, mes coévêques, sur lesquels pèse justement ou à tort l'anathème encouru au sujet du traître Arnoul, je vous en conjure, souffrez tous que j'attende avec patience le jugement de l'Eglise. Cette dignité dont la volonté des évêques m'a imposé la charge, je ne veux la quitter qu'après une sentence des évêques; de même que je ne m'obstinerai jamais à vouloir la conserver contre le jugement des évêques présidés par le représentant de l'autorité suprême. En attendant cette sentence définitive, je me résigne, non sans douleur, à un exil que plusieurs considèrent comme un acte de prudence. (1).

Ce fut le 1er juillet 995 que s'assembla le concile de Reims ; il fut présidé par le légat du pape, et presque tous les évêques de la Gaule septentrionale s'y trouvèrent réunis, entre autres Séguin, l'ancien président du synode de Saint-Basles. Les actes de cette assemblée ne nous ont pas été conservés, et les chroniques du temps ne font guère que le citer sans entrer dans d'autres détails ; plusieurs diffèrent même sur l'indication du lieu où il fut convoqué (2). Le savant G.-H. Pertz a cependant publié un discours prononcé dans ce concile de Reims et qui renferme une apologie des actes du synode de Saint-Basles. Quelques éditeurs (3) le placent même dans la bouche de Gerbert ; nous avons établi, par la lettre de l'archevêque à Adélaïde, que, celui-ci ayant quitté la France immédiatement après le concile de Mousson, il ne put assister à la réunion présidée à Reims par le légat du Saint-Siége (4). Toutefois ce discours paraît être sorti de la plume de l'ancien écolâtre ; l'énergique concision du style, l'érudition canonique dont il est empreint, la justification éloquente des actes de Saint-Basles, tout porte à croire que Gerbert en fut l'auteur, mais qu'il fut lu par un des nombreux évêques assemblés sous la présidence du légat.

Quelle fut la réponse de ce dernier, quels arguments fit-il valoir ? Les chroniques contemporaines nous le laissent ignorer. Ce que nous savons seulement c'est que l'assemblée annula les décisions prises à Saint-Basles et à Chelles, et qu'elle ordonna la réintégration d'Arnoul sur son siége archiépiscopal. Ce ne fut toutefois qu'en 997, et après la mort de Hugues-Capet, que le descendant carlovingien sortit de sa prison d'Orléans pour rentrer dans sa ville métropolitaine (5). Quant à

---

(1) Epist. CLIX.
(2) Richer le place à Senlis. RICHERII *Histor.* lib. IV, § CVIII.
(3) Cf. MIGNE, *Patrolog.* t. CXXXIX, p. 346.
(4) C'est aussi l'opinion de Dom Bouquet, t. X, p. 424, note D.
(5) Ex *Vita S. Abbonis*, n. XI et XII.

Gerbert, nous dit la chronique de Fleury, son élection fut cassée; comprenant alors ce qu'il y avait eu d'irrégulier dans sa promotion à l'épiscopat, il se soumit avec humilité à l'arrêt qui le frappait (1), se démit de ses fonctions et se retira définitivement en Allemagne.

Ainsi se termina ce pontificat de quatre années pendant lesquelles Gerbert avait administré avec gloire (2) le diocèse de Reims ; il descendit sans murmure et sans faiblesse de ce siége sur lequel il était monté sans orgueil, et sa déférence envers les décisions du concile montra que, dans cette âme altière, le sentiment du devoir et de l'obéissance savait étouffer la voix de l'ambition ou les susceptibilités de l'amour propre.

C'est après le concile de Reims qu'il faut, croyons-nous, se placer pour bien apprécier la longue controverse soutenue par l'archevêque, parce que rien ne donne mieux la mesure d'un caractère que sa soumission. Les hommes dont l'intelligence est servie par un grand cœur franchissent seuls avec noblesse cet écueil contre lequel les esprits étroits viennent toujours compromettre leur dignité par l'arrogance ou par la bassesse. En voyant Gerbert accepter la sentence de ses juges et s'y soumettre, comme sa conscience lui en faisait un devoir, que reste-t-il de toutes ces accusations accumulées contre sa mémoire? Nous avons établi, croyons-nous, qu'il avait pu accepter de bonne foi la dignité dont le concile de Saint-Basles avait dépouillé Arnoul; l'état indécis de la jurisprudence canonique, des précédents nombreux autorisaient cette élection à une dignité que l'écolâtre de Reims ne reçut qu'à regret et qu'il prévoyait devoir lui être funeste. Après avoir accepté par devoir le premier siége des Gaules, Gerbert eut le tort de vouloir s'y maintenir avec cette obstination que provoquèrent en lui les réactions dont il était la victime et le sentiment profond de son droit et de sa loyauté. Fort de son

---

(1) Gerbertus autem intelligens quod injuste pontificalem dignitatem suscepisset, pænitentia ductus est. Ex *Fragmente Chronic.* Fratris Hugonis Floriacensis.

(2) Non multis annis illud adornavit splendide in his quæ forent necessaria Ecclesiæ sanctæ. Helgaldi, *Epitome vitæ Roberti regis.*

innocence et de la pureté de ses intentions, il ne chercha pas à éviter un jugement; il le provoqua, au contraire; et s'il s'égara un moment, en cherchant à atténuer la portée de la sentence du pape, il répara noblement cette erreur quand, seul des évêques français, il vint exposer devant le légat du Saint-Siége les incidents de son élection, et soumettre au jugement de ses frères dans l'épiscopat l'appréciation de sa conduite. Cette démarche et la soumission de l'archevêque de Reims nous donnent seules la vraie mesure de sa grandeur d'âme, de sa loyauté et de sa vertu. Ne perdons pas en effet de vue que, sans sa modération, la querelle aurait pù s'envenimer, et nul ne peut prévoir les suites fatales de cette révolte d'un homme qui, par l'austérité de sa conduite, la puissance de sa volonté et l'ascendant de son génie, exerçait non seulement en Gaule, mais en Allemagne et en Italie, une influence dont nous trouvons l'écho dans les chroniqueurs contemporains. Ce n'est pas que sa défection eût pu mettre en péril l'unité catholique; grâce à Dieu, l'existence de l'Église n'est pas subordonnée aux hommes qui la composent, mais il n'en est pas moins vrai que ces défaillances dont l'histoire enregistre parfois les douloureux récits, bien qu'elles n'atteignent pas la vie du christianisme, sont toujours pour l'humanité une cause de ruine morale et de perturbation profonde. Heureusement il y avait pour Gerbert un principe supérieur à toutes les controverses, en dehors de toute discussion, c'était l'unité de l'Église; cet homme, que quelques historiens ont voulu représenter comme un schismatique, comme un esprit turbulent, inquiet, toujours prêt à sortir de l'orbite catholique, n'avait jamais cessé de proclamer bien haut la nécessité de la subordination des membres de la grande famille chrétienne. « La société catho- « lique, écrivait-il vers 987, est formée par l'union de tous les « fidèles, et nous ne devons jamais nous écarter du sentiment « de ces Pères vénérables qui brillent dans l'Église de Dieu « comme autant d'étoiles au firmament du ciel (1). » Ces prin-

---

(1) Epist. XCV.

cipes que Gerbert avait toujours proclamés, il en fit, dans la situation critique où il se trouva après le concile de Mousson, la règle de sa conduite, et l'on aime à retrouver sous la plume de l'ancien écolâtre ces nobles paroles auxquelles ses actes donnèrent une éclatante consécration : « Je ne consentirai jamais
« à troubler par un schisme l'unité de l'Église ; et, plutôt que
« de la voir déchirée par des factions, je verserai s'il le faut
« tout mon sang pour la défendre..... Je ne m'obstinerai ja-
« mais à conserver ma dignité épiscopale contre le jugement
« des évêques présidés par le représentant de l'autorité su-
« prême. »

CHAPITRE XII.

GERBERT A LA COUR D'OTHON III. — IL EST NOMMÉ ARCHEVÊQUE DE RAVENNE. — (995-999).

Au moment où Gerbert alla demander un asile à Othon III, ce dernier était depuis quelque temps occupé à repousser les Slaves dont les incursions avaient, à plusieurs reprises, troublé ses frontières. Puissamment secondé par son ancien ennemi, Henri de Bavière, et par Boleslas (1), roi des Bohémiens, il délivra momentanément la Saxe de ses perpétuels ennemis et signa même avec eux un traité de paix qu'ils ne tardèrent pas à violer (2). Malgré ces préoccupations, l'empereur d'Allemagne accueillit Gerbert avec toute la déférence qu'il devait à un homme qu'entourait la double auréole de la science et du malheur. Les chroniques du temps nous ont conservé fort peu de documents sur ce séjour de Gerbert auprès d'Othon ; ce que nous savons seulement, c'est que l'illustre exilé supporta avec courage les revers qui l'accablaient et se consola par l'étude des caprices de la fortune (3).

Pendant que l'empereur guerroyait entre l'Elbe et l'Oder, nous trouvons Gerbert à Magdebourg occupé à construire une horloge dont la précision excita l'admiration des contempo-

(1) Fils de Misachon.
(2) *Chron. Hildensheimense* ap. CHESNIUM, t. III, p. 516.
(3) Epist. LII 2ᵉ class.

rains. De quelle nature était cet instrument, et quelle fut la part de l'ancien archevêque de Reims dans l'introduction ou le perfectionnement des horloges? Il règne sur l'une et l'autre de ces questions une très-grande incertitude. D'après le *Journal des Savants* (1), on devrait attribuer à Gerbert, sinon l'invention, au moins l'introduction en Occident de l'horloge à roues et à balancier. Toutefois, les écrivains du IXe siècle parlent d'un instrument envoyé à Charlemagne par le Khalife Haroun-al-Raschid (807). Que cette horloge, la première de ce genre qui eût paru en Occident, ait été un simple clepsydre, comme quelques auteurs le prétendent, il n'en est pas moins certain, puisqu'elle comptait les douze heures du jour en faisant tomber autant de balles d'airain sur un timbre de même métal, que, dès cette époque, les Arabes déterminaient la mesure du temps autrement qu'au moyen du sablier et du cadran solaire. Mais ces horloges étaient-elles à pendule ou seulement à balancier circulaire? Selon le savant docteur Edouard Bernard, d'Oxford, cette invention, que l'Italie et la Hollande se disputent dans la personne de Gallilée et de Huyghens, devrait être restituée aux Arabes (2). Quant à l'horloge construite à Magdebourg par Gerbert, il paraît beaucoup plus vraisemblable, d'après la chronique de l'évêque de Mersebourg, Ditmar, qu'elle ne fut qu'un cadran solaire parfaitement orienté sur l'étoile polaire (3).

(1) Cité par les Bénédictins. Voy. D. Bouquet, t. X, p. 131, note A.
(2) Voy. Viardot, *Histoire des Arabes*, t. II, p. 138.
(3) Horologium fecit, illud recte constituens, considerata per fistulam quadam stella nautarum duce. Ditmari *Chronicon*, lib. VI, p. 399. — Le tube dont il est ici question n'était pas une lunette dans le sens technique attaché à ce mot en astronomie. La théorie lenticulaire, sur laquelle repose la construction des appareils télescopiques, était ignorée à cette époque; Gerbert ne se servait pour ses observations astronomiques, comme nous l'avons vu au chapitre V, que d'un simple tube destiné à concentrer sur un point les rayons visuels, et à leur donner par cette convergence une portée plus grande et plus puissante. — Quelques historiens s'appuient sur ce passage de Ditmar pour faire honneur à Gerbert de la connaissance de la boussole. Cf. Jacobi Bruckerii, *Histor. critica Philosophiæ*, t. VI, appendix p. 575.

Ce fut au milieu de ses travaux qu'il reçut en Allemagne la visite du légat devant lequel il avait comparu au concile de Mousson. Outre la conclusion de l'affaire de Reims, le pape avait encore donné à son représentant une mission importante à remplir auprès de l'empereur d'Allemagne. Le joug que Crescentius faisait peser sur Rome était intolérable, et le souverain pontife suppliait Othon de venir imposer sa puissante médiation, lui offrant en retour la consécration religieuse de son pouvoir. Léon fit dans ce but un voyage en Allemagne; mais l'empereur, occupé par la guerre contre les Slaves, ne put se rendre immédiatement au désir de Jean XV. Le légat, qui professait pour Gerbert une très-vive amitié (1), se voyant obligé de revenir en Italie, chargea l'ancien archevêque de Reims de plaider auprès d'Othon la cause de la papauté et repartit pour Rome. Répondant noblement à cette marque délicate de confiance, Gerbert mit tout en œuvre pour déterminer le jeune prince à une intervention en Italie. Il est assez vraisemblable qu'à la pensée de délivrer Jean XV de l'oppression de Crescentius, il se joignait dans son esprit un vif désir d'effacer par ses actes et ses paroles la fâcheuse impression que la cour de Rome avait éprouvée au sujet de sa résistance après le synode de Saint-Basles. C'était de Rome qu'étaient venues les paroles les plus sévères, c'était devant le pape que Gerbert désirait expliquer sa conduite et se disculper des accusations calomnieuses de ses ennemis (2).

Au printemps de 996, l'Empereur à la tête d'une nombreuse armée se dirigea vers l'Italie; Gerbert l'accompagnait. Ils célébrèrent la fête de Pâques à Pavie, et ce fut sans doute de cette dernière ville que partit l'ambassade conduite par Jean, évêque de Plaisance, chargée d'aller solliciter à Constantinople la main de la princesse Hélène (3) pour le jeune empe-

---

(1) Epist. XXXVII, 2ᵉ class.

(2) Epist. XXXVIII, 2ᵉ class.

(3) Elle épousa plus tard Wladimir-le-Grand, et introduisit en Russie le christianisme et la civilisation.

reur (1). De Pavie, l'armée impériale se dirigea sur Ravenne, et ce fut dans cette ville qu'Othon apprit la mort du pape Jean XV (7 mai 996).

Le Saint-Siége était tombé dans un tel état de décadence morale par suite des nombreuses factions qui, depuis longtemps, faisaient rejaillir sur la papauté le scandale de leurs passions et le contre-coup de leurs excès, que l'on éprouva le besoin de choisir le nouveau pontife en dehors des familles italiennes habituées à ne considérer la tiare que comme un mobile d'ambition ou une source de richesses. Le peuple et le clergé de Rome avaient besoin d'un homme puissamment soutenu afin de relever la dignité de la papauté; ils consultèrent donc l'empereur, et celui-ci désigna à leurs suffrages son chapelain, Brunon, auquel l'unissaient les liens d'une étroite parenté (2). Malgré son jeune âge, il n'avait que 24 ans, tous les suffrages se portèrent sur lui, et il fut préconisé sous le nom de Grégoire V (3). Cette élection se fit très-rapidement (4), et le nouveau pape monta sur la chaire de Saint-Pierre peu de jours après la mort de Jean XV, vers le milieu de mai (996). A la fin de ce mois (24 mai), le jour de l'Ascension, l'empereur, qui s'était rendu à Rome pour apaiser les troubles dont cette ville était le théâtre, reçut l'onction sainte des mains du nouveau pontife (5).

Il entrait dans la pensée d'Othon de faire expier à Crescentius la tyrannie que ce turbulent factieux avait fait peser

---

(1) Selon Siffrid de Misnie, chroniqueur du quatorzième siècle, Othon III avait épousé en premières noces l'impératrice Marie; celle-ci, pour se venger des dédains d'un jeune seigneur qu'elle aimait passionnément, le calomnia auprès de l'empereur en l'accusant de tentative de séduction. Le seigneur fut décapité, mais sa veuve vengea sa mémoire et démasqua la conduite criminelle de Marie; Othon condamna sa femme à être brûlée vive. Cf. Crant. *in Sax*, lib. IV, c. XXVI. — GOTFRIDUS *Chron.*, p. 17.

(2) Il était fils d'Othon, chef de la maison Salique, et petit-fils d'Othon-le-Grand, par sa mère Lieutgarde. Cf. Epist. CLV.

(3) Ce fut le premier Allemand qui s'assit sur le siége apostolique.

(4) Sine mora, GLABRI RUDOLPHI *Histor.*, lib. I.

(5) *S. Adalberti Pragensis vita*, c. XXX.

sur Jean XV; mais Grégoire, ne voulant pas inaugurer son règne par des mesures violentes, sollicita et obtint la grâce du coupable. Celui-ci fit hommage au nouveau pontife et promit solennellement de ne plus troubler la ville éternelle ; nous ne tarderons pas à voir le peu de sincérité de cette promesse.

Gerbert avait accompagné l'empereur à Rome (1), et il est vraisemblable qu'il y séjourna quelque temps avec Othon et seconda les efforts de ce dernier pour consolider le pouvoir du nouveau pape et promulguer quelques lois nécessaires au rétablissement de l'ordre dans une ville jusque-là livrée à l'arbitraire des factions. Dans un de ses décrets, porté sans doute d'après les conseils de Gerbert, le jeune prince défendit que l'on s'occupât des procès et des affaires publiques aux fêtes de Noël, de l'Epiphanie, de Pâques, de l'Ascension, de la Pentecôte, les jours de dimanche et pendant tout le carême (2). Quand il crut avoir établi l'autorité de Grégoire V, l'empereur reprit le chemin des Alpes, et peut-être s'occupat-il de repousser une nouvelle invasion des Slaves dont les hordes remuantes inquiétaient toujours ses frontières. Gerbert ne l'accompagna pas dans cette expédition (3); il resta dans le nord de l'Italie, soit qu'il fût retenu par la maladie (4), soit qu'il préférât à la vie tumultueuse des camps le calme de l'étude et de la retraite.

Nous n'avons sur cette période qu'une lettre de Gerbert adressée, croyons-nous, à la reine de France, Adélaïde, et qui nous paraît digne d'être citée comme un modèle de délicatesse de sentiment envers le roi de France, son ancien élève. Quelles qu'eussent été les tergiversations de Robert dans la querelle d'Arnoul et de Gerbert, bien que le fils de Hugues-Capet semblât avoir oublié le précepteur de sa jeunesse comme

---

(1) Epist. CLVII.
(2) MURATORI, Script. rer. Ital., t. I, part. 2, p. 174, cité par Hock, page 306.
(3) Epist. XXVII 2ᵉ class.
(4) Hock, p. 306.

son père avait autrefois sacrifié l'ami dévoué des Capétiens Gerbert a conservé la mémoire du cœur pour la patrie absente, et pour le jeune prince une affection d'autant plus vive qu'i a plus rarement l'occasion de la lui témoigner :

J'ai toujours présent à la mémoire du cœur les traits et la douce physionomie de mon seigneur le roi Robert ; mon souvenir se reporte avec bonheur à nos causeries d'autrefois. Je crois encore entendre sa conversation pleine de sagesse et de raison, j'aime à évoquer les délicates prévenances dont m'honoraient les grands et les évêques, et à cette pensée d'un bonheur qui n'est plus, le fardeau de l'existence s'appesantit plus lourdement sur moi (1). La seule consolation qu'il me soit donné de goûter encore, c'est la bienveillante affection et la générosité que me témoigne l'illustre César Othon. Ce prince a pour vous et pour ce qui vous touche la plus vive tendresse ; jour et nuit il me parle du bonheur qu'il aurait de vous voir ; il brûle surtout du désir de voir et d'embrasser mon seigneur le roi Robert qui est de son âge et qui a fait sous ma direction les mêmes études que lui. Si le voyage que je suis obligé de faire à Rome pour le prochain synode est terminé à la fin d'octobre, vous pourrez m'attendre vers cette époque..... (2).

Grégoire V avait, en effet, convoqué dans la ville éternelle une réunion d'évêques pour déterminer d'une manière définitive le mode d'élection des empereurs d'Allemagne. Les actes de ce synode sont perdus, mais la tradition nous a conservé la substance des décrets qui y furent promulgués. Par un privilège spécial, Othon-le-Grand avait associé son fils à la couronne, il en avait été de même pour Othon II ; mais Othon III n'ayant point d'enfants, le pape, pour éviter les incertitudes qui avaient déjà bouleversé l'ordre de succession au trône impérial, décida dans la réunion d'évêques qu'il présida à Rome (3), qu'à l'avenir le choix de l'empereur d'Allemagne

---

(1) On croirait entendre cette parole du Dante, si profonde et si vraie :
        Nessun maggior dolore
        Che ricordarsi del tempo felice
           Nella miseria! *(Inferno.)*

(2) Epist. CLX.

(3) Il est impossible d'affirmer si l'empereur assista à ce concile ; nous le retrouvons peu après en Allemagne avec saint Adalbert, évêque de Prague.

appartiendrait à 7 électeurs (1). On désigna pour cet office les ducs d'Autriche, de Bavière, de Saxe et de Brabant, et les archevêques de Cologne, de Mayence et de Saltzbourg (2).

Parmi les évêques qui avaient pris part à ce concile de Rome se trouvait Herluin, évêque élu de Cambrai, mais qui n'ayant pu se faire sacrer à Reims, encore sans archevêque, était venu demander la consécration épiscopale au pape Grégoire V (3). Celui-ci, touché de l'état d'abandon où se trouvait la métropole des Gaules, intervint de nouveau auprès du roi Robert pour obtenir la mise en liberté d'Arnoul et sa réintégration sur le siége de Reims. Hugues-Capet venait de descendre dans la tombe (24 octobre 996) (4), et en mourant il avait recommandé à son fils la plus grande déférence pour l'Eglise (5); aussi, à la première sommation du pape, le roi s'empressa d'envoyer à Rome Abbon, abbé de Fleury, pour s'entendre avec le Saint-Siége. La mort de Charles de Lorraine rendait Arnoul peu redoutable, Robert pouvait donc, sans danger pour sa couronne, remettre en liberté le dernier rejeton de la famille carlovingienne ; il espérait en outre obtenir par cette condescendance la ratification de son mariage avec Berthe de Bourgogne.

Malgré ses nombreuses infirmités, Abbon partit pour l'Italie, et s'engagea, au nom du roi, à rétablir sur son siége l'archevêque captif qu'il avait si énergiquement défendu au synode de Saint-Basles. Comme récompense de son zèle, le souve-

---

(1) Cette prérogative d'élire l'empereur a souvent été l'objet de discussions très vives. Les centuriateurs de Magdebourg (*Centur.*, t. X, c. X, p. 546) soutiennent que ce fut l'empereur Othon III qui investit de ce droit les sept électeurs; quelques historiens attribuent cette mesure à Grégoire X. Voy. Baronius, *Annal.*, t. X, col. 929 à 940.

(2) Dans la suite, les ducs d'Autriche, de Bavière et de Brabant furent remplacés par le comte Palatin, l'électeur de Brandebourg et le roi de Bohême ; l'archevêque de Trèves fut substitué à celui de Saltzbourg.

(3) Ex *Chronic. Cameracensi et Atrebatensi*, lib. I. — *Concil.* Labbe, t. IX, col. 1245.

(4) Ex *Historiæ Franciæ fragmento* apud Chesnium, t. IV, p. 85.

(5) Helgaldi Floriac., *Epitome vitæ Roberti regis*.

rain pontife lui accorda de grands priviléges pour son monastere, et nous trouvons dans quelques-unes des concessions qui lui furent octroyées une preuve que le conflit survenu, comme nous l'avons dit plus haut, entre les évêques et les moines, n'était pas encore apaisé. Il y avait dans l'épiscopat une énergique tendance à ramener le clergé régulier au droit commun ; les moines, au contraire, soutenaient avec ardeur, et quelquefois même en appelant l'émeute à leur secours (1), leurs immunités et leurs prérogatives. L'évêque d'Orléans, Arnoul, avait été un des plus intrépides adversaires des priviléges monastiques, ce fut aussi contre ses prétentions que l'envoyé du roi Robert voulut élever une barrière infranchissable ; entre autres immunités, Abbon obtint que l'évêque d'Orléans ne pourrait jamais pénétrer dans le monastère de Fleury-sur-Loire, à moins d'y être formellement invité par l'abbé. On lui accorda, en outre, qu'aucune sentence d'excommunication, portée par un évêque, ne pourrait atteindre cette maison religieuse, et que, le pape vint-il à mettre tout le royaume de France en interdit, Fleury devait toujours être exempt (2).

A son retour de Rome, Abbon obtint du roi Robert la mise en liberté d'Arnoul, et le rétablit, au nom du pape, sur le siége de Reims, en lui remettant en outre le pallium, comme une preuve de l'estime et de la confiance du souverain pontife. L'accomplissement de cette mission importante dont Abbon rendit compte au pape dans une lettre qui nous a été conservée (3), remplit de joie le cœur de Grégoire V et fit un moment diversion aux tracasseries dont Crescentius recommençait à l'accabler.

Nous avons vu plus haut qu'au moment où Othon se rendait en Italie il avait envoyé à Constantinople une ambassade pour demander la main de la princesse Hélène ; à la tête de cette députation se trouvait Jean de Calabre, évêque de Plai-

---

(1) Cf. *Vita S. Abbonis Floriacensis* auctore Aimonio, c. IX.
(2) *Ibid.*, c. XII.
(3) Ad calcem *Apologet. Abbonis*, D. Bouq., t. X, p. 435.

sance (1). Ce prélat, qui avait été l'ami et le chapelain de l'impératrice Théophanie (2), ayant échoué dans ses négociations matrimoniales, conçut le hardi projet d'expulser les Allemands de l'Italie et de rétablir dans la Péninsule la suprématie des empereurs d'Orient. De retour à Rome, il fit entrer Crescentius dans le complot, et, à la suite d'une émeute, Grégoire V chassé de son siége dut prendre le chemin de l'exil. Quant à l'évêque de Plaisance, l'instigateur de la révolte, il se fit proclamer pape sous le nom de Jean XVI.

Toutefois, son triomphe fut de courte durée ; Grégoire V s'étant retiré à Pavie y assembla un concile dans lequel il excommunia Crescentius et l'antipape (3), en même temps qu'il informait l'empereur, alors en Allemagne, des événements dont il venait d'être la victime. A cette nouvelle, Othon III, confiant la direction des affaires en Allemagne à sa tante Mathilde, abbesse de Quedlingbourg, femme remarquable, nous dit le chroniqueur, par une prudence au-dessus de son sexe (4), accourt en Italie à la tête d'une puissante armée. Après avoir recueilli, en passant à Pavie, le pontife exilé, il marche sur Rome et s'empare de cette ville. L'antipape Jean, trahi par les siens, tomba entre les mains de l'empereur qui, après lui avoir fait couper le nez et la langue, lui creva les yeux (5) et le livra, monté sur un âne, aux insultes de la populace (6). Restait encore Crescentius qui, à l'approche des troupes allemandes, avait quitté Rome et s'était fortifié, au-delà du Tibre,

---

(1) Quelques historiens le désignent sous le nom de Jean Philagathe, ce qui semblerait lui assigner une origine grecque.

(2) *Chron. Saxon.* — PETRI DAMIANI, epist. — Il avait même été le parrain d'Othon III et de Grégoire V.

(3) *Chronic. Hildensheimense* ap CHESNIUM, t. III.

(4) *Chronic. Hildensheimense.*

(5) *Chron.* DITMARI, p. 355.

(6) PETRI DAMIANI, lib. I, epist. ultima ad Cedal. — Saint Nil fit inutilement le voyage de Rome pour soustraire le pape à ces odieuses représailles. *Vita S. Nili*, p. 151.

dans une tour à qui son élévation avait fait donner le nom d'*Entre-Ciel* (1).

L'empereur passa les dernières semaines du carême à préparer le blocus de la place, mais après les fêtes de Pâques (997), il poussa le siége avec une telle vigueur que le rebelle, réduit à la dernière extrémité, vint se jeter aux pieds d'Othon, implorant sa pitié et demandant grâce pour la vie. Othon fut inexorable et ordonna de ramener Crescentius dans sa tour fortifiée, afin que, le prenant les armes à la main, il pût exercer sur son prisonnier tous les droits de la guerre. Bientôt, en effet, les troupes allemandes pénétrèrent dans le château Saint-Ange et massacrèrent les Romains qui avaient pris les armes contre le pape.

Quant à Crescentius, il fut, sur l'ordre d'Othon, précipité du haut des remparts, traîné dans la boue des carrefours et enfin suspendu par les pieds à un gibet infâme où chacun put voir le sort qui attendait ceux que l'ambition porterait à se révolter encore (2).

Le premier soin de l'empereur, après avoir fait reconnaître son autorité dans Rome, fut de replacer le pape Grégoire V sur le trône pontifical; et quand l'ordre régna dans la ville éternelle, il visita quelques provinces de l'Italie où des soulèvements partiels avaient éclaté. Nous le voyons tour à tour châtier les Tiburtins révoltés (3), faire des pèlerinages et mener même pendant quelques jours la vie monastique au couvent de Saint-Michel, sur le mont Gargan, dans la Capitanate. Au retour il visita saint Nil qui était allé se fixer près de Gaëte (4), et regagna ensuite le nord de la Péninsule. Il se trouvait à Ravenne, dans les premiers mois de l'année 998, au moment où l'archevêque de cette ville, Jean, se démit de ses fonctions

---

(1) GLABRI RUDOLPHI, lib. I, c. IV. — Cette forteresse portait encore le nom de *Château Saint-Ange* ou *Môle d'Adrien*.

(2) GLABRI RUDOLPHI, lib. I, c. IV. — DITMARI *Chronic.* passim. — Selon l'auteur de la vie de saint Romuald, ce fut à la trahison que l'empereur eut recours pour s'emparer de Crescentius. Cf. *Vita S. Romualdi*, n. 35.

(3) *Vita S. Romualdi*, n. 31.

(4) *Vita S. Nili*, p. 155.

pour aller finir ses jours dans la solitude du mont Caparais. Othon indiqua Gerbert aux suffrages du peuple et du clergé, et l'ancien archevêque de Reims fut porté par acclamation sur ce siége, le premier de l'Italie après celui de Rome. Grégoire V, qui avait déjà pu apprécier les talents et les vertus de Gerbert, saisit avec empressement une occasion qui lui permettait de concilier les droits de la justice avec les égards dus au mérite d'un homme qui avait noblement réparé par sa soumission un moment d'erreur.

Le souverain pontife envoya le pallium au nouvel archevêque et lui adressa, à la date du 28 avril 998, une bulle d'institution dans laquelle, sans faire la moindre allusion au passé du nouvel archevêque, il ajoutait de plus amples prérogatives à celles qui étaient déjà attachées au siége de Ravenne :

Grégoire, évêque, serviteur des serviteurs de Dieu, à notre cher fils Gerbert, archevêque de Ravenne, et par lui à son église ainsi qu'à tous les archevêques ses successeurs à perpétuité : Désirant maintenir les anciens usages et mû par un sentiment de bienveillance, nous vous plaçons, vénérable Frère, à la tête de l'Église de Ravenne, et nous vous envoyons avec les insignes des prélats de cette église le droit de porter le pallium de la manière et aux jours où vos prédécesseurs avaient coutume de s'en revêtir. Ces honneurs que nous vous accordons, cette haute dignité ecclésiastique dont vous devez être fier, doivent stimuler votre zèle afin d'être toujours par la probité de vos mœurs et de vos actes l'ornement du sacerdoce qui vous est confié par Notre-Seigneur Jésus-Christ.

Pour vous donner une preuve de notre vive affection pour votre personne, nous vous accordons, à vous et à votre Eglise, par un libre mouvement de notre générosité, et pour en jouir après la mort de l'impératrice Adélaïde, le district de la ville de Ravenne, tout le rivage, les péages, le droit de battre monnaie, le marché, les murs et toutes les portes de la ville.

Et si quelque privilége déjà concédé paraît nuisible à votre Eglise, et en opposition avec la présente donation, en vertu de l'autorité de Dieu et de Saint-Pierre, nous l'annulons, et nous ordonnons que celui-ci sera seul valable et imprescriptible à tout jamais.

Nous vous accordons encore à vous et à votre Église, pour en jouir après la mort de l'impératrice Adélaïde, le comté de Commacchio..... nous confirmons en votre faveur le privilége conféré à votre prédécesseur et qui comprenait les évêchés de Montefeltre et de Corvi, ainsi que le monastère de saint Thomas, apôtre, celui de sainte Euphémie, martyre, avec toutes leurs possessions et leurs dépendances en friche ou en culture, situées tant dans la ville de Rimini qu'au dehors, c'est-à-dire dans les comtés de Pésaro, de Rimini et de Montefeltre (1). Nous y joignons tout ce dont vos prédécesseurs ont joui depuis cent ans et ce que vous possédez vous-même en ce moment, à savoir : le château de Ligabiccus avec ses dépendances, le domaine de Saint-Hermète, l'église, les habitations, le château de Galliola avec ses dépendances, et enfin celui de Granariole avec tout ce qui l'entoure.

Et afin que notre paternelle bienveillance se recommande plus particulièrement à votre affection filiale par une nouvelle preuve de notre amour pour vous, en vertu de l'autorité du Très-Haut et de saint Pierre, prince des apôtres, nous vous confirmons par les présentes, l'évêché de Reggio et de ses dépendances, que l'empereur Othon vous a accordé à vous et à vos successeurs (2); nous corroborons cette donation de notre autorité et nous ordonnons qu'elle soit à jamais inattaquable..... Nous vous concédons également à perpétuité l'évêché de Césène et ses dépendances ; et en vertu de notre pouvoir apostolique nous défendons à tous de venir, sans votre permission, chasser sur le territoire qui s'étend de cette ville à la mer..... etc (3).

C'était dans le mois d'avril 998 que Gerbert avait été promu à l'archevêché de Ravenne ; dès le 1ᵉʳ mai, il assembla un

---

(1) L'année précédente, le pape avait rendu à Jean, archevêque de Ravenne, l'église de Plaisance que Jean XV en avait distraite pour l'ériger en archevêché en faveur de Jean Philagathe.

(2) Nous voyons dans cette bulle le pape exercer un double rôle : 1° l'ancien exarchat de Ravenne étant en sa possession, il en confère certaines fractions comme largesses ou priviléges ; 2° il confirme et corrobore de son autorité spirituelle les donations particulières de l'empereur. Cette distinction des deux pouvoirs spirituel et temporel fait de la bulle de Grégoire V une des plus remarquables du dixième et du onzième siècle.

(3) MANSI, Concil., t. XIX, p. 201.

concile dans sa ville épiscopale pour faire disparaître de son clergé la simonie qui s'y était glissée. Neuf évêques ses suffragants et un nombreux clergé se réunirent dans la cathédrale sous la présidence de l'archevêque. Nous trouvons, dans les actes de ce synode, divers décrets défendant aux sous-diacres la vente de l'Eucharistie aux évêques le jour de leur sacre, et celle du saint Chrême aux archiprêtres. On y porte également des peines sévères contre les évêques qui empiétaient sur la juridiction des autres prélats ; le concile détermina ensuite les qualités dont devaient être revêtus ceux qui se destinaient au sacerdoce ; enfin, défense fut faite de rien exiger pour la sépulture des morts, mais d'accepter seulement ce que les parents ou les amis du défunt voudraient offrir à l'Église (1).

Le concile de Ravenne venait à peine de se séparer que Gerbert dut partir pour Rome où l'appelait le pape Grégoire V. Ce pontife n'avait cessé d'adresser des remontrances à Robert sur l'irrégularité de son union avec Berthe de Bourgogne. Déjà, sous Jean XV, des négociations avaient été nouées sur ce sujet avec la cour de France sans aucun résultat ; mais le nouveau pape, doué d'une énergie de caractère que son jeune âge ne laissait pas soupçonner, avait de nouveau insisté, et il paraît que Robert s'était formellement engagé à se séparer de sa parente (2). Toutefois, s'apercevant que ce prince paraissait peu disposé à tenir sa promesse, Grégoire V convoqua à Rome un concile auquel assista l'empereur Othon. Cette assemblée, où se trouvèrent vingt-huit évêques, porta huit décrets dont six furent relatifs aux églises des Gaules (3) ; le 5e, le 6e, le 7e et le 8e s'occupèrent de l'intrusion d'Étienne, évêque du Puy en Velay ; le 1er et le 2e atteignirent le roi Robert et les évêques qui avaient approuvé son mariage. Ce fut là l'objet

(1) LABBE, Concil., t. IX, col. 769, 770.

(2) Epist. GREGORII V ad Abbonem abbatem Floriac., Annal. Bened., t. IV, p. 107.

(3) Les deux autres, le 3e et le 4e, eurent pour objet le rétablissement de l'évêché de Mersebourg.

principal du concile. Le roi de France fut condamné à se séparer de Berthe et à expier sa faute par une pénitence de sept ans, sous peine d'anathème ; quant aux évêques qui avaient donné leur consentement à cette union, et spécialement Archambault, archevêque de Tours, qui l'avait bénie, ils furent suspendus de leurs fonctions ecclésiastiques jusqu'à ce qu'ils eussent donné satisfaction au Saint-Siége (1).

Quelque pénible que dût être pour Gerbert l'arrêt qui frappait le jeune prince auquel il avait toujours porté une tendre affection, le nouvel archevêque de Ravenne souscrivit aux décrets du concile de Rome, et nous voyons dans les actes son nom précéder celui de tous les autres évêques et venir immédiatement après celui du pape.

Ce fut au retour de ce concile que l'empereur, à la sollicitation de Gerbert, promulgua à Pavie le célèbre édit dont l'inobservation avait rempli d'amertume les premiers pas de l'ancien écolâtre dans la vie publique. Nous avons vu qu'en prenant possession de l'abbaye de Bobbio, dont la munificence d'Othon-le-Grand l'avait investi, l'écolâtre de Reims avait trouvé les revenus du monastère depuis longtemps aliénés par son prédécesseur Pétroald. Une pareille situation était anormale ; elle ne créait pas seulement d'insurmontables obstacles au nouvel abbé, elle était encore en contradiction formelle avec le but des bénéfices ecclésiastiques. Sur les pressantes instances de Gerbert, Othon III ordonna donc qu'à l'avenir les obligations souscrites en dehors des intérêts de l'Église, par les titulaires des bénéfices, seraient personnelles et ne pourraient jamais engager leurs successeurs, qui restaient toujours libres de les annuler s'ils les estimaient contraires au droit ecclésiastique, à la bonne administration de leur charge ou en opposition avec les rescrits impériaux (2). Ce décret d'Othon fut promulgué par Gerbert vers la fin de septembre 998.

---

(1) Labbe, *Concil.*, t. IX, col. 772. — Acherium, t. IX, *Spicileg.*, p. 68.
(2) Edita in *Collectione Romana* Holstenii. — Labbe, *Concil.*, t. IX, col. 774.

Nous placerons également à cette époque le célèbre discours sur l'*information des évêques*. Secondant les vues du pape dans ses projets de réforme ecclésiastique, le nouvel archevêque de Ravenne adressa à ses suffragants et aux clercs de son Église cette belle homélie sur les devoirs d'un évêque, dont nous allons reproduire les traits principaux. C'est un des documents les plus importants du dixième siècle sur la discipline ecclésiastique, en même temps qu'il nous fait connaître le zèle ardent de Gerbert pour replacer l'épiscopat au point de gloire et de vénération qu'il possédait autrefois. Cet opuscule a paru renfermer tant de beautés, nous disent les auteurs de l'*Histoire littéraire*, que l'on a voulu en faire honneur à saint Ambroise, le plus éloquent des pères latins (1). Ce fut à la fin du onzième siècle que le cardinal Humbert propagea cette erreur en donnant, sous le nom de l'ancien évêque de Milan, un long fragment de l'opuscule de Gerbert (2); Giles Charlier en fit également mention sous ce titre au concile de Bâle (3); et c'est grâce à l'autorité de ces écrivains que le discours de l'archevêque de Ravenne a été depuis inséré dans les œuvres de saint Ambroise (4). Mabillon a le premier restitué à la mémoire de Gerbert cette page qui est une des plus belles sorties de sa plume (5). L'auteur du discours se propose un double but : montrer d'abord l'excellence de l'épiscopat, et prouver ensuite que ceux qui sont revêtus de cet honneur doivent mener une vie conforme à cette haute dignité. Nous remarquons dans l'exorde cette belle pensée :

Si je puis être par mes paroles utile à mes frères dans le sacerdoce, je ne m'en enorgueillirai pas; car je sais que ma vie n'est pas parfaite,

---

(1) *Hist. litt.*, t. VI, p. 592.
(2) Humbertus *de Simonia*, lib. I, c. XVI.
(3) Martenii, *Ampliss. collect.*, t. VIII, p. 460.
(4) Ambrosii *Opera*, t. II, append., p. 357. — Cette erreur se retrouve également dans la *Patrologie* de Migne, t. XVII, col 568, etc.
(5) Mabillon a revisé ce discours sur un ancien manuscrit de saint Martial de Limoges. *Analecta*, nova edit., p. 103.

bien que j'essaye d'enseigner aux autres les moyens de perfectionner la leur. Mais, tout en prenant la parole, je me mettrai au nombre de mes auditeurs afin de tirer, moi aussi, bon profit de mon propre discours.

Parlant ensuite de la dignité de l'ordre épiscopal, il montre qu'il est au-dessus de tous les pouvoirs de la terre par la grandeur de son ministère, et que c'est à lui que Jésus-Christ a donné mission de conduire le troupeau des fidèles :

Gardons-nous cependant, continuait-il, de n'exalter qu'en paroles l'honneur de l'épiscopat ; ce sont surtout les œuvres et le mérite qui doivent proclamer la sublimité de ce ministère. N'oublions pas en effet que les devoirs étant proportionels aux dignités, Dieu demandera un compte plus sévère à un évêque qu'à un clerc, à un prêtre qu'à un laïque, parce qu'il sera plus exigé de celui qui aura plus reçu.

Gerbert expose ensuite et commente brièvement les qualités que saint Paul, dans sa première épître à Timothée, veut voir briller dans ceux qui sont appelés à l'épiscopat. Après cette paraphrase des paroles de l'apôtre, le courageux archevêque démasque la conduite, assez fréquente alors, paraît-il, de quelques membres du clergé et même de l'épiscopat qui trafiquaient publiquement des choses saintes. Comparant la simonie à la lèpre dont Giézi fut frappé par le prophète Elisée, il annonce que le remède doit être d'abord appliqué aux évêques, chefs de l'Eglise, afin que par eux il aille porter la vie et la santé dans les membres du clergé inférieur :

Voyez, s'écriait Gerbert avec une noble indignation, voyez au milieu de l'Eglise ces prêtres qui ont dû leur élévation, non au mérite, mais à l'argent qu'ils ont donné ; demandez-leur franchement qui les a fait prêtres, ils vous répondront sans hésiter : mon archevêque m'a récemment promu à l'épiscopat, l'obtention de cet honneur m'a coûté cent sous d'or (1), mais si je n'eusse rien donné, je ne serais pas évêque aujourd'hui. Je préfère avoir fait une brèche à ma bourse et posséder la dignité épiscopale ; car si j'ai le bonheur de vivre

---

(1) Le sou d'or valait 24 francs. Voy. Barse, t. II, p. 396.

quelque temps je rentrerai bientôt dans mes avances. J'ordonnerai des prêtres, ils me donneront de l'or, je conférerai le diaconat moyennant une somme d'argent et ainsi de suite pour tous les autres ordres hiérarchiques, sans compter ce que me rapporteront la bénédiction des abbés et les consécrations d'églises. Vous le voyez, mes avances sont loin d'être perdues.

Et moi, je vous réponds : Voilà ce qui m'afflige de voir un archevêque vous conférer l'épiscopat d'une manière simoniaque; cet argent que vous avez donné a été pour votre âme une lèpre; vous avez cru acheter à prix d'or la grâce de Dieu et vous n'avez reçu en échange que la lèpre dont parle le Prophète. A votre tour vous avez reçu de l'argent, trafiqué des choses saintes, mais vous n'avez fait que transmettre le mal dont vous étiez souillé, vous avez négocié la perte des âmes ! Pour quelques deniers vous avez placé un abbé à la tête d'un monastère, mais ce n'est qu'un lépreux que vous avez exalté, et son élévation sera la ruine des moines qu'il devait sanctifier. Le peuple qui ne connaît pas vos scandaleuses machinations a beau crier dans les ordinations : *C'est un homme juste, il mérite l'ordre que vous lui conférez ;* la conscience de l'élu ne lui murmure-t-elle pas : Tu es indigne de cet honneur ! L'évêque consécrateur lui dit : *Que la paix soit avec vous* ; et au fond du cœur une voix lui répond : Tu n'auras jamais la paix ! Le peuple en vous contemple un grand évêque ; mais Dieu n'y voit qu'un lépreux. Vous perdez votre âme par ce trafic sacrilège; votre personne monte il est vrai en dignité, mais votre âme qui devait dominer le corps en devient l'esclave. C'est un triomphe matériel, mais je le répète c'est un meurtre spirituel.....

Gerbert continue le développement de cette pensée et poursuit jusque dans leurs derniers retranchements ceux qui déshonoraient l'Eglise par leur cupidité; voici comment il termine cet éloquent discours :

Mes frères, tel est l'abîme dans lequel glisse l'épiscopat, cet ordre déifique; voilà où sont descendus ceux que le juge de l'univers avait appelés *la lumière du monde!* (Math. V. 14). Voilà le degré d'abaissement où sont plongés ceux dont le Seigneur avait dit : *Vous êtes le sel de la terre !* (ibid. 13). Si vous voulez être dans l'Eglise une lumière établie par Dieu pour éclairer par vos paroles les ténèbres de la conscience du troupeau qui vous est confié, pourquoi par vos crimes épaissir encore les ténèbres de vos esprits ? Si encore vous périssiez seul, ce ne serait qu'un juste châtiment de vos fautes, mais non, vous entraînez aussi dans l'abîme les âmes qui vous sont confiées ! Si vous voulez posséder la saveur du sel afin d'aviver les champs dont la culture vous incombe, pourquoi vous souillez-vous de ces âmes immondes qui vous empêchent de faire fleurir la vertu dans vos vices et dans celles de vos fidèles ? Vous avez ambitionné l'honneur d'être l'œil du corps ecclésiastique et de le guider dans sa marche; et voilà que les passions ont voilé vos yeux d'un nuage, et non seulement vous avez perdu la faculté de voir, mais vous plongez les autres dans les ténèbres. L'Évangile nous dit : *Si votre œil est pur, tout votre corps sera dans la lumière*, (Math. VI, 22), c'est-à-dire, si l'évêque, qui doit dispenser la lumière dans tout le troupeau, vit dans l'innocence et la vertu, l'Eglise qui lui est confiée sera enveloppée d'une lumière brillante. Si au contraire *votre œil est mauvais, tout votre corps sera plongé dans les ténèbres* (ibid. 23), ce qui veut dire que si l'évêque dont la mission est d'éclairer ceux auxquels il commande est abîmé dans les passions, que deviendront les autres membres de ce corps auquel la lumière n'arrivera plus ? En d'autres termes, que feront les fidèles lorsque, par ses exemples criminels, l'évêque les portera à l'imiter dans leur conduite ? Croyez-vous qu'ils regarderont comme défendues des actions que leur évêque commet chaque jour ? Au contraire, ils pratiqueront sans remords ce que leur prélat se permet sans scrupule.

Le titre que vous portez vous accuse également ; ce nom d'évêque sous lequel chacun vous désigne n'indique-t-il pas que vous remplisez dans l'Eglise les fonctions d'inspecteur suprême ! Dans le temple vous êtes assis sur un trône élevé afin que vous puissiez voir les fidèles et que chacun d'eux puisse porter ses regards sur vous et puiser dans vos vertus l'aliment de leurs âmes ; mais que deviendra cette instruction si vous n'offrez à leurs yeux qu'une image obscurcie et altérée ?.....

Je sais que ceux dont la conduite est en contradiction avec les préceptes que je viens d'énoncer blâmeront ce discours ; mais je crois que les prêtres fidèles approuveront nos paroles ; et si quelques critiques sont dirigées contre moi, chose dont je m'inquiète fort peu, j'ai la confiance d'être soutenu par les gens de bien.

Et vous, Esprit-Saint, qui m'avez soutenu de vos divines inspirations, continuez votre œuvre ; assistez tout le clergé de votre grâce, afin qu'il réalise dans la pratique les conseils que vous lui avez fait entendre par ma bouche ; faites que tous nous nous rendions dignes par notre conduite du royaume des cieux que vous nous avez promis, ô vous qui régnez avec le Père et le Fils dans la trinité et l'unité, dans tous les siècles des siècles. Ainsi-soit-il.

Nous avons donné un assez long fragment de ce discours parce qu'il nous peint, mieux que nous n'eussions pu le faire nous-même, l'état du clergé vers la fin du Xe siècle. L'énergie déployée par Gerbert nous fait juger de la profondeur du mal, et l'on aime à trouver sur les lèvres d'un évêque ce mâle enseignement qui ne transige jamais avec les grands principes de justice et de morale. En cela, l'archevêque de Ravenne eut l'honneur de préparer le réveil de la discipline ecclésiastique tombée, surtout en Italie, dans le plus profond oubli, par suite des troubles dont les factions politiques avaient couvert la Péninsule. Il fut ainsi le noble précurseur de Grégoire VII dans la lutte entreprise au XIe siècle par ce courageux pontife contre la simonie des clercs, lutte glorieuse d'où la papauté sortit triomphante à force d'énergie, de vertu et de sacrifice. Ce caractère de réformateur qui suppose la double autorité du génie et de la vertu n'a point été assez remarqué dans Gerbert ; c'est cependant, croyons-nous, un de ses plus beaux titres à la reconnaissance de l'histoire ; car, pour être plus modeste et plus périlleuse, la mission de ceux qui arrêtent l'humanité sur le chemin de la décadence est peut-être plus utile que celle des hommes dont le nom se conserve immortel sous les lauriers d'une victoire.

Malgré les fatigues de son laborieux ministère, Gerbert n'abandonnait cependant pas entièrement les travaux littéraires et philosophiques qui avaient fait le charme de sa vie ; son infatigable activité semblait se retremper dans le travail et y puiser une nouvelle énergie. Ce fut, croyons-nous, pendant qu'il était sur le siège de Ravenne qu'il composa, à la demande de l'empereur Othon, son petit traité sur le *raisonnable* et *l'usage de la raison* (De Rationali et ratione uti, libellus) (1). Dans le préambule de cette dissertation (2), Gerbert nous apprend que, pendant son séjour en Germanie, Othon, arrêté par la difficulté que présentait un passage de Porphyre, la soumit aux jeunes écolâtres de la cour ; mais, malgré leur talent, ils ne purent la résoudre, et Gerbert fut chargé de fournir l'explication de cette question obscure. La maladie et de nombreuses occupations ne lui ayant pas permis de satisfaire immédiatement au désir de l'empereur, il ne put donner suite à ce travail qu'après son arrivée en Italie.

La question posée par l'empereur était celle-ci : comment faut-il entendre la proposition de Porphyre qui dit que l'on ajoute souvent un terme comme attribut à un autre terme qui a quelques rapports avec le premier, comme lorsque l'on dit par exemple : l'être raisonnable fait usage de la raison? Car, généralement, le plus est attribut du moins, et le moins n'est jamais réciproquement attribut du plus. Comment se fait-il donc que *faisant usage de la raison* soit l'attribut *d'être raisonnable*, cette dernière idée ayant plus d'extension, puisque tout ce qui fait usage de la raison est raisonnable, tandis qu'il n'est pas exact de dire que tout ce qui est raisonnable fasse usage de la raison (3).

La difficulté, comme on le voit, n'était guère sérieuse (4), et elle reposait entièrement sur une définition des termes *possibilité* (potestas) et *activité* (actus) (5). Gerbert, faisant appel à l'autorité d'Aristote (6), établit d'après ce philosophe qu'il y a des réalités inséparables de la possibilité, comme par exemple

---

(1) Apud BERNARDUM PEZIUM, *Thesaurus anecdot. noviss.*, t. I, part. II, col. 147.

(2) MABILLON, *Analecta vetera*, t. II, p. 106.

(3) HOCK, p. 430.

(4) *Histoire littéraire*, t. VI, p. 584.

(5) Quapropter sophistica, id est, cavillatoria colluctatione remota, quædam de natura potestatis et actus explicanda sunt..... *De Rationali et ratione uti*, c. V.

(6) Voyez ce que nous avons dit au chapitre V du rôle d'Aristote dans l'enseignement philosophique de l'école de Reims.

les qualités des choses contingentes (la chaleur du feu, l'humidité de l'eau, etc. etc.); il y a également des possibilités qui peuvent ne pas se traduire en actes, telles sont les actions libres ; enfin on trouve des possibles qui ne deviennent jamais des réalités comme dans le temps et dans le nombre, qui sont infinis quant à la possibilité, mais non en réalité.

A l'appui de ces divisions, Gerbert compose un tableau dans lequel il classe d'abord les *possibles*, qu'il distingue en deux catégories, ceux qui peuvent être réellement et ceux qui ne peuvent pas réellement exister, et, en second lieu, les *réalités*, qu'il divise en nécessaires et en non nécessaires. Le *raisonnable*, continue-t-il, est un attribut substantiel de l'homme, inhérent à sa nature, tandis que *faire usage de la raison* peut être considéré comme une qualité accidentelle et nullement nécessaire. Or, la substance pouvant toujours avoir l'accident pour attribut, Porphyre a donc pu donner à *raisonnable* la *propriété de faire usage de la raison* comme un attribut (1).

Ce traité de Gerbert n'a pas, nous l'avouons, une grande valeur philosophique; il l'avait lui-même compris quand, à la fin de sa dissertation, il s'excusait de s'être livré à un travail si complètement en dehors des graves études d'un évêque (2). Ce n'est guère qu'un essai dans lequel les mots jouent un rôle plus important que les idées. Néanmoins, cette sollicitude du jeune empereur pour élucider un point obscur de l'introduction de Porphyre, cet évêque qui ne dédaigne pas de s'occuper de cette question un peu futile, tout nous est un symptôme de ce réveil intellectuel dont le onzième siècle allait voir lever l'aurore et que Gerbert avait puissamment contribué à préparer.

Ce fut au milieu de ses travaux que l'archevêque de Ravenne apprit la mort de Grégoire V (18 février 999). Malgré son jeune âge, ce pape, doué d'une énergie remarquable et d'une

---

(1) HOCK, p. 434, passim.
(2) *De Rationali*, etc., c. XVII, in fine.

grande vertu, avait marqué son court pontificat par des actes importants : l'apaisement du conflit de Reims, le rétablissement d'Arnoul sur son siège archiépiscopal, l'élection des empereurs soumise à des règles qui en garantissaient la sincérité, Gerbert placé à la tête du plus vaste diocèse de l'Italie, et, par-dessus tout, la vive impulsion donnée par le souverain pontife à la réforme ecclésiastique, sont autant de titres à la reconnaissance et aux éloges de l'histoire. Grégoire V, nous dit un biographe, préluda à cette série de papes qui devaient relever et affermir la dignité de l'Église, soutenir et achever l'édifice ébranlé de l'ordre hiérarchique, rétablir la discipline, ranimer le goût de la science, poser des limites à la puissance séculière et l'empêcher d'empiéter sur l'autorité spirituelle.

CHAPITRE XIII.

PONTIFICAT DE SYLVESTRE II (999-1003).

Les dissensions qui avaient troublé les derniers mois du pontificat de Grégoire V faisaient craindre que le parti opposé aux Allemands ne profitât de la mort de ce pontife pour donner au monde catholique le spectacle, fréquent dans ce siècle, de deux factions se disputant, les armes à la main, l'élection du nouveau pape. Heureusement l'empereur se trouvait alors en Italie; il accourut à Rome, et, grâce à son influence, le choix du clergé se porta sur Gerbert, archevêque de Ravenne (1).

La plupart des historiens contemporains rendent hommage à la pureté de cette élection, et tous s'accordent à ne voir dans cet avénement de l'ancien précepteur d'Othon à la chaire de saint Pierre, qu'une consécration éclatante donnée à sa haute intelligence et à la supériorité de son génie (2). Ce mobile dut sans doute avoir un grand poids sur la décision impériale, mais il est assez vraisemblable que la politique n'y fut pas étrangère. Othon III avait eu tant à souffrir de la turbulence des Romains, il avait en même temps si peu de confiance dans

(1) Il fut remplacé sur son siége archiépiscopal par Léon, abbé de Nonantule. MABILL. *Annal.*, t. IV, p. 127. — UGHELLI, *Ital. sacra*, t. II, p. 352.

(2) Gerbertum archiepiscopum Ravennæ propter summam philosophiam Otho summo amore excolens ordinavit eum papam... Ex *Fragmento Veteris Chron. Floriacensis.* — Gerbertus papa sublimatus est obtentu philosophiæ. Ex *Chron.* ADEMARI Cabanensis.

leurs serments et leurs promesses (1), qu'il voulut avant tout placer sur la chaire apostolique un homme énergique et d'une fidélité à toute épreuve. Ses vues se portèrent alors sur Gerbert dont il connaissait le dévouement à sa dynastie, et le choix du clergé, ratifié par le peuple romain, porta avec acclamation le nouveau pape sur le trône pontifical (2).

Peut-être faudrait-il ici s'arrêter un instant pour réfuter les absurdes inventions de quelques chroniqueurs dont l'ignorance a voulu entourer chacune des actions de Gerbert d'une auréole mystérieuse ; mais nous reviendrons sur ce point en parlant des légendes populaires que la mort du pontife inspira aux naïves imaginations du onzième et du douzième siècles.

L'auteur de ces fables ineptes qui nous montrent Gerbert en communication directe avec les puissances de l'enfer, vendant son âme au diable pour obtenir le souverain pouvoir, l'auteur, disons-nous, fut un certain cardinal Bennon qui vivait sous le pape Grégoire VII. Dans la lutte qui, au milieu du onzième siècle, mit aux prises le sacerdoce et l'empire, le pape et Hénri IV, ce Bennon embrassa le parti de l'empereur, et, dans un pamphlet dirigé contre Grégoire VII, il attaqua tous les prédécesseurs de ce pontife en les accusant d'avoir usurpé le Saint-Siége par magie ou maléfice. Gerbert fut un des papes les plus maltraités par cet écrivain, et les chroniqueurs des douzième et treizième siècles (3) se sont empressés de reproduire des inepties qui nous font sourire aujourd'hui, mais qui, à l'époque où elles furent mises en circulation, rendirent odieuse et maudite la mémoire de l'illustre pontife, environnée jusque-là de respect et d'admiration. Ce qui est plus difficile à expliquer, et nous dirons même ce qui est plus coupable, ce sont les perfides insinuations du cardinal Baronius, qui, après

(1) Suspectam et nusquam tutam fidem Otho expertus fuerat Romanorum. Baronii *Annal.*, t. X, col. 949.

(2) Aimonii, lib. V, c. 45.

(3) Ex *Chron. Virdunensi*, Fratris Andreæ, Sigeberti Gemblacensis monachi. — Ce dernier supprime même le pontificat de Sylvestre II et le remplace par celui d'Agapit.

avoir montré le peu de fondement des fables de Bennon, ne craint pas d'écrire à propos de l'élection de Gerbert ces lignes inspirées par la passion et l'injustice : « Il fut élu pape, mais, « je l'avoue sincèrement, il était indigne de cet honneur (1). » Baronius ne peut pardonner à l'ancien archevêque de Reims la résistance qu'il opposa aux réclamations de Jean XV ; oubliant la noble soumission dont il donna l'exemple après le synode de Mousson, il méconnaît ce grand caractère et persiste, dans ses appréciations passionnées, à ne voir en lui qu'un rebelle et un factieux (2).

Gerbert, le premier Français qui se soit assis sur le trône apostolique, fut intronisé le dimanche des Rameaux, 2 avril 999, et prit le nom de Sylvestre II. Ce choix renfermait pour l'empereur une délicate déférence. Le pape Sylvestre Ier avait dû à l'influence et à l'amitié de Constantin la pacification de l'Église au quatrième siècle ; le nouveau pontife voulut, en se faisant appeler Sylvestre II, montrer la nature des liens qui l'unissaient à Othon III et perpétuer ainsi le souvenir des bons offices dont Rome et la chrétienté tout entière étaient redevables à l'empereur.

Au sujet de l'élection du nouveau pape, quelques historiens ont reproduit un décret impérial qui aurait confirmé les donations territoriales faites antérieurement au Saint-Siége, tout en blâmant avec énergie les usurpations dont certains papes s'étaient rendus coupables. Cette pièce, dont les savants auteurs de l'*Histoire littéraire* (3) paraissent admettre l'authenticité, et que le premier éditeur des lettres de Gerbert a reproduite (4), nous paraît offrir des caractères si évidents de fausseté qu'il nous est impossible de l'attribuer à Othon III. Concevrait-on, en effet, que le jeune empereur écrivant à un pape, à celui qu'il vénérait comme un maître, qu'il aimait

---

(1) ..... Tanta sede ut libere fatear indignissimum. BARONII *Annal.*, t. X, col. 949.
(2) Sedis apostolicæ hostis extitit infensissimus. *Ibid.*
(3) Tome VI, p. 569.
(4) PAPIRIUS MASSON, p. 73, 74. — HOCK, p. 311. — BARSE, t. II, p. 475.

comme un père, formulât contre la dignité dont ce dernier venait d'être revêtu des accusations de ce genre : «... Rome, « la tête du monde, la mère de toutes les Églises, a perdu « toute sa splendeur et son éclat par l'incurie et l'ignorance « des papes..... Vos prédécesseurs ont dépouillé l'Église, « et ils ont ensuite cherché dans notre empire une compen- « sation à leurs fautes, comme s'il leur était permis de récu- « pérer sur nos possessions ce dont leur folie les a dé- « pouillés.....»? Révoquant ensuite en doute les donations formelles de Constantin et de Charlemagne, il accorde au Saint-Siége huit petits comtés dans lesquels nous ne voyons pas même figurer la ville de Rome et son territoire.

La forme et le ton général de ce décret ne nous paraissent nullement en rapport avec le caractère du jeune prince ; en outre, lorsque Othon III fut couronné empereur par Grégoire V, il dut, aux termes des lois alors en vigueur, jurer avant son sacre le maintien et la conservation des droits, priviléges et possessions de l'Église romaine ; pourquoi serait-il venu, à si peu d'intervalle, se parjurer ainsi, et pouvons-nous admettre que le nouveau pontife, dont nous avons pu déjà apprécier l'énergie et le courage, n'eût pas protesté contre une spoliation qu'il aurait sanctionnée en l'acceptant? Nous ne dissimulerons pas cependant que cette pièce a été admise par quelques écrivains catholiques, et que de très-anciennes copies manuscrites en sont conservées dans la bibliothèque du Vatican et dans le monastère des franciscains de Castel-Gandolfo (1) ; mais nous ne voyons pas dans ce seul fait une raison suffisante pour accepter comme authentique une pièce qui aurait placé le Saint-Siége dans une dépendance absolue du pouvoir impérial, en subordonnant jusqu'à un certain point son existence temporelle aux caprices et aux intérêts de ce dernier.

Ce que l'histoire affirme avec certitude, c'est la bonne harmonie qui ne cessa jamais de régner entre Sylvestre II et l'empereur, et la respectueuse déférence de ce dernier pour le

(1) Hock, p. 340, note de M. Axinger.

souverain pontife; nous en avons la preuve dans le diplôme impérial qui concédait « sur la demande du pape (1) » à l'église de Verceil la ville de ce nom ainsi que son comté et celui de Sainte-Agathe (2). L'empereur prolongea son séjour à Rome pendant un an, et, tout en confirmant par sa présence l'autorité du nouveau pontife (3), il mit tous ses efforts à faire disparaître de la ville éternelle les factions dont jusqu'à ce jour elle avait eu à subir les désastreux contre-coups.

Un des premiers actes de Sylvestre II fut de confirmer par une bulle le rétablissement d'Arnoul sur le siége de Reims (4). Il s'en acquitta avec ce tact et cette habileté dont il avait donné déjà tant de preuves, et, sans faire allusion au synode de Reims ni à celui de Mousson, il concéda de nouveau à son ancien compétiteur tous les priviléges autrefois conférés au primat des Gaules :

Sylvestre, évêque, serviteur des serviteurs de Dieu, à notre trèscher fils en Jésus-Christ Arnoul, archevêque de la sainte Église de Reims.

Il appartient au Saint-Siége, non seulement de donner des conseils aux pécheurs, mais de relever ceux qui sont tombés et de les replacer au même degré d'honneur d'où ils étaient déchus, afin que la puissance de délier accordée à Pierre brille partout avec la puissance de Rome. Voilà pourquoi nous venons à votre secours, Arnoul, vous qui aviez été dépouillé de la dignité épiscopale à cause de quelques fautes; du reste, comme votre abdication n'a pas été approuvée par Rome, nous voulons fournir en votre personne la preuve que l'on peut être rétabli par la faveur apostolique; car Pierre possède une puissance à laquelle nulle autorité humaine ne saurait être comparée.

Aussi, par la présente bulle, en vous rendant la crosse et l'anneau, nous vous permettons de remplir les fonctions archiépiscopales et de

---

(1) Supplicante domino papa Sylvestro II.

(2) Baronii *Annal.*, t. X, col. 954.

(3) Il présida même avec le pape un concile pour résoudre certaines difficultés survenues dans l'Église de Worms.

(4) Arnoul occupa ce siége jusqu'en 1021, selon la chronique de Mousson, et jusqu'en 1023, suivant la chronique d'Albéric.

jouir de toutes les prérogatives attachées au siége métropolitain de Reims ; nous vous autorisons donc à porter le pallium aux fêtes solennelles, à sacrer les rois de France et les évêques vos suffragants, et à jouir, en vertu de notre autorité apostolique, de tout droit pastoral qui appartenait à vos prédécesseurs.

Nous défendons également que personne ne puisse jamais, soit dans un synode, soit ailleurs, vous reprocher l'accusation dont vous avez été autrefois l'objet ou se permettre à se sujet contre vous des paroles outrageantes. Que notre autorité vous protége en tout, même contre les remords de la conscience.

Nous vous confirmons dans la possession de l'archevêché de Reims, que nous vous rendons intégralement ainsi que tous les évêchés suffragants, tous les monastères, titres, châteaux, villes, maisons, en un mot l'héritage entier du bienheureux Rémy, apôtre des Francs. Sous peine d'encourir les censures apostoliques, les menaces du jugement dernier et l'excommunication, nous faisons défense à tous nos successeurs sur le siége de Rome et à toute autre personne, quelle que soit sa condition, d'enfreindre nos ordres à cet égard ; et si quelqu'un, ce qu'à Dieu ne plaise, essayait de violer cette défense, qu'il soit anathème (1).

Dans cette bulle, le pape ne se prononçait pas sur la nature et la gravité des accusations portées autrefois contre Arnoul ; il ne s'appuyait, pour le rétablir sur son siége, que sur le seul fait de « la non participation du pape à son jugement. » Cette considération du nouveau pontife, affirmant d'une manière très-explicite le droit apostolique, est de nature à rendre plus probable encore le doute que nous avons émis plus haut sur l'intégrité des actes du concile de Saint-Basles, tels que nous les ont transmis les centuriateurs de Magdebourg. S'il eût été vrai, en effet, que Gerbert et tous les évêques de France eussent protesté, avec l'énergie que nous leur avons vu déployer, contre les droits nouveaux de la papauté, nul doute que la contradiction flagrante entre les paroles de Sylvestre II et celles de l'ancien archevêque de Reims n'eût également excité des réclamations en Gaule. Ne disons donc pas avec M. Ampère « que

---

(1) Epist. LV 2ᵉ class. — MABILL. *Annal.*, t. IV, p. 130. — LABBE *Concil.*, t. X, col. 778. — HOCK, p. 345.

« le langage de Gerbert a changé avec le point de vue (1), » mais que le pape proclame, dans cette bulle adressée à son ancien compétiteur, ce qu'il n'avait jamais contesté : le droit du siége apostolique de prononcer sur les causes contentieuses survenues dans la province ecclésiastique. C'est ce qu'avait formellement soutenu l'archevêque de Reims dans sa lettre à la reine Adélaïde : « Je ne m'obstinerai jamais à conserver ma dignité épiscopale « contre le jugement des évêques présidés par le représen- « tant de l'autorité suprême (2). » Conformant sa conduite à ce principe, Gerbert s'était démis de son siège après l'arrêt du concile de Mousson et du concile de Reims, et, à peine monté sur le trône apostolique, Sylvestre II oublie les torts d'Arnoul et le rétablit dans ses anciennes prérogatives, voulant que le premier emploi de sa puissance fût un acte de miséricorde et de pardon.

Ce zèle, qu'il avait du reste toujours déployé pour maintenir la discipline ecclésiastique, ne lui fit pas défaut sur la chaire apostolique ; il réprima la simonie (3), et il aurait même, selon Mabillon (4), prononcé étant pape le discours sur l'*information des évêques* dont nous avons rendu compte dans le chapitre précédent. Gardien vigilant des vérités dogmatiques, il condamna les erreurs dont l'écolâtre de Ravenne, Willegard, commençait à infester la Péninsule. Dans son enthousiasme pour les lettres anciennes, ce dernier allait jusqu'à vouloir rajeunir les croyances du paganisme, tout en cherchant à les harmoniser avec les principes chrétiens (5) ; Sylvestre II étouffa cette erreur naissante, et l'histoire ne nous montre pas qu'elle ait résisté aux conseils et aux enseignements du docte pontife.

Une cause moins grave, mais plus délicate peut-être, obligea

---

(1) *Hist. littér.*, t. III, p. 309.
(2) Epist. CLIX.
(3) Baluz. in *Not. at Grat.*, p. 459.
(4) Mabillon *Annal.*, t. I, p. 106, in-folio.
(5) Bzovius, *Vita Sylvestri*, p. 593, 2.

le pape à intervenir en Gaule. L'évêque de Laon, Adalbéron ou Ascelin, s'était mêlé, comme nous l'avons vu, à tous les événements dont le nord de la France avait été le théâtre dans la dernière partie du dixième siècle. Ce prélat, ambitieux et déloyal, avait fait de sa ville épiscopale un foyer d'intrigues où tous les mécontents trouvaient asile et protection. De graves accusations, sur lesquelles l'histoire a laissé tomber le voile du doute, avaient plané sur cet ancien élève de Gerbert, et quelques chroniqueurs lui imputaient même la mort du dernier Carlovingien. Ce qui était bien établi, c'est qu'après avoir, par ses menées perfides, livré à Hugues-Capet Arnoul de Reims et Charles de Lorraine, ce prélat turbulent et cupide, ne se trouvant pas satisfait des faveurs que lui accordait la nouvelle dynastie, trama sa ruine; et nous avons vu avec quelle habileté il avait ourdi le complot qui devait faire tomber entre les mains de l'empereur le roi de France et son fils s'ils se fussent rendus au concile de Mousson. D'aussi graves sujets de plainte joints aux réclamations du roi Robert et des évêques de France éveillèrent la sollicitude du pasteur de l'Église universelle, et il écrivit à Ascelin une lettre dans laquelle, après lui avoir adressé les plus vifs reproches sur sa déloyauté et sa perfidie, il le cite à Rome pour y répondre de sa conduite devant un concile qui devait s'assembler vers les fêtes de Pâques (1).

En même temps qu'il mettait un frein aux coupables desseins de l'évêque de Laon, Sylvestre II accroissait les possessions et les priviléges du monastère de Vézelay (2), dans le diocèse d'Autun. Dans une autre bulle remarquable adressée au couvent de Seven, dans le Tyrol, il rendit à l'ordre de Saint-Benoît, auquel il était redevable du bienfait de son éducation, un hommage éloquent et signala les nombreux services que la famille bénédictine avait rendus à la science et à la religion (3). Néanmoins, son affection pour les monas-

---

(1) Epist. LIV 2ᵉ class. — LABBE, t. X, col. 777.
(2) Ex lib. I *Historiæ Vizeliac.*, t. III, *Spicilegii*. — LABBE, t. X, col. 779.
(3) MANSI, t. XIX, p. 243. — MABILL. *Annal.*, t. IV, p. 90.

tères n'allait pas jusqu'à permettre aux abbés qui les dirigeaient d'outre-passer leurs droits. Il n'était pas rare à cette époque de voir des évêques se démettre de leur dignité, prendre l'habit monastique, et devenir quelquefois entre les titulaires des diocèses et les abbayes une cause de dissension et de conflit. Il nous reste de Sylvestre II une lettre très-énergique qu'il adressa sur ce sujet à saint Odilon, abbé de Cluny. Dans cette épître (1), le souverain pontife enseigne formellement que tout évêque faisant profession religieuse dans un monastère perd, par cela même, son droit de juridiction, et il lui interdit toute fonction épiscopale, les réservant exclusivement à l'ordinaire du diocèse (2). Aussi habile législateur qu'énergique défenseur des droit de l'épiscopat, il fit rentrer Césène sous son autorité et donna à la ville d'Orviéto des lois qui ont fait l'admiration des politiques modernes (3).

La mort faisait cependant des vides autour du nouveau pontife. Des amis qui lui étaient restés fidèles, peu survivaient encore, et chaque jour des pertes nouvelles venaient douloureusement frapper le cœur de cet homme qui avait placé l'amitié au-dessus de tous les biens et de toutes les jouissances de la terre (4). Après Arnoul d'Orléans, la mort était venue frapper l'archevêque de Sens, Séguin, 17 mai 999 (5), et, malgré le choix du peuple, le clergé de cette Église s'obstinait à ne pas vouloir accepter pour métropolitain Leuthéric, un des élèves privilégiés de l'écolâtre de Reims (6). Sylvestre II éleva la voix, et dans une bulle remarquable, rappela le clergé de Sens au juste sentiment de ses devoirs en même temps qu'il

---

(1) *Annal. Bened.*, t. IV, p. 134.

(2) Cette décision de Sylvestre II fut contredite par Benoît VIII (MABILL. *Annal.*, t. V, lib. LIII, n. 67) et par Pierre-le-Vénérable (Epist. ad Innocent. II, lib. IV). Innocent III partagea cependant l'opinion de Gerbert (Cf. lib. 1 *Decret.*, t. IX, c. 4).

(3) CIACCONI, *Vitæ Rom. pont.*, p. 753. — BZOVIUS, p. 593.

(4) Epist. XLVI.

(5) Ex *Chron.* WILLELMI GODELLI.

(6) Ex *Abbreviatione gestor. Franciæ regum*, D. BOUQ., t. X, p. 227.

prenait la défense de son ancien ami dont l'élection ne fut plus dès lors contestée (1).

Une perte plus douloureuse encore vint frapper le cœur du pontife; la veuve d'Othon-le-Grand, la mère et l'aïeule de deux empereurs, l'amie fidèle dont la main puissante avait soutenu Gerbert dans tous les revers de la fortune, celle qu'il aimait à appeler « sa bienfaitrice et la mère des royaumes (2), » mourut le 16 décembre 999 (3). L'Impératrice Adélaïde, malgré les dissensions passagères que ses ennemis avaient fait naître entre elle et son petit-fils Othon III, ne s'était jamais départie, dans l'adversité comme au faîte des grandeurs, « de cette bonté
« persévérante, de cette patiente longanimité à laquelle ses
« ennemis eux-mêmes rendaient hommage ; ferme dans sa foi,
« continue son panégyriste, d'une sécurité inébranlable dans
« ses espérances, elle mettait à aimer Dieu et le prochain
« cette charité complète qui est la source de tout bien et la
« cause principale de toutes les vertus (4). »

Les regrets que la mort de cette princesse excitèrent dans l'âme du pape et de l'empereur furent encore accrus par la perte que fit ce dernier de sa tante Mathilde, abbesse de Quedlingbourg. Par l'élévation de son caractère et la supériorité de son esprit, cette princesse avait acquis en Allemagne une grande influence; pendant ses expéditions, Othon III lui confiait toujours la régence, et c'était grâce à ses sages conseils que ce jeune prince avait pu grouper de nouveau sous son obéissance, après une minorité orageuse, les peuples d'origines diverses violemment réunis par l'épée d'Othon-le-Grand.

(1) *Spicileg.*, t. II, p. 738.
(2) Epist. VI, XX, LXXV, XCVII. CXXVIII, CLVII, CLIX 1ʳᵉ class.; XLV, XLIX 2ᵉ class.
(3) Ex *Vita S. Adheleidis imperatricis*, ap Leibnitz, t. I, p. 262.
(4) *Panégyrique de sainte Adélaïde*, par saint Odilon, abbé de Cluny. — Quelques écrivains (Oldoïni, *Romanor. pontif. vitæ*, t. I, p. 753. — Ciacconius) ont cru, d'après les relations d'amitié qui avaient existé entre la veuve d'Othon-le-Grand et Gerbert, que ce dernier avait écrit la vie de sainte Adélaïde; mais les plus anciens manuscrits l'attribuent à saint Odilon, abbé de Cluny. Voy. l'épître dédicatoire de cet opuscule, *Biblioth. Cluniac.*, p. 353.

Ce fut à Rome que l'empereur apprit ces désastreuses nouvelles ; il avait voulu y terminer auprès de son vieil ami cette dernière année séculaire dont la terrible échéance inspirait aux populations chrétiennes un effroi dont l'écho se retrouve encore dans les chroniques contemporaines. Cette erreur, basée sur la fausse interprétation de deux versets de l'Apocalypse (1), s'était répandue dans l'Eglise chrétienne dès les premiers siècles de son existence, et il serait facile d'en suivre la trace de siècle en siècle jusqu'au dixième. Cette menace, si longtemps suspendue sur l'humanité, sembla revêtir, aux approches de l'an mil, un caractère plus arrêté, et ce pressentiment, grossi par les imaginations effrayées, devint bientôt un arrêt inévitable à l'exécution duquel nul ne pouvait échapper. On racontait avec stupeur que, pour justifier la prophétie de saint Jean, l'Annonciation de la Sainte-Vierge (25 mars) coïncidant avec le Vendredi-Saint, il était impossible à la créature de franchir cette date fatale, et l'heure commémorative de la mort du Sauveur devait être aussi l'heure de grâce de l'humanité.

Selon d'anciennes traditions, le monde, créé en 6 jours, ne devait durer que 6000 ans ; les quatre premières périodes millénaires s'étant écoulées avant le christianisme, la cinquième venait aboutir à la fin du Xe siècle, au lendemain duquel commencerait le sixième millénium rempli par le règne visible du Christ. Ces pressentiments, accrus encore par les vagues prophéties des livres Sybillins sur la durée de l'empire romain, allaient se confirmant de génération en génération, et chaque étape franchie, chaque péril évité leur donnaient plus de consistance et de fixité. « La menace, longtemps flottante, comme
« un nuage sinistre, s'était arrêtée sur un point du temps,
« nous dit un historien, et toute la terreur accumulée depuis
« des siècles se concentra sur la dernière année du Xe ; à me
« sure que l'heure fatale approchait, l'effroi redoubla » (2)

(1) *Apocalypsis beati Joannis*, c. XX, ẏ 3, 4, 5.
(2) AMPÈRE, *Hist. littér.*, t III, p. 275.

Ces appréhensions avaient pris même un tel caractère de gravité que les hommes les plus savants de cette période ne purent pas toujours s'en défendre : « Ce qui m'étonne, écrivait « Odon de Cluny dans la vie du saint fondateur d'Aurillac, « c'est qu'il puisse y avoir des miracles à une époque où le re- « froidissement de la charité est presque universel, et où nous « sommes *à la veille de l'Antechrist* » (1). Dans sa jeunesse, Abbon de Fleury avait entendu annoncer publiquement dans les chaires de Paris la date prochaine de la fin du monde (2) ; en Thuringe, un ermite, recommandable par sa science et sa sainteté, nommé Bernhard, enseigna également, d'après des révélations particulières, l'approche du dernier jour (3). Cette croyance faisait même de tels progrès que la reine Gerberge, femme de Louis d'Outre-mer, crut devoir engager Adson, abbé de Moutier-en-Der, à la réfuter. Nous avons encore l'opuscule de ce bon religieux (4), et il est curieux de se rendre compte de l'idée que l'on se faisait alors de la personne de l'*Antechrist*. Après avoir réfuté l'opinion de ceux qui voulaient faire naître ce personnage d'une religieuse et d'un évêque, Adson établit que l'Antechrist doit venir au monde à Babylonne, appartenir à la tribu de Dan et être élevé à Bethsaïde et à Corozaïm. Il ajoute ensuite qu'il rebâtira le temple de Jérusalem et viendra mourir sur le mont des Oliviers après avoir exercé le souverain pouvoir pendant trois ans et demi. Aucun de ces phénomènes précurseurs ne s'étant encore produit, concluait-il, la fin du monde n'est point à redouter de sitôt (5).

Cette réfutation ne produisit pas l'effet que l'on en attendait ; il est rare qu'une erreur populaire cède devant le raisonnement, les faits peuvent seuls la faire disparaître. Les preuves,

---

(1) S. Odonis, *Præfatio ad vitam beati Geraldi.*

(2) Abbo, *Apolog.*, p. 401.

(3) Trithemii *Chron. hist.*, t. I, p. 103.

(4) Quelques critiques l'ont à tort attribué à Alcuin, d'autres à saint Augustin.

(5) Augustini *Opera*, t. VI, append., p. 243, 246. — Alcuin, p. 1209, 1216. — Raban-Maur, t. VI, p. 277, 279.

assez faibles du reste, alléguées par Adson étaient compromises par une série de phénomènes dont l'imagination populaire exagérait les proportions, et qui revêtaient aux yeux effrayés un caractère surnaturel, présage de la colère céleste. Il est remarquable, en effet, que les époques les plus ignorantes, celles où le niveau intellectuel s'est le moins élevé, ont été également celles où la croyance au merveilleux, l'explication par le surnaturel des faits les plus ordinaires de la nature ont été le plus facilement admises. C'est ainsi que nous voyons dans les chroniqueurs du temps l'impression terrible produite alors par des phénomènes que la proximité de la date fatale transformait en solennels avertissements et en lugubres prophéties. Une comète avait brillé au ciel pendant trois mois, et nous savons, ajoute Raoul Glaber, que cet astre ne se montre à la terre que pour annoncer quelque événement merveilleux et terrible (1). Des astres flamboyants sillonnaient l'atmosphère (2); des serpents de feu troublaient de leurs sifflements le silence des nuits (3); des tremblements de terre annonçaient les premières convulsions de la nature (4), et des armées rangées en bataille se livraient dans les airs des combats dont les clameurs semaient au loin l'épouvante et l'effroi (5).

On vit alors un de ces spectacles devant lesquels l'imagination s'arrête effrayée; toute activité cessa, un silence profond, une paix étrange se fit dans l'Occident; chacun s'arrangea pour mourir. On ne travaillait plus, à quoi bon? Les tribunaux furent déserts, pourquoi se disputer aujourd'hui ce qu'on allait se voir ravir demain? La guerre sembla même suspendre ses

---

(1) GLABRI RUDOLPHI, lib. III, c. 3.

(2) Ex *Chronicis Cameracensi et Atrebatensi*. — Ex *Chron. Remensi.*

(3) Ex *Chron.* SIGEBERTI *Gemblacensis monachi.* — Ex *Chron.* S. MEDARDI *Suessionensis.*

(4) Ex *Chron. Sithiensi*, c. XXXIII. — Ex *Chron. Turonensi.* — Ex *Brevi Chron. S. Martini Tornac.*

(5) Visæ sunt multis per multa loca in altitudine aeris igneæ acies, prodigioso visu corda se intuentium perterrentes. Ex *Chron.* S. MEDARDI *Suessionensis.*

fureurs (1), pourquoi s'égorger à la veille de se retrouver par-delà la tombe ? Quelques-uns, ce furent le petit nombre, cédant à ce vertige auquel obéissent quelquefois les hommes dont toutes les espérances se sont évanouies, cherchèrent dans les plaisirs des jouissances que l'avenir semblait devoir leur refuser, voulant étourdir ainsi dans l'ivresse des sens le passage redouté de la vie au trépas. Mais ce ne fut qu'une exception ; le plus grand nombre, saisi de frayeur, cherchait par ses largesses et ses pénitences à calmer la colère du ciel et à se rendre favorable ce Dieu dont ils avaient si souvent dévasté les sanctuaires. Prières, aumônes, largesses, fondations pieuses, rien ne semblait trop dur à ces fiers barons féodaux qu'effrayaient pour la première fois peut-être la crainte d'un juge suprême et le sentiment de leurs injustes spoliations.

Le peuple ayant moins à se faire pardonner fut moins bruyant dans sa pénitence ; pressuré par les seigneurs, condamné à la culture de cette terre ingrate qui le nourrissait à peine, il n'avait qu'à gagner au bouleversement dont les phénomènes célestes prophétisaient l'approche. Moins coupable, puisqu'il avait plus souffert que joui dans son exil terrestre, le serf abandonnait son foyer éteint, sa chaumière délabrée, et mettant dans la mort toutes ses espérances, il se rendait pour mourir dans l'église où tant de fois il avait prié, pleuré peut-être, ou bien il allait avec ses frères d'infortune s'agenouiller au pied d'une croix pour abriter à son ombre tutélaire les angoisses de son dernier sommeil. Les habitants de Rebais et de Jouarre, nous dit un chroniqueur contemporain, ayant pris jour, se rendirent au lieu dit la *Croix Saint-Ayle* ; les nobles et les serfs étaient confondus (2). Quand tous se furent groupés autour de la croix, chacun fléchit le genou et le silence ne fut troublé que par le chant plaintif des psaumes de la pénitence et les

---

(1) L'armée d'Othon, effrayée par une éclipse, s'était débandée pour chercher un refuge dans les montagnes. MARTÈNE, *Ampliss. Collect.*, t. IV, page 860.

(2) Confluente catervatim maxima multitudine non ignobilis vulgi. Ex *Miraculis S. Agili*, inter Acta SS. ord. Bened. sæculo II, p. 326.

invocations que chacun adressait aux saints dont il attendait secours et protection (1). Prosternée devant cette croix sur laquelle, à pareil jour, le Fils de Dieu avait rendu le dernier soupir, la foule anxieuse attendait que l'ange de la justice vînt la frapper de son glaive au milieu des éléments déchaînés et des mondes engloutis (2).

Pendant les trois derniers jours de la semaine sainte la frayeur fut au comble ; chaque instant pouvait être le dernier, chaque heure du jour précipitait le dénouement fatal. La mort doit être moins terrible que cette incertitude toujours éveillée dont les sursis multiplient les angoisses, mais aussi quels transports, quand on vit reparaître toujours brillant et radieux cet astre du jour que chacun avait salué la veille pour la dernière fois ! Avec quels accents de bonheur et d'allégresse fut accueillie cette aurore du jour de Pâques, quand, au lieu des plaintives mélodies du chant des morts, les échos redirent l'Alleluia de la Résurrection : une fois de plus la mort avait brisé la pierre du sépulcre ! L'humanité ressuscitait, et sa première parole fut une hymne de reconnaissance et d'amour pour Celui dont la main l'avait sauvée des horreurs du tombeau. Hymne de pierre qui, arrondie en voûte, découpée en arcade, taillée en colonne, sculptée en ogive ou dentelée en clocher chantait partout la gloire du Créateur et immortalisait le souvenir de ses bienfaits !

On se rattacha à la vie avec une telle énergie, on avait si bien le pressentiment de l'ère nouvelle dans laquelle entrait l'humanité, que l'on ne voulut rien laisser subsister des monuments d'un autre âge. Tout ne devait-il pas renaître avec le monde ? « On vit alors, nous dit Raoul Glaber, l'Italie et la Gaule ren-

---

(1) Cæperunt igitur septem psalmorum pænitentialem melodiam cum sanctorum nominibus insonare. *Ibid.*

(2) Cum subito eripiunt nubes cœlumque diemque ;
Fulgura crebra micant lapidosa grandine mixta ;
Pallidus atque timor regnat sub imagine mortis...

Ces trois vers de Virgile sont cités par le chroniqueur, à qui son humble prose ne paraît pas suffisante pour peindre l'horreur de ce tableau.

« verser leurs églises, bien que la plupart fussent encore
« assez belles. On eût dit que le monde entier, d'un commun
« accord, avait secoué les haillons de son antiquité pour
« revêtir la robe blanche des églises » (1) Le chroniqueur
disait vrai ; ce n'était pas seulement ses haillons que rejetait
l'humanité ; elle se débarrassait encore de cette ancienne décrépitude, de cette ignorance, de cette barbarie qui avait paralysé ses efforts, comprimé son génie, dans cette longue période
où l'intelligence sommeillait. Elle sortait purifiée du tombeau,
et ce grand jour de Pâques était l'aube d'une Résurrection
dont nous admirons, après huit siècles, les merveilleux effets,
sans entrevoir encore toutes les conséquences.

D'une extrémité à l'autre de l'Europe, il passa un souffle
nouveau, ce souffle qui, selon le Prophète, vivifie les ossements les plus arides (2), et l'âme humaine, dont l'activité
est aussi essentielle, aussi indéfectible que l'immortalité, se
rattacha à la vie et au travail. Au-dessus de ce mouvement,
assis comme un pilote au gouvernail du navire qui vient de
doubler un récif dangereux, le pape Sylvestre II assistait à cette
résurrection universelle dont son génie calculait déjà les merveilleux effets. Ce fut un bienfait signalé de la Providence, de
trouver sur la chaire de Pierre, en ce moment critique, le seul
homme de ce siècle capable d'imprimer à l'esprit nouveau qui
allait surgir la direction qu'il devait suivre pour ne point s'égarer. Moins calme, Gerbert aurait pu laisser s'user sans utilité
et sans fruit cette activité fébrile, cette exubérance de vie dont
les peuples ressentaient les premiers symptômes; moins
éclairé, il en eût peut-être pris ombrage, et comprimant cet
essor sous sa main de fer, il aurait pu le paralyser et reculer ainsi de plusieurs siècles cette émancipation politique dont
l'établissement des communes allait être la première étape.

Prévoyant qu'il faudrait un but à cette foi ardente des peuples ressuscités, à cette énergique vitalité qui pouvait si facile-

---

(1) GLABRI RUDOLPHI *Historiar.*, lib. III, c. IV.
(2) Et ossa vestra quasi herba germinabunt. ISAÏE, c. LXVI, v 14.

ment dégénérer en turbulence et en révolte, Sylvestre II, dont le génie avait pressenti les dangers que la puissance toujours croissante des mahométans préparait à l'Europe chrétienne, conçut le hardi projet de faire servir à la défense de l'Occident et à la gloire du christianisme, ce besoin d'action qui allait être le caractère distinctif des nouvelles générations. Son esprit, aussi vaste que profond, conçut le projet d'une immense coalition des peuples latins, d'une alliance offensive des Allemands, des Italiens et des Français, dont l'influence établie par la force des armes se consacrerait ensuite par la civilisation. Toutefois, comme les plans politiques et les idées de fédération auraient couru le risque de se briser contre l'égoïsme ou l'ignorance des populations, Sylvestre II recourut au seul lien qui rattachât ces nations divisées d'intérêt, à ce lien religieux qui venait de se cimenter dans les angoisses d'une commune douleur et dans les triomphes d'une même résurrection. Ne pouvant s'adresser aux esprits, il voulut parler aux cœurs et consacrer l'alliance des races latines par cette communauté d'efforts, d'espérances et de douleurs qui ont fait des croisades le grand fait, le fait dominant de l'histoire du moyen-âge. Et alors le pontife universel, du haut de ce siège sur lequel le Christ l'a placé pour régir son Eglise et en diriger les enfants, l'ancien pâtre de Belliac devenu le pasteur des âmes, adressa à la catholicité tout entière, au nom des chrétiens d'Orient, ce chaleureux appel dont la traduction ne peut qu'affaiblir l'énergie :

L'Église de Jérusalem à l'Église universelle, maîtresse du sceptre des rois.

Tandis que tu es florissante, épouse immaculée du Seigneur dont je suis, moi, l'un des membres, je place en toi ma dernière espérance pour relever mon front courbé sous la douleur. Comment pourrai-je ne pas avoir en toi une suprême confiance, ô Reine du monde, si tu me reconnais pour ta fille ? Quel est celui de tes enfants qui pourra regarder avec indifférence l'état d'abaissement auquel je suis réduite ! Malgré mon humiliation présente, je n'en suis pas moins cette Eglise que l'univers entier regardait autrefois comme le plus beau fleuron de la couronne chrétienne. C'est de mon sein que sont sortis les oracles des prophètes; les paroles sacrées des patriarches ; c'est d'ici que sont partis les apôtres, ces flambeaux qui ont éclairé le monde ; c'est de la Judée que l'univers a reçu la foi du Christ ; c'est moi qui ai produit le Rédempteur de l'humanité ! Sans doute, le Christ est partout comme Dieu, mais il n'en est pas moins vrai cependant que, comme homme, c'est ici qu'il est né, qu'il a souffert, qu'il a été enseveli et qu'il est ressuscité pour monter au ciel !

Dans ses transports d'allégresse le prophète avait dit : *Son sépulcre sera glorieux !* Mais les puissances de l'enfer, secondées par les païens, bouleversent tout dans le saint lieu et font rejaillir l'ignominie sur les lieux témoins de notre rédemption. Levez-vous donc, soldats du Christ, déployez vos étendards et volez au combat ! Et si vos armes sont impuissantes, secourez-nous au moins de vos conseils et de vos aumônes !

Qu'allez-vous donner ? Bien peu sans doute. A qui le donnerez-vous ! A cette Eglise de qui vous avez reçu gratuitement tout ce que vous possédez. Encore ne sera-t-elle pas ingrate; ici-bas, la bénédiction de Dieu multipliera vos biens ; dans l'autre vie, une glorieuse récompense vous sera réservée. Par moi, Dieu vous bénit afin que le secours que l'Église de Jérusalem attend de vous devienne pour chacun une cause de prospérité, une absolution de vos fautes et un gage de salut éternel (1).

On sent dans cette lettre chaleureuse l'émotion du pontife plaidant en termes éloquents la cause de cette Eglise, berceau du christianisme, et aujourd'hui humiliée sous l'étendard du prophète. Il y a dans cet appel aux armes tombant de la bouche du pontife dont les lèvres ne s'ouvrent que pour bénir et pardonner, comme un cri de suprême détresse, et l'on se sent ému de ce frémissement de virile tendresse par où les plus austères esprits communiquent, des hauteurs du commandement, avec l'âme des multitudes. L'état des esprits, la hardiesse et la nouveauté du plan de Sylvestre II en retardèrent l'exécution, et les Pisans, à la voix du pape, équipèrent seuls une flotte pour voler au secours des chrétiens de

(1) Epist. XXVIII.

la Palestine (1). Il était réservé à un autre pontife, Urbain II, Français comme Gerbert, de réaliser les vues de Sylvestre II et de provoquer, au cœur de cette Auvergne dont un enfant avait poussé le premier cri d'alarme, cet enthousiasme religieux et guerrier, immortalisé dans l'histoire sous le nom de *Croisades*.

En même temps que sa sollicitude pastorale, d'accord avec ses vues politiques, inspirait à Sylvestre II la pensée d'une expédition destinée à prendre l'offensive dans cette invasion formidable dont les musulmans menaçaient l'Europe chrétienne, il voulut rehausser aux yeux des populations la majesté de la ville éternelle, que les libéralités d'Othon III avaient rendue à son ancienne splendeur. Pour cela, et aussi afin de perpétuer dans la mémoire des générations futures avec le souvenir des angoisses par lesquelles l'humanité venait de passer, l'expression de sa gratitude, il institua le jubilé séculaire (2). De tous les points de la catholicité les peuples affluèrent à Rome pour retremper au tombeau des apôtres leur énergie et leur courage.

Dans cet épanouissement à la vie d'une génération qui s'était cru à la veille du trépas, les cœurs chrétiens, préparés à la pitié par l'immensité même de leur joie, se souvinrent de ceux qu'ils avaient aimés sur la terre et dont ils étaient séparés par la mort. De tout temps, l'Église avait invité les fidèles à se rappeler dans leurs prières ceux qui n'étaient plus (3), mais cette pratique n'était pas une institution universelle (4). En 999, saint Odilon, abbé de Cluny, établit ce pieux usage dans tous les monastères de l'ordre de Saint-

---

(1) MURATORI, *Script. Ital.*, t. III, p. 400.

(2) BZOVIUS, t. XX, p. 591.

(3) Cf. S. AUGUSTIN *Confess.*, lib. IX, c. 12. — TERTULLIEN, *De Corona milit.* — S. AMBROISE, in *Orat. funebri pro fratre.* — AMALARIUS FORTUNATUS, *De Ordine Antiphon.*, c. 65.

(4) D'après la Chronique de Tours, les évêques de France faisaient cependant tous les lundis mémoire des fidèles trépassés. Ex *Chronico Turonensi* ap. MARTENIUM. — *Ampliss. Collect.*, t. V, col. 992.

Benoît, et fixa au 2 novembre la commémoration des morts (1); en l'an 1000, à la suite du jubilé séculaire, Sylvestre II confirma par un décret solennel et étendit à tout l'univers cette fête touchante. La bulle par laquelle il la promulgua était remarquable, nous dit un historien (2), par l'élévation des pensées et la noblesse des sentiments; il était digne en effet du grand cœur de Gerbert d'établir cette solennité, la plus touchante du christianisme, puisqu'elle évoque en nous, avec le souvenir de ceux que la mort nous a ravis, l'espérance de les retrouver un jour et de renouer par-delà la tombe des liens brisés par le trépas.

Nous nous faisons aujourd'hui difficilement une idée de l'état des esprits au lendemain de cette date mémorable que nul n'avait espéré franchir; rien ne paraissait impossible, puisqu'on avait vaincu la mort. Cet enthousiasme ne s'arrêta pas aux rangs inférieurs, il gagna même les têtes couronnées, et Othon III fut soulevé par cette vague populaire. En homme habile et prévoyant, Sylvestre II conçut le vaste projet de ressusciter dans toute son ancienne splendeur l'empire carlovingien; il ne voyait de sécurité que dans l'alliance intime et perpétuelle des deux grandes puissances politique et religieuse dont l'antagonisme ou la subordination avait tour à tour troublé l'Occident.

Malheureusement, ce rêve, qui devait être au XIVe siècle celui de Dante Alighieri, ne put se réaliser. Si Gerbert eut, en effet, le génie qui conçoit et l'énergie qui aplanit les obstacles, il lui manqua le bras qui exécute; et Othon III, prince livré aux emportements de la jeunesse, d'un caractère léger, enthousiaste, mais mobile, n'eut aucune des qualités qui font les chefs de race et les fondateurs d'empire. Il embrassa cependant avec ardeur les vues du pontife, mais il ne parut comprendre des plans de Gerbert que le côté brillant; et tandis

---

(1) Ex *Chronicis* Sigeberti, Gaufridi cœnobitæ. — Ex *Chron. Strozziano*. — S. Petri Damiani *Opera*.

(2) Oldoïni, *Romanor. pontif. vita*, t. 1, p. 757. — Cette pièce ne figure pas dans le *Bullaire* publié en 1692.

que le pape méditait une restauration de l'empire de Charlemagne, les chroniqueurs nous montrent le petit-fils d'Othon le Grand cherchant à capter la confiance des Romains par ses largesses et introduisant dans son palais les coutumes, les mœurs et le genre de vie des empereurs de Constantinople (1). Néanmoins, comme cet idéal de Charlemagne plaisait à son esprit aventureux, il se disposa à partir pour l'Allemagne, désireux de faire un pèlerinage au tombeau du fils de Pépin.

Il quitta Rome, franchit les Alpes et se dirigea d'abord vers Gnesen (2) pour y vénérer le tombeau de l'évêque de Pragues, saint Adalbert, son ami d'enfance. Ce voyage, nous dit un historien, avait quelque chose à la fois d'imposant et de triste ; on eût dit que le jeune empereur se préparait à une œuvre dont il sentait toute l'importance et qu'il croyait au-dessus de ses forces (3). Agité de tristes pressentiments, il visita l'abbaye de Quedlingbourg, où était morte naguère sa tante de glorieuse mémoire, l'abbesse Adélaïde, et arriva enfin à Aix-la-Chapelle.

La tombe du puissant empereur était ignorée ; deux siècles ne s'étaient pas encore écoulés, et, dans cette cité embellie par Charlemagne, illustrée par ses trophées et sanctifiée par son trépas, nul ne put indiquer à Othon III le lieu où se trouvait ensevelie sa dépouille mortelle (4). Othon, continue le chroniqueur, après un jeûne de trois jours, fit creuser dans l'église Sainte-Marie et découvrit enfin la pierre tumulaire qui fermait le tombeau du fils de Pépin. Quand elle eut été soulevée, il entra seul dans cette chapelle funéraire. Que se passa-t-il dans l'âme de ce jeune empereur, dans tout l'éclat de la puissance, se trouvant face à face d'un cadavre que la mort environnait de sa grandeur et de sa majesté ? La destruction avait respecté cette glorieuse dépouille ; Charlemagne était assis sur un trône de marbre recouvert de lames d'or et placé au haut d'une es-

---

(1) Ex *Chron. Camerac. et Atrebat.* — Ex *Chron.* DITMARI.
(2) Capitale de la Pologne.
(3) HOCK, p. 358.
(4) Ignorabatur locus certus ubi quiescebat. Ex *Chron.* ADEMARI CABANENSIS.

trade de pierre; une couronne d'or ceignait son front; sa main gauche soutenait le globe, symbole de la domination; sa droite tenait une épée d'or, emblème de la puissance; le manteau impérial recouvrait ses épaules, une croix d'or était suspendue à son cou, et les pieds du cadavre disparaissaient dans un cercueil. L'empereur semblait encore veiller, du haut de ce trône sépulcral, sur l'œuvre de civilisation et d'unité qu'avait conçue son vaste génie; la mort ou l'impuissance avait brisé les fragiles instruments de cette œuvre gigantesque, sa pensée survivait seule, immortelle comme l'âme qui l'avait enfantée.

Après avoir longuement contemplé cette dépouille si éloquente dans son néant, Othon III détacha avec respect la croix que Charlemagne portait au cou, prit quelques-uns de ses vêtements, fit déposer avec le plus grand respect le cadavre dans un cercueil d'or massif (1), et ordonna de lui élever un magnifique monument du côté droit de l'église, près de l'autel de saint Jean-Baptiste (2). Quant au trône sur lequel l'empereur était resté assis pendant près de deux siècles dans son tombeau, Othon l'envoya au roi Boleslas en échange des reliques de saint Adalbert (3).

Pendant que l'empereur visitait, à Aix-la-Chapelle, la tombe de Charles le Grand, un événement important était venu réjouir le cœur de Sylvestre II. Nous avons vu, dans le récit succinct des faits accomplis pendant la dernière moitié du dixième siècle, combien nombreuses et sanglantes avaient été les dévastations accomplies par les Hongrois sur les frontières de l'Allemagne; leurs armes avaient même menacé la Gaule, et la terreur qu'ils inspiraient égalait l'ancien effroi des populations romaines à l'approche des Huns et des Vandales. En l'an 1000, leur duc Étienne envoya au pape une ambassade à

---

(1) Crucem auream quæ in collo ejus pependit cum vestimentorum parte adhuc imputribilium sumens, cætera cum veneratione magna reposuit. Ex *Chron.* DITMARI, lib. IV, p. 357.

(2) Ex *Chron.* ADEMARI CABANENSIS.

(3) Solium ejus aureum imperator Otho direxit regi Botisclavo pro reliquiis S. Adalberti martyris. *Ibid.*

la tête de laquelle se trouvait l'évêque Anastase (1); le but de cette députation était de faire hommage de ses États au Saint-Siége, de solliciter l'admission de son peuple dans la grande famille chrétienne et l'érection du siége de Gran en église métropolitaine de Hongrie (2).

En même temps que le duc Étienne se disposait à faire hommage au Saint-Siége de tous ses États, le duc de Pologne Miesco, fils de Boleslas, envoyait également à Rome, dans le même but, une ambassade à la tête de laquelle se trouvait Lambert, évêque de Cracovie. Sylvestre II, prévenu du voyage des Polonais, mais ignorant complétement la démarche du duc de Hongrie, prépara aux députés de Miesco une réception splendide et fit ciseler une couronne d'or destinée au sacre royal du fils de Boleslas. Il faut lire dans la *Vie de saint Étienne*, écrite par un pieux chroniqueur du XIIe siècle (3), le récit dramatique de ce grand événement dont les conséquences devaient si profondément modifier les rapports de l'Occident avec les peuples des bords du Danube et de la Vistule. L'ambassade polonaise était en avance sur celle des Hongrois; mais, par une permission de Dieu, Lambert, forcé de s'arrêter en route, se laissa dépasser à son insu par Anastase.

La veille du jour où les députés de Miesco étaient attendus à Rome, tous les préparatifs destinés à leur solennelle réception étant terminés, Dieu, continue le chroniqueur, se souvint de la promesse qu'il avait faite, six siècles auparavant, au puissant roi des Huns. Quand Attila s'était présenté devant Rome pour faire de la ville éternelle un monceau de ruines et de décombres, le saint pape Léon était venu au-devant de lui, et, par ses larmes et ses douces paroles, il avait arrêté ce flot de barbares qui menaçait de tout engloutir, et désarmé la colère du *Fléau de Dieu*. En récompense de sa soumission au représentant de Dieu, ajoute le récit légendaire, un ange apparut à Attila et lui

---

(1) Quelques historiens l'appellent encore Astricus, évêque de Strigonie.
(2) CARTUITIUS in *Vita S. Stephani regis*, c. VII, apud Surium, t. IV, die decima Augusti.
(3) L'évêque Cartuitius dédia sa chronique au roi Coloman.

promit, au nom du Christ, qu'un jour les descendants du roi des Huns recevraient, dans cette même ville de Rome qu'il venait d'épargner et de la main d'un des successeurs de saint Léon, une couronne qui n'aurait point de fin (1). Cette promesse allait se réaliser. Dans la nuit qui précédait le jour où étaient attendus les ambassadeurs de Miesco, le pape Sylvestre II fut visité, pendant son sommeil, par un ange de Dieu lui annonçant qu'au lieu des députés polonais, il recevrait le lendemain les envoyés d'une nation jadis barbare, fille de la Hongrie orientale, qui venaient solliciter pour leur duc Étienne la couronne royale (2). Donne-leur, continuait le céleste envoyé, le diadème que tu as fait préparer pour le duc de Pologne, car je maudis cette dernière race à cause de ses prévarications ; je ne pardonnerai qu'à la génération suivante, et alors seulement je la couronnerai du diadème des saints. Fais comme je l'ordonne (3).

Aux premiers rayons du soleil, les députés hongrois firent leur entrée dans Rome, et Anastase exposa au pape le but de leur mission, les mérites d'Etienne et le vif désir qu'avait ce prince de recevoir du souverain pontife la couronne royale. Sylvestre II, reconnaissant la volonté du ciel, « et fidèle exé-
« cuteur des promesses du Christ, livre, pour être remise au
« descendant d'Attila, cette couronne fabriquée avec tant de
« sollicitude et qu'il avait enrichie de tous les dons du ciel et
« de la terre, gage mystérieux qu'il avait préparé à son insu,
« prix du marché jadis conclu entre Jésus-Christ et son fléau
« pour le rachat de Rome et des ossements des apôtres » (4). Cette dette sacrée, le pontife l'acquitta avec usure, et dans l'effusion de sa reconnaissance, il ajouta à la couronne une croix d'or en autorisant le roi de Hongrie à la faire toujours

---

(1) Cartuitius, *Chron. Hung.*, c. V.

(2) Crastina die, hora prima, ignotæ gentis stirpis Orientalis Hungariæ nuntios ad te venturos esse cognoveris, qui suæ gentilitatis abjecta ferocitate..... Cartuitius, *Vita S. Stephani*, c. IX.

(3) M. Amédée Thierry, *Histoire d'Attila*, t. II, p. 403.
(4) *Ibid.*, p. 404.

porter devant lui, comme une marque glorieuse de son apostolat auprès des infidèles; et en la remettant à l'évêque Anastase, Sylvestre II ajouta : Je suis le successeur des apôtres, mais Etienne mérite à bon droit le titre d'apôtre du Christ, lui qui a conquis à la foi un peuple aussi nombreux. Pour ce motif, et pour obéir à l'ordre que Dieu nous en a manifesté, nous lui confions les peuples qu'il a soumis et le soin d'administrer les églises de son nouveau royaume (1).

Chargés des bénédictions du Saint-Père, les députés quittèrent Rome en emportant les lettres apostoliques, la croix et la sainte couronne (2), et peu après, au milieu de l'enthousiasme de ses sujets, Etienne fut sacré roi de Hongrie (3). Quant au duc de Pologne, il dut se contenter de la bénédiction apostolique.

Sylvestre II voyait ainsi se ranger sous la bannière chrétienne deux peuples que les empereurs avaient vainement tenté de réduire par la force des armes, et à la conversion

---

(1) CARTUITIUS, *Vita S. Stephani* c. II.

(2) « Ce nom que reçut, dès le onzième siècle, la couronne remise à Étienne par Sylvestre II, lui est encore donné de nos jours. Ceux qui l'ont vue, dit M. Am. Thierry, s'accordent à dire que c'était un ouvrage d'une rare perfection, fabriqué d'or très-fin, incrusté de perles et de pierreries. Elle avait la forme d'une calotte garnie d'un cercle horizontal à son bord et de deux cercles verticaux se coupant en équerre à son sommet, le tout surmonté d'une croix latine. Deux émaux quadrangulaires entourés d'une guirlande de rubis, d'émeraudes et de saphirs, et représentant le Christ et sa Mère, étaient placés l'un au front de la couronne, l'autre à l'opposite, et l'intervalle était rempli par des figures d'apôtres, de martyrs et de rois chrétiens. Une suite de médaillons pareils, séparés par des lignes de brillants, recouvraient les cercles verticaux et se reliaient aux premières images..... Cette couronne, d'une si noble simplicité, fut gâtée, à la fin du onzième siècle, quand on la superposa à une couronne byzantine envoyée par l'empereur Michel Ducas au roi Geiza II..... Cette couronne est arrivée jusqu'à nous, précieusement conservée par le respect populaire qui en a fait le palladium de la Hongrie, et seule, encore aujourd'hui, elle confère au prince sur le front duquel elle est placée le droit de régner, comme si les dons mystérieux dont l'avait dotée Sylvestre II étaient réputés inséparables du diadème de saint Étienne. » M. AMÉDÉE THIERRY, *Histoire d'Attila*, t. II, p. 406 et seq.

(3) GLABRI RUDOLPHI *Histor.*

desquels leur situation topographique donnait une importance très-grande dans les destinées de l'Europe. Les Hongrois et les Polonais entrant dans la grande unité chrétienne devaient naturellement servir de boulevard à l'Allemagne et protéger l'Occident contre les incursions des Arabes et des hordes orientales ; aussi ne devons-nous pas être surpris de l'importance que le souverain pontife attacha à cette double ambassade dont seul peut-être il appréciait les résultats politiques. Qui n'admirerait à cette vue, nous dit un auteur peu sympathique à Gerbert, le cardinal Baronius, qui n'admirerait la grandeur de ce pontife dont les vertus honoraient le siége apostolique (1). Au moment où l'Eglise romaine semblait sur le point de périr sous le poids des scandales qui l'avaient déshonorée (2), après avoir été longtemps le jouet des factions et un instrument pour la politique des empereurs, on vit des rois étrangers venir au pied de ce trône apostolique, reconnaître sa puissance et vénérer son autorité. Ce n'était plus de l'Orient que les princes accouraient sur la foi d'une étoile, mais de ces contrées septentrionales d'où étaient venus tous les maux de l'Italie ; ce n'étaient plus des armées qui accouraient pour la broyer sous leurs coups, mais des princes, jusqu'alors invincibles, qui venaient humbles et croyants vers le successeur des apôtres lui offrant des royaumes et lui en demandant l'investiture. Qui ne reconnaîtrait à ces signes, continue l'annaliste, que l'Église romaine n'est pas gouvernée par le caprice des hommes, qui souvent ont tout fait pour la perdre, mais obéit au Christ et à ses divines promesses ? Dans un siècle où les empereurs usurpèrent les élections des papes, des rois viennent réclamer de ceux-ci l'investiture souveraine et placent la consécration de

---

(1) Patri omnium vicario Christi summæ pietatis. *Annal.*, t. X, col. 962.

(2) Ipsa Romana Ecclesia casura et interitura penitus videri potuisset, tot improbis, sceleratis, impudicis, prædonibus, invasoribus, sanguinariis et grassatoribus, hoc sæculo sedem apostolicam invadentibus, eamque depravatis moribus conspurcantibus, tam vitioso in primis ingressu, quam detestando pravorum morum exemplo..... Sic reddita jam prorsus vilis et contemptibilis, effecta ancilla regum domina gentium. *Annal.*, t. X, col. 963.

leur autorité sous l'égide de l'Église chrétienne, comme étant la colonne immuable de la vérité et la pierre angulaire de tout édifice social.

Ce respect et cette déférence des rois barbares pour le Saint-Siége n'arrêtait pas cependant les turbulents seigneurs d'Italie, qui trouvaient dans le désordre de trop grands avantages pour renoncer si promptement à leurs anciennes habitudes. Pendant l'absence de l'empereur, les ambitions qu'il avait réprimées surgirent de nouveau ; et, favorisés par une invasion des Musulmans dans le Midi, quelques seigneurs se révoltèrent contre le pape. A la suite d'une émeute, Sylvestre II fut même obligé de quitter Rome, soulevée par Grégoire de Tusculum qui voulait jouer le rôle de Crescentius. Le pontife dut céder devant la révolte, mais en s'éloignant, il adressa aux habitants de la ville éternelle une courte mais énergique protestation, menaçant des peines les plus graves ceux qui refuseraient d'obtempérer à ses ordres (1) : en même temps il écrivit à l'empereur, et celui-ci, obéissant au désir du pape, reprit aussitôt le chemin de l'Italie.

Au mois de juin 1001, l'empereur arriva à Pavie et de là se rendit à Rome où sa présence ramena bientôt l'ordre et la paix. Après la mort du marquis d'Étrurie, Hugues, Othon parcourut toute la partie centrale de la Péninsule et y rétablit le prestige de son autorité. Ce fut même pendant un de ses voyages qu'il alla visiter saint Romuald, qui, au témoignage de Pierre Damien, lui annonça sa mort prochaine (2).

A peine rétabli sur le siège apostolique, Sylvestre II eut à trancher un grave différend qui divisait l'Église d'Allemagne. Willigise, archevêque de Mayence, et Bernward, évêque d'Hildesheim (3), se disputaient la juridiction sur l'église et le cou-

---

(1) Cette lettre est en appendice dans le manuscrit de Richer.

(2) *Vita S. Romualdi*, Acta SS., 7 februari. — MABILL. *Annal.*, t. IV, p. 141, 161.

(3) Il avait été le précepteur d'Othon III. LUDEN, *Histoire d'Allemagne*, t. III, p. 307.

vent de Gandersheim, qui jusque-là avaient toujours relevé de l'évêque d'Hildesheim. Le pape convoqua plusieurs conciles pour régler ce différend, mais sans pouvoir y réussir complétement à cause de l'obstination de Willigise (1). Les actes de ces synodes, dont quelques-uns eurent pour but de réprimer l'ambition de Gisilère, évêque de Mersbourg, qui avait abandonné son siége pour usurper celui de Magdebourg, ne nous ont été conservés que par fragments; mais ils sont un précieux témoignage du zèle et de l'activité du pontife (2).

Ce fut au moment où les dissentiments paraissaient sur le point de se calmer que la turbulence des Tiburtins vint de nouveau troubler la paix de l'Italie. Ils se révoltèrent contre l'empereur, et ce ne fut qu'à grand peine que Sylvestre II et Bernward, évêque d'Hildesheim, qui se trouvait alors à Rome, désarmèrent la colère d'Othon et obtinrent la grâce des rebelles. Toutefois, le soulèvement de Tibur n'avait été que le prélude d'une révolte plus générale encore; le vieux parti italien, ennemi implacable des empereurs d'Allemagne, s'agitait toujours, et, malgré les bienfaits dont les accablait Othon, les Romains ne supportaient son joug qu'en frémissant. Un futile prétexte alluma l'incendie, et une émeute éclata; la populace de Rome barricada les rues et assiégea même l'empereur dans son palais. Sa vie courut les plus grands dangers, et ce ne fut que grâce au dévouement de Hugues de Toscane qu'Othon III parvint à quitter la ville. Pendant qu'il préparait à ce revers une éclatante vengeance, Sylvestre II, par sa douceur et sa modération, réussit à calmer les esprits et les fit rentrer dans le devoir. Othon revint à Rome, mais cette cité lui était devenue odieuse par son ingratitude; aussi se hâta-t-il de terminer les affaires qui l'avaient amené au-delà des Alpes, et de reprendre le chemin de l'Allemagne. En quittant cette ville, il avait

---

(1) *Vita S. Bernwardi*, c. XX, XXIII.

(2) Selon M. Hock, il se tint un concile à Rome, un autre à Pœlde en Allemagne, et un troisième à Paterno (*Histoire de Sylvestre II*, p. 362). Plusieurs furent également convoqués en Gaule (LABBE, t. X, col. 780).

confié le souverain pontife à la garde de Hugues de Toscane, qui n'avait cessé de donner à l'empereur et au Saint-Siége des preuves du plus vif attachement.

Othon III, dont la santé était déjà altérée, s'éloignait de Rome à petites journées ; il arriva ainsi à Paterno, où il mourut le 22 janvier 1002 ; il était à peine âgé de 22 ans (1). Ce trépas mystérieux, la rapidité du coup qui avait frappé le jeune empereur, accréditèrent plus tard le bruit qu'Othon III était mort empoisonné ; et comme il avait pris pour concubine Stéphanie, veuve de Crescentius (2), on accusa cette femme, qui joignait à une rare beauté un vif attachement pour son premier époux, d'avoir sacrifié son honneur au soin de sa vengeance, et causé la mort de celui qui avait fait tomber la tête de Crescentius (3). Le pape, appelé en toute hâte, eut la consolation de fermer les yeux du jeune prince qui avait été son ami (4).

Ainsi s'éteignit dans la personne d'Othon III, mourant à la fleur de l'âge et sans postérité, cette glorieuse dynastie saxonne qui, de 919 à 1002, avait donné quatre empereurs à l'Allemagne. Parvenus à l'empire au sortir des dissensions intestines qui signalèrent le règne des derniers Carlovingiens, les ducs de Saxe ressentirent le contre-coup des froissements que leur élévation inespérée, jointe à la gloire de quelques-uns d'entre eux, provoqua parmi la noblesse allemande. L'épée victorieuse d'Othon-le-Grand avait fait oublier un moment ces animosités féodales inhérentes à tous les régimes politiques où le droit d'hérédité, encore peu affermi, laisse subsister des priviléges nobiliaires excessifs ; séduits par le mirage d'un rétablissement de l'empire carlovingien, les barons d'outre-Rhin n'avaient point marchandé au fils d'Henri l'Oiseleur le prix de leur sang

---

(1) PETRI DAMIANI in *Romuald.* ap. Surium, 19 juin. — Selon Rupert, in *Herib.*, 16 martii, il serait mort à Rome.

(2) GLABRI RUDOLPHI, LEO OSTIENSIS, etc.

(3) *Chronique de Paderborn.*

(4) CIACONIUS, *Romanor. pontif.*, p. 753.

et de leur bravoure; mais quand Othon, descendant dans la tombe, sembla y entraîner avec lui la majesté de cet empire qu'il avait ressuscité, les seigneurs, n'étant plus contenus par le prestige de sa gloire, firent éclater avec énergie leurs plaintes et leur mécontentement. Marié à une princesse grecque, Othon II déplaisait aux Allemands par l'affectation qu'il mettait à reproduire sur les bords du Rhin les mœurs, les coutumes et jusqu'à la langue harmonieuse des Grecs du Bosphore; ce mécontentement qui couvait dans les âmes s'affirma d'une manière redoutable à l'avènement d'Othon III. Ce prince, dont le jeune âge semblait devoir favoriser les entreprises de ses ennemis, faillit perdre la couronne avant que ses débiles mains eussent pu en apprécier le poids, et il fallut toute l'énergie et tout le dévouement des amis d'Othon II pour conserver à son fils le trône de la Germanie. Nous avons vu la part considérable que prit Gerbert dans cette revendication des droits du fils de Théophanie. Malheureusement le caractère inconstant et léger dont ce prince fit preuve à sa majorité sembla rendre stériles tous les efforts et les sacrifices de ses anciens protecteurs. Souverain de Germanie, il froissa ses sujets par le mépris qu'il affecta pour tout ce qui était allemand; roi d'Italie, il fut antipathique aux peuples de la Péninsule par son immixtion armée dans les troubles qui déchiraient les villes italiennes, et surtout à cause de son origine : on ne lui pardonna jamais d'être Allemand. Ce n'était pas que personnellement Othon III fût haï de ces villes de la Cisalpine auxquelles il avait toujours prodigué les marques de sa munificence et de sa bonté : seul, le système qu'il représentait était maudit. Aussi, lorsque ses officiers ramenèrent vers les Alpes la dépouille inanimée du jeune empereur au milieu des malédictions du peuple et des colères de la foule (1), ne faut-il voir dans cette révolte qu'une protestation de la race

---

(1) De Paterno à Vérone, le cortége d'Othon III fut obligé de s'ouvrir un passage les armes à la main. LUDEN, *Histoire d'Allemagne*, t. III, liv. XVI, chap. IV.

italienne contre l'influence germanique. Il a toujours été dans les destinées de l'Italie de caresser ainsi le rêve de son autonomie ou de son unité ; mais dans tout le cours de son histoire, il a manqué à cette terre des arts et de la poésie ce qui seul pouvait en faire un grand peuple, l'abnégation de ses intérêts locaux et le sacrifice de ses mesquines rivalités. Jalouses des étrangers, les villes de la Péninsule le furent bientôt de leurs propres enfants ; voilà pourquoi la torche des funérailles d'Othon III, au lieu de grouper l'Italie dans un suprême effort, ne fut pour elle qu'un brandon de discorde au contact duquel s'enflammèrent bientôt tous les matériaux accumulés par le mécontentement et la haine de l'étranger ; et de ces rivalités ardentes, de ces luttes sans résultat, puisqu'elles furent sans motifs, naquirent, au douzième et au treizième siècle, les sanglantes dissensions des Guelfes et des Gibelins.

Le coup qui avait frappé le jeune empereur retentit douloureusement dans le cœur du pontife ; il perdait dans Othon III, non seulement l'ami dévoué, l'enfant de sa vieillesse, mais le bras qui, dans le plan de Sylvestre II, devait réaliser les gigantesques projets qu'il avait conçus. Tout lui manquait à la fois, et cet homme qui avait vu disparaître trois générations d'empereurs, mené le deuil de deux races royales, assisté aux dernières convulsions de la barbarie, restait seul pour montrer aux générations nouvelles la voie qu'il leur avait tracée. Comme on voit au désert ces colonnes puissantes attester par leur grandeur la majesté de l'édifice qu'elles soutenaient, ainsi Gerbert restait seul, debout au milieu des ruines amoncelées, attaché par ses souvenirs à un siècle écoulé, mais vivant par l'espérance dans cet avenir dont il saluait la gloire naissante.

A la douleur ressentie par Gerbert vinrent bientôt s'ajouter de nouvelles complications politiques. L'Allemagne, troublée par les factions, venait d'élire pour empereur Henri de Bavière ; la Bohême et la Pologne étaient en feu ; l'Italie elle-même, se séparant de la Germanie, choisissait pour roi à la diète de Pavie, Harduin d'Ivrée. Nous ne voyons pas dans les documents contemporains que le pape soit intervenu au milieu de ces conflits politiques ; frappé au cœur par le trépas imprévu d'Othon III, l'auguste vieillard se préparait aussi à la mort dont l'affaiblissement de sa santé lui faisait pressentir les approches. Il ne nous reste de cette dernière partie de son pontificat que quelques bulles adressées à Théodard, évêque du Puy, à Salla, évêque d'Urgel, à Odon, évêque de Gironne, aux abbayes de Stavel, de Malmédy, de Saint-Julien de Tours et de Saint-Pierre de Pérouse. Un des derniers actes de Sylvestre II fut la réunion d'un synode à Rome pour résoudre certaines difficultés suscitées par les immunités de l'église de Pérouse (1).

Quelques historiens ont admis, un peu trop légèrement, il est vrai, que la dernière année de son pontificat avait été ternie par une sentence barbare prononcée contre Guy, vicomte de Limoges. Selon Adhémar de Chabanais, Guy ayant détenu en prison Grimoard, évêque d'Angoulême, parce qu'il avait refusé de lui céder la jouissance de l'abbaye de Brantôme, fut cité à Rome par ce prélat. La cause fut plaidée le jour de Pâques, et le sénat condamna le vicomte à être écartelé ; mais Grimoard, chargé de la garde du prisonnier, le délivra et ils revinrent en Gaule réconciliés (2). En prenant ce texte à la lettre, l'odieux de la sentence ne retomberait pas sur le pontife, mais seulement sur le tribunal particulier qui condamna l'accusé ; il est cependant extraordinaire qu'aucun autre écrivain du temps ne relate ce fait important, surtout pour des chroniqueurs, et ils étaient nombreux, qui n'avaient pas pour la personne de Gerbert de très-vives sympathies. L'historien anonyme des évêques et des comtes d'Angoulême (3) parle bien du différend survenu entre Grimoard et le vicomte de Limoges, mais ne dit pas un mot de l'affreuse condamnation portée contre ce dernier. En outre, comme l'a observé

---

(1) LABBE *Concil.*, t. X, col. 1247, 1248.
(2) Ex *Chron.* ADEMARI Cabanensis.
(3) Apud LABBEUM, *Biblioth.*, *libr. mss.*, t. II, p. 249.

M. Hock, ce fait, peu vraisemblable en lui-même, ne s'accorde ni avec la modération dont Gerbert a toujours fait preuve quand il a dû punir, ni avec l'esprit du temps, où de pareilles fautes étaient trop fréquentes pour pouvoir être châtiées de cette manière, et où les lois pénales étaient assez clémentes pour les hommes libres (1).

C'est vers cette époque que Gerbert composa des hymnes en l'honneur du Saint-Esprit intulées *Cantica de Sancto-Spiritu* (2), ainsi qu'une prose, aujourd'hui perdue, dédiée aux Saints Anges : *Ad celebres rex cœli* (3). Ce fut dans ces pieuses occupations et dans l'accomplissement des œuvres de charité (4) qu'il passa les derniers jours de cette vie si agitée ; l'âge commençait à lui faire éprouver les atteintes de cruelles infirmités, et bien qu'il ne fût pas encore arrivé à la vieillesse, l'étude et les nombreuses vicissitudes de son existence avaient brisé l'énergie de sa robuste nature. Sylvestre II mourut le 12 mai 1003, après avoir occupé le siége apostolique 4 ans, un mois et 10 jours. Il n'avait que 63 ans.

La vie de Gerbert n'avait été qu'une longe lutte, et il semble que la mort, devant laquelle cependant devraient cesser toutes les haines, n'ait pu protéger sa glorieuse mémoire contre l'acharnement de ses ennemis. Tous les contemporains de Sylvestre II rendent hommage, dans leurs chroniques, aux vertus et à l'élévation de caractère de ce grand pontife ; ils n'éprouvent tous pour ce puissant génie qu'un seul sentiment, celui de l'admiration. Cependant l'excès même de cet enthousiasme devint un danger ; ignorants et savants s'accordèrent

---

(1) *Vie de Sylvestre II*, p. 370.

(2) *Manuscrit de Thomas Bodley*, Z, 1406, 10.

(3) Ex *Chron.* ALBERICI monachi trium fontium. — Quelques écrivains ont encore attribué à Sylvestre II, mais sans aucun fondement, une *Discussion entre des chrétiens et des juifs* (*Bibliotheca Boldeiana*, Romæ, 1544, in-4°); une *Histoire de saint Adalbert, évêque de Pragues* (Romæ, 1629, in-f°); la *Vie de sainte Adélaïde* (*Acta Sanctorum*, 23 aprilis. — CIACCONI, *Roman. pontif.*, t. I, p. 757. — HOCK, p. 483).

(4) HELGALDI monachi, *Vita Roberti regis*, p. 63.

pour entourer la mémoire de Gerbert d'une auréole mystérieuse, les premiers, entraînés par ce besoin de merveilleux qui fait le fond de notre nature, les autres, pour trouver à leur paresse ou à leur envie une excuse et un prétexte en faisant de la science le prix du pacte odieux qui livre au diable l'âme assez téméraire pour vouloir scruter les secrets de la nature.

Ces accusations, aujourd'hui puériles, furent acceptées sans discussion par les naïves imaginations du XIe siècle, et il est facile de comprendre combien passionnés et injustes durent être les jugements portés sur un pontife convaincu d'avoir vendu son âme à l'ennemi du genre humain. Ce fut, vers le milieu du XIe siècle, un cardinal schismatique, nommé Bennon, qui se fit le zélé propagateur des récits légendaires par lesquels l'imagination du peuple avait symbolisé la science profonde et variée de l'illustre écolâtre. Ces récits, accueillis sans contrôle par les moines chroniqueurs du XIIe siècle, furent reproduits par eux avec d'autant moins de scrupules qu'ils flétrissaient un homme dont les actes et les décisions avaient été peu favorables aux priviléges monastiques. Timides d'abord, leurs assertions devinrent bientôt plus explicites; c'est ainsi que Hugues de Flavigny et Sigebert de Gemblours ne font que mentionner le pacte souscrit entre le diable et Gerbert (1); un troisième historien s'enhardit jusqu'à affirmer que les honneurs obtenus par l'écolâtre furent exclusivement le résultat de ses maléfices (2). Un diacre de l'église de Latran, sous le portique de laquelle avait été ensevelie la dépouille mortelle de Sylvestre II, donna à toutes ces rumeurs une confirmation plus éclatante quand il consigna dans sa chronique le récit d'un phénomène dont la tombe du pontife était le théâtre. Bien qu'elle soit placée dans un lieu très-sec, nous dit cet écrivain, le marbre qui la recouvre est très-souvent humide (3). Sur cette particularité assez naturelle, l'imagination

---

(1) Ex *Chron.* Hugonis Flaviniacensis, Sigeberti Gemblacensis, apud D. Bouquet, t. X.
(2) Ex Orderici Vitalis *Historia*, lib. 1.
(3) Muratori, *Museum Italicum*, t. II, append. p. 568.

populaire broda de fabuleuses légendes, et l'on ne tarda pas à faire des cendres de Gerbert un oracle qui prédisait infailliblement la mort des souverains pontifes ou des princes de l'Eglise (1).

Ces légendes dont nous venons de voir le développement successif, trouvèrent dans la dernière moitié du XII⁰ siècle un écrivain auquel la discussion des faits et la critique historique paraissent avoir été choses complètement inconnues. Dans son *Histoire des rois d'Angleterre* (2), Guillaume de Malmesbury a consacré quelques pages à Gerbert, et ce travail reflète encore les sentiments de terreur qu'inspirait au bon chroniqueur le souvenir de cet homme dont le génie, un siècle et demi après sa mort, projettait sur le monde une lueur mêlée de crainte et d'effroi (3). C'est ainsi que la mort du pontife, racontée par cet écrivain, est entourée de circonstances diaboliques dont le dénouement est tout au détriment de Gerbert, qui succombe victime de ses propres maléfices après avoir, avec l'aide du diable, réussi dans tout ce que son audacieux génie le portait à entreprendre (4).

Il y avait à Rome, au milieu du Champs-de-Mars, nous dit l'historien anglais, une statue de bronze, qui tenait ouvert le doigt indicateur de la main droite; sur le front de la statue étaient gravés ces mots *Frappe ici* (5). On avait cru jusque-là que cette tête de bronze recélait un trésor, mais on l'avait cherché vainement, et l'énigme subsistait toujours. Gerbert, doué, paraît-il, de plus de perspicacité, remarqua l'endroit du sol sur lequel se projettait l'ombre du doigt indicateur au moment où le soleil passait au méridien, et la nuit suivante il se rendit en ce lieu accompagné d'un page. Appelant

---

(1) Ex *Chron.* ALBERICI trium fontium monachi, pars II, p. 41. — LABBE, *Biblioth. nova*, t. I, p. 395.

(2) WILLELMUS MALMESBURIENSIS, *De gestis regum Anglorum*, lib. II.

(3) ..... Hæc vulgariter ficta crederet aliquis..... mihi vero fidem facit de istius sacrilegio inaudita mortis excogitatio. *Ibid.*, lib. II, c. X.

(4) Urgebat ipse fortunas suas, fautore diabolo, ut nihil quod semel excogitasset, imperfectum relinqueret. *Ibid.*

(5) ..... Scriptum quoque in capite : *hic percute. Ibid.*

à son secours la magie dont il connaissait tous les secrets, Sylvestre II vit la terre s'entr'ouvrir, et par cette entrée improvisée il pénétra dans une vaste salle dont les richesses éblouirent un moment ses regards. C'était un palais, continue Guillaume de Malmesbury, dont les murs, les meubles, les lambris étaient d'or ; des chevaliers en grand nombre servaient d'escorte à un roi et une reine également d'or massif (1). De tous côtés brillaient les métaux précieux et les pierreries les plus rares. A une extrémité de la salle resplendissait une escarboucle dont les feux suffisaient seuls pour illuminer tout le palais ; en face, à l'angle opposé, se tenait un archer dont l'arc tendu était armé d'une flèche. Toutes ces statues veillaient sur les trésors confiés à leur garde, et au moindre mouvement fait pour s'en approprier une partie, elles menaçaient aussitôt de se précipiter en armes sur le voleur téméraire. Gerbert, pressentant le danger, s'abstint de toucher à aucun des objets qui l'environnaient, mais le page n'eut par la même réserve ; espérant n'être point aperçu, il cacha dans ses vêtements un petit couteau qu'il trouva sur une table. Aussitôt toutes les statues s'animent, poussent d'horribles clameurs, et l'archer lance la flèche contre l'escarboucle qui en s'éteignant laisse le palais dans une complète obscurité. C'en était fait des deux imprudents, lorsque, obéissant à une inspiration de Dieu (on ne pouvait guère s'attendre à cette intervention), le page rejeta le couteau volé. Gerbert et son compagnon purent alors sortir sains et saufs de cette caverne enchantée.

Quel sens devons-nous attacher à cette mystérieuse allégorie ? Il paraît difficile de l'établir d'une manière certaine, bien que cependant les mythes et les légendes, même les plus merveilleuses, aient nécessairement eu pour point de départ un fait ou une vérité amplifiés par l'imagination populaire. Cette statue, dont les indications coïncident avec certaines observations astronomiques, la description de ce palais féerique qui ressemble, à s'y méprendre, aux descriptions que

---

(1) ..... **Regem metallicum cum regina discumbentem.** *Ibid.*

les poésies arabes nous ont laissées des splendides résidences où se passe la fabuleuse épopée des *Mille et une Nuits*, tout semble indiquer l'origine orientale de cette légende. N'oublions pas, en effet, que Guillaume de Malmesbury est le premier qui ait affirmé, dans un récit très-circonstancié, le séjour de Gerbert dans les écoles publiques de Cordoue et de Séville, où il était allé surprendre les secrets scientifiques dont il fut plus tard le vulgarisateur en Gaule, en Allemagne et en Italie. Ce palais enchanté serait donc le symbole de cette brillante civilisation arabe dont le dixième siècle avait été l'apogée, et le danger couru par le pape au fond de ce souterrain nous peindrait les périls auxquels Gerbert aurait été exposé dans son pèlerinage scientifique en Espagne. En dégageant cette fable poétique des détails dont les siècles l'ont revêtue, il ne reste que deux choses bien établies, l'immense prestige que Sylvestre II exerça sur ses contemporains, et l'impossibilité qu'il y avait, aux yeux des ignorants du dixième siècle, d'être un savant tout en restant un bon chrétien.

Cette aventure, malgré le lugubre dénouement qu'elle avait failli avoir, ne découragea pas Gerbert, ajoute le chroniqueur (1); il coula, en effet, sous l'influence de certaines constellations, une tête en bronze qui répondait par oui et par non à toutes les questions du pontife. « Mourrai-je avant de chanter « la messe à Jérusalem ? » lui demanda un jour Sylvestre II. « Non, » répondit la statue. Le pape espérait ainsi, continue l'historien, se réserver l'impunité de ses crimes et prolonger sa vie jusqu'au voyage de Jérusalem, qu'il espérait bien ne jamais entreprendre ; mais le diable était malin, et un jour que le pape chantait la messe dans une église de Rome désignée par la liturgie sous le nom de *Station à Jérusalem* (2), l'enfer réclama le prix de ses dons, et le pape se sentit atteint mortellement. La tête de bronze consultée lui annonça sa fin

---

(1) Talia Gerbertum adversis præstigiis machinatum fuisse, constans vulgi opinio est. *Ibid.*

(2) *Statio ad Jerusalem. Ibid.*

prochaine; et alors le pontife, se voyant joué par son ennemi (1), assembla les cardinaux et leur avoua ses crimes. Ceux-ci, muets d'épouvante, ne purent consoler le pape à l'agonie, et Gerbert demanda, en expiation de sa conduite, qu'après sa mort son corps fût déchiré en lambeaux, afin de détruire ces membres qui avaient été les instruments de l'esprit infernal. Ses ordres furent exécutés, ajoute le chroniqueur, et son cadavre mutilé fut placé sur un char attelé de deux bœufs; ceux-ci s'étant arrêtés sous le portique de l'église de Latran, c'est en ce lieu que ses restes furent ensevelis.

Nous ne nous arrêterons pas à montrer l'absurdité de cette légende; elle ne cache aucun symbole, et le chroniqueur n'a pu la puiser que dans un des pamphlets dirigés, au temps de l'empereur Henri IV, contre le Saint-Siège (2).

Malgré les troubles politiques auxquels Rome était en proie au moment de la mort de Sylvestre II, cette perte fut vivement sentie dans la ville éternelle et dans la haute Italie. Chacun comprit que la mort, en glaçant cette noble intelligence, venait de faire disparaître le seul homme qui aurait pu sauver la Péninsule et achever en Italie ce travail d'unité qui avait lassé le courage et l'énergie de trois empereurs. Cette douleur générale fut noblement exprimée par Sergius IV, troisième successeur de Sylvestre II, qui rendit à la mémoire de l'illustre pontife un juste tribut d'éloges dans l'épitaphe suivante qu'il fit graver sur le marbre de sa tombe :

Ci-gît Sylvestre. *Quand retentira la trompette annonçant le jugement de Dieu, cette tombe rendra la dépouille mortelle de l'homme qui, à l'illustration de la science, joignit le titre glorieux de pontife romain. Enfant de la France, Gerbert mérita d'abord de s'asseoir sur le siége épiscopal de Reims, la métropole de sa patrie. Noble de cœur et puissant par ses œuvres, il administra avec gloire l'illustre église de Ravenne. Un an après, Rome le vit à sa tête, et, sous un nom nouveau, il devint le pasteur du monde entier. Il dut*

---

(1) Cognovit deceptionem suam. *Ibid.*
(2) Cf. Centuriatores Magdeburg, Platina, Pagi., etc., etc.

cette faveur à Othon III, dont il resta toujours l'ami fidèle et dévoué. Tous deux, illustres par leur sagesse, ils furent l'ornement de leur siècle, la joie du monde, et des modèles de vertu. Comme le prince des apôtres dont il fut un des successeurs sur le Saint-Siége, Sylvestre reçut trois fois la mission pastorale ; mais un lustre après son exaltation sur le trône apostolique, il termina par la mort sa glorieuse carrière. Le monde, d'où s'envola la concorde, resta stupéfait ; l'Église, naguère triomphante, vit chanceler sa gloire et troubler son repos.

L'évêque Sergius, son successeur, obéissant à un tendre sentiment de piété, a orné le cercueil de celui qui fut son ami. O vous qui abaissez vos regards sur ce marbre funéraire, qui que vous soyez, redites cette prière : Seigneur, Dieu tout-puissant, ayez pitié de lui! (1).

Le secret de cette tombe où reposait la dépouille de l'homme le plus célèbre du dixième siècle, environnée sans doute de plus de terreur que de respect, fut conservé intact jusqu'au dix-septième siècle. En 1648, sous le pontificat d'Innocent X, nous dit César Rasponi (2), chanoine de l'église de Latran, tandis qu'on travaillait à la reconstruction de cette basilique, on ouvrit, pour le déplacer, le tombeau de Sylvestre II. Dans un cercueil de marbre, on trouva le corps du pontife en parfait état de conservation, revêtu de ses habits pontificaux, la mitre en tête et les bras en croix ; et, plus de six siècles après avoir fermé les yeux à la lumière, le noble visage de Gerbert apparut, dans la majesté de la tombe, aux regards de la foule attendrie qui se pressait pour contempler les restes de ce puissant génie. Mais à peine le cadavre eut-il été exposé à l'air qu'il se réduisit en cendres, et il ne resta d'intact qu'une croix d'argent et l'anneau pastoral, suprême enseignement de la mort, devant laquelle disparaissent la gloire et les honneurs pour ne laisser subsister que deux choses, les seules qui survivent à l'homme, le souvenir de ses vertus et celui de ses douleurs !

(1) *Anonymus Zwettlensis*, ap. Pez, *Thes. noviss.*, t. I, p. III, col. 380. — Voy. Hock, p. 372.

(2) Rasponi, *De basilica et patriarch. Lateranensi*, Rom. 1656, in-fol.

CHAPITRE XIV.

APPRÉCIATION GÉNÉRALE DU ROLE ET DE L'INFLUENCE DE GERBERT.

Ce n'est pas dans le seul récit des événements auxquels un homme supérieur s'est trouvé mêlé, que nous pouvons trouver une complète appréciation de son rôle et de son génie. Les difficultés qu'il a vaincues peuvent bien nous faire connaître l'énergie de sa volonté, ses œuvres, l'étendue de son intelligence ; mais la vraie mesure de son influence, nous ne devons la chercher que dans la vigoureuse impulsion qu'il imprima au siècle dont il personnifia les efforts et les aspirations. Il en est, en effet, de ces puissantes individualités morales comme de ces monuments merveilleux que nous ont légués les siècles passés ; étudiés en détail, ils peuvent provoquer la critique, mais jugés dans leur ensemble, ils s'imposent à notre admiration par l'harmonie de leurs proportions et la majesté de leur grandeur. Ce sentiment n'est pas seulement un hommage volontaire rendu par l'humanité à ceux qui furent ses bienfaiteurs, il renferme trop souvent encore une réhabilitation tardive et comme une sorte de dédommagement des angoisses et des incertitudes qu'aux heures d'abattement le génie le plus audacieux sent peser sur son œuvre incomprise. Après avoir successivement indiqué les difficultés dont Gerbert eut à triompher dans l'obscur milieu où la Providence l'avait fait naître, les œuvres auxquelles il consacra sa vie, et la part importante qu'il prit aux événements auxquels il fut mêlé, il nous reste encore, pour compléter cette étude, à esquisser rapidement l'influence qu'il exerça sur le mouvement des idées et la renaissance intellectuelle qui, dès le XIe siècle, se produisit en Occident.

Ainsi que nous l'avons vu, le Xe sièle (887-987) avait été une période d'affaissement général qui s'était traduit, en politique par l'anarchie, dans le domaine de l'intelligence par l'absence de toute culture, et, comme conséquence nécessaire, par tous les vices et les désordres qui, dans l'ordre moral découlent de l'ignorance. L'esprit humain, selon l'expression d'un savant critique (1), avait touché le fond de l'abîme et en quelque sorte le point inférieur de la courbe qu'il décrit à travers les temps modernes. Ce triste état qui, en France dura jusqu'à l'avénement de la troisième race, ne doit pas nous effrayer si nous réfléchissons à la grande loi providentielle qui préside à la succession des choses, surtout si l'on remarque que, pour arriver au but dont la réalisation se cache dans les profondeurs de l'avenir, le repos est aussi nécessaire que la marche, et qu'un temps d'arrêt n'est pas toujours un symptôme de mort, mais le plus souvent un signe précurseur d'une rénovation prochaine.

Non que le progrès soit une chose fatale, puisque en vertu de sa liberté, l'homme peut bien ou mal faire, avancer ou reculer à son gré ; mais au-dessus de cet abus de la liberté individuelle, il existe des lois générales auxquelles obéit l'humanité et dont l'harmonieuse économie constitue le plan providentiel qui est le dernier mot de l'histoire. Aussi, en jetant sur les siècles écoulés un regard d'ensemble qui n'embrasse de chacun d'eux que les caractères généraux et les faits les plus saillants, est-on forcé de reconnaître que, malgré ses défail-

(1) M. Ampère, *Hist. littér.*, t. III. liv. III, chap. XIV.

lances, malgré ses fautes et ses erreurs, l'humanité, depuis la révélation chrétienne, a toujours progressé. A certaines heures, sans doute, ce progrès a été lent, presque insensible, mais il n'en a pas moins existé, parce que au dessus de cette liberté qui est notre grandeur et notre péril, au-dessus de cette volonté humaine qui s'agite et s'égare souvent, il y a la Providence qui la mène et qui, par le châtiment ou par la récompense, la maintient dans la voie du progrès moral ou l'y ramène par la vue du précipice au fond duquel elle a glissé.

Cette halte de l'humanité, que les bouleversements politiques auxquels l'Europe occidentale était alors en proie ne font que trop comprendre, Gerbert eut la mission d'y mettre un terme ; il fut l'instrument providentiel qui, au XIe siècle, provoqua cette renaissance intellectuelle dont notre patrie a, dans les temps modernes, recueilli les fruits, après en avoir eu la glorieuse initiative. Sans doute, ce serait se tromper que de vouloir attribuer à l'illustre écolâtre le mérite d'avoir prévu toute la grandeur de l'œuvre à laquelle il usa l'énergie de sa volonté et les forces de son existence ; il n'est pas en effet dans la destinée des hommes de génie de pressentir toujours la fécondité de leurs travaux ; à Dieu seul il appartient de mesurer l'influence des hommes qui sont dans ses mains des instruments de progrès et de civilisation.

Cette vérité, qui n'enlève rien à la gloire des hommes de génie et qui semble même rendre leur mérite plus réel en les montrant plus désintéressés, cette vérité, disons-nous, est surtout évidente dans l'appréciation de la part que prit Gerbert aux transformations politiques qui signalèrent le XIe siècle. Nous avons déjà constaté, au VIIe chapitre de cette étude, combien grande fut l'influence que le secrétaire d'Adalbéron exerça sur l'assemblée convoquée à Senlis pour donner un successeur à Louis-le-Fainéant. Appartenant à cette race méridionale que les Francs avaient trop longtemps traitée en peuple conquis, Gerbert fut l'éloquente expression de cette protestation nationale contre l'immixtion dans le gouvernement de la Gaule de ces peuples d'Outre-Rhin qui, par leurs invasions ou leurs onéreuses alliances, avaient froissé l'orgueil national et rendu impopulaire, des rives de la Garonne à celles de la Seine, la dynastie Carlovingienne. Telle fut en effet la portée du discours composé par Gerbert et prononcé par Adalbéron, qu'il fit perdre au descendant de Charlemagne cette couronne royale dont les barons disposèrent au profit de Hugues-Capet ; et de cette élection data la monarchie nationale à laquelle la France a dû son unité territoriale, ses premières libertés publiques et huit siècles de gloire et de triomphes. L'avènement des Capétiens consacrait, il est vrai, le système féodal ; mais il ne faut pas être injuste envers ce système politique qui, à la fin du Xe siècle, fut presque un bienfait, si même il ne fut pas un état nécessaire. Qu'on se figure en effet ce qu'était alors la France : au sommet de l'échelle, une royauté avilie et chaque jour compromise par des seigneurs assez puissants pour faire de leur seul intérêt la règle de leurs actions et le contre-poids de leur pouvoir ; au-dessous, une plèbe sans idées sociales, sans traditions politiques, façonnée à la crainte et à la servitude par une épaisse ignorance ; tels étaient les éléments de la société au Xe siècle. Entre cette manifeste faiblesse de la monarchie et la suprême impuissance des classes inférieures, le système féodal offrait au moins un point d'arrêt et de résistance. Toute société a besoin en effet d'une force autour de laquelle elle gravite, et ce point doit être d'autant plus fixe que l'état social est plus désagrégé ; dans cette absence d'un pouvoir central solidement constitué, et en attendant que les forces vives de la nation pussent y suppléer, on choisit le point fixe par excellence, le seul capable d'arrêter cette décomposition générale, la terre d'abord, et, dans la suite, l'homme dont la main énergique la protégeait après l'avoir conquise.

Tel fut le point de départ du régime féodal ; mais il ne faut pas se dissimuler qu'à côté des services qu'il pouvait rendre, ce système politique offrait aussi de graves inconvénients, et s'il se fût définitivement implanté sur notre sol, l'histoire de France n'eût été qu'un long et monotone récit de luttes intestines, de discussions locales, assez peu différentes de celles qui déchirèrent l'Italie pendant le moyen-âge. Heureusement, la Providence et le génie de la nation eurent bientôt corrigé ce qu'il y avait de trop excessif dans le régime féodal; et ce n'est pas un des moindres phénomènes de cette période historique de voir l'homme qui, en donnant la couronne à Hugues-Capet, semblait avoir consacré à jamais le principe féodal dont le duc de France était l'expression, de voir ce même Gerbert, devenu le pontife suprême de la chrétienté, provoquer le vaste mouvement qui devait compter parmi ses plus utiles résultats la ruine même de la féodalité.

C'est en effet au croisades prêchées par Sylvestre II, et réalisées un demi-siècle plus tard par Urbain II, que remonte l'indépendance de la royauté et la première émancipation communale. La féodalité consacrait l'isolement des peuples; l'enthousiasme religieux et les audacieuses expéditions qu'il provoqua rapprochèrent ceux que les dissentiments politiques tenaient divisés; on commença par se connaître et on finit par s'entr'aider. Car c'est une des lois qui nous honorent le plus, que l'homme ne puisse jamais se rapprocher de son semblable sans qu'il en résulte un avantage pour le genre humain. Commencée dans les douleurs de ces guerres lointaines, l'union se cimenta par les nécessités d'une mutuelle défense, et au milieu de la France féodale on vit surgir avec les communes les premières franchises municipales et la première indépendance de nos pères.

Il est curieux d'assister, dès les premières années du XIe siècle, à ce réveil encore timide de la conscience publique; un des élèves de Gerbert, Adalbéron, évêque de Laon, en a consigné les symptômes dans un poëme satirique adressé au roi Robert : « Jusqu'ici, s'écriait le poëte, il n'y avait dans la
« société que trois conditions, la prière, le métier des armes
« et le travail....... Mais aujourd'hui toute cette économie

« est modifiée, l'ordre est bouleversé (1)...... » Et sous le souffle de cette révolution sociale, que certains historiens prévenus ont voulu placer en dehors de l'Eglise, bien qu'elle ne fût que le développement et l'application des principes d'égalité et de fraternité chrétienne, l'évêque-poëte répondait au roi Robert, s'apitoyant sur la condition des serfs, dont le travail et la souffrance étaient le seul partage (2), ces paroles surprenantes pour une époque où les priviléges de la naissance faisaient loi : « Au-dessus de la loi humaine qui établit parmi
« les hommes des distinctions sociales, se trouve la loi divine
« qui n'admet aucune différence entre les enfants de Dieu ;
« elle les regarde tous comme de condition égale, quelque
« inégaux d'ailleurs que les aient faits le rang et la naissance ;
« et à ses yeux, le fils de l'artisan n'est pas inférieur à l'héritier du monarque » (3). Favorisées par le clergé (4) dont les membres appartenaient, pour la plupart, à cette classe de serfs et de vilains qui réclamait son émancipation, protégées à leur origine par la royauté dont elles servaient les desseins contre la noblesse, les communes doivent être mêlées à toutes les

(1)   Triplex ergo Dei domus est, quæ creditur una ;
Nunc orant alii, pugnant, aliique laborant :
Quæ tria sunt simul, et scissuram non patiuntur.
            (ADALBERONIS *Carmen,* vers. 297, etc.)
....
Mutantur mores hominum, mutatur et ordo !
            (*Ibid.* vers. 305.)
(2)   Hoc genus afflictum, nil possidet absque labore......
Servorum lacrymæ, gemitus non terminus ullus.
            (*Ibid.* v. 288 et 296.)
(3)   Lex divina suis partes non dividit ullas.
Format eos omnes æquali conditione,
Quamvis dissimiles pariat natura vel ordo.
Non minor artificis quam regis proles herilis.
            ADALBERONIS *Carmen* vers. 242, etc.
(4) Nous ne parlons ici que du principe sans dissimuler les résistances locales ou personnelles que certaines communes eurent à vaincre pour s'affranchir. (Voy. AUG. THIERRY, *Histoire de la commune de Laon* ; lettres sur l'hist. de France.)

pages de notre glorieuse histoire ; rien n'entravera plus ce vaste mouvement, et quand les communes disparaîtront, c'est que la royauté prendra leur rôle, c'est que leurs intérêts seront devenus ceux de la patrie.

Il serait peut-être téméraire d'affirmer que ce résultat des croisades, spécial à la France, ait été prévu par le génie de Sylvestre II ; il n'obéit sans doute, en prêchant cette levée de boucliers, qu'à la pensée toute chrétienne de grouper sous l'étendard de la croix les peuples latins, jusque-là divisés par de mesquines rivalités, et de les précipiter dans un immense effort contre les Musulmans dont les armées campaient sur les frontières de la chrétienté. L'heure était solennelle en effet : les Arabes vaincus subissaient le joug des Turcs dont les hordes fanatiques menaçaient de faire passer sur l'Europe asservie le sanglant niveau de la barbarie ; en face de ces Tartares dont la guerre était le plaisir favori, l'Orient se mourait, et le génie grec, étouffé par les subtilités byzantines qui avaient remplacé le christianisme, s'abîmait dans ces inepties sanglantes flétries par l'histoire sous le nom de *Bas-Empire*. Dans ces belles contrées de l'Orient où avait fleuri l'antique civilisation, où l'art et la science avaient eu leur berceau, il semblait que l'âme était déchue pour jamais ; seule, la nature y conservait son charme immortel, comme pour offrir aux enfants de Mahomet un nouveau stimulant de conquête. C'en était fait peut-être de l'empire grec, et l'étendard du Prophète, arrêté autrefois à Poitiers par l'épée victorieuse de Charles-Martel, allait se déployer de nouveau sur l'Europe tremblante, quand le danger fut conjuré par les croisades dont la merveilleuse épopée restera comme une des grandes gloires de la civilisation chrétienne, et comme le premier exemple de cette solidarité des peuples que le droit nouveau revendique si hautement, sans paraître se douter qu'elle est fille du christianisme.

Cette puissance de cohésion était déjà si bien regardée comme l'apanage exclusif de l'Eglise romaine, dès les premières années du XIe siècle, que les Hongrois et les Polonais ne sollicitèrent pas d'autre titre pour être admis dans la grande famille occidentale que celui de fils de l'Eglise chrétienne. Plus heureux dans cette négociation que pour la restauration de l'empire carlovingien, Gerbert eut la gloire de sceller la fusion du monde ancien et du monde nouveau, en acquittant la dette contractée envers Attila par Rome au Ve siècle ; et ce ne fut pas un des actes les moins féconds et les moins solennels de la vie du pontife que l'admission dans la ville éternelle de ces fiers descendants d'Arpad, venant courber leur front sous la main de l'évêque de Rome, et demander pour les débris de leur empire la bénédiction du successeur de saint Léon. De cette fusion avec la barbarie devait sortir le monde moderne, empruntant à l'empire déchu son éclat, sa gloire et ses institutions, aux races nouvelles leur énergie, leur courage et leur abnégation, symbolisés par cette croix portée devant Etienne de Hongrie, comme l'étendard de la civilisation que ces peuples nouveaux devaient défendre. Et cette promesse solennellement souscrite entre les mains de Sylvestre II, l'histoire nous dit qu'ils n'y faillirent jamais, puisque ce fut à l'héroïsme et au dévouement de la Hongrie que l'Occident fut redevable au XVIe siècle de ne pas subir le joug de Soliman II.

Quelque importante qu'ait été l'œuvre politique de Gerbert, elle ne doit pas cependant nous faire perdre de vue la mission principale de sa vie, la restauration des lettres et des sciences en Occident. Ce fut le but de son existence, celui auquel il consacra toutes les ressources de son esprit et toute l'énergie de sa volonté, et les lettres, moins décevantes que la politique, ont payé à la mémoire de l'illustre écolâtre le juste tribut de leur reconnaissance, en entourant son nom d'une auréole immortelle ; noble privilége des choses de l'esprit, elles ne donnent pas seulement ici-bas à l'âme humaine ses plus intimes et ses plus durables jouissances, elles seules projettent encore sur le souvenir de ceux qui les ont aimées la gloire la plus pure et la moins contestée. Succédant brusquement au siècle de Charlemagne, le Xe siècle avait vu se voiler ce soleil de la civilisation qui venait de rayonner avec tant d'éclat sur l'œuvre du fils de Pépin. Comme dans la nature, après un lever radieux, l'astre du jour paraît quelquefois s'obscurcir un instant et s'éclipser derrière les brouillards du matin pour reparaître ensuite plus lumineux et plus éclatant, ainsi l'esprit humain, après avoir ployé un moment au Xe siècle, se relève avec Gerbert, secouant, comme autrefois Lazare, le voile d'ignorance sous lequel il était enseveli. Ce travail de renaissance, dont nous étudierons tout à l'heure les principaux résultats, Gerbert le stimula tour à tour par son enseignement et par ses œuvres.

Nous avons vu, dans le cours de cette étude, combien grande fut la renommée de cette école de Reims où, pendant près de trente ans, l'ancien élève de l'abbaye d'Aurillac groupa au pied de sa chaire toute la jeunesse studieuse de la Gaule, de l'Allemagne et de l'Italie, et jusqu'à des fils de roi qui ne crurent pas déroger en venant participer aux doctes leçons de l'écolâtre. Ce vaste mouvement, provoqué autant par la célébrité du maître que par la nouveauté de son enseignement, jeta dans toute l'Europe occidentale des germes féconds qui produisirent dès le commencement du XIe siècle des fruits merveilleux. L'amour de l'étude se répandant, le nombre des lettrés augmenta, et tandis qu'au Xe siècle il était rare de trouver un laïque qui sût écrire (1), on put voir, quelques années après, les écoles se multiplier, le culte des œuvres de l'antiquité s'étendre de plus en plus, et l'esprit humain joindre à un goût plus épuré une plus grande vigueur de pensée et un enthousiasme réel pour tout ce qui est grand et beau.

Sans doute, cette révolution ne fut pas instantanée, car il en est des mœurs d'une nation comme de ses habitudes, elles ne changent jamais tout à coup ; néanmoins ce travail de renaissance fut surtout remarquable en Gaule, où il revêtit deux formes distinctes. Il y eut, en effet, entre le réveil intellectuel du nord et du midi une différence profonde, résultat du génie particulier des deux peuples qui se sont implantés

---

(1) *Histoire littéraire*, t. VII p. 3, *Introduction*.

sur notre sol. Au midi de la Loire, dans les contrées où dominait l'élément gallo-romain, les mœurs étant plus raffinées, les âmes plus mobiles et plus passionnées, il en résulta dans les écrivains de cette contrée une tendance plus marquée vers les œuvres d'imagination, et la poésie bénéficia de tout ce que perdirent la dialectique et la théologie (1). Favorisée par un climat plus doux, héritière de l'ancienne civilisation gréco-romaine dont Marseille, Narbonne, Nîmes, Lyon, Toulouse et Bordeaux avaient été, aux dernières années de l'empire, les centres brillants, la littérature méridionale abandonne, dès le XIe siècle, le latin barbare que le Nord conservera longtemps encore, et donne à son génie particulier un essor plus libre et plus poétique dans cet harmonieux dialecte des troubadours auquel il n'a manqué qu'un grand poëte pour devenir une langue rivale de celle de Dante ou de Cervantès.

Au nord de la Loire, au contraire, s'étaient concentrées, depuis Charlemagne, les fortes études ; là étaient les principaux foyers d'où rayonnaient, sous la double forme de théologie et de dialectique, les sciences divines et humaines. Nous avons vu le rôle important que l'école de Reims avait joué sous Frodoard et surtout sous Gerbert, ce fut aussi de cette ville que partit le signal de la renaissance intellectuelle au XIe siècle. Dispersés sur les bords du Rhin, en Gaule et en Allemagne, les nombreux disciples que Gerbert avait formés propagèrent avec ardeur la lumière dont le docte écolâtre s'était fait le courageux initiateur. Parmi ces écoles, pour ne citer que les plus célèbres, nous remarquons celle de Laubes où enseignait Hériger (2); celle de Langres, également dirigée par un disciple de Gerbert, Brunon (3); celle de Toul, d'où

---

(1) Les écoles furent peu nombreuses dans le Midi ; on ne cite guère que celles de la Chaise-Dieu, fondée par saint Robert (1046), moine de Brioude et parent de saint Geraud (MABILLON, *Acta*, t. IX, p. 208) ; de St-Victor, à Marseille ; de la Daurade, à Toulouse, et de St-Martial, à Limoges.

(2) MABILLON, *Acta*, t. VIII, p, 523.

(3) *Gallia christiana nova*, t. IV, p. 549.

sortit le pape Léon IX (1) ; celles de Liége, de Metz, de Verdun et de Besançon, dont Pierre Damien fit l'éloge (2). En Bourgogne, où l'ordre de St-Benoît avait de nombreuses ramifications, les études reprirent avec ardeur, à Cluny d'abord, et surtout à St-Bénigne de Dijon, dont l'école était ouverte à tous ceux qui voulaient y puiser la science, quelle que fût leur condition ; on y portait même la charité jusqu'à fournir aux besoins de ceux à qui l'indigence rendait l'étude trop onéreuse (3).

Malgré leur éclat, ces écoles furent encore éclipsées par celles de Normandie. Sous l'influence du haut enseignement que l'évêque Fulbert (1007) avait introduit à Chartres (4), les abbayes de Jumiège et de Fécamp, royalement dotées par le duc Richard, l'école cathédrale de Rouen et celle de St-Ouen donnèrent un essor brillant aux sciences philosophiques et théologiques. Mais leur gloire eut à souffrir du voisinage de l'abbaye du Bec qui fut, au XIe siècle, la plus florissante école qu'eut encore possédé l'Occident. Illustrée par Lanfranc (1042), l'éloquent adversaire de Bérenger, devenu plus tard archevêque de Cantorbéry et primat d'Angleterre, l'abbaye du Bec eut l'honneur de produire l'homme dont les œuvres immortelles servent de date au réveil de la pensée moderne. Comme son maître Lanfranc, saint Anselme s'assit également sur le siège primatial d'Angleterre, mais les honneurs et les dignités ne purent jamais lui faire perdre de vue ces études philosophiques auxquelles il aimait à demander la solution des questions les plus ardues sur l'essence divine et les attributs de Dieu (5). Ame tendre et délicate, joignant à l'intelligence d'un penseur profond la candeur naïve d'un enfant, saint Anselme, par une

(1) Mabillon, *Acta*, t. IX, p. 54.
(2) Petri Damiani *Opuscul.* XXXIX, c. 1.
(3) Mabillon. *Ibid.*, t. VIII, p. 327.
(4) Un des plus célèbres disciples de cette école fut Bérenger, plus tard écolâtre de Tours.
(5) *S Anselme de Cantorbéry*, par M. Ch. de Rémusat, 1 vol. in-8° Paris, Didier.

innovation hardie, s'isole de la tradition, écarte les pères de l'Eglise, et cherchant Dieu par la seule raison, pénètre dans les mystères les plus redoutables du christianisme, trouve au XIe siècle le célèbre argument de l'existence de Dieu (1) dont la découverte a fait, six siècles plus tard, la gloire de Descartes, et scrute les grands problèmes de la philosophie avec une hardiesse, une élévation, qui rappellent S. Augustin et font pressentir Fénelon (2). Il ne saurait entrer dans notre plan d'étudier en détail les œuvres de l'homme qui fut, après l'évêque d'Hippone, le plus grand philosophe de l'Eglise latine, mais nous devons signaler quelques-uns des rapports qui rattachent S. Anselme à l'école philosophique de Gerbert. Comme l'écolâtre Rémois, l'abbé du Bec, qui ne sépara jamais la foi de la raison (3), fut un zélé propagateur de la méthode aristotélicienne, et à ce titre il doit prendre place parmi les pères de la scolastique; toutefois, son affection pour Aristote ne l'entraîna pas jusqu'à accepter aveuglément, comme le firent plus tard quelques théologiens, toutes les doctrines du Stagyre. C'est ainsi que, tout en rendant justice aux méthodes de raisonnement vulgarisées par l'école péripatéticienne, S. Anselme, comme S. Augustin, se rapproche beaucoup plus de Platon par la manière dont il expose ses doctrines et surtout par la préférence marquée qu'il accorde aux arguments psychologiques sur les subtilités de la dialectique. Dans son traité de la *Raison et du raisonnable*, Gerbert avait adopté la théorie platonicienne sur l'origine des idées universelles, l'abbé du Bec l'accepta également et la défendit contre les Nominaux avec une grande vivacité (4).

C'est ainsi que, grâce à l'étincelle pieusement conservée par

---

(1) S. ANSELMI *Opera*, p. 29.

(2) Voy. le remarquable article de M. Emile Saisset sur l'ouvrage de M. de Rémusat, *Revue des Deux-Mondes*, année 1853, 2e trimestre.

(3) Cf. GERBERTI, Epistola XXXII, 2e class., et S. ANSELMI *Monologium* et *Proslogium*.

(4) *Spicilegium* ACHERII, t. XII p. 362.

Gerbert, le XI⁰ siècle vit se lever l'aurore d'une renaissance intellectuelle dont nous admirons, après huit siècles, les merveilleux résultats, et ce n'est pas sans un vif sentiment de reconnaissance pour l'homme qui avait ainsi arrêté l'esprit humain sur les bords de l'abîme, que nous recueillons rapidement dans les œuvres du siècle dont son génie avait éclairé les premières années, les traces de son influence et le souvenir de ses bienfaits. Il fut toutefois moins heureux dans la propagation de son enseignement scientifique ; nous avons vu avec quel zèle Gerbert avait cherché, soit dans ses leçons, soit dans ses écrits, à vulgariser ces études, ignorées jusque là en Occident, malheureusement cette impulsion ne se continua que faiblement et il faut aller jusqu'à Bacon pour trouver un digne successeur de l'écolâtre rémois. Aussi, tandis que la théologie, la philosophie et les lettres anciennes renaissent et se perfectionnent, ne trouvons-nous, au XI⁰ siècle, qu'un très-petit nombre d'écolâtres cultivant la géométrie, l'arithmétique et l'astronomie. On ne cite guère qu'Adelbold, qui dédia à son maître Gerbert un traité sur le volume de la sphère, Francon de Liége qui chercha la quadrature du cercle (1), Odon d'Orléans qui expliquait au peuple, devant le portail de la cathédrale, les révolutions sidérales (2).

Au milieu de ce mouvement qui agitait la pensée humaine, et dans l'effervescence de cette vigueur qui n'avait pas toujours conscience d'elle-même, nous ne devons pas être surpris de voir quelquefois le but dépassé et les hérésies reparaître avec le réveil de l'intelligence. La raison avait eu dans S. Anselme un défenseur puissant et convaincu, mais il n'avait jamais eu la prétention d'aplanir devant elle tous les mystères ; des esprits inquiets et audacieux voulurent diviniser ce flambeau naturel dont l'abbé du Bec venait de proclamer les droits. C'est ainsi que les doctrines manichéennes reparaissent dans

---

(1) LEBŒUF *Dissertations*, t. II p. 90.

(2) *Ibid* page 96. — Voy. encore *Histoire littéraire* t. VII discours préliminaire p. 137.

le midi, que l'archidiacre d'Angers, Bérenger, rajeunit les anciennes erreurs sur l'Eucharistie et prépare des armes aux Sacramentaires du XVIe siècle, tandis que, par ses témérités de doctrine, le breton Roscelin semble le précurseur d'Abailard.

Cette activité qui bouillonnait dans les âmes, et dont les hérésies furent un des symptômes les plus caractéristiques, ne resta pas exclusivement concentrée dans la sphère des idées, elle se traduisit aussi dans les œuvres d'art qui empruntent à l'idéal le principe de leurs conceptions. La musique fut mise à la portée de tous et tellement simplifiée, nous dit Gui d'Arezzo, que chacun put apprendre à la lire couramment en moins d'un mois (1); la peinture (2), la calligraphie (3), la miniature se perfectionnent également et produisent des œuvres dignes de rivaliser avec celles du IXe siècle. Mais c'est surtout par la sculpture et l'architecture que les premières années du XIe siècle méritent d'être regardées comme une des principales époques de l'art moderne. Les autels, les chaires, les pupitres, les chapiteaux, les tombes mêmes se recouvrent de bas-reliefs sculptés, « tantôt pour rendre sensible, par des « images allégoriques, les vérités de la Religion ou les prin- « cipes de la morale, tantôt pour rappeler des traits de l'his- « toire sainte ou de l'histoire civile (4). Sans doute, l'art est encore hésitant, le dessin incorrect, mais on commence à pressentir, dans cette rudesse même, tout ce que peut un sentiment vif, éclairé par un enthousiasme sincère et un goût chaque jour plus épuré. Quant à l'architecture, tout en conservant les caractères généraux du style antérieurement usité,

---

(1) *Micrologus*, prœfat. in *Script. Eccles. de musica*, t. II, p. 3.

(2) L'abbé Lebœuf, *Dissertations sur l'état des sciences*, t. II, p. 230. — *Biographie universelle*, t. XLV, p. 335.

(3) Ampère. *Hist. littér.*, t. III, chap. XXII. — Ce chapitre, remarquable par la variété et la profondeur des recherches, nous a fourni de nombreux documents sur la renaissance artistique au XIe siècle.

(4) Emeric David, *Essai historique sur la sculpture française*, p. 44. — Parmi les sculptures qui nous restent de cette époque, M. Mérimée cite les bas-reliefs de l'église de Conques, de Notre-Dames-des-Doms, à Avignon, etc.

elle se perfectionne, se modifie même, au point de devenir, au XIe siècle, un type nouveau qui, par son imposante gravité, la hauteur des nefs et l'élégance des piliers, fait déjà pressentir les églises gothiques. Aux lourdes arcades romaines et aux piliers massifs qui les soutenaient, on substitue l'élégant plein-cintre byzantin, et l'art chrétien commence à donner à la pierre ce vol immense qui la portait jusque dans les nues, comme si l'idée de l'élévation, de la tendance au Ciel qui caractérise cette époque de foi vive, eût voulu se manifester aux yeux et s'éterniser dans nos souvenirs par le gigantesque élancement de ces flèches aériennes que couronne le calice d'une fleur, mystérieux symbole de l'épanouissement de l'espérance et de l'amour dans l'ardeur de la prière (1).

A l'abri de ces maisons de prière, bâties dans les lieux les plus solitaires ou sur des cimes escarpées, s'établirent de puissantes associations monastiques qui furent à la fois des asiles pour les âmes fatiguées, et, pour le peuple, des foyers de civilisation. A l'ordre de Saint-Benoît, qui ne cessait de rendre à l'Église et aux lettres des services en rapport avec sa haute réputation de science et de vertu, étaient venus se joindre ceux de Grammont, de Citeaux et des Chartreux ; et sous l'impulsion de ces apôtres infatigables, les écoles se multiplièrent, les livres, naguère très-rares (2), se répandirent, le sentiment de la dignité humaine pénétra dans le peuple avec la connaissance de ses devoirs, et l'aurore d'une vie nouvelle se leva sur les intelligences. On affectait, au Xe siècle, un pro-

(1) L'emploi de l'ogive pour les voûtes est déjà fréquent dans les églises romanes et byzantines du XIe siècle. Plusieurs églises remontant à cette renaissance architecturale nous ont été conservées ; parmi les principales, nous citerons, d'après M. Mérimée, Sainte-Foye à Conques (Aveyron), Saint-Julien à Brioude, Saint-Paul d'Issoire, Notre-Dame-du-Port à Clermont, la cathédrale du Puy, celle de Périgueux, etc.

(2) On peut en juger par le prix exorbitant qu'atteignaient les ouvrages des auteurs les plus médiocres. C'est ainsi, nous dit Mabillon, qu'une copie des homélies d'Aymon d'Alberstadt fut achetée par Grécie, comtesse d'Anjou, deux cents brebis, trois muids de grains et un grand nombre de peaux de martres. Mabill. *Annal.*, lib. LXI, n. 6.

fond mépris pour les choses de l'esprit, on vit, au contraire, dans le siècle suivant, les maisons religieuses s'enrichir d'ouvrages nombreux (1), et porter le culte de l'antiquité jusqu'à consacrer certains jours par semaine à prier Dieu pour ceux qui avaient orné la bibliothèque du couvent d'un manuscrit important ou d'une copie précieuse (2). L'esprit humain reprenait d'un pas plus libre et plus ferme sa marche vers le progrès, soutenu dans ses premiers efforts par la main de l'Eglise dont l'œuvre civilisatrice, au XIe siècle, peut se résumer dans cette parole qu'un successeur de saint Bruno empruntait à Cassiodore : « A l'apostolat de la parole de Dieu nous joignons
« celui de l'écriture; car autant de livres on écrit, autant
« de prédicateurs de la vérité nous devons former pour l'ins-
« truction du peuple (3). »

C'est qu'en effet le développement du sentiment moral est en raison directe de l'élévation de l'intelligence ; aussi, ne devons-nous pas être surpris de voir, au milieu de ce travail de renaissance intellectuelle, les mœurs s'épurer et les vices qui, dans l'âge précédent avaient souillé l'Eglise et la société chrétienne, disparaître peu à peu sous les efforts énergiques de la papauté réhabilitée.

Depuis longtemps les évêques s'étaient immiscés dans les affaires du monde ; leur raison mieux cultivée, leur caractère, objet du respect de tous, avaient donné à leur rôle une influence considérable qui s'était traduite par des droits politiques fort étendus, de nombreuses immunités et surtout d'immenses richesses, grâce auxquelles ils étaient peu à peu devenus des puissances redoutables. Aussi, quand le système féodal fut consacré dans l'Europe occidentale par la dépossession de la race carlovingienne, l'Eglise subit-elle à son tour le contre-coup de cette révolution sociale, et sous l'empire

---

(1) Ce fut surtout l'œuvre des Chartreux, Cf. Guiberti de Novigent. *Vita*, lib. I, c. X. — MABILL. *Acta Bened.* t. IX. Prœfat.

(2) LEBŒUF, *Dissertat.* p. 3.

(3) MABILLON. *Acta.* t. IX. n. 88. — CASSIODORI *Institutiones*, lib. II, c. 7.

d'institutions uniquement basées sur la propriété foncière, le caractère sacré des princes de l'Eglise fut, aux yeux du pouvoir royal, trop souvent suborbonné à leur influence territoriale. Envahie de tous côtés par les mœurs féodales, la hiérarchie chrétienne menaçait de se transformer en faisant dégénérer les prélatures en fiefs et les évêques en vassaux. Les dignités ecclésiastiques, usurpées par le pouvoir séculier, ne pouvant être obtenues qu'à force d'argent, tous les moyens de s'en procurer parurent légitimes, et l'on pratiqua sur une grande échelle la dilapidation du bien des pauvres, d'odieuses vexations et le trafic des choses saintes.

Nous avons vu avec quelle énergique indignation Gerbert, archevêque de Ravenne, avait flétri les calculs sacriléges de ces simoniaques dont les criminelles spéculations déshonoraient l'Eglise ; mais sa parole éloquente, malgré l'autorité que lui donnait une vie pure et austère, fut impuissante à guérir ce mal invétéré ; il fallait que l'exemple partît de plus haut. Devenu pape, les préoccupations de l'an mil, l'anarchie de l'empire à la mort d'Othon III et surtout la brièveté de son pontificat ne permirent pas à Sylvestre II de terminer la réforme qu'il avait entreprise. Cette mission glorieuse était réservée à un pontife, sorti comme lui de cette grande famille bénédictine qui, après avoir sauvé, au Xe siècle, les droits de l'intelligence, revendiqua noblement, au XIe, ceux de la conscience humaine. Dans le monastère de Cluny, si vigoureusement discipliné par saint Odon, s'étaient conservées les traditions d'indépendance et de dignité qui sont les sauvegardes de la morale ; vivant en dehors de la hiérarchie féodale, cette célèbre maison religieuse gardait en silence le dépôt de la liberté ecclésiastique, et servait d'asile aux nobles esprits de ce temps qui allaient chercher sous ses cloîtres solitaires la libre possession d'eux-mêmes ou l'oubli de leurs douleurs. Parmi ces âmes d'élite qu'une vie pure et sainte avait passionnées pour le bien et trempées pour la lutte, Cluny eut la gloire de compter le célèbre réformateur Hildebrand, plus tard pape sous le nom de Grégoire VII ; effrayé des ravages que la simonie faisait dans les rangs du clergé, il sonda cette plaie affreuse et résolut d'attaquer le mal à sa racine, résigné à payer de sa vie, s'il le fallait, le triomphe des idées morales que l'Eglise a pour mission de protéger sur la terre. C'était surtout par son immixtion dans la collation des bénéfices ecclésiastiques que le pouvoir séculier avait posé les causes fatales de cette décadence morale, ce fut aussi au redressement de cet abus que Grégoire VII voua sa vie. Sous une apparence temporelle, cette question des investitures mettait en jeu la vie même de l'Eglise en menaçant de séculariser sa hiérarchie ; c'est sans contredit une des formes les plus redoutables qu'ait revêtue, dans l'histoire chrétienne, la lutte toujours renouvelée de l'esprit contre la matière, des idées religieuses contre les intérêts temporels, conflit aussi ancien que la liberté humaine, et qui subsistera tant que l'esprit de l'homme sera accessible à l'orgueil et son cœur au souffle des passions. A huit siècles de distance, en revivant par la pensée dans ces temps orageux où s'engendrait avec douleur l'état social moderne, on est encore ému de cette lutte héroïque dont l'enjeu était l'asservissement ou l'indépendance de la conscience humaine. Que la papauté fût vaincue, avec elle s'écroulait cet édifice de civilisation dont chaque génération avait cimenté les assises au prix de son abnégation et de ses sacrifices ; que Grégoire VII triomphât, sa victoire était celle de l'idée sur la matière, de la conscience sur la force brutale. Représenté par Henri IV, le pouvoir impérial est fortement organisé ; il a pour lui le prestige de la puissance et des armées ; il peut surtout compter sur le concours que les passions prêtent à celui qui les flatte. Rome, au contraire, est isolée, ses propres enfants semblent faire cause commune avec ses ennemis ; mais elle a pour elle le droit, les promesses de Dieu, l'enthousiasme que donne la défense d'une noble cause, et pour diriger ses efforts, un pontife qui restera dans l'histoire comme l'expression la plus complète de l'homme qui sut allier une indomptable énergie à l'élévation de l'esprit et à la plus exquise délicatesse de cœur. Aussi, le triomphe de l'Eglise fut-il complet, et les peuples, dans leur reconnaissance pour Rome qui venait de revendiquer leurs droits au prix de tant de douleurs et de sacrifices, les peuples lui adjugèrent cette autorité morale qui fit de la papauté, pendant tout le moyen-âge, l'arbitre souverain des différends survenus entre les princes et leurs sujets, consacrant ainsi le droit de la conscience en faisant de l'autorité la plus sainte, celle de la religion, le juge suprême des devoirs réciproques des peuples et des rois.

C'est à cette hauteur morale où parvint l'Europe occidentale, vers le milieu du XIe siècle, qu'il faut se placer pour bien apprécier l'œuvre et l'influence de Gerbert. C'était grâce à ses efforts que le flambeau de la science s'était ravivé, que le progrès, un moment suspendu sur les bords de l'abîme, avait repris son essor, entraînant dans des voies nouvelles l'ordre social transformé, la raison ennoblie et la conscience redressée par un sentiment plus juste de ses devoirs et de sa dignité. C'est donc à Gerbert que remontent, par la renaissance du XIe siècle qu'il éclaira de son génie, les bienfaits de cette civilisation qui, du moyen-âge aux temps modernes, s'est constamment développée par les efforts successifs des générations, allant d'un pays à un autre, changeant souvent de patrie, mais laissant partout des traces de son passage et des monuments de sa grandeur.

Non que cette marche progressive soit complètement indépendante des réactions et des caprices de notre liberté; car trop souvent, dans les temps modernes surtout, la raison de l'homme, livrée sans contre-poids aux caprices de son orgueil, de ses illusions ou de ses terreurs, ira puiser les principes de ses croyances ou la règle de ses actions dans les éblouissements de son esprit et les palpitations de son cœur. Sans doute, il y aura encore des éclipses partielles, des naufrages individuels de la conscience, des oscillations dangereuses entre le despotisme et l'anarchie; mais, ce que l'histoire ne verra plus se renouveler, ce sont des périodes de ténèbres où la barbarie régnant en souveraine détermine ces cataclysmes moraux dont le souvenir est pour les siècles postérieurs un avertissement et une menace. Interrompu dans les institutions politiques, le progrès retrouvera son essor dans les arts, et, quand l'art fatigué s'arrêtera, la science prendra la conduite des esprits. Le seul danger de cet épanouissement de l'humanité serait dans l'isolement de ses efforts et surtout dans l'oubli de la grande loi providentielle qui préside à ses transformations successives.

C'est, en effet, dans l'usage de sa liberté qu'est pour l'homme le secret de sa noblesse ou l'écueil de sa grandeur ; aussi, plus il est excité à agir, plus il est libre de le faire à son gré, plus il importe que la règle de ses actions soit exacte, sans cela notre liberté devient vaine et notre activité n'est qu'un danger. Enfantée par le christianisme, c'est en lui seul que la société moderne peut trouver, avec la solution des difficiles problèmes du présent, le principe et le levier des grandes œuvres que, dans le plan divin, l'avenir réserve à l'humanité. A la redoutable énigme de l'infini, qui tour à tour épouvante ou passionne la pensée humaine, la foi seule répond en nous découvrant, au-delà de la nature, au-delà du monde, au-delà de tout ce qui passe, la vérité éternelle, Dieu, principe et fin de toute science. Abaisse-t-il ses regards vers ses semblables et, dans la généreuse expansion de son cœur, l'homme veut-il mettre au service de ses frères les trésors de bonté dont son âme est remplie, c'est encore à l'amour chrétien, à la charité, qu'il devra demander les inspirations qui doivent régler sa conduite ou inspirer ses actes si Dieu lui a départi le souverain pouvoir. Enfin, l'âme humaine veut-elle se rapprocher de cet idéal du beau absolu qui, aux heures de silence et de paix, vient réjouir notre esprit et caresser notre imagination, c'est à l'espérance de réaliser cet idéal venu du ciel et qui nous y ramène, semblable aux âmes éthérées que Dante nous montre se fondant pour ainsi dire dans les rayonnements de la divinité. La science, les institutions sociales, les arts, cette triple manifestation du vrai, du bon et du beau, but des conceptions et des efforts de l'homme sur la terre, nous ne pouvons les trouver que dans le christianisme, parce que, seul, il répond aux nobles aspirations dont le monde moderne fut imprégné dès son berceau (1). Il est vrai qu'avant d'atteindre cet idéal, l'esprit humain passera bien souvent encore du délire à l'affaissement, des ardeurs de la fièvre aux angoisses du doute ; mais, au milieu de ses révoltes et de ses expiations, il redira, les yeux fixés vers l'avenir, la parole qu'un poëte, disciple de Gerbert, plaçait, dès le XIe siècle, sur les lèvres du roi Robert : « Celui-là ne mérite « pas d'apprendre qui ne veut pas élever ses pensées au-dessus « de lui-même...... Ma science est peu de chose, mais je « brûle du désir d'en acquérir davantage..... car l'âme hu- « maine me semble destinée à se rapprocher de plus en « plus de l'Eternel (2). »

Ce progrès moral, ce rapprochement chaque jour plus sensible de l'homme vers Dieu par la science et la vertu, tel est en effet le but de l'humanité ; ce but, entrevu par Gerbert, bien qu'il fût à demi-voilé par les nuages, était salué par ce puissant génie comme l'aurore d'un jour nouveau à la lumière duquel devait s'ébranler le monde. Et nous, à huit siècles de distance, en comparant le chemin parcouru, les étapes franchies et les difficultés vaincues, nous saluons avec espérance et amour cet avenir dans lequel tout progrès possible est compris et qui ne saurait avoir d'autre terme que celui qui est assigné au genre humain lui-même dans les plans de la Providence.

A ce titre, la place de Gerbert est marquée parmi ces hommes de génie qui sont entre les mains de Dieu des instruments de progrès et de civilisation. Venu à une époque où le culte de l'antiquité et l'étude des lettres étaient regardés comme de dangereux loisirs, il réhabilita la pensée humaine et propagea par ses enseignements, ses ouvrages et sa vaste correspon-

---

(1) Voy. OZANAM. La *Civilisation au Ve siècle*, t. 1, leçons I et II.

(2)   Non se nosse valet, qui non vult scire supra se.....
        Hoc tantum scio, sed super his majora requiro.....
        Mens humana Deo semper vicina videtur....

                      ADALBERONIS *Carmen*, versus 201. etc.

dance (1), l'amour des sciences dont il tenta, le premier, un essai de classification (2.). Tour-à-tour théologien, philosophe, géomètre et astronome, canoniste profond et habile musicien, il fit rejaillir sur toutes les connaissances humaines alors cultivées, l'éclat de son génie, en même temps qu'il consigna dans des traités spéciaux les résultats de ses laborieuses investigations. Il ne faut pas sans doute s'exagérer la portée de ses travaux ni la profondeur de ses recherches ; une des causes d'erreur les plus fréquentes dans les jugements historiques consiste surtout à vouloir établir des parallèles entre des hommes qui ont vécu dans des milieux essentiellement différents et à des époques n'ayant entre elles aucune analogie. De même, en effet, que la littérature reflète les idées et les aspirations morales d'une période historique, de même les hommes de génie personnifient l'époque où ils ont vécu ; on ne peut donc les apprécier sainement qu'à la condition de ne pas les isoler du temps qui les vit naître, des difficultés qu'ils ont vaincues et des résultats qu'ils ont produits. Or, en appliquant à Gerbert ce principe qui nous semble incontestable, nous serons amené à mesurer l'énergie de ses efforts par la résistance même qu'il éprouva, la variété et l'étendue de ses connaissances d'après l'ignorance de ses contemporains ; et alors, bien que depuis Gerbert et dans les siècles antérieurs l'esprit humain ait eu des représentants plus illustres, nous n'en rendrons pas moins hommage à cette vigoureuse intelligence qui eut la

---

(1) Une grande partie des lettres de Gerbert ont été égarées ; celles qui restent ont été éditées d'abord par Du Chesne, d'après Papirius Masson (*Historiæ Francorum scriptores*, in-fol. Paris 1636, t. II, p. 789, etc.) ; en second lieu par Dom Bouquet (*Recueil des Historiens des Gaules et de la France*, in-fol. Paris 1757, t. II, p. 272, et t. III, p. 587), et enfin par l'abbé Migne (*Patrologiæ cursus completus*, t. CXXXIX, p. 201). Cette dernière édition contient 242 lettres, dont plusieurs apocryphes ; D. Bouquet en a collationé 172, et Du Chesne 216. Cette dernière collection est celle que nous avons suivie dans nos citations des lettres de Gerbert.

(2) Voy. la Dispute de Gerbert contre Otrick de Magdebourg, chap. IV de cette *Etude*.

gloire d'arrêter son siècle sur le chemin de la décadence et de la barbarie (1). Unissant aux facultés qui imposent l'admiration et commandent le respect, les dons moins éclatants mais plus sympathiques qui font l'homme de cœur, il sut, dans une société basée sur le privilége et au sein de laquelle les préjugés de caste et de naissance étaient tout puissants (2), il sut conquérir sans bassesse une situation exceptionnelle qu'il conserva sans arrogance. L'élévation est toujours l'écueil des âmes vulgaires, et ceux-là seuls n'abusent pas de la puissance qui ont le cœur assez grand pour élever au niveau de leurs droits le sentiment de leurs devoirs.

Sorti des derniers rangs de cette plèbe qu'il devait si puissamment contribuer à affranchir par les Croisades, Gerbert n'oublia jamais cette chère abbaye d'Aurillac dont la charité lui avait ouvert les portes et où il avait puisé l'amour de ces études qu'il devait réhabiliter en Occident. Sans doute, la reconnaissance est un sentiment si naturel chez les âmes bien nées, qu'il peut paraître étrange de le louer dans Gerbert ; mais quand on voit dans l'histoire les arrogantes prétentions de quelques hommes, leur ingratitude dissimulée sous un faux semblant d'indépendance et de dignité, on aime à retrouver, dans un siècle si universellement décrié, cette noblesse de l'âme et cette mémoire du cœur dont Gerbert, parvenu au plus haut rang qu'il soit donné à un mortel d'atteindre ici-bas, ne se départit jamais. Puisant toujours dans son cœur, qui, selon le mot de Montaigne (3), est « une subtile science », la règle de ses actions

---

(1) Ea Gerberti eruditio tanta fuit, proesertim in tam obscuro et omnis doctrinæ vacuo sæculo, ut non erraverit, qui diceret, eum omnes sui temporis homines doctrinæ elegantia et profunditate longe superasse... In eo sæculo in tantum profecisse plane miraculo est, laudandusque est merito, quod unus pereuntium litterarum atque philosophæ honorem revocaverit et conservaverit. Jacobi Bruckeri *Historia critica Philosophiæ*, t. II, p. 647.

(2) Excludantur et hi, quos sola scientia comit,
Christi conservos et quos sapientia nutrit.
Adalberonis *carmen*, vers. 60.

(1) *Essais*, liv. III, chap. IX.

et les mobiles de sa conduite, nous ne devons pas être surpris de le voir apporter dans tous les événements auxquels il se trouva mêlé, une maturité de jugement, une étonnante finesse d'appréciation et surtout une connaissance pratique des hommes et des choses dont on a voulu faire honneur à son habileté, tandis qu'elle n'était que le rayonnement d'une âme droite et le fruit de cette maturité que donne une patiente étude de soi-même. Au point de vue politique, la conduite de Gerbert a pu être diversement appréciée, parce que les passions qui agitèrent cette époque de transformation nous sont imparfaitement connues, mais ce qui est hors de toute contestation c'est sa fidélité à ses amis. D'autres ont pu avoir plus que lui le don de plaire, mais nul ne posséda mieux le don plus rare de garder sur les âmes qu'il avait une fois touchées un empire que, ni les hasards de la vie, ni les incertitudes des événements, ne purent ébranler. Ceux-là ne sont-ils pas les privilégiés de Dieu qui voient l'amitié se briser dans leurs mains par la mort avant que le temps ne l'ait flétrie? D'une nature ardente et mobile, ressentant comme toutes les âmes energiques des alternatives d'enthousiasme et d'abattement, il connut un instant les entraînements de la révolte, mais il expia dignement un moment d'erreur, en donnant au monde le spectacle toujours éloquent de la noble immolation de soi au bien public. Enfant d'une province qui, sous des apparences rudes et sévères, cache des âmes sensibles et délicates, Gerbert eut aussi les emportements et l'indomptable énergie de cette race arverne dont il a reflété, dans ses qualités comme dans ses défauts, et jusque dans sa physionomie, les traits les plus saillants. Ce qui frappe en effet dans cette noble figure de Sylvestre II, telle que nous l'a conservée une très-ancienne mosaïque (1), c'est l'expression de calme et de force, de puissance et de grandeur dont elle est

---

(1) Cette mosaïque, faite sur un ancien modèle regardé comme authentique, est conservée a Rome dans la basilique de St-Paul-hors-des-Murs. David d'Angers s'en est inspiré dans la magnifique statue en bronze que la ville d'Aurillac a érigée à Gerbert.

empreinte ; on pressent, à la vue de cette mâle physionomie, toute l'œuvre de Gerbert, comme si Dieu avait imprimé un rayon de sa majesté au front de cet homme qu'il destinait à exercer sur le monde le double prestige de la science et du pontificat.

Et en retour de tant d'efforts, quels dédomagements Gerbert a-t-il trouvés dans les respects et la reconnaissance de ce monde moderne dont il éclaira l'aurore? Tour à tour l'objet d'apologies passionnées et de dénigrements systématiques, sa mémoire a souffert de ces ardents conflits auxquels est venu s'ajouter cette expression de terreur superstitieuse que le vulgaire attache toujours à la mémoire des hommes qui, par leurs conquêtes ou leur génie, frappent vivement son imagination. Dans cet enfantement des temps modernes, à travers les éblouissantes splendeurs et les profondes misères du moyen-âge, Gerbert, Albert-le-Grand et Faust (2) symbolisent les trois grandes phases de ce mouvement progressif qui, surtout depuis l'an mil, est devenu l'apanage des peuples de l'Occident. Nobles intelligences auxquelles il fut refusé de jouir ici-bas, autrement que par l'espérance, du fruit de leurs labeurs, et qui n'ont pas même trouvé dans le repos de la tombe un abri contre le scepticisme et l'ingratitude de ceux dont ils avaient ouvert les yeux à la lumière !

Heureusement, le sentiment de la justice et l'amour de la vérité ne périssent jamais complètement, et c'est à ce réveil de la conscience humaine que notre siècle est redevable de ces nombreux travaux historiques dont l'exemple, parti de l'Allemagne, se généralise de plus en plus parmi nous. Vivant à une époque où les problèmes fondamentaux se posent dans leurs conséquences les plus radicales, les générations actuelles, détachées du passé, anxieuses de l'avenir, apportent aux études

---

(2) Il est inutile de faire observer qu'il ne s'agit pas ici du Faust dont Gœthe a chanté les talents et les vices, mais de Fust qui partagea avec Guttemberg l'honneur d'avoir inventé l'imprimerie, et dont les imaginations allemandes ont fait le Faust légendaire.

historiques cette qualité qui est la plus belle manifestation de la dignité humaine, l'amour de la vérité. Le temps n'est plus où des esprits trop ardents abritaient derrière le blâme ou l'apologie des faits passés la critique passionnée des évènements contemporains ; luttes stériles dans lesquelles l'histoire, la philosophie et la littérature ne cessaient d'être des champs de bataille que pour devenir des armes de combat. De toutes les périodes de nos annales, le Xe siècle était une de celles qui avaient le privilège d'exciter au plus haut point les sarcasmes ou la pitié des écrivains ; et à la vue de cette profonde léthargie de l'intelligence humaine, à peine accordait-on à celui qui eut la pénible mission de la ressusciter quelques paroles d'éloge toujours tempérées par le blâme, quand, chose rare, celui-ci ne s'exerçait pas au détriment du premier. Loin de nous la pensée d'avoir levé tous les doutes, éclairci toutes les difficultés que présentait une étude sur Gerbert ; une telle prétention serait contredite par chaque page de ce livre auquel a présidé une seule pensée, chercher dans les chroniques contemporaines et dans les œuvres de l'illustre enfant d'Aurillac les éléments d'une appréciation de ses efforts, de ses luttes et des services qu'il rendit, au Xe siècle, à la cause de la civilisation.

Restreint, dans les recherches qu'eût demandées une étude aussi vaste, par le peu de ressources qu'offre une bibliothèque de province, ce livre se présente plutôt comme une étude faite de bonne foi que comme un travail scientifique. Egalement éloigné, pour l'appréciation de ces âges lointains, d'un scepticisme coupable et d'un enthousiasme puéril, nous avons voulu nous tenir à égale distance et de ceux qui voient tout le bien dans le passé, et de ceux qui ne veulent le trouver que dans le présent, en persistant à ne voir dans le moyen-âge que des objets dignes de mépris et de malédiction. Entre ce dénigrement passionné et cette partialité irréfléchie, il y a, croyons-nous, un milieu dont l'historien s'écartera d'autant moins qu'il s'isolera plus complètement des luttes et des intérêts du présent, pour revivre, par la pensée, au milieu des hommes dont il veut, à travers les siècles, apprécier les actes ou étudier les institutions. Il y a, du reste, un charme très-grand à exhumer ainsi ces antiques générations dont nos pas soulèvent la poussière, à voir de près ce travail de formation dont nous contemplons aujourd'hui les splendeurs, sans nous douter de quels pénibles efforts chaque conquête a été le résultat; aussi, n'est-ce pas sans une certaine tristesse que l'on se sépare des hommes avec lesquels on a vécu dans la douce intimité de l'étude, et que l'on a', pour ainsi dire, initiés à sa propre existence en les choisissant pour les confidents de nos pensées et les compagnons de notre solitude.

Mais quand ces hommes se rattachent à nous par les liens d'une commune origine; quand ils ont foulé le sol sur lequel nous marchons; quand leur nom est pour la patrie un titre de gloire, une sympathie plus vive encore nous unit à la mémoire de ceux qui contribuèrent, par leurs efforts, à faire marcher la France dans la voie glorieuse que Dieu lui a tracée. Un vieux chroniqueur (1), cherchant à se rendre compte des fonctions que, dans son plan providentiel, Dieu assigne aux peuples chrétiens, voulait que « le sacerdoce fût échu aux « Romains, comme aux aînés des races occidentales; l'empire « aux Germains, comme aux plus jeunes; et l'école aux Fran- « çais, comme aux plus intelligents. » Ne répudions pas ce noble héritage et réservons nos plus ardentes sympathies aux hommes qui, déchirant le voile de ténèbres, ont tracé le sillon dans lequel notre patrie a si glorieusement marché depuis. A ce titre, une place distinguée est due à l'illustre enfant d'Aurillac; et ce sera pour notre chère province un éternel honneur d'avoir produit au Xe siècle l'homme providentiel qui scella la barbarie, ressuscita le culte du vrai et du beau, et éclaira de son puissant génie l'aube naissante de l'âge moderne. Et un jour, quand l'histoire, au lieu de donner aux différents âges les limites rigoureuses de la chronologie, mesurera chaque époque par les progrès qui l'auront signalée, et

---

(1) JORDANI *Chronicon* a creatione mundi ad Henricum VII.

désignera chaque siècle par le nom des hommes dont les vertus, les œuvres ou le génie l'auront illustré, le réveil qui suivit la nuit profonde du Xe siècle prendra le nom du glorieux pâtre de Belliac, et la période qui sépare l'avénement de Hugues-Capet des enseignements de saint Anselme s'appellera, dans l'histoire du progrès et de la civilisation, le siècle de GERBERT.

PROPOSITIONS A SOUTENIR DEVANT LA FACULTÉ.

I. — Décadence sociale, intellectuelle et religieuse de l'Europe occidentale au Xe siècle.

II. — Déterminer, d'après les chroniques contemporaines et les lettres de Gerbert, le lieu où il est né, et montrer l'improbabilité de son pèlerinage scientifique à Séville et à Cordoue.

III. — Exposer d'après les œuvres et la méthode d'enseignement de l'écolâtre rémois l'état des sciences et des lettres en Occident.

IV. — Rôle de l'Eglise de France dans les événements qui modifièrent, à la fin du Xe siècle, les institutions politiques de la Gaule.

V. — La déposition d'Arnoul par le concile de Saint-Basles fut canonique.

VI. — La promotion de Gerbert sur le siège archiépiscopal de Reims est inattaquable au point de vue du droit commun adopté au Xe siècle.

VII. — Gerbert n'a pas cherché à déplacer le principe d'autorité dans l'Eglise, et les *Actes synodaux* publiés par les Centuriateurs de Magdebourg portent des traces manifestes d'interpolation. —

Le nouvel archevêque ne récusa jamais le jugement de l'Eglise, et, de ce qu'il ne reconnaissait pas au Saint-Siége certaines prérogatives, encore mal définies, que la coutume et le droit canon ont, depuis, attribuées au pape, il ne s'ensuit pas que Gerbert mérite les censures dont quelques écrivains, surtout Baronius, ont voulu flétrir sa conduite.

VIII. — Grandeur du pontificat de Sylvestre II, ses résultats au triple point de vue social, intellectuel et religieux.

IX. — Origine des fabuleuses légendes qui en ont fait un magicien.

X. — Influence de Gerbert sur le XIe siècle, et en particulier sur le réveil intellectuel représenté par saint Anselme et la revendication de la liberté spirituelle défendue par Grégoire VII.

VU ET LU EN SORBONNE :

Le 7 mai 1866.

Le Doyen de la Faculté de Théologie.

† H.-L.-C., évêque de Sura.

VU ET PERMIS D'IMPRIMER :

Le Vice-Recteur de l'Académie de Paris,

A MOURIER.

N. B. — La Faculté laisse au candidat la responsabilité des opinions émises dans cette thèse.

AURILLAC, IMPRIMERIE BONNET-PICUT.

TABLE.

	PAGES.
INTRODUCTION.	1
I. — NAISSANCE DE GERBERT. — SON SÉJOUR A L'ABBAYE D'AURILLAC.	1
II. — DÉPART DE GERBERT POUR L'ESPAGNE. — SES ÉTUDES EN CATALOGNE.	14
III. — ARRIVÉE DE GERBERT A ROME; SON SÉJOUR A LA COUR D'OTHON ET A L'ÉCOLE DE REIMS.	27
IV. — DISPUTE DE GERBERT AVEC OTRICK; IL EST NOMMÉ ABBÉ DE BOBBIO.	35
V. — RETOUR DE GERBERT A REIMS. — SON ENSEIGNEMENT DANS L'ÉCOLE ARCHIÉPISCOPALE.	52
VI. — ÉVÉNEMENTS POLITIQUES DEPUIS LE RETOUR DE GERBERT A REIMS JUSQU'A LA MORT DE LOTHAIRE (973-986).	90
VII. — SUITE DES ÉVÉNEMENTS POLITIQUES DEPUIS L'AVÉNEMENT DE LOUIS V JUSQU'A LA MORT D'ADALBÉRON (986-990).	108
VIII. — ÉLECTION D'ARNOUL. — SA TRAHISON.	142
IX. — CONCILE DE SAINT-BASLES.	162
X. — APPRÉCIATION DU CONCILE DE SAINT-BASLE — ÉLECTION DE GERBERT A L'ARCHEVÊCHÉ DE REIMS.	204
XI. — GERBERT, ARCHEVÊQUE DE REIMS (991-995).	242
XII. — GERBERT A LA COUR D'OTHON III. — IL EST NOMMÉ ARCHEVÊQUE DE RAVENNE (995-999).	289
XIII. — PONTIFICAT DE SYLVESTRE II (999-1003).	311
XIV. — APPRÉCIATION GÉNÉRALE DU ROLE ET DE L'INFLUENCE DE GERBERT.	350

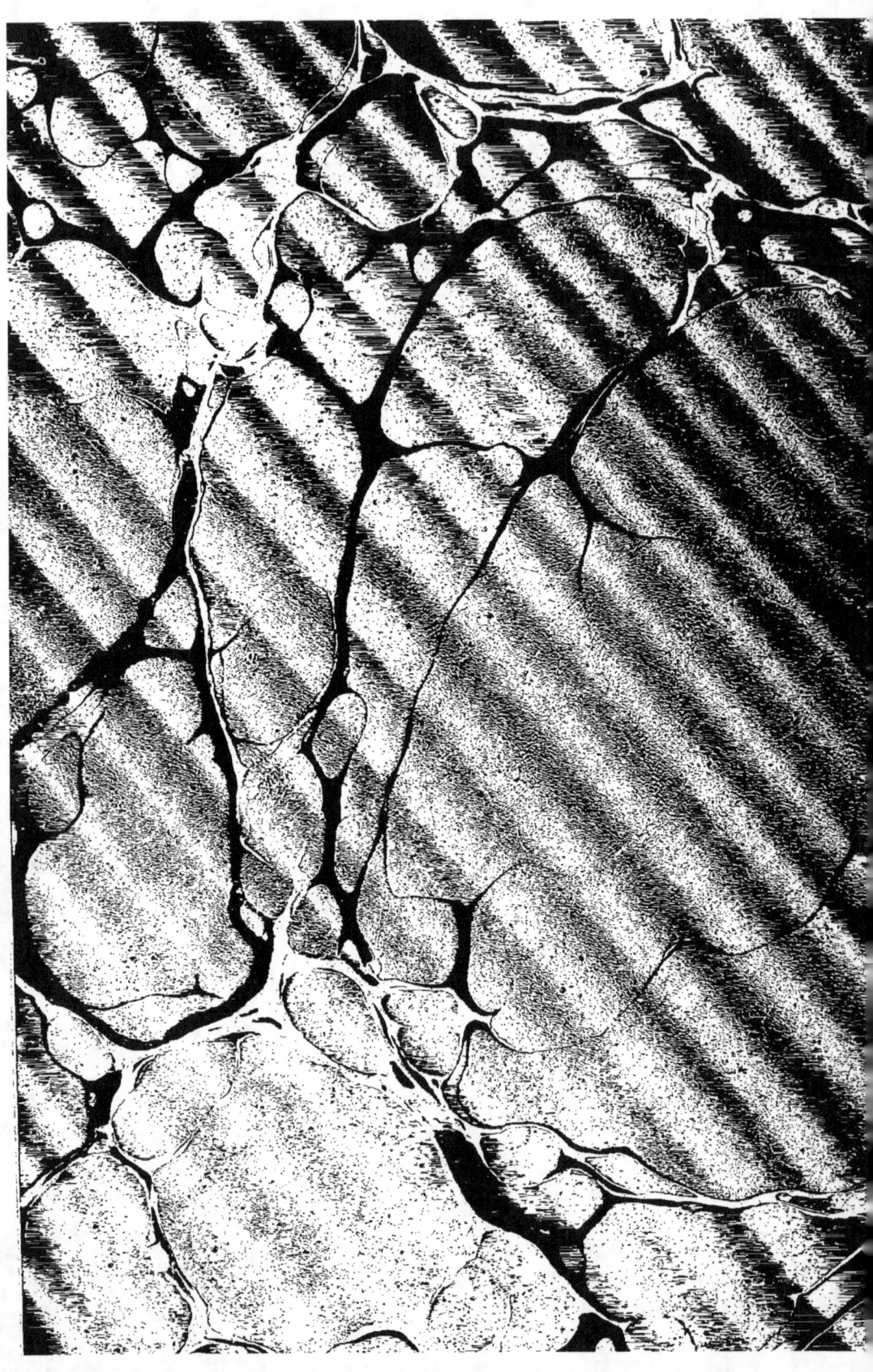

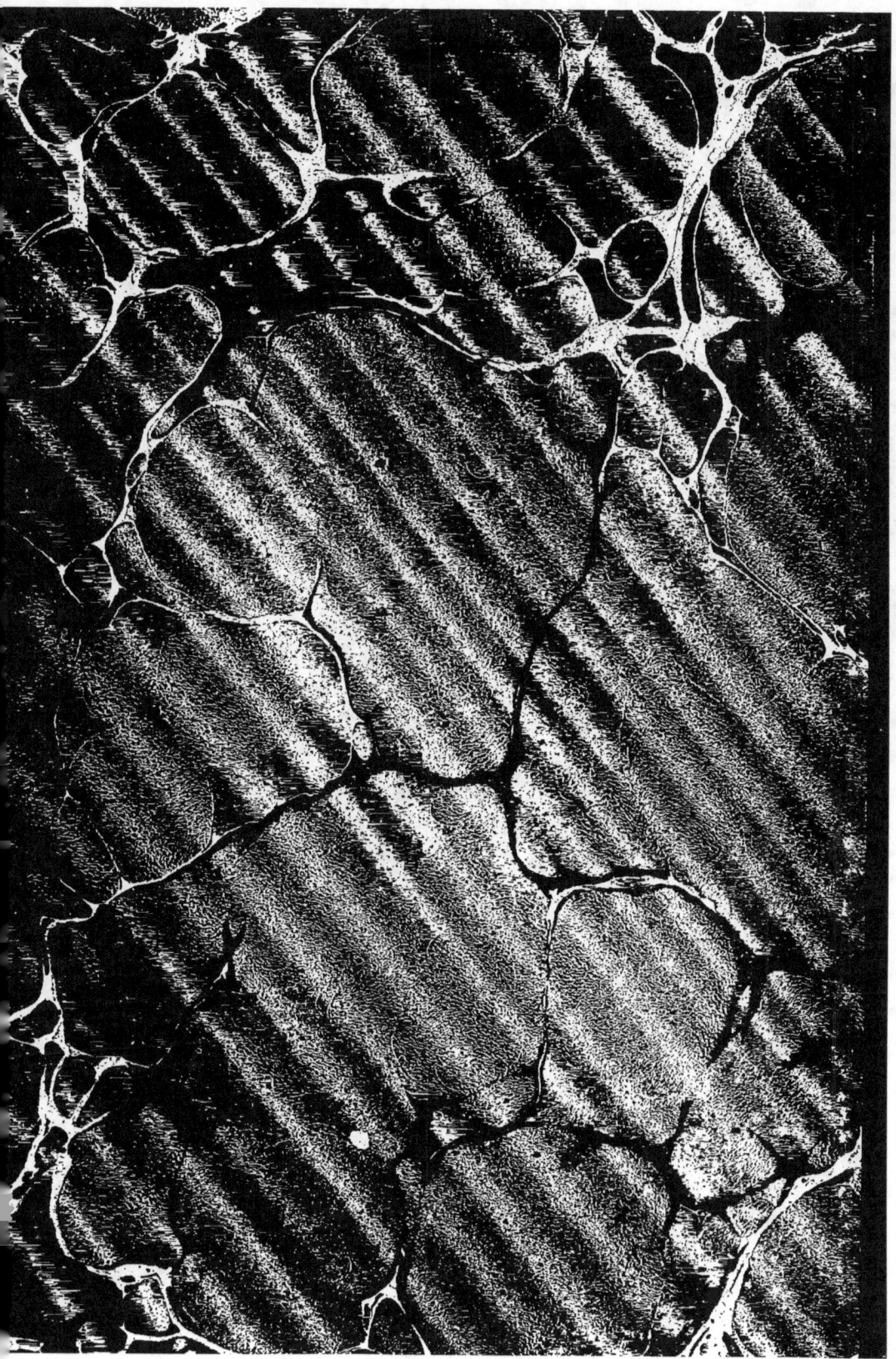

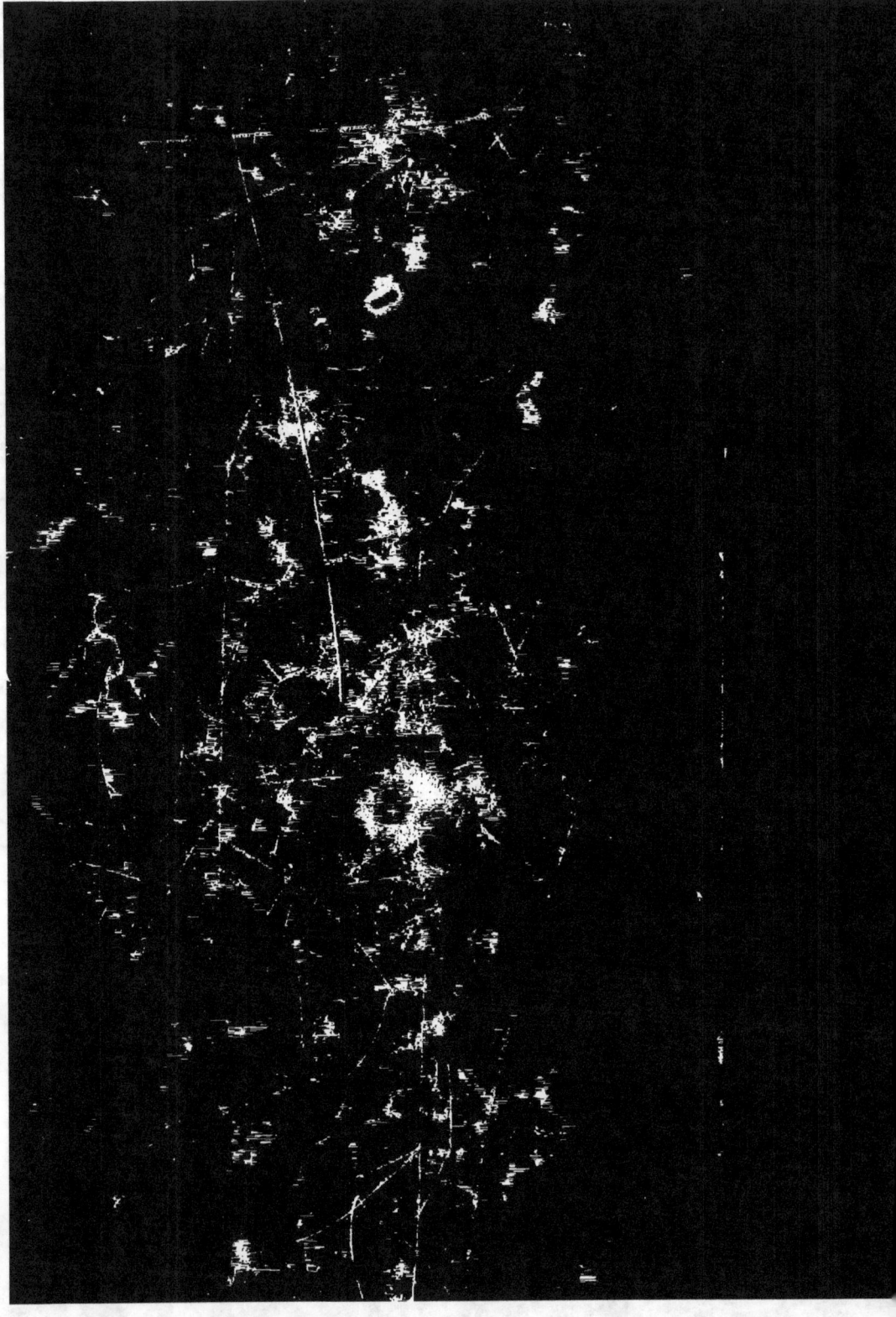

www.ingramcontent.com/pod-product-compliance
Lightning Source LLC
Chambersburg PA
CBHW070614230426
43670CB00010B/1525